화엄경청량소
華嚴經淸凉䟽

화엄경청량소

제11권

제4 야마천궁법회 ②

[정종분 제21 십행품 ③ - 제22 십무진장품]

청량징관 저
석반산 역주

담앤북스

일러두기

1. 본 화엄경소초의 번역에 사용된 원본은 봉은사에 소장된 목판 80권 『화엄경소초회본』이다.
2. 교정본은 민국(民國) 31년(1942) 대만의 화엄소초편인회(華嚴疏鈔編印會)에서 합본으로 교간(校刊)한 『화엄경소초 10권』을 사용하였다. 그리고 원본현토는 화엄학연구소의 원조각성 강백의 현토본을 참고하였다.
3. 대장경 속에 경전과 합본으로 수록된 것은 없고, 다만 『大正大藏經』 권35에 『화엄경소 60권』이 있으며 권36에 『화엄경수소연의초(華嚴經隨疏演義鈔) 90권』이 있지만 경의 본문과의 손쉬운 대조를 위해 회본(會本)을 기본으로 하였으며, 일일이 찾아서 대장경과 대조하지는 못하였다.
4. 교재본이라 한 것은 민족사에서 1997년에 발간한 『현토과목 화엄경』(전 4권)을 지칭하며 원문 인용은 이 본을 기본으로 하였다.
5. 본 『청량소』 전권에서는 소(疏)의 전문을 해석하였고, 초문(鈔文)은 너무 번다하고 중복되는 부분을 필자가 임의로 생략하였다.
6. 본문에서 이해를 돕기 위하여 도표로 작성한 것은 봉선사 능엄학림의 월운강백께 허락을 얻어 『화엄경과도(華嚴經科圖)』를 준용(準用)한 것이다.
7. 목차는 『화엄경소초』의 과목을 사용하였고 『화엄경과도』를 준용하였다. 과목에 이어지는 ( ) 안에는 간편한 대조를 위하여 목판본의 페이지를 표시하였다.
   예) 一 一) (一) 1. 1) (1) 가. 가) (가) ㄱ. ㄱ) (ㄱ) a. a) (a) ㉠ ①
   ㉮ ㉠ ⓐ A. ㉼ ㉧ ㉮ ㄱ ⓐ A ㉧
8. 목차는 되도록 현대적 번역어로 제목을 삼으려 하였고, 풀어서 제목에

이어 표기된 아라비아 숫자는 문단의 개수이다.
9. 경과 소문(疏文)은 조금 띄워서 구별을 두었고, 소문(疏文) 앞에는 ■ 표시를, 초문(疏文) 앞에는 ●로 표시하여 번역문을 수록하였다. ❖ 표시는 역자의 견해를 밝힌 부분이다.
10. 경구(經句)의 번역문은 한글대장경과 민족사 간(刊)『화엄경 전 10권』을 참고하였고, 소(疏) 문장 번역은 직역을 원칙으로 하였다. 인용문은 주로 한글대장경의 번역을 따르고자 노력하였다.

『화엄경청량소』 제11권 차례

제4회 야마천궁법회 ②
大方廣佛華嚴經疏鈔 제20권 陽字卷
제21. 십행법문을 설하는 품[十行品] ③

  사) 제7 집착 없는 행 3. ································· 16
  (가) 이름을 묻다 ································· 16
  (나) 무착행의 모양을 해석하다 2. ································· 20
  ㄱ) 자분경계로 본 무착심 2. ································· 21
  a. 청정경계의 무집착 ································· 21
  b. 잡염경계를 싫어하지 않는다 ································· 24
  ㄴ) 승진경계로 본 무착심 3. ································· 27
  a. 자분행법의 무집착 ································· 27
  b. 무집착의 이타행 2. ································· 30
  (a) 대비심을 증장하다 ································· 31
  (b) 대비심으로 중생을 제도하려 하다 ································· 35
  c. 무집착행의 원만성취 ································· 48
  (다) 집착 없는 행을 결론하다 ································· 56
  아) 제8 얻기 어려운 행 3. ································· 56
  (가) 이름을 묻다 ································· 56
  (나) 모양을 해석하다 2. ································· 56
  ㄱ) 자분경계의 행법 4. ································· 58
  a. 자행경계를 설명하다 3. ································· 59

a) 수행으로 선근을 성취함을 밝히다·······························59
b) 선근의 행과 모양을 밝히다 ···59
c) 행법의 완성으로 얻은 이익 ···61
b. 이타행을 밝히다 3. ··62
(a) 법으로 밝히다···62
(b) 비유로 밝히다···63
(c) 법과 비유를 합하다··64
c. 동요와 적정에 무애함으로 결론하다·································77
d. 두 가지 행을 함께 부정하다··80
ㄴ) 승진행법을 밝히다 2. ···86
a. 지혜행법에 대해 설명하다··86
b. 대비행에 대해 밝히다··92
(다) 얻기 어려운 행을 결론하다 ·······································98
자) 제9 법을 잘 말하는 행 3. ··98
ㄱ) 명칭을 묻다 ··99
ㄴ) 행법의 모양을 해석하다 2. ······································101
a. 자분의 행 2. ···101
㊀ 정법을 거두어 지님을 자세히 설명하다······················104
㊁ 부처 종성을 단절하지 않음을 자세히 설명하다···········107
b. 승진의 행 2. ···114
a) 자분행의 완성을 따오다··114
b) 승진행에 대해 바로 밝히다 4. ···································115
(a) 네 강이 청정함을 밝히다···115
(b) 네 강이 모두 바다로 들어가다··································115
(c) 네 강이 휘돌아오다 ··116
(d) 여러 겁을 바다에 들어가도 싫어함이 없음을 밝히다·········124

ㄷ) 결론하고 찬탄하다 ································· 126
차) 제10 진실한 행 3. ································· 127
(가) 명칭을 묻다 ····································· 127
(나) 진실행의 모양을 해석하다 ······················ 130
ㄱ) 명칭과 체성을 밝히다 ························· 131
ㄴ) 진실행의 행상 5. ································ 134
(a) 지혜를 성취하다 ····························· 136
(b) 본래 서원과 같이 설함을 해석하다 ········· 137
(c) 부처님과 함께 선근을 닦다 ·················· 139
(d) 부처님의 종성에 들어가다 ··················· 140
(e) 삼세 부처님의 말씀을 배우다 ················ 142
ㄷ) 진실행의 이익을 결론하다 ··················· 145
(다) 진실행의 명칭을 총결하다 ····················· 146
(6) 서상을 나타내고 증명하는 부분 2. ·················· 146
가) 서상으로 증명하다 ······························· 147
나) 사람으로 증명하다 ······························· 148
(7) 거듭 노래하는 부분 3. ······························· 150
ㄱ. 세존께 예경함을 밝히다 ······························ 152
ㄴ. 96개의 게송은 앞의 경문을 바로 노래하다 2. ········· 152
(ㄱ) 11개의 게송은 앞의 본분을 노래하다 2. ············ 153
a) 네 게송은 삼세 부처님께 배워 수행하다 ··········· 154
b) 일곱 게송은 수행의 근본이 불가사의함을 노래하다 ··· 156
(ㄴ) 85개의 게송은 앞의 설분을 노래하다 10. ············ 162
a) 환희행에 대해 노래하다 162   b) 요익행에 대해 165
c) 무위역행에 대해 167   d) 무굴요행에 대해 169
e) 이치란행에 대해 171   f) 선현행에 대해 173

g) 무착행에 대해 175　　　　h) 난득행에 대해 177
i) 선법행에 대해 181　　　　j) 진실행에 대해 6. 185
　(a) 세 게송은 부처님의 십력을 얻음에 대해 노래하다·············185
　(b) 세 게송은 삼세 부처님의 둘이 없는 말씀에 대해 노래하다····186
　(c) 여섯 게송은 부처님의 선근과 같음에 대해 노래하다···········188
　(d) 11개의 게송은 부처 종성에 들어감에 대해 노래하다···········190
　(e) 18개의 게송은 삼세 부처님의 말씀을 배워 힘을 얻음을 노래하다·194
　(f) 두 게송은 중생에 이익 줌이 헛되지 않다·····················202
ㄷ. 네 게송은 십행 법문이 깊고 광대함을 찬탄하다················203

大方廣佛華嚴經疏鈔 제21권의 ① 雲字卷
제22. 열 가지 무진장을 설하는 품[十無盡藏品] ①

三. 십무진장품은 앞의 십행품의 승진행이다 4.·····················209
제1. 오게 된 뜻···209
제2. 명칭 해석···212
제3. 근본 가르침···213
제4. 경문 해석 4.···213
　1) 숫자로 불러서 같음을 밝히다································213
　2) 명칭을 물어서 차이점을 열거하다····························214
　3) 명칭에 의지해 자세하게 해석하다 2.·························218
　　가. 믿음의 장 4.··218
　　　가) 명칭을 묻다···218
　　　나) 믿음의 모양을 해석하다 3.·······························219
　　　　(가) 믿음의 모양을 설명하다·······························219

(나) 믿음의 능력을 밝히다 ·············· 223
(다) 믿음을 완성함에 대해 결론하다 ·············· 230
다) 믿음의 장을 결론하다 ·············· 234
라) 믿음의 이익을 밝히다 ·············· 234
나. 계율의 장 3. ·············· 234
가) 명칭을 묻다 ·············· 234
나) 행법의 모양을 해석하다 10. ·············· 234

ㄱ) 널리 이익하는 계 236   ㄴ) 받지 않는 계 236
ㄷ) 머물지 않는 계 239   ㄹ) 뉘우침 없는 계 241
ㅁ) 어기고 다툼이 없는 계 243   ㅂ) 손해되고 번거롭게 하지 않는 계 245
ㅅ) 뒤섞이지 않는 계 246   ㅇ) 탐함이 없는 계 247
ㅈ) 과실이 없는 계 251   ㅊ) 헐고 범함이 없는 계 252

다) 계율의 장을 결론하다 ·············· 253
다. 부끄러움의 장 3. ·············· 253
가) 명칭에 대해 질문하다 ·············· 254
나) 참장의 모양을 해석하다 2. ·············· 254
ㄱ. 과거에 지은 악을 해석하다 ·············· 260
ㄴ. 스스로 부끄러움을 일으킴에 대해 해석하다 ·············· 261
다) 부끄러움의 장을 결론하다 ·············· 262
라. 수치함의 장 3. ·············· 263
가) 명칭을 묻다 ·············· 263
나) 행법의 모양을 해석하다 3. ·············· 263
(가) 스스로 수치심 없음을 생각하여 수치함의 행법을 닦다 ······ 263
(나) 중생을 해치고도 수치심 없고 고통과 그 원인을 알지 못하다 264
(다) 세간을 돌아봄에 의지해서 수치함의 행법을 닦는다 2. ······ 265
(ㄱ) 청정하지 못한 법이란 말을 해석하다 ·············· 266

(ㄴ) 삼세의 부처님을 속임에 대해 해석하다 …………………271
다) 수치함의 장을 결론하다 …………………………………271
마. 다문의 장 3. ………………………………………………271
가) 명칭에 대해 묻다 …………………………………………271
나) 행법의 모양을 해석하다 2. ………………………………271
ㄱ. 알아야 할 법을 밝히다 7. ………………………………272

a) 인연으로 생기다 275   b) 유루의 오온법 287
c) 무루의 오온법 296   d) 유위법 305
e) 무위법 6. 311

㉮ 허공에 대한 해석 ……………………………………317
㉯ 열반에 대한 해석 ……………………………………317
㉰ 숫자의 인연으로 소멸함에 대한 해석 ………………319
㉱ 숫자의 인연이 아님으로 소멸함에 대한 해석………321
㉲ 연기에 대한 해석………………………………………323
㉳ 법성에 머무름에 대한 해석……………………………330

f) 기록할 수 있는 법………………………………………339
g) 기록함 없는 법 5. ………………………………………354

① 나에 입각하여 무기법을 설명하다 ……………………373
② 삼세에 가로로 논함에 입각하여 설명하다 ……………399
③ 범부와 성인을 세로로 논함을 잡아 설명하다…………400
④ 삼세간에서 온 바에 대해 질문하다 ……………………402
⑤ 생사의 끝을 잡아서 밝히다……………………………405

ㄴ. 다문의 의미를 밝히다 ……………………………………410
다) 다문의 장이란 명칭을 결론하다…………………………411

大方廣佛華嚴經疏鈔 제21권의 ② 騰字卷

제22. 열 가지 무진장을 설하는 품[十無盡藏品] ②

바. 보시의 장 3. ·· 412
　가) 이름을 묻다 ·· 412
　나) 보시의 모양을 해석하다 10. ······································ 412
　　ㄱ. 분감하는 보시 413　　ㄴ. 갈진하는 보시 415
　　ㄷ. 내적인 보시 421　　ㄹ. 외적인 보시 423
　　ㅁ. 안팎 보시 424　　ㅂ. 일체 보시 425
　　ㅅ. 과거 보시 427　　ㅇ. 미래 보시 429
　　ㅈ. 현재 보시 433　　ㅊ. 최후 보시 443
　다) 보시의 장이란 명칭을 결론하다 ································ 449
사. 지혜로운 장 4. ··· 449
　가) 명칭에 대해 질문하다 ··· 449
　나) 모양을 해석하다 2. ·· 449
　　ㄱ. 지혜로운 장을 설명하다 3. ··································· 450
　　　ㄱ) 경계를 사실대로 아는 것에 대해 설명하다 ············ 450
　　　ㄴ) 사실대로 아는 뜻을 해석하다 ···························· 467
　　　ㄷ) 여러 문을 총합하여 결론하다 ··························· 474
　　ㄴ. 무진의 뜻을 해석하다 ·· 476
　　(다) 지혜로운 장이란 명칭을 결론하다 ······················· 477
　　(라) 이익을 찬탄하다 ··· 477
아. 기억하는 장 3. ·· 478
　가) 명칭에 대해 묻다 ··· 478
　나) 모양을 해석하다 4. ·· 478
　　(가) 기억의 본체를 총합하여 표방하다 ······················· 478

(나) 기억할 대상을 차별하다 2. ·· 478
ㄱ) 12분교에 대한 해석 12. ·· 481
a) 수다라 481   b) 기야 491   c) 수기 492
d) 가타 493   e) 니타나 494   f) 우타나 495
g) 본사 495   h) 본생 496   i) 방광 497
j) 미증유 498   k) 비유 498   l) 논의 498
ㄴ) 다스리는 주체를 해석하다 ··· 502
(다) 기억하는 주체의 뛰어난 모양 ·· 503
(라) 이익된 모양을 개별로 밝히다 ·· 504
다) 기억하는 장을 결론하다 ·· 505
자. 지니는 장 3. ·· 505
가) 명칭에 대한 질문 ·· 505
나) 모양을 해석하다 ·· 505
다) 지니는 장을 결론하다 ·· 508
차. 변재의 장 4. ··· 509
가) 명칭에 대한 질문 ·· 509
나) 모양을 해석하다 4. ·· 509
(가) 체성과 작용을 총합하여 거론하다 ··· 509
(나) 자세하게 연설하는 능력을 밝히다 ··· 509
(다) 오랫동안 연설함을 설명하다 ··· 510
(라) 변재의 장의 공덕을 밝히다 ··· 512
다) 변재의 장을 결론하다 ·· 512
라) 이익을 찬탄하다 ·· 513
4) 뛰어난 능력을 총합하여 찬탄하다 ·· 514

大方廣佛華嚴經 제20권
大方廣佛華嚴經疏鈔 제20권 陽字卷

제21 十行品 ③

제8. 얻기 어려운 행[難得行]에서는 보살이 중생을 섭수하는 행을 하면서도 중생을 버리지 않는다는 것을 뱃사공의 비유를 들어 밝히고, 제10. 진실한 행[眞實行]에서는 먼저 중생제도하고 난 뒤에 성불하리라 설한다. 경문에 이르되,

내가 만일 일체 중생으로 하여금 위없는 해탈도에 머물게 하지 못하고 내가 먼저 아늣다라삼약삼보디를 이룬다면, 이것은 나의 본래의 소원에 어기는 것이니, 마땅하지 못한 일이다. 그러므로 반드시 먼저 일체 중생들로 하여금 위없는 보리와 무여열반을 얻게 한 뒤에 성불할 것이니라. 왜냐하면 중생들이 나에게 청하여서 발심한 것이 아니고, 내가 중생에게 청하지 않은 벗이 되어서[作不請之友] 일체 중생으로 하여금 선근을 만족하여 온갖 지혜를 이루게 하고자 한 것이다.

假使分身不可說하되　　가령 그의 나눈 몸 말할 수 없어
而與法界虛空等하여　　법계와 허공계와 같은 이들이
悉共稱揚彼功德이라도　한 가지로 그 공덕 찬탄한대도
百千萬劫無能盡이로다　백천만 겁 지내도 못다 하리라.

> 大方廣佛華嚴經 제20권
> 大方廣佛華嚴經疏鈔 제20권 陽字卷

제21. 십행법문을 설하는 품[十行品] ③

사) 제7 집착 없는 행[無着行] 3.

(가) 이름을 묻다[徵名] 2.
ㄱ. 물어서 체성을 내보이다[徵出體] (第七 1上5)
ㄴ. 그것으로 인하여 명칭을 해석하다[仍釋名] 2.
ㄱ) 유식론의 두 가지 방편에 의지한 해석[依唯識二方便釋] (依二)

佛子여 何等이 爲菩薩摩訶薩의 無着行고
"불자여, 어떤 것이 보살마하살의 집착 없는 행인가.

[疏] 第七, 無着行은 體即方便이라 依二方便이니 由廻向故로 不住生死하고 由拔濟故로 不住涅槃이라 俱無住故로 名爲無着이니라

■ 사) 제7 집착 없는 행은 체성이 곧 방편바라밀이다. 두 가지 방편에 의지한 해석이니 회향으로 말미암아 나고 죽음에 머물지 않고, (고통을) 뽑아내어 제도함으로 말미암아 열반에도 머물지 않는다. 그 모두에 머물지 않는 연고로 '집착이 없다'고 이름하였다.

[鈔] 體即方便者는 出體라 下皆釋名이라 於中有二하니 先, 依唯識二方

便釋이오 後, 依本業釋이라 前中에 唯識에는 但列不釋하고 無性이 釋云호대 方便善巧者는 謂不捨生死而求涅槃이니 是則說名方便善巧라此總釋也라 若以前六波羅密多所集善根으로 共諸有情하야 爲欲饒益諸有情故로 不捨有情하면 當知卽是不捨生死오此擧總中에 不捨生死는 卽唯識拔濟方便이라 若以此善으로 廻求無上正等菩提하야 爲證無上佛菩提故하면 當知卽是希求涅槃이라하니라此釋[1])總中에 而求涅槃이니 亦唯識廻向方便이라

- '체성이 곧 방편바라밀'이란 ㄱ. 체성을 내보임이다. ㄴ. 아래는 모두 명칭 해석이다. 그중에 둘이 있으니 ㄱ) 유식론의 두 가지 방편에 의지한 해석이요, ㄴ) 본업경에 의지한 해석이다. ㄱ) 중에 『성유식론』에는 나열만 하고 해석하지 않았고, 무성(無性)보살이 해석하되, "방편선교란 생사를 버리지 않고 열반을 구하면 곧 방편선교라고 말한다. (이는 총합 해석이다) 만일 앞의 육바라밀에 의해 모아진 선근을 모든 유정과 함께하면 모든 유정을 요익하게 하고자 하기 때문에 유정을 저버리지 않는다. 이것이 바로 생사를 버리지 않는 것임을 마땅히 알아야 한다. (여기서 총상을 거론한 중에 생사를 버리지 않음은 곧 유식론의 중생제도의 방편선교이다.) 만일 이것으로써 무상정등보리를 잘 돌려 구한다면 위없는 불보리를 증득하기 때문에 이것이 바로 열반을 희구하는 것임을 마땅히 알아야 한다. (이것은 총상을 해석함 중에 열반을 구함이니 또한 유식론의 방편선교 회향이다.)

ㄴ) 본업경의 세 가지 방편에 의지한 해석[依本業三方便釋] 4.
(ㄱ) 세 가지 방편을 나열하다[列三種方便] (本業 1上7)

---

1) 釋은 甲本作擧, 南續金本作是.

(ㄴ) 유식론과 같은 점을 지적하다[指同唯識] (初卽)
(ㄷ) 경과 논에서 유와 무라는 이유를 함께 내보이다
 [雙出經論有無之由] (不捨)

[疏] 本業後四에 亦各有三하니 方便三者는 一, 進趣向果오 二, 巧會有無오 三, 一切法不捨不受라 初, 卽廻向이오 二, 由巧會故로 方能拔濟라 不捨不受는 相同般若라 唯識에는 唯明後得일새 故不立之오 本業에는 約兼正不同일새 不妨此一이니라

■ 『본업경』에서 뒤의 네 가지 행에는 각기 세 가지가 있으니, 방편의 세 가지는 (1) 정진으로 과덕에 나아감이요, (2) 유와 무를 잘 아는 것이요, (3) 온갖 법을 버리지 않고 받지도 않음이다. (1) (정진으로 과덕에 나아감)은 곧 회향방편이요, (2) 잘 아는 것으로 인해 비로소 능히 중생을 제도함이다. (3) (온갖 법을) 버리지 않고 받지도 않음은 모양이 반야와 같다. 『성유식론』에는 오직 후득지만 설명하였으므로 세우지 않은 것이요, 『본업경』에는 바르고 같지 않음을 겸하였으므로 이 하나는 방해롭지 않다.

[鈔] 本業後四下는 二, 依本業釋이라 於中에 四니 一, 擧彼經이라 二, 初卽廻向下는 會唯識二方便이오 三, 不捨不受下는 雙出經論有無之因[2]이라 兼正之義는 下文當知니라

● ㄴ) 本業後四 아래는 본업경에 의지한 해석이다. 그중에 넷이니 (ㄱ) 저 본업경을 거론함이다. (ㄴ) 初卽廻向 아래는 유식론의 두 가지 방편과 회통함이요, (ㄷ) 不捨不受 아래는 경과 논에서 유와

---

2) 因은 甲南續金本作由.

무인 이유를 함께 내보임이다. '바른 것을 겸한다'는 뜻은 아래 경문에 가면 마땅히 알게 되리라.

(ㄹ) 행법의 명칭과 회통하여 해석하다[會釋今名] 2.
a. 표방하다[標] (三皆 2上3)
b. 해석하다[釋] 3.

a) 앞의 둘을 합하여 해석하다[合釋前二] (則不)
b) 별도로 잘 아는 것에 의지하여 밝히다[別約巧會] (有是)
c) 별도로 받지 않고 버리지 않음에 의지해 해석하다[別約不受捨釋]
(有能)

[疏] 三皆善巧일새 故俱無住着이니 則不二而二之悲智와 卽二不二之一心이 是無着也니라 有是幻有오 無是眞空이니 幻有는 是不有有일새 故卽眞空이오 眞空은 是不空空일새 故卽幻有라 此二無礙일새 故名巧會오 如是相融일새 故無所着이니라 有能起用이며 空可觀察일새 故皆不捨라 若受有인대 同凡夫하고 受無인대 同趣證일새 故俱不受니라

■ 세 가지가 모두 교묘한 연고로 모두가 머무르고 집착이 없으니, 둘이 아니면서 둘임과 합치한 자비와 지혜, 둘이로되 둘이 아님과 합치한 일심이 바로 집착이 없는 것이다. 유(有)는 허깨비처럼 있음[幻有]이요, 무(無)는 참된 공이니, 허깨비처럼 있음[幻有]은 있지 않은 유이므로 참된 공과 합치함이요, 참된 공[眞空]은 공하지 않은 공이므로 허깨비처럼 있음과 합치함이다. 이 둘이 걸림 없으므로 '잘 아는 것[巧會]'이라 이름한다. 이렇게 서로 융합하는 연고로 집착하는 바가 없다. 유(有)

는 능히 작용을 일으킬 수 있으며 공(호)은 관찰할 수 없으므로 모두 버리지 않음이다. 만일 유를 받는다면 범부와 같고, 무를 받는다면 나아가 증득함과 같은 연고로 모두 받지 않음이다.

[鈔] 四, 三皆善巧下는 正釋行名이라 於中에 二니 先, 總이오 後, 則不二下는 別이라 於中에 三이니 一, 合釋前二니 以二同唯識故라 以進趣는 同廻向이니 卽大智故오 巧會는 同拔濟니 卽大悲故라 此二相卽일새 故唯一心이오 二卽一心일새 故不着二오 一心卽二일새 故不着一心이니라 有是幻有下는 二, 別約巧會有無釋無着名이라

● (ㄹ) 三皆善巧 아래는 행법의 명칭을 바로 해석함이다. 그중에 둘이니 a. 총합하여 표방함이요, b. 則不二 아래는 개별로 해석함이다. 그중에 셋이니 a) 앞의 둘을 합하여 해석함이니 둘이 유식론과 같은 까닭이다. (1) 정진으로 과덕에 나아감은 회향방편과 같나니 곧 큰 지혜인 까닭이다. (2) 유와 무를 잘 아는 것은 중생을 구제하는 방편과 같나니, 곧 대비인 까닭이다. 이런 (1)과 (2)는 서로 합치하는 연고로 오직 일심뿐이요, 둘이 일심과 합치하므로 둘에 집착하지 않음이요, 일심이 둘과 합치하는 연고로 일심에 집착하지도 않는다. b) 有是幻有 아래는 별도로 유와 무를 잘 아는 것에 의지하여 집착 없음이란 명칭을 해석함이다.

(나) 무착행의 모양을 해석하다[釋相] 2.
ㄱ. 과목 나누기[分科] (二釋 2下6)

[疏] 二, 釋相中에 大分爲二니 前, 明自分無着이오 後, 明勝進無着이라

於自分中에 已含前說二三方便이라 在文分三이니 初, 唯明自行無着이오 二, 何以下는 徵釋所由오 後, 菩薩如是下는 類顯萬行이라 前中에 又二니 先, 明淨境無着이오 後, 見不淨下는 染境不嫌이라 前中에 三이니

■ (나) (무착행의) 모양을 해석함 중에 크게 둘로 나누었으니 ㄱ) 자분경계로 본 무착심을 설명함이요, ㄴ) 승진경계로 본 무착심을 설명함이다. ㄱ) 자분경계 중에 앞의 두 가지와 세 가지 방편 설함은 이미 포함되어 있다. 경문에 있어서 셋으로 나누었으니 (ㄱ) 오직 스스로 행하는 집착 없음에 대한 설명이요, (ㄴ) 何以 아래는 물어서 이유를 해석함이요, (ㄷ) 菩薩如是 아래는 종종만행에 대한 집착 없음을 유례하여 설명함이다. (ㄱ) 중에 또한 둘이니 a. 청정경계의 무착심을 설명함이요, b. 見不淨 아래는 잡염경계를 싫어하지 않음이다. a. 중에 셋이니,

ㄴ. 과목에 따라 해석하다[隨釋] 2.
ㄱ) 자분경계로 본 무착심[自分無着] 3.

(ㄱ) 오직 스스로 행하는 집착 없음을 설명하다[唯明自行無着] 2.
a. 청정경계의 무집착[淨境無着] 3.
a) 국토를 장엄하면서 집착이 없다[嚴刹無着] (一明 2下10)

佛子여 此菩薩이 以無着心으로 於念念中에 能入阿僧祇世界하여 嚴淨阿僧祇世界하되 於諸世界에 心無所着이니라

불자들이여, 이 보살이 집착이 없는 마음으로 생각마다 아승지 세계에 들어가서 아승지 세계를 깨끗이 장엄하되 모든 세계에 집착하는 마음이 없느니라."

[疏] 一, 明嚴刹無着이오
- a) 국토를 장엄하면서 집착이 없음을 설명함이요,

b) 삼보에 대해 집착이 없다[於三寶無着] (二往 3上10)

往詣阿僧祇諸如來所하여 恭敬禮拜하며 承事供養하되 以阿僧祇華와 阿僧祇香과 阿僧祇鬘과 阿僧祇塗香末香과 衣服珍寶와 幢幡妙蓋諸莊嚴具의 各阿僧祇로 以用供養하나니 如是供養은 爲究竟無作法故며 爲住不思議法故니라 於念念中에 見無數佛하되 於諸佛所에 心無所着하며 於諸佛刹에 亦無所着하며 於佛相好에 亦無所着하며 見佛光明하고 聽佛說法에 亦無所着하며 於十方世界와 及佛菩薩所有衆會에 亦無所着하며 聽佛法已하고 心生歡喜하여 志力廣大하여 能攝能行諸菩薩行하되 然於佛法에 亦無所着이니라

"아승지여래가 계신 데 나아가 공경하고 예배하고, 받들어 섬기고 공양하되, 아승지 꽃과 아승지 향과 아승지 화만과 아승지 바르는 향과 가루향이며, 의복과 보배와 당기와 깃발과 일산과 모든 장엄거리를 각각 아승지로써 공양하나니, 이렇게 공양하는 것은 지음이 없는 법을 끝내기 위함이며

부사의한 법에 머물기 위한 연고이니라. 잠깐잠깐 동안에 수없는 부처님을 뵈옵되 부처님에게 집착하는 마음이 없으며, 모든 부처님 세계에도 집착이 없고, 부처님 잘생긴 몸매에도 집착이 없고, 부처님의 광명을 보고 부처님의 법문을 듣는 데도 집착이 없으며, 시방의 세계와 부처님과 보살과 모인 대중에게도 집착이 없고, 불법을 듣고는 환희한 마음을 내고 뜻과 힘이 광대하여, 모든 보살의 행을 능히 가지고 능히 행하면서도 부처님 법에 집착함이 없느니라."

[疏] 二, 往詣下는 於三寶에 無着이라 於中에 初, 敬事供佛이오 次, 如是下는 顯供所爲오 後, 於念念下는 別示無着之相이니 義兼三寶와 及自進修에 皆無所着이라 言念念者는 顯速而且多라

- b) 往詣 아래는 삼보에 대해 집착이 없음이다. 그중에 (a) 공경히 섬기고 부처님께 공양함이요, (b) 如是 아래는 (부처님께 올린) 공양의 역할을 밝힘이요, (c) 於念念 아래는 집착 없는 모양을 별도로 보임이니 이치로는 삼보와 자분행과 승진행으로 수행할 적에 모두 집착하는 바가 없음을 겸하였다. '생각 생각에'라고 말한 것은 '빠르면서 더욱 많음'을 밝힌 내용이다.

c) 오랜 세월을 집착이 없다[長時無着] (三此 3下6)

此菩薩이 於不可說劫에 見不可說佛이 出興於世하고 一一佛所에 承事供養을 皆悉盡於不可說劫하되 心無厭足하여 見佛聞法과 及見菩薩衆會莊嚴에 皆無所着하며

"이 보살이 말할 수 없는 겁에 말할 수 없는 부처님이 세상에 출현하심을 보고, 날날 부처님 계신 데서 섬기고 공양하기를 말할 수 없는 겁이 다하도록 하더라도 마음에 만족함이 없으며, 부처님을 뵈옵고 법을 듣고 보살과 모인 대중의 장엄을 보더라도 다 집착함이 없으며,

[疏] 三, 此菩薩下는 長時無着이오
- c) 此菩薩 아래는 오랜 세월을 집착이 없음이요,

b. 잡염경계를 싫어하지 않는다[染境不嫌] (二染 3下8)

見不淨世界하되 亦無憎惡하나니
부정한 세계를 보고도 미워하는 생각이 없나니,

[疏] 二, 染境不嫌이니 唯一句者는 染易捨故라
- b. 잡염경계를 싫어하지 않음이니 오직 한 구절뿐인 것은 잡염경계는 버리기가 쉽기 때문이다.

(ㄴ) 물어서 그 이유를 해석하다[徵釋所由] (第二 4上2)

何以故오 此菩薩이 如諸佛法而觀察故니 諸佛法中에 無垢無淨하며 無闇無明하며 無異無一하며 無實無妄하며 無安隱無險難하며 無正道無邪道니라
무슨 까닭이냐? 이 보살이 부처님 법과 같이 관찰하는

연고니, 불법 가운데는 때 묻음도 없고 깨끗함도 없고 어둠도 없고 밝음도 없고 다름도 없고 하나도 없고 진실함도 없고 허망함도 없고 편안함도 없고 험난함도 없고 바른 길도 없고 삿된 길도 없느니라."

[疏] 第二, 徵釋中에 徵意云호대 欣淨惡穢는 人之常情이어늘 菩薩은 如何不嫌不着고 釋意에 云, 不依佛慧에 淨穢가 是³⁾生이어니와 順法而觀에 二相이 安在아 故云如諸佛法而觀察故니 佛法이 卽法界佛慧也니라

■ (ㄴ) 물어서 그 이유를 해석함 중에 묻는 의도를 말하면 깨끗함을 좋아하고 더러움을 싫어함은 사람의 공통된 생각인데, 보살은 어찌하여 싫어하지 않고 집착도 하지 않는가? 해석한 의미는 이르되, "부처님의 지혜를 의지하지 않을 적에 깨끗하고 더러움이 생길 것이지만 법에 수순하여 관찰할 적에 두 모양이 어찌 있겠는가? 그러므로 '부처님 법과 같이 관찰하는 까닭이다'"라고 하였으니, 부처님 법이 곧 법계의 부처님 지혜인 까닭이다.

(ㄷ) 종종만행에 대한 무집착을 유례하여 밝히다[類顯萬行]

(第三 4下2)

菩薩이 如是深入法界하여 敎化衆生하되 而於衆生에 不生執着하며 受持諸法하되 而於諸法에 不生執着하며 發菩提心하여 住於佛住하되 而於佛住에 不生執着하며 雖

---

3) 是는 續金本作自.

有言說이나 而於言說에 心無所着하며 入衆生趣하되 於衆生趣에 心無所着하며 了知三昧하여 能入能住하되 而於三昧에 心無所着하며 往詣無量諸佛國土하여 若入若見하고 若於中住하되 而於佛土에 心無所着하며 捨去之時에 亦無顧戀하나니라

"보살이 이렇게 법계에 깊이 들어가 중생을 교화하되 중생에게 집착을 내지 않고, 모든 법을 받아 지니되 모든 법에 집착을 내지 않고, 보리심을 내어 부처님 머무시는 데 머물되 부처님 머무시는 데 집착을 내지 않고, 비록 말을 하나 말에도 집착함이 없고, 중생 갈래에 들어가되 중생 갈래에 집착함이 없고, 삼매를 알아서 들어가고 머무르되 삼매에 집착함이 없고, 한량없는 부처님 국토에 나아가 들어가기도 하고 보기도 하고 그 가운데 머물기도 하되 부처님 국토에 집착함이 없고, 버리고 갈 적에도 그리워하지 아니하느니라."

[疏] 第三, 類顯萬行이니 若自若他에 皆無所着이라 於中에 初句는 結前生後오 敎化已下는 廣列所行이라 言佛所住者는 卽聖天梵等이라 餘並可知로다

- (ㄷ) 종종만행에 대한 무집착을 유례하여 밝힘이니, 자신과 남에게 모두 집착하는 바가 없음이다. 그중에 a. 첫 구절은 앞을 결론하고 뒤를 시작함이요, b. 敎化 아래는 행하는 바를 자세히 나열함이다. '부처님 머무시는 데'라 말한 것은 곧 성인과 하늘과 범천 등이다.

[鈔] 卽聖天梵等은 後會4)에 當廣明하리라
- 성인과 하늘과 범천 등은 다음 법회[제5회 도솔천궁회]에 가서 자세히 밝히리라.

ㄴ) 승진경계로 본 무착심[勝進無着] 2.
(ㄱ) 과목 나누기[分科] (第二 6上2)

[疏] 第二, 菩薩摩訶薩下는 勝進無着이라 文分爲三이니 初, 明自行이오 二, 得授記已下는 利他오 三, 菩薩如是觀身下는 結行成滿이라
- ㄴ) 菩薩摩訶薩 아래는 승진경계로 본 무착심이다. 경문을 셋으로 나누었으니, a. 자분행법의 무집착을 설명함이요, b. 得授記 아래는 무집착의 이타행을 설명함이요, c. 菩薩如是觀身 아래는 무집착의 행법을 원만성취함을 결론함이다.

(ㄴ) 과목에 따라 해석하다[隨釋] 3.
a. 자분행법의 무집착[明自行] 2.
a) 앞의 자분행법을 따오다[牒前自分] (今初 4下8)
b) 승진행법을 바로 밝히다[正顯勝進] (後於)

菩薩摩訶薩이 以能如是無所着故로 於佛法中에 心無障礙하여 了佛菩提하며 證法毘尼하며 住佛正敎하며 修菩薩行하며 住菩薩心하며 思惟菩薩解脫之法하며 於菩薩

---
4) 제5회 도솔천궁법회 제23 昇兜率天宮品 疏文에 云, 言佛住者는 謂聖天梵等이 皆佛所住라, 鈔文에 云, "天住는 謂四種靜慮오 梵住는 卽是悲等無量이요 聖住는 卽是空無相等이라 하며 世親은 云, 謂住佛所住無所住處는 謂此住中에 常作佛事하야 無有休息이라."

住處에 心無所染하며 於菩薩所行에 亦無所着하며 淨菩薩道하며 受菩薩記하나니라

"보살마하살이 능히 이렇게 집착함이 없는 연고로, (1) 불법 가운데 마음이 장애되지 아니하며, (2) 부처님의 보리를 알고 (3) 법의 비니를 증득하고 (4) 부처님 정교에 머무르며, (5) 보살의 행을 닦고 (6) 보살의 마음에 머물고 (7) 보살의 해탈법을 생각하면서도 (8) 보살의 머무는 곳에 물들지 아니하고 (9) 보살의 행하는 데에 집착함이 없이, (10) 보살의 도를 청정케 하여 (11) 보살의 수기를 받느니라."

[疏] 今初에 分二니 先, 牒前自分이오 後, 於佛法下는 正顯勝進이라 有十一句하니 初는 總이오 餘는 別이라 總은 謂了達敎理行果之法故라 別中에 一은 了果法이니 謂佛菩提오 二는 了理法이니 謂證法毘尼라 毘尼는 梵音이니 具云毘奈耶라 此稱爲滅이라 若律藏受名인대 義兼調伏이어니와 今云法滅은 通四種法이 皆有滅義니 謂敎詮滅故며 行滅惑故며 果證滅故며 理本寂滅故라 今文上下에 旣有餘三이라 故此滅者는 卽理滅也니라 又與證義로 相應이니 圓融敎中에 此容證故라 三, 住佛正敎는 卽了敎法이니 如所敎住故라 四, 修菩薩行下는 皆行法也라 三句는 隨相行이니 行卽萬行이오 心은 謂四等이오 解脫은 卽諸解脫門이라 次二句는 無相行이라 住處는 卽前敎理及果오 所行은 卽前萬行等이니 皆無染着也라 由此故로 能淨菩薩道하야 堪受記別이니라

■ 지금은 (ㄱ)에서 둘로 나누니 a) 앞의 자분행법을 따옴이요, b) 於佛法 아래는 승진행법을 바로 밝힘이다. 11구절이 있으니 (a) 첫 구절은 총상이요, (b) 나머지 구절은 별상이다. (a) 총상은 이른바 교법

과 이치와 행법과 과덕의 법을 알고 통달한 까닭이다. (b) 별상 중에 (1) 과덕의 법을 요달함이니 '부처님의 보리'를 말함이요, (2) 이치의 법을 요달함이니 이른바 법의 비니를 증득함이다. 비니는 범음 소리이니 갖추어서 '비나야(毘奈耶)'라 말하나니, 여기서는 '멸함'이라 칭한다. 만일 율장에서 이름을 받는다면 이치가 조복을 겸하지만 지금 말한 '법이 멸함'은 네 가지 법이 모두 멸함의 뜻을 가졌다. 이른바 교법으로 멸함을 말하는 까닭이며, 행법으로 번뇌를 없애는 까닭이며, 과덕으로 열반을 증득한 연고며, 이치로는 본래 고요한 까닭이다. 본경의 문장 위 아래에 이미 나머지 셋이 있다. 그러므로 여기서 멸함이란 곧 이치가 멸함이다. 또한 증득의 뜻과 상응하나니 원융한 교법 중에는 이것으로 증득함을 용납하는 까닭이다. (3) 부처님의 바른 교법에 머무름은 곧 교법을 요달함이니 가르치신 바와 같이 머물기 때문이다. (4) 修菩薩行 아래는 모두가 행법이다. 세 구절은 모양을 따르는 행법이니 (여기서) 행법은 곧 만 가지 행법이요, 마음은 사무량심을 말하며, 해탈은 곧 모든 해탈문이다. 다음 두 구절[於菩薩住處一, 於菩薩所行一]은 모양 없는 행법이다. '머무는 곳'은 곧 앞의 교법과 이치와 과덕을 말한다. '행하는 바'는 곧 앞의 만 가지 행법 등이니 모두 물들거나 집착이 없다. 이로 말미암아 능히 보살의 도를 청정케 하여 보살의 수기 받음을 감당할 수 있다.

[鈔] 謂證法等者는 又此證者는 亦了知義니 故로 梵本에 具云, 蘇鉢唎昧底多達磨毘奈耶라 釋曰, 蘇者善也오 鉢唎昧底多는 了知也라 而譯人이 揀異上果니 果但了知오 理諦證故라 又約其四法하야 但言是理니 對上菩提에 卽是涅槃이라 涅槃은 卽是性淨之理오 證은 卽

已爲圓淨涅槃故니라

- '법의 비니 등을 증득한다'고 말한 것은 또 여기서 증득이란 역시 '요달해 안다'는 뜻이다. 그러므로 범본에서 갖추어 말하되, "소발리미저다달마비나야(蘇鉢唎味底多達磨毘奈耶)이다"라고 하였다. 해석하자면 소(蘇)는 '잘함'이요, 발리미저다(鉢唎味底多)는 '요달한다'는 뜻이다. 그런데 번역한 이가 위의 과덕과 구분하였으니 과(果)는 단지 요달해 알 뿐이요, 이치를 자세하게 증득한 까닭이다. 또한 그 네 가지 법을 의지하여 단지 '이치'라고만 말했으니, 위의 보리와 상대할 적에 곧 열반을 뜻한다. 열반은 곧 성품이 청정한 이치요, 증득은 곧 이미 원만하고 청정한 열반이 됨을 뜻한 까닭이다.

b. 무집착의 이타행[明利他] 2.
a) 과목 나누기[分科] (第二 6上2)

[疏] 第二, 大悲利他라 中에 二니 先, 增長大悲오 後, 要心拔濟라 前中에 又二니 先, 觀其所悲오 後, 增悲無着이라 前中에 又二니 先, 觀迷四諦故로 入於險道오 後, 觀迷勝義故로 入於險道라

- b. 무집착의 대비로 이타를 행함이다. 그중에 둘이니 (a) 대비심을 증장함이요, (b) 마음으로 구제하려고 요구함이다. (a) 중에 또 둘이니 ㊀ 대비할 대상을 관찰함이요, ㊁ 대비심을 증장하면서도 집착 없음이다. ㊀ 중에 또 둘이니 ① 사성제에 미혹한 이를 관찰하는 연고로 험난한 길로 들어감이요, ② 승의제에 미혹한 이를 관찰한 연고로 험난한 길로 들어감이다.

b) 과목에 따라 해석하다[隨釋] 2.
(a) 대비심을 증장하다[增長大悲] 2.

㈠ 그 대비의 대상을 관찰하다[觀其所悲] 2.
① 사성제에 미혹한 이를 관찰하다[觀迷四諦] 2.
㉮ 생각이 일어나는 때를 표방하다[標起念時] (今初 6上5)

得受記已에 作如是念하되 凡夫愚癡하여 無知無見하며 無信無解하며 無聰敏行일새 頑嚚貪著하여 流轉生死하여 不求見佛하며 不隨明導하며 不信調御하고 迷誤失錯하여 入於險道하며

"수기를 받고는 이렇게 생각하나니, '(1) 범부가 우치하여 (2) 알지 못하고 (3) 보지 못하며 (4) 신심이 없고 (5) 이해가 없고 (6) 총명하고 민첩한 행이 없으며, (7) 완악하고 어리석어 (8) 생사에 헤매면서, (9) 부처님 뵙기를 구하지 않고 (10) 밝은 지도를 따르지 않고 (11) 옳게 인도함을 믿지 않으므로 (12) 아득하고 잘못되어 (13) 험난한 길에 들어가는 것이며,

[疏] 今初也라 初二句는 標起念時오 凡夫已下는 辨所念境이라 有十三句하니 初는 總이오 餘는 別이라

■ 지금은 ①이다. ㉮ 처음 두 구절은 생각이 일어나는 때를 표방함이요, ㉯ 凡夫 아래는 생각할 대상 경계를 밝힘이다. 13구절이 있으니 ㉠ 첫 구절은 총상이요, ㉡ 나머지 구절은 별상이다.

㈏ 생각할 대상 경계를 밝히다[辨所念境] 2.
㉠ 총상 해석[總] (總謂 6上6)
㉡ 별상 해석[別] (別中)

[疏] 總謂迷於四諦를 皆曰愚癡라 別中에 前五는 彰迷오 後七은 顯過라 前中에 一, 不知苦諦오 二, 不見集過오 三, 不信性本寂滅이오 四 五, 不能修道니 一은 解오 二는 行이오 後七은 顯過니 一, 不見集過 故로 頑嚚貪着이니 即癡愛也라 二, 由貪愛故로 受生死苦오 次, 不 求見下四句는 釋不修道니 初三은 闕道緣이라 四, 由不信故로 迷正 道失本解하야 以邪爲正이니 名爲錯誤라 後一은 由前不修故로 入險 失滅이니 上은 一向是凡이니라

■ ㉠ 총상은 사성제를 미혹함을 모두 '어리석다'고 말한다. ㉡ 별상 해석에서 ⓐ 앞의 다섯 구절은 어리석음을 드러냄이요, ⓑ 뒤의 일곱 구절은 허물을 드러냄이다. ⓐ 중에 ㉮ 고성제를 알지 못함이요, ㉯ 집성제의 허물을 보지 못함이요, ㉰ 성품이 본래 고요함을 믿지 않음이요, ㉱ 알지 못하고 ㉲ 행하지 못함은 능히 도를 닦을 수 없음이니 첫째는 아는 것이요, 둘째는 행하는 것이다. ⓑ 뒤의 일곱 구절은 허물을 드러냄이니 (1) 집성제의 허물을 보지 못하므로 완악하고 탐착하나니 곧 어리석은 애정이다. (2) 탐내는 애정으로 인해 나고 죽는 고통을 받는 것이요, (3) 不求見 아래 네 구절은 도를 닦지 못함을 해석함이니 ① 앞의 세 구절은 도의 인연을 빠뜨림이다. ② 넷째 구절[迷誤失錯]은 믿지 않음으로 인해 바른 도를 미혹하고, 본래 알던 것을 잃고서 삿된 것을 바르다고 함이니 그래서 '잘못 그르쳤다'고 이름하였다. (4) 뒤의 한 구절[入於險道]은 앞에서 수행하지 않음으로 인해

험난한 길에 들어가 열반의 길을 잃었으니, 여기까지는 한결같이 범부의 경계이다.

[鈔] 先則總觀者는 然約二愚에 迷四諦理는 即是迷勝義愚니 即四重二諦中에 第二重二諦라 今取第三重中勝義니 謂即眞如라 故與四로 不同이니 四諦는 但是俗故니라 頑嚚即癡愛者는 尙書堯典注에 云, 心不則德義曰頑이오 言不道忠信曰嚚이라하니 故頑即癡오 嚚是愛也니라

- ㉠ 총상으로 관찰함은 그런데 두 가지 어리석음에 의지할 적에 사성제의 이치를 미혹함은 곧 승의제에 미혹한 어리석음이다. 곧 사중(四重)의 두 가지 진리 중에서 제2중(重) 두 가지 진리이다. 지금은 제3중(重)의 승의제(勝義諦)를 취하였으니 곧 진여를 말한다. 그러므로 사성제와는 같지 않나니 네 가지 진리는 단지 속제(俗諦)일 뿐이기 때문이다. '완악함은 곧 어리석은 애정이다'라고 한 것은 『상서(尙書)』의 요전(堯典)[5] 주(注)에 이르되, "마음이 덕과 의리와 합치하지 않음을 완악(頑惡)이라 하고, 말이 충의와 믿음을 말하지 않음을 은음(嚚瘖)이라 한다"라고 하였으니 그러므로 완(頑)은 곧 '어리석음'이요, 은(嚚)은 바로 '애정'을 뜻한다.

② 승의제에 미혹함을 관찰하다[觀迷勝義] (二不 7上2)

不敬十力王하고 不知菩薩恩하여 戀着住處하며 聞諸法

---

5) 尙書는 書經의 다른 이름으로 漢代 이전까지는 그냥 書라 불리었다. 虞・夏・商・周시대의 역사적 내용들이 기록되었다고 전하지만 현존하는 상서는 58편으로 구성되며, 周시대의 原本이 아니고 南北朝시대의 僞作이라는 주장이 주류를 이룬다. 頑 완고할 완. 嚚 어리석을 은. 瘖 벙어리 음.

空하고 心大驚怖하며 遠離正法하고 住於邪法하며 捨夷
坦道하고 入險難道하며 棄背佛意하고 隨逐魔意하여 於
諸有中에 堅執不捨로다하니

열 가지 힘을 가지신 이를 공경하지 않고, 보살의 은혜를 알
지 못하며, 머무른 곳에만 탐착하여 모든 법이 공하다 함을
듣고는 공포한 마음을 내며, 바른 법을 떠나고 삿된 법에 머
물며, 평탄한 길을 버리고 험난한 길에 들어가, 부처님 뜻을
등지고 마군의 뜻을 따르면서 모든 있는 데서 굳게 집착하
고 버리지 못하나니,

[疏] 二, 不敬下는 明迷勝義故로 入於險道니 通於凡小라 初二句는 離勝
緣이오 次二句는 闕勝因이니 三有生空이 皆爲住處라 怖法空者는 謂
斷滅故라 故로 大般若諸會之末에 善現이 皆愍衆生이 怖畏法空하사
而興問言하시되 云何令諸衆生으로 悟諸法空이니 佛言하시되 非先有
法을 後說爲無라 旣非先有오 後亦非無라 自性常空이니 勿生驚怖라
하나라 遠離已下는 覆疏上義니 由着處怖空故라 遠正住邪와 捨夷入
險이 由離勝緣故로 背佛隨魔하고 執有不捨라 魔樂生死하고 佛住空
故니라

■ ② 不敬 아래는 승의제에 미혹한 연고로 험난한 길에 들어감을 밝혔
으니 범부와 소승의 경계에 통한다. ㉠ 처음 두 구절[不敬一, 不知一]은
좋은 인연을 여읨이요, ㉡ 다음 두 구절[戀着住處, 聞諸法空]은 좋은 원
인을 빠뜨림이니 삼유(三有)의 중생이 공한 것이 모두 머무는 곳이 된
다. '법이 공함을 듣고 두려워한다'는 것은 단멸의 소견인 까닭이다.
그러므로『대반야경』의 모든 법회의 말미에 수보리가 중생들이 법이

공함을 두려워하여 질문하되 '어찌하여 모든 중생으로 하여금 법이 공함을 깨달으라 하십니까?' 하는 것을 불쌍히 여겼으니, 부처님이 말씀하시되, "먼저 있던 법을 나중에 없다고 말하는 것이 아니라 이미 먼저 있던 것이 아니요, 뒤에도 역시 없어지는 것이 아니다. 자기 성품이 항상하고 공하나니 놀라거나 두려움을 내지 말아라"라고 하였다. ㉰ 遠離 아래는 소가가 위의 뜻을 뒤집었으니 머무는 곳에 집착함으로 인해 공함을 듣고 두려워하는 까닭이다. '올바른 것을 멀리하고 삿된 것에 머무는 것'과 '평탄한 길을 버리고 험난한 길에 들어감'이 좋은 인연을 떠남으로 인해 부처님을 등지고 마군을 따르며 유를 고집하여 버리지 못함이다. 마군은 나고 죽음을 즐거워하고 부처는 공함에 머무는 까닭이다.

㉡ 대비심을 증장하면서도 집착이 없다[增悲無着] (二菩 7下1)

菩薩이 如是觀諸衆生하고 增長大悲하여 生諸善根하되 而無所着이니라
보살이 이렇게 중생을 관찰하고 대비심을 증장하여 모든 선근을 내면서도 집착하지 않느니라."

[疏] 二, 菩薩如是下는 增長悲心하야 結成無着이니라
- ㉡ 菩薩如是 아래는 대비심을 증장하면서도 집착 없음으로 결론한 내용이다.

(b) 대비심으로 중생을 제도하려 하다[要心拔濟] 2.

㈠ 의미를 밝히고 과목 나누다[顯意分科] (第二 7上8)

[疏] 第二, 菩薩爾時下는 要心拔濟니 以大悲心으로 長劫隨逐이라 文分二別이니 先, 起行이오 後, 乃至下는 顯無着이라
- (b) 菩薩爾時 아래는 대비심으로 중생을 제도하려 함이니 대비심으로 오랜 세월 (중생을) 따라다니며 (제도하는 것)이다. 경문을 둘로 나누었으니 ① 행법을 시작함이오, ② 乃至 아래는 집착 없음을 밝힘이다.

㈡ 경문을 따라 해석하다[隨文隨釋] 2.
① 행법 시작함을 설명하다[明起行] 2.
㉮ 마음에 피로하거나 싫어함이 없다[心無疲厭] (前中 7下9)
㉯ 마음이 광대함을 설명하다[明心廣大] (後又)

菩薩이 爾時에 復作是念하되 我當爲一衆生하여 於十方世界 一一國土에 經不可說不可說劫토록 敎化成熟하고 如爲一衆生하여 爲一切衆生도 皆亦如是하되 終不以此로 而生疲厭하여 捨而餘去라하며 又以毛端으로 徧量法界하여 於一毛端處에 盡不可說不可說劫토록 敎化調伏一切衆生하고 如一毛端處하여 一一毛端處에 皆亦如是하나니라

"보살이 그때에 또 생각하기를 '내가 마땅히 한 중생을 위하여 시방세계의 낱낱 국토에서 말할 수 없이 말할 수 없는 겁을 지내면서 교화하여 성숙케 할 것이며, 한 중생을 위하는 것과 같이, 모든 중생을 위하여서도 그와 같이 할 것이

요, 마침내 이것을 위하여 싫거나 고달픈 마음을 내어 그냥 버려두고 다른 데 가지 아니할 것이며, 또 털끝으로 법계를 두루 재면서, 한 털끝만 한 곳에서 말할 수 없이 말할 수 없는 겁이 다하도록 일체 중생을 교화하고 조복하며, 한 털끝만 한 곳에서와 같이 낱낱 털끝만 한 곳에서도 그와 같이 하리라' 하느니라."

[疏] 前中에 亦二니 先은 明心無疲厭이니 以無着故라 即大悲堅固하야 不以難化로 而厭捨之라 後, 又以下는 明其心廣大니 謂一毛量處에 化多衆生하야 法界皆爾하니 是爲廣大니라

- ① 중에 또한 둘이니 ㉠ 마음에 피로하거나 싫어함이 없음이니 집착이 없기 때문이다. 곧 대비심이 견고하여 교화하기 어려운 중생을 싫어하거나 버리지 않는다는 뜻이다. ㉡ 又以 아래는 마음이 광대함을 설명함이니 이른바 한 털끝만 한 곳에서 많은 중생을 교화하듯이 법계 모두에도 그렇게 함이 곧 광대하다는 뜻이다.

② 집착 없음을 밝히다[顯無着] 3.
㉠ 적은 것을 들어서 많은 것과 비교하다[擧少況多] (二顯 8上4)
㉡ 집착 없음에 대해 자세하게 밝히다[廣顯無着] (次於)

乃至不於一彈指頃도 執着於我하여 起我我所想하며 於一一毛端處에 盡未來劫토록 修菩薩行하되 不着身하며 不着法하며 不着念하며 不着願하며 不着三昧하며 不着觀察하며 不着寂定하며 不着境界하며 不着敎化調伏衆

生하며 亦復不着入於法界하나니라

"내지 손가락 한 번 튕길 동안이라도 <나>라는 데 집착하여 <나>라는 생각과 <내 것>이란 생각을 일으키지 아니하며, 날날 털끝만 한 곳에서마다 오는 세월이 끝나도록 보살의 행을 닦아도 몸에 집착하지 않고 법에 집착하지 않고 생각에 집착하지 않고 소원에 집착하지 않고 삼매에 집착하지 않고 관찰에 집착하지 않고 고요한 선정에 집착하지 않고 경계에 집착하지 않고 중생을 교화하여 조복하는 데 집착하지 않으며 다시 법계에 들어가는 데도 집착하지 않느니라."

[疏] 二, 顯無着이라 中에 三이니 初, 擧少況多라 次, 於一一下는 廣顯無着이니라

■ ② 집착 없음을 밝힘이다. 그중에 둘이니 ㉮ 적은 것을 들어서 많은 것과 비교함이다. ㉯ 於一一 아래는 집착 없음에 대해 자세하게 밝힘이다.

㉰ 물어서 그 이유를 해석하다[徵釋所以] 2.
㉠ 총합하여 과목 나누다[總科判] (後何 8下3)

何以故오 菩薩이 作是念하되 我應觀一切法界가 如幻하며 諸佛이 如影하며 菩薩行이 如夢하며 佛說法이 如響하며 一切世間이 如化하여 業報所持故며 差別身이 如幻하여 行力所起故며 一切衆生이 如心하여 種種雜染故며 一

切法이 如實際하여 不可變異故라하나니라

"무슨 연고냐? 보살이 생각하기를 '내가 마땅히 일체 법계가 요술과 같은 줄 관하며, 모든 부처님이 그림자 같고 보살의 행이 꿈과 같고 부처님의 법을 말함이 메아리 같은 줄 관하며, 일체 세간이 화현과 같으니 업보로 유지되는 연고며, 차별한 몸이 요술과 같으니 행의 힘으로 일으킨 연고며, 일체 중생이 마음과 같으니 가지가지로 물든 연고며, 일체법이 실제와 같으니 변할 수 없는 연고임을 관하라' 하느니라."

[疏] 後, 何以下는 徵釋所以라 所以不着者는 後釋有二意하니 一, 稱深無相而興念故오 二, 廣徧虛空하야 起加行故라

■ ㈐ 何以 아래는 물어서 그 이유를 해석함이다. 집착 않는 이유는 뒤의 해석에 두 가지 의미가 있으니 (1) 광대하여 허공에 두루 하도록 가행을 일으키는 까닭이다.

㉡ 개별로 경문을 해석하다[別釋文] 2.
ⓐ 깊으며 모양 없음과 칭합하게 생각을 일으키다[稱深無相而興念] 2.

㉮ 현재의 바른 이치를 말하다[申今正義] 2.
㉠ 총합 설명[總明] (前中 8下5)

[疏] 前中에 無相難明하니 寄以喩顯하리라 然此諸喩는 通喩諸法이니 如下本品이라 今取義便하야 各擧其一하리라 則明前所見이 皆無相也니

■ ⓐ 중에 모양 없음은 밝히기 어려우니 비유에 의탁하여 밝혔다. 그러나 여기서 모든 비유는 모든 법을 전체적으로 비유하였으니 아래의 본품과 같다. 지금은 이치의 편의를 취하여 각기 그 하나를 거론한 것이다. 앞의 소견이 모두 모양 없음에 대해 밝힌 내용이니,

ⓕ 개별 해석[別釋] 2.
Ⓐ 경문을 전체적으로 해석하다[通釋經文] (初句 8下7)
Ⓑ 힐난을 따라 해석하다[隨難別釋] (又前)

[疏] 初句爲總이니 觀事法界가 從緣如幻하야 無實體故로 是以不着이라 餘句爲別이라 一, 佛隨機現이 如影隨質故라 又現心水故라 二, 菩薩行이 想念生故니 未大覺故라 三, 緣成之聲故로 隨感有說故라 餘句는 經文自釋이라 一切法如實際者는 總結也라 又前明法界如幻은 卽體從緣이오 後結一切法如實際는 卽事而寂이니 世人이 皆謂實際不變이라하고 而謂諸法無常이라할새 以其所知로 喻所不知에 故置如言이언정 理實圓融하야 世間之相이 卽是常住라

■ ⓕ 첫 구절은 총상이니 현상법계가 인연으로부터 허깨비와 같이 실체가 없음을 관찰한 까닭에 집착하지 않는 것이다. ⓕ 나머지 구절은 별상이 된다. (1) 부처님은 중생의 근기를 따라 나타나심이 마치 그림자가 본질을 따름과 같은 까닭이다. 또한 마음의 물에 나타나기 때문이다. (2) 보살행이 생각함으로 생기는 까닭이니 큰 깨달음이 아니기 때문이다. (3) 인연으로 된 소리인 연고로 감응을 따라 실법이 있는 까닭이다. 나머지 구절은 경문 자체의 해석과 같다. '일체법이 실제와 같다'는 것은 총합하여 결론함이다. 또한 앞에서 '법계가 요

술과 같다'고 밝힌 것은 체성과 합치하여 인연을 따름이요, 뒤에 일체법이 실제와 같음을 결론한 것은 현상과 합치하여 고요함이니 세상사람이 모두 '실제는 변하지 않는다'고 말하였고, 그러나 '모든 법은 항상함이 없다'고 말하므로 그 아는 바로 알지 못하는 바에 비유할 적에 짐짓 '말과 같다'는 말로 미루어 둘지언정 이치가 실제로 원융해서 세간의 모양이 곧 항상하다고 하였다.

[鈔] 二菩薩行想念生故者는 此有二意하니 一, 要須想念하야사 方能起行이니 如夢從想이라 故로 智論에 云, 所聞見事가 多思惟念일새 故夢見也라하니라 二,[6] 未大覺者는 大覺是佛이니 近而說之에 七地已前도 猶爲夢行이오 八地爲覺이라 又八地之中에 無明未盡일새 亦是夢境이라 永斷夢妄思想念하야 無復諸大陰界入은 唯佛一人이니 是故로 如來를 獨稱大覺이니라

● (2) '보살행이 생각함으로 생기는 까닭'이란 여기에 두 가지 뜻이 있으니 첫째, 모름지기 생각을 하고 나서 비로소 행동을 시작함이니, 마치 꿈이 생각으로 나옴과 같다. 그러므로 『대지도론』에 이르되, "보고 들은 일이 대부분 기억을 사유하는 연고로 꿈에 보는 것이다"라고 하였다. 둘째, 큰 깨달음이 아니라 함은 큰 깨달음은 곧 부처님이니 가깝게 설할 적에 제7지 보살 이전은 아직도 '꿈 같은 행법'이 됨이요, 제8지가 '깨달음'이 된다. 또한 제8지 중에도 무명번뇌가 다하지 않으므로 또한 '꿈 경계'라 한다. 꿈에 망녕되게 생각함을 영원히 끊어서 다시는 여러 사대와 오음과 18계와 육입이 없는 것은 오직 부처님 한 분뿐이다. 이런 까닭에 오직 여래만을 '큰 깨달음'이라 칭하는 것이다.

---

6) 上三字는 金本作想念念誤.

㉘ 옛 스님과 어기고 수순함을 말하다[敍昔違順] 3.
㊀ 고인들의 해석[敍昔解] (然古 9下1)

[疏] 然이나 古德이 以後七喩로 展轉釋疑하니 一, 疑云호대 世間幻火는 不成燒用이어니와 佛現益物은 豈同幻耶아 釋云호대 如影이라하니 亦有應質과 蔭覆等義나 豈是實耶아 然諸法喩가 各有三義하니 一, 緣成義오 二, 無實義오 三, 有用義라 意取無實이니 故不着也니라 二, 疑云호대 若佛如影인대 菩薩이 何以起行往求오 因旣不虛인대 果寧非實이리오 釋云호대 如夢에 夢亦三義니 無體現實이 與覺爲緣이니 謂有夢走라하야 而驚覺故라 菩薩行도 亦爾하야 證理故로 空이오 無明이 未盡故로 似實이오 能與佛果로 爲緣하야 勤勇不已일새 豁然覺悟니 如夢度河니라 三, 疑云호대 若菩薩行이 如夢者인대 何以經說此是菩薩行이며 此是二乘行고 釋云호대 如響이니 緣成無本일새 稱聲大小라 聖敎도 亦爾하야 機感無本일새 隨機異聞이니라 四, 疑云호대 果行은 可然이어니와 世間未悟에 此應是實이로다 釋云호대 如化니 心業神力으로 所持오 無實有用이니라 五, 疑云호대 若皆如化인대 何有差別之身고 釋云호대 如幻이니라 六, 疑云호대 身若如幻인대 何有報類不同고 釋云호대 如心이니 此二의 三義는 如前影說이니라 七, 總結은 可知로다

■ 그러나 옛 어른들이 일곱 가지 비유로 전전히 의심을 해석하였으니 (1) 의심해 말하되, "세간의 요술 같은 불은 태우는 작용이 되지 않았지만 부처로 나타나 중생을 이익함은 어찌 요술과 같겠는가? 해석하여 '그림자와 같다'고 말했으니 또한 바탕과 응함과 그늘로 덮음 따위의 뜻이 있지만 어찌 실제가 되겠는가? 그러나 모든 법과 비유가

각기 세 가지 뜻이 있으니 ① 인연으로 성립하는 이치요, ② 실체가 없는 이치요, ③ 작용이 있는 이치이다. 의미로는 ② 실체가 없음을 취하였으니 그러므로 집착하지 않는다." (2) 의심해 말하되, "만일 부처님이 그림자와 같다면 보살이 어떻게 수행을 시작하여 가서 구하겠는가? 원인이 이미 헛되지 않는다면 결과가 어찌 실답지 않으리오. 해석하여 '꿈과 같다'고 말할 적에 꿈에도 세 가지 뜻이 있으니 체성 없이 실법을 나타냄이 깨달음과 함께 인연이 되나니, 어떤 이가 꿈에 달리다가 놀라서 깨는 까닭이다. 보살행도 또한 그래서 이치를 증득한 연고로 공함이요, 무명번뇌가 다하지 않은 연고로 실법과 같으며, 능히 부처님 과덕과 함께 인연이 되어 부지런히 용맹정진을 그만두지 않으므로 활연히 깨닫나니, 꿈에 강물을 건너는 것과 같다." (3) 의심해 말하되, "만일 보살행이 꿈과 같다면 어째서 경문에서 '이것이 보살행이며 이것이 이승의 행법이라 말했는가?' 해석하여 '메아리와 같다'고 하였으니 인연으로 되어 근본이 없으므로 소가가 크다 작다로 말한 것이다. 성인의 가르침도 또한 그래서 중생의 근기에 감응함이 근본이 없으므로 근기에 따라 다르게 들은 것이다." (4) 의심해 말하되, "과덕의 수행은 그럴 수 있겠지만 세간이 깨닫지 못할 적에 응신이 실법이라 한다. 해석하여 '화현과 같다'고 하였으니 마음과 업의 신통력으로 간직한 것이요, 실체 없이 작용만 있는 것이다." (5) 의심해 말하되, "만일 모두가 화현과 같다면 어떻게 차별된 몸이 있겠는가? 해석하여 '요술과 같다'고 말하였다." (6) 의심해 말하되, "몸이 만일 요술과 같다면 어째서 보답한 부류가 같지 않는가? 해석하여 '마음과 같다'고 하였으니 이런 둘[(5), (6)]의 세 가지 뜻은 앞에서 그림자를 설명함과 같다." (7) 총합하여 결론함은 알 수 있으리라.

[鈔] 如夢度河者는 卽八地經이니라 七總結可知者는 彼亦釋疑니 謂有疑 云호대 衆生旣爾인대 何故로 菩薩이 說法赴機오할새 故此釋云호대 所 說法이 如實際일새 卽此言說이 常同實際故라 今疏中에 將初爲總일새 將後實際하야 以爲總結이니 所以名爲略加添改라 餘義는 多同이오 但 是取意가 有小⁷⁾異耳니라

- '꿈에 강물을 건너는 것과 같다'는 것은 곧 제8지의 경문이다. (7) '총 합하여 결론함은 알 수 있다'는 것은 저기에도 의심을 해석하였으니 말하자면 어떤 이가 의심해 말하되, "중생이 이미 그러한데 무슨 연 고로 보살이 법을 설하여 근기에 다가가는가?" 하므로 여기서 해석 하되, "설한 법이 실제와 같으므로 곧 이런 언설이 항상 실제와 같은 까닭이다." 지금 소문 중에 첫 구절을 가져서 총상을 삼았으므로 뒤 의 실제와 같음을 가지고 총합 결론을 삼았으니 그러므로 명칭으로 생략하거나 첨가하여 고칠 것이다. 이런 나머지 뜻은 대부분 같으며, 단지 의미를 취한 것이 조금 다른 점이 있을 뿐이다.

㊦ 첨가하고 고쳐야 하는 이유[添改所以] (上來 10下1)
㉠ 위배하고 수순함을 밝히다[辨違順] (然其)

[疏] 上來古德之釋이 旣二經에 小異일새 略加添改라 然其所解가 似過穿 鑿이나 亦是一途니라

■ 여기까지는 옛 어른들의 해석이 이미 두 가지 경전에서 조금 다르므

---

7) 小는 南續金本作少.

로 생략하거나 첨가하여 고친 것이다. 그러나 그 해석한 것이 천착이 지나친 것 같지만 또한 한 방도가 된다.

[鈔] 旣二經小異等者는 晉經에 卽云, 一切法界如幻이며 諸佛法如電이며 菩薩行如夢이며 所聞法如響이며 一切世界如化며 業報所起가 如摩甈摩化身이며 一切衆生猶如畵像이오 種種異形이 皆由心畵오 所說諸法이 皆如實際라하니라 釋曰, 此經에 亦有八喩하니 唯如畵像이 以經自合하고 餘但有牒法爲喩耳라 彼之電喩는 今改爲影이오 彼摩甈摩喩는 今改爲幻하니 故有二幻이라 此亦是改며 亦是添義라 彼業報所起가 屬摩甈摩所喩라 今將合化하니 亦是改處라 又後四喩는 皆經自釋하니 卽是添處라 經之添改가 總爲小異라 添改二字는 正約疏明이니라 彼釋電云호대 亦有破暗照明等用이라하니 今由爲影하야 改云亦有應質覆蔭等義라 彼釋第四疑云호대 果行等은 可使是空이어나 今世界事廣하니 此應爲實이라 由經에 以界爲間하니 則世間이 通三世間일새 故疏改別이니라 彼釋第五疑호대 若世如化인대 何有彼因果며 有善惡異오 釋云, 業報生이며 如幻生이라하니라 彼疏에 釋摩甈摩云호대 古德이 釋云호대 摩甈摩者는 重義니 卽是重化어니와 今更問得三藏法師호니 摩甈摩者는 此云意生이오 亦云意成이라하니 卽是意生身也니 彼身에 更起化故라하니라 釋曰, 此三藏釋에 亦有重化意耳라 但取文別이니 彼釋第六牒疑가 則同今之疏文이라 釋云, 如畵像隨心은 壁有高下故니라

● '이미 두 가지 경전에서 조금 다르다'는 등은 진경(晉經)에서 곧 이르되, "온갖 법계가 요술과 같으며 모든 불법은 번개와 같고, 보살 수행은 꿈과 같으며, 들은 법문은 메아리와 같고, 온갖 세계는 화현과

같으며, 업보로 일으킨 것이 마누마(摩㝹摩) 화신과 같으며, 일체 중생이 그림 형상과 같고, 갖가지 다른 형상이 모두 마음으로 그린 것이요, 말한 모든 법이 모두 실제와 같다"라고 하였다. 해석하자면 이 경문에 또한 여덟 가지 비유가 있으니 오직 그림 형상과 같다는 것만이 경문과 자연히 합하고, 나머지는 단지 법을 따와서 비유했을 뿐이다. 저 경문의 번갯불 비유는 지금은 고쳐서 그림자가 되었고, 저 마누마 비유는 본경에서 요술로 고쳤으니 그래서 요술이 두 가지가 있다. 이것도 고친 것이며 또한 첨가한 의미이다. 저기서 업보로 일으킨 것이 마누마(摩㝹摩)로 비유한 바에 속한다. 본경은 (이 마누마 비유를) 가져서 화현과 합했으니 또한 장소를 고친 것이다. 또한 뒤의 네 가지 비유[如化, 如幻, 如心, 如實際]는 모두 경문에 자체 해석이 있으니 곧 첨가한 것이다. 경문의 첨가하거나 고친 것이 총상으로는 조금 다르다. '첨가하거나 고친다'는 두 글자는 바로 소가가 밝힌 것이 의지한 것이다. 저 경문에서 번개를 해석하되, "또한 어둠을 타파하고 밝게 비추는 등의 작용이 있다"고 하였으니 지금은 그림자로 말미암아 고쳐 말하되, "또한 바탕과 응함과 그늘로 덮음 따위의 뜻이 있다"고 하였다. 저기서는 (4) 넷째 의심을 해석해 말하되, 과덕의 행법 등은 가사 공이라 했거니와 지금 세계의 일이 자세하니 이런 응신은 실법으로 안다. 경문에서 세계로 중간을 삼았으니 곧 세간은 삼세간과 통하므로 소가가 별상으로 고쳤다. 저기서 (5) 의심을 해석하되, 만일 세계가 화현과 같다면 어째서 저 원인과 결과가 있으며 선과 악의 다름이 있는가? 해석하되, "업보로 인해 생기며 요술과 같이 생긴다"라고 하였다. 저 소에서는 마누마를 해석하되, "고덕이 해석하되 마누마는 거듭의 뜻이니 바로 거듭 화현하거니와 지금 본경에는 다시 삼장법사에게 물었으니 "마누마는 '뜻대로 태어남[意生]'이라 번역함이요, 또한 '생각한 대로 성취한다[意成]'고 하였으니 곧 의생신(意生身)의 뜻이다. 저 몸에 다시 화현으로 일어나는 까닭이다"라고 하였다. 해석하자면 이 삼장의 번역에는 또한 '거듭 화현한다'는 뜻이 있을 뿐이다. 단지 경문을 취해서 구분하였으니 저기서 (6) 의심을 따와서 해석함이 지금 본경의 소문과 같다. 해석하자면 그림 형상과 같이 마음을 따르는 것은 담벽에 높고 낮음이 있기 때문이다.

ⓑ 허공에 두루 하게 가행 시작함을 밝히다[廣遍虛空起加行]
(二又 11下4)

又作是念하되 我當盡虛空徧法界하여 於十方國土中에 行菩薩行하되 念念明達一切佛法하여 正念現前하여 無所取着이라하나니라

"또 생각하기를 '내가 마땅히 허공이 끝나고 법계에 두루 한 시방의 국토에서 보살의 행을 행하며, 생각마다 일체 불법을 분명히 통달하고 바른 생각이 앞에 나타나 집착이 없으리라' 하느니라."

[疏] 二, 又作下는 徧周虛空하야 起加行故로 所以不着이니 初, 明處廣이오 念念明達은 彰其解廣이오 正念現前은 是不着因이니라

■ ⓑ 又作 아래는 허공에 두루 하게 가행을 시작한 연고로 ㉮ 집착하지 않음이니, 처소가 광대함을 설명함이요, ㉯ '생각마다 분명하게 통달함'은 아는 것이 광대함을 설명함이요, ㉰ '바른 생각이 앞에 나

타남'은 곧 집착 않는 원인이 된다.

c. 무집착행의 원만성취[結行成滿] 3.
a) 자리행의 완성으로 결론하다[結自利行成] (第三 11下7)

菩薩이 如是觀身無我하며 見佛無礙하고
"보살이 이와 같이 몸이 <나>랄 것이 없음을 관하고 부처님 보기를 걸림 없이 하며,

[疏] 第三, 結行成滿이라 中에 分三이니 初, 結自行成이오 二, 爲化下는 結利他行成이오 三, 何以下는 徵釋雙結二行成就라
- c. 무집착행의 원만성취이다. 그중에 셋으로 나누었으니 a) 자리행의 완성으로 결론함이요, b) 爲化 아래는 이타행의 완성으로 결론함이요, c) 何以 아래는 묻고 해석하여 두 가지 이익행이 성취됨을 함께 결론함이다.

b) 이타행의 완성으로 결론하다[結利他行成] 3.
(a) 중생 교화에 고달픔 없음을 밝히다[總顯敎化無疲] (二利 12上1)

爲化衆生하여 演說諸法하여 令於佛法에 發生無量歡喜淨信하여 救護一切하되 心無疲厭이니라
중생을 교화하려고 법을 연설하여 그로 하여금 부처님 법에 한량없는 즐거움과 청정한 신심을 내게 하며, 모든 이들을 구호하되 고달프거나 싫은 생각이 없느니라.

[疏] 二, 利他中에 三이니 初는 總顯敎化無疲오

- b) 이타행의 완성으로 결론함 중에 셋이니 (a) 중생 교화에 고달픔 없음을 밝힘이요,

(b) 고달픔 없는 모양을 별도로 보이다[別示無厭之相] (次無 12上7)

無疲厭故로 於一切世界[8]에 若有衆生이 未成熟未調伏處[9]어든 悉詣於彼하여 方便化度하되 其中衆生의 種種音聲과 種種諸業과 種種取着과 種種施設과 種種和合과 種種流轉과 種種所作과 種種境界와 種種生과 種種歿에 以大誓願으로 安住其中하여 而敎化之하고

고달픈 생각이 없으므로 모든 세계에서 중생이 성취하지 못하였거나 조복하지 못한 데가 있으면, 그곳에 나아가 방편으로 교화하여 제도하되, 그 가운데 중생이 (1) 가지가지 음성과 (2) 가지가지 업과 (3) 가지가지 집착과 (4) 가지가지 시설과 (5) 가지가지 화합이며 (6) 가지가지로 헤매고 (7) 가지가지 업을 짓고 (8) 가지가지 경계요 (9) 가지가지로 태어나고 (10) 가지가지로 죽는 것들을, 큰 서원으로 그 가운데 편안히 있어서 교화하되,

[疏] 次, 無疲厭故下는 別示無厭之相이라 其中施設者는 隨方儀式異故라 和合者는 善惡緣會故라 餘는 可知로다

---

8) 界下에 明淸合杭鼓纂金本有若字, 麗思綱續本無; 宋元本準弘昭本有 準大正無 合注云 界下宋南北藏無若字 杭注云 界下藏本有若字 流通本無若字.
9) 熟은 宋元明宮思淸合卍綱杭鼓纂續金本作就, 麗平綱本及晉經作熟.

■ (b) 無疲厭故 아래는 고달픔 없는 모양을 별도로 보임이다. 그 가운데 '시설'이란 방소를 따라 의식이 다른 까닭이다. '화합'이란 선한 인연과 악한 인연이 모인 까닭이다. 나머지는 알 수 있으리라.

[鈔] 四, 施設者下는 隨難別釋이라 而經에 云種種生者는 疏以易故로 不廣釋之어니와 今當重釋하리니 即四生等이라 又緣起經에 說三種生하시니 經中에 有一苾蒭가 問言호대 世尊하 如是四種生身之相이 由生老死가 有何差別이닛고 釋曰, 四種生身之相者는 謂名色과 六入과 觸과 受也라 經에 云, 世尊이 告曰, 此四種生身之相은 若次第生과 若屬彼生과 若如是生이니라 世尊하 云何次第生身之相이닛고 世尊告曰, 於其最初에 有下種生하고一10) 從此無間하야 有漸增生하고二 從此無間하야 有出胎生하고三 從此無間하야 有漸長生하고四 既成長已에 受用言說能得生할새니 即受用生이라五 如是品類를 名次第生이니라 次, 明屬彼生하나니 經에 云, 世尊하 此屬誰生이닛고 世尊告曰, 蘊界處生이오 都無有我니 所以者何오 以諸蘊等이 漸增長故라 其11) 性無常하니 即無性法에 有此生相이니라 三, 明如是生하나니 經에 云, 世尊하 云何而生이닛고 世尊告曰, 由命根力하야 有暫時住니 分限法故라 其性無常하니 即無常法으로 如是而生이니라 涅槃十二에 說五種生하시니 與上大同이라 南經十一에 云, 生者出相이니 所謂五種이라 一者, 初生이오 二者, 至終이오 三者, 增長이오 四者, 出胎오 五者, 種類니라

● (4) 施設者 아래는 힐난을 따라 별도로 해석함이다. 그런데 경문에

---

10) 一下에 南續金本有也字 此下諸注 續本均作正文.
11) 其는 甲南續金本作在.

서 '가지가지 태어남'이라 말한 것은 소가가 쉬운 연고로 자세하게 해석하지 않았지만 지금에 거듭 해석할 것이니 곧 '네 가지 태어남' 등이다. 또한 『연기경(緣起經)』에는 세 가지 태어남을 설했으니 경문에 이르되, "어떤 한 비구가 묻기를 '세존이시여, 이처럼 네 가지로 태어나는 몸의 모양이 태어나고 늙고 죽음으로 인해 무슨 차별이 있습니까?' 해석하기를, '네 가지 태어나는 몸의 모양이란 이른바 ① 이름과 물질 ② 육입(六入) ③ 감촉 ④ 느낌을 말한다.'" 경문에 이르되, "세존께서 고해 말씀하시되 이런 네 가지 태어난 몸의 모양은 ㉮ 순서대로 태어남과 ㉯ 저에 속해 태어남과 ㉰ 이와 같이 태어남이다. (가) 세존이시여, 어떤 것이 '순서대로 태어나는 몸의 모양'입니까? 세존께서 고하시기를 그 최초에 종자를 뿌려 태어남이 있고(1), 이로부터 사이함 없이 점차 생을 증가함이 있고(2), 이로부터 태에서 나와 태어남이 있고(3), 이로부터 점차 커서 태어남이 있고(4), 이미 성장하고 나서 언설을 받아 써서 태어남을 얻으니 곧 수용하여 태어남이다(5). 이런 품류를 이름하여 순서대로 태어남이라 한다." (나) 다음에 저에 속해 태어남을 설명하였으니 경문에 이르되, "'세존이시여, 이것은 무엇에 속해 태어남입니까?' 세존이 고하시되 '오온 18계 12처에서 태어남이요, 도무지 내가 없다. 왜냐하면 모든 오온 등이 점차로 증가하여 성장하기 때문이다. 그 체성은 항상하지 않나니, 곧 체성 없는 법에서 이런 태어남의 모양이 있는 것이다.'" (다) 이와 같이 태어남을 설명하였으니 경문에 이르되, "'세존이시여, 어떤 것이 태어남입니까?' 세존께서 고하시되, '목숨과 육근의 힘으로 인해 잠시 동안 머무름이 있나니 법의 분한인 까닭이다. 그 체성이 항상함이 없으니 곧 무상한 법에서 이렇게 태어난 것이다'"라고 하였다. 『열반경』 제12권에 다섯 가지 생(生)을 설하였는데 위와 거의 같다.『남경』은 제11권에 이르되, "태어나는 자의 나오는 모양이니 이른바 다섯 종류이다. ① 처음 태어남이요, ② 끝까지 이름이요, ③ 점점 성장함이요, ④ 태에서 나옴이요, ⑤ 종자의 부류이다."

彼疏釋云호대 初言生者는 出相이니 總顯生義라 下, 別顯中에 一, 初生者는 識支가 是其一報之始일새 故名爲初오 報起名出이니라 二, 至終者는 名色을 望前所依하야 說以爲終이니라 三, 增長者는 卽前名色이 增爲六入이니라 此三은 胎中이오 四는 出胎니 可知로다 五, 種類者는 出胎已後에 乃至老死히 一報之中에 運運新起를 皆名爲生이라 하니라 釋曰, 然此五生이 卽前次第生이니 以彼第三으로 爲此第四라 初生은 卽下種이오 至終은 卽漸增이오 增長은 卽前漸長이오 出胎는 名同이오 種類는 卽前受用이라 涅槃增長은 意是胎內오 緣起經中은 在於胎外니 小有異耳니라 經에 云, 種種沒者는 或延或促하야 三性等殊라 亦卽九種命終이니라 緣起經中에 說六種死하시니 經에 云, 卽於此四生身相中에 復有六種死差別相하니 一, 究竟死오 二, 不究竟死오 三, 自相死오 四, 不究竟死分差別相이오 五, 究竟死分差別相이오 六, 時非時死라하니라 彼釋曰究竟死者는 謂業盡死오 不究竟死者는 翻上應知로다 自相死者는 謂識離身에 諸根滅沒이라 不究竟死分差別相者는 謂業不盡中에 隨緣多種이라 究竟死分差別相者는 謂業盡處中에 隨緣多種이라 時非時死者는 謂八萬歲로 至十歲히 或依時命終하며 或不依時命終이라하니라

● 저 소에서 해석하되, '처음에 태어난'이라고 말한 것은 모양을 내보임이니 총합하여 태어남의 뜻을 밝혔다. (b) 개별로 밝힘 중에 (1) 처

음 태어남이란 인식의 지가 그 일생 과보의 시작이므로 처음이라 말함이요, 과보로 생김은 나옴이라 이름한다. (2) 끝에 이름이란 이름과 물질을 앞의 의지할 대상과 비교하여 끝이라 말함이다. (3) 늘어남이란 곧 앞의 이름과 물질이 늘어나 육입이 되었다. 이런 셋[(1) 처음 태어남과 (2) 끝에 이름과 (3) 늘어남]은 태중 자리요, (4) 태에서 나옴이니 알 수 있으리라. (5) 종자의 부류란 태에서 나온 이후에 나아가 늙고 죽음에 이르기까지 일생 과보 중에 움직이고 움직여서 새롭게 일어남을 모두 태어남이라 이름한다"라고 하였다. 해석하자면 그런데 이런 다섯이 태어남이 앞의 순서대로 생겨남이니 저기의 셋째로써 여기의 넷째를 삼은 것이다. 처음 태어남은 곧 씨를 뿌림이니 끝에 이름은 곧 점점 늘어남의 뜻이요, 늘어남은 곧 앞의 점차로 성장함이요, 태중에서 나옴은 이름이 같은 것이요, 종류는 곧 앞의 받아 씀[受用]이다. 『열반경』의 증장함은 의미가 태내에 있음이요, 『연기경』 중에서는 태 안에 있음이니 작게는 다름이 있을 뿐이다. 『열반경』에 이르되, "갖가지로 빠짐이란 혹은 늘어나기도 하고 혹은 촉박하기도 해서 세 가지 성품이 다른 것이다. 또한 아홉 종류의 목숨이 다함이기도 하다."
『연기경』 중에는 '여섯 가지 죽음'을 말하였으니 경문에 이르되, "곧 여기의 네 가지 태어나는 몸의 모양 중에 다시 여섯 종류의 죽음이 차별한 모양이 있으니 ① 마지막에 죽음이요, ② 마지막에 죽음이 아님이요, ③ 자체 모양으로 죽음이요, ④ 마지막에 죽음이 아닌 부분의 차별한 모양이요, ⑤ 마지막에 죽은 부분의 차별한 모양이요, ⑥ 때와 때 아닌 죽음이다"라고 하였다. 저기서 '① 마지막에 죽음'이라 말한 것은 업이 다하여 죽음을 말함이요, '② 마지막에 죽음이 아닌' 것은 위를 뒤바꾼 것이니 응당히 알라. '③ 자체 모양으로 죽음'이란 인식이 몸을 떠날 적에 모든 감관이 없어져 빠진다는 뜻이다. '④ 마지막에 죽음이 아닌 부분의 차별한 모양'이란 이른바 업이 다하지 않은 중에 인연을 따름이 여러 종류이다. '⑤ 마지막에 죽은 부분의 차별한 모양'이란 이른바 업이 다한 곳 가운데 인연을 따름이 여러 종류임을 뜻한다. '⑥ 때와 때 아닌 죽음'이란 이른바 팔만 세로 십 세까지는 혹은 의지한 시간에 목숨이 다함이기도 하고 혹은 의지한 시간에 목숨이 다함이 아니기도 하다.

涅槃十二에 云, 死者는 捨所受[12]身이라 有二種하니 一, 命盡死오 二, 外緣死라 命盡死者 亦[13]有三種하니 一, 命盡이오 非是福盡이니 謂正報는 雖亡이나 依報가 猶在故오 二, 福盡이오 非是命盡이니 謂依報滅壞나 正報猶在오 三, 福命俱盡이니 謂依正俱亡이니라 二, 外緣死에 亦有三種하니 一, 非分自害오 二, 橫爲他害오 三, 俱害라 又有三種하니 一, 放逸死니 謂有謗大乘方等般若波羅密이오 二者, 破戒死니 謂有毀犯去來現在佛所制戒오 三, 壞命根死니 謂捨五陰身이라 今此菩薩은 悉並委知하니라

- 『열반경』제12권에 이르되, "죽음이란 받은 몸을 버림이다. 두 가지가 있으니 ① 목숨이 다해 죽음이요, ② 외부 인연으로 죽음이다. ① 목숨이 다해 죽음이란 또한 세 종류가 있으니 (1) 목숨이 다함이요, 복이 다함이 아니다. 말하자면 정보는 비록 죽었지만 의보가 아직 있기 때문이요, (2) 복이 다함이요, 목숨이 다한 것이 아니다. 말하자면 의보는 없어졌지만 정보가 아직 남은 것이요, (3) 복과 목숨이

---

12) 受는 甲南續金本作愛誤.
13) 上九字는 甲本無, 南續金本作此.

모두 다함이다. 말하자면 의보와 정보가 함께 죽음을 뜻한다. ② 외부 인연으로 죽음에도 역시 세 종류가 있으니 (1) 분수가 아닌 스스로 해침이요, (2) 비명으로 다른 이의 해침으로 죽음이요, (3) 함께 해침으로 죽음이다. 또한 세 종류가 있으니, (가) 방일하여 죽음이니 이른바 대승법의 방등경과 반야바라밀을 비방함을 뜻한다. (나) 계를 파하여 죽음이니 이른바 과거나 미래, 현재의 부처님께서 제정하신 계율을 훼범함을 뜻한다. (다) 목숨이 육근이 무너져 죽음이니, 이른바 오음의 몸을 버림을 뜻한다. 지금 이런 보살은 모두 함께 자세하게 알지니라.

(c) 집착 없음으로 결론하다[結成無着] (後不 14下2)

不令其心으로 有動有退하며 亦不一念도 生染着想하나니라
그 마음이 변동하거나 퇴전치 않게 하며, 잠깐이라도 물드는 생각을 내지 아니하느니라.

[疏] 後, 不令下는 結成無着이라
■ (c) 不令 아래는 집착 없음으로 결론함이다.

c) 묻고 해석하여 함께 결론하다[徵釋雙結] (三徵 14下5)

何以故오 得無所着無所依故로 自利利他가 淸淨滿足이니
무슨 까닭이냐? 집착함이 없고 의지한 데가 없으므로

자기를 이롭게 하고 다른 이를 이롭게 함이 청정하고 만족함이니,

[疏] 三, 徵釋雙結을 可知로다
■ c) 묻고 해석하여 함께 결론함은 알 수 있으리라.

(다) 집착 없는 행을 결론하다[結名] (是名 14下3)

是名菩薩摩訶薩의 第七無着行이니라
이것을 보살마하살의 일곱째 집착 없는 행이라 하느니라."

아) 제8 얻기 어려운 행[難得行] 3.

(가) 이름을 묻다[徵名] (第八 14下7)

佛子여 何等이 爲菩薩摩訶薩의 難得行고
"불자들이여, 어떤 것이 보살마하살의 얻기 어려운 행인가?

[疏] 第八, 難得行이니 體卽是願이라
■ 아) 제8 얻기 어려운 행이니 체성은 곧 원(願)바라밀이다.

(나) 모양을 해석하다[釋相] 2.

ㄱ. 과목 나누기[分科] (就釋 15上1)

此菩薩이 成就難得善根과 難伏善根과 最勝善根과 不可壞善根과 無能過善根과 不思議善根과 無盡善根과 自在力善根과 大威德善根과 與一切佛同一性善根하나니라
이 보살이 얻기 어려운 선근과 굴복하기 어려운 선근과 가장 수승한 선근과 깨뜨릴 수 없는 선근과 지나갈 이 없는 선근과 헤아릴 수 없는 선근과 다하지 않는 선근과 힘이 자재한 선근과 큰 위덕 있는 선근과 모든 부처님과 성품이 같은 선근을 성취하였느니라."

[疏] 就釋相中에 文分二別이니 前, 明自分行이오 後, 明勝進行이라 然此二行이 各攝上求下化之願이오 略無神通이라

■ (나) 모양을 해석함 중에 경문을 두 가지로 나누었으니 ㄱ) 자분경계의 행법을 밝힘이요, ㄴ) 승진행법을 밝힘이다. 그런데 이 두 가지 행법이 각기 상구보리와 하화중생의 서원에 포섭됨이요, 신통은 생략하여 없다.

[鈔] 各攝上求下化等者는 以唯識中에 有二願[14]하니 一, 求菩提願이오 二, 利樂他願이라 釋相可知로다 初卽上求오 次卽下化故라 本業에 有三願하니 一, 自行願이니 卽是上求오 二, 神通願이니 今經에 略無라 三, 外化願이니 後二는 皆下化願也[15]니라 故擧上求下化하야 卽攝

---
14) 二는 甲南續金本作二種.

唯識二願과 本業三願하니 以本業第二가 外化攝故니라
- '각기 상구보리와 하화중생의 서원에 포섭된다'는 것은 『성유식론』에서 두 가지 원이 있으니 (1) 보리를 구하는 원이요, (2) 다른 이를 이롭고 즐겁게 하려는 원이다. (나) 모양을 해석함은 알 수 있으리라. 앞은 상구보리의 원이요, 다음은 하화중생의 원인 까닭이다. 『본업경』에는 세 가지 원이 있으니 ① 스스로 수행하는 원이니 곧 상구보리요, ② 신통의 원이니 본경에는 생략되어 없다. ③ 바깥으로 교화하는 원이니, 뒤의 둘은 모두 하화중생의 원이다. 그러므로 상구보리와 하화중생을 거론하여 유식론의 두 가지 원과 본업경의 세 가지 원을 섭수하였으니 본업경의 두 번째[②신통의 원]가 ③ 바깥으로 교화하는 원에 섭수되기 때문이다.

ㄴ. 과목에 따라 해석하다[隨釋] 2.
ㄱ) 자분경계의 행법[明自分] 2.
(ㄱ) 과목 나누기[分科] (今初 15上8)

[疏] 今初에 分四니 初, 明自行이오 次, 辨利他오 第三은 雙結二行이니 動寂無礙오 第四는 雙非二行이니 拂迹入玄이라 初中에 分三이니 一, 明修成善根이오 二, 顯善根行相이오 三, 行成利益이라

- 지금은 ㄱ.에 넷으로 나누었으니 a. 자행경계를 설명함이요, b. 이타행을 설명함이요, c. 두 가지 행을 함께 결론함이니 동요와 적정에 무애함이요, d. 두 가지 행을 함께 부정함이니 자취를 털고 현묘함에 들어가는 이치이다. a. 중에 셋으로 나누니 a) 수행으로 선근을 성취

---

15) 皆下에 甲南續金本有是字, 也는 甲南續金本無.

함을 밝힘이요, b) 선근의 행과 모양을 밝힘이요, c) 행법을 완성하여 얻은 이익이다.

(ㄴ) 과목에 따라 해석하다[隨釋] 4.
a. 자행경계를 설명하다[明自行] 3.

a) 수행으로 선근을 성취함을 밝히다[明修成善根] (今初 15上10)
b) 선근의 행과 모양을 밝히다[顯善根行相] 3.
(a) 뒤 구절로 앞 구절을 성취하다[以後成前] (二此)

此菩薩이 修諸行時에 於佛法中에 得最勝解하며 於佛菩提에 得廣大解하며 於菩薩願에 未曾休息하며 盡一切劫토록 心無疲倦하며 於一切苦에 不生厭離하며 一切衆魔의 所不能動이며 一切諸佛之所護念이며 具行一切菩薩苦行하며 修菩薩行하여 精勤匪懈하며 於大乘願에 恒不退轉이니라

"이 보살이 모든 행을 닦을 적에 불법 중에서 가장 나은 이해를 얻고, 부처님 보리에서 넓고 큰 이해를 얻고, 보살의 서원에 조금도 쉬지 아니하고 일체 겁이 다하여도 게으른 마음이 없으며, 모든 고통에 싫은 생각을 내지 않고, 모든 마군이 동요하지 못하며, 모든 부처님이 호념하시는 바이며, 모든 보살의 고행을 구비하게 행하고, 보살의 행을 닦되 꾸준하여 게으르지 아니하며, 대승에 대한 소원이 퇴전하지 아니하느니라."

[疏] 今初也라 斯卽起行所依라 善은 謂順理益物이오 根은 謂增上生長이라 獲之在己일새 故名成就라 文有十句하니 初는 總이오 餘는 別이라 總具後九일새 受難得名이니라 二, 此菩薩下는 顯善根行相이라 亦有十句하니

- 지금은 a)이다. 이는 곧 행법의 의지처를 일으킴이다. 선(善)은 이치를 따라 중생을 이익되게 함이요, 근(根)은 더욱 생장함을 말한다. 얻음이 자기에게 있으므로 '성취했다'고 말한다. 경문에 열 구절이 있으니 (a) 첫 구절[難得善根]은 총상이요, (b) 나머지 구절은 별상이다. (a) 총상에는 뒤의 아홉 구절을 구비한 연고로 얻기 어렵다는 이름을 받은 것이다. b) 此菩薩 아래는 선근의 행과 모양을 밝힘이다. 또한 열 구절이 있다.

(b) 앞 구절로 뒤 구절을 성취하다[以前成後] (如次 16上2)

[疏] 如次對前이니 謂由得最勝解故로 受難得名等이니라 亦可由有難得根하야 能有勝解니라

- 순서대로 앞과 상대하였으니 이른바 가장 나은 이해를 얻은 연고로 '얻기 어렵다'는 명칭 등을 받은 것이다. 또한 얻기 어려운 선근을 얻음으로 인하여 능히 뛰어난 이해가 있는 것이다.

[鈔] 謂由得最勝解者는 此有三釋하니 初, 以後成前이니 卽後因前果라 二, 亦可由有難得下는 以前成後니 卽前體後用이라

- '이른바 가장 나은 이해를 얻음으로 인하여'는 여기에 세 가지 해석이 있으니 (a) 뒤 구절로 앞 구절을 성취함이니 곧 뒤는 원인이고 앞은

결과인 것이다. (b) 亦可由有難得 아래는 앞 구절로 뒤 구절을 성취함이니 곧 앞은 체성이고 뒤는 작용이다.

(c) 전체 모양으로 해석하다[通相釋成] (又亦 16上4)

[疏] 又亦以後一行으로 成前十善이니 隨前一善하야 具後十行이라 而別配分明이니라
■ 또한 역시 뒤의 한 가지 행법으로 앞의 열 가지 선근을 성취함이니, 앞의 한 가지 선근[難得善根]을 따라서 뒤의 열 가지 행법을 구비하게 된다. 따로 배대함이 분명해진다.

[鈔] 三, 又亦以後一下는 通相釋成이니 亦具前二意라 但前은 別配오 後는 徧通耳라 故로 疏結從前義하야 云別配分明이니라
● (c) 又亦以後一 아래는 전체 모양으로 해석함이니, 또한 앞의 두 가지 의미를 구비하였다. 다만 앞은 따로 배대함이요, 뒤는 두루 통한 것일 뿐이다. 그러므로 소가가 앞의 이치를 따라서 결론하기를 '따로 배대함이 분명하다'고 말하였다.

c) 행법의 완성으로 얻은 이익[行成利益] (三是 16下1)

是菩薩이 安住此難得行已하야는 於念念中에 能轉阿僧祇劫生死하야 而不捨菩薩大願하나니 若有衆生이 承事供養하며 乃至見聞이라도 皆於阿耨多羅三藐三菩提에 得不退轉이니라

"이 보살이 이 얻기 어려운 행에 편안히 머물고는, 생각 생각마다 아승지겁에 나고 죽음에 자주 굴러다니면서도 보살의 대원을 버리지 아니하나니, 만일 어떤 중생이 받들어 섬기고 공양하거나, 내지 보고 듣기만 하여도 모두 아눗다라삼약삼보디에서 퇴전치 아니하느니라."

[疏] 三, 是菩薩下는 行成利益이라 文中에 先은 結前이오 後, 於念念下는 顯益이라 於中에 初는 自益이니 能轉生死하야 成大智益하고 不捨大願하야 成大悲益이라 若有已下는 顯能益他니 由前自行하야 成此能益이니 未正利他니라

■ c) 是菩薩 아래는 행법의 완성으로 얻은 이익이다. 경문 중에 (a) 앞을 결론함이요, (b) 於念念 아래는 이익을 밝힘이다. 그중에 ㉠ 자신의 이익이니 능히 나고 죽음을 바꾸어서 큰 지혜라는 이익을 성취하고, 대원을 버리지 않고 큰 자비라는 이익을 성취하였다. ㉡ 若有 아래는 다른 이를 이익함을 밝힘이니, 앞의 자신의 수행으로 인해 이런 이익의 주체를 성취함이니 바른 이타행은 아니다.

b. 이타행을 밝히다[辨利他] 2.
a) 과목 나누기[分科] (第二 16下6)
b) 과목에 따라 해석하다[隨釋] 3.
(a) 법으로 밝히다[法] (今初)

此菩薩이 雖了衆生非有나 而不捨一切衆生界하나니
"이 보살이 비록 중생이 있는 것 아닌 줄을 알지마는, 일체

중생들을 버리지 아니하나니,

- [疏] 第二, 此菩薩下는 辨利他行이라 文分爲三이니 謂法과 喩와 合이라 今初라 謂有大智故로 了衆生非有하야 則不住生死오 有大悲故로 不捨衆生界하야 則不住涅槃이니 大悲般若가 互相輔翼하야 成無住道니라
- b. 此菩薩 아래는 이타행의 비유를 설함이다. 경문을 셋으로 나누었으니 이른바 (a) 법으로 설함 (b) 비유로 밝힘 (c) 법과 비유를 합함인데 지금은 (a) 법으로 설함이다. 말하자면 큰 지혜가 있는 연고로 중생이 있지 않음을 알아서 나고 죽음에 머물지 않음이요, 큰 자비가 있는 연고로 중생계를 버리지 않아서 열반에도 머물지 않음이니 대비와 반야가 서로 번갈아 도와서 머무르지 않는 도를 성취함이다.

(b) 비유로 밝히다[喩] (二喩 17上2)

譬如船師가 不住此岸하며 不住彼岸하며 不住中流하고 而能運度此岸衆生하여 至於彼岸하나니 以往返無休息故인달하니라
마치 뱃사공이 (1) 이 언덕에 머물지도 않고 (2) 저 언덕에 머물지도 않고 (3) 중류에 머물지도 아니하면서, (4) 이 언덕 중생을 건네어 (5) 저 언덕에 이르게 하나니 (6) 왕래하여 쉬지 아니하는 연고이니라."

[疏] 二, 喩中에 初句는 喩能化人이오 次三句는 喩悲智不住之行相이오

後, 而能下三句는 喩不住之功能이라 初二句는 正喩功能이오 以往返不息一句는 結能度所以니라

■ (b) 비유로 밝힘 중에 (1) 첫 구절[不住此岸]은 교화의 주체를 비유함이요, (2) 다음 세 구절[不住彼岸, 不住中流, 能運度此岸衆生—]은 자비와 지혜에 머물지 않는 행법의 모양을 비유함이요, (3) 而能 아래 세 구절은 머물지 않는 공능을 비유함이다. ① 앞의 두 구절[能運度此岸衆生, 至於彼岸]은 공능을 바로 비유함이요, ② '왕래하여 쉬지 아니한다'는 한 구절은 제도하는 이유를 결론함이다.

(c) 법과 비유를 합하다[法合] 2.
㈀ 가름을 열다[開章] (三法 17下1)

菩薩摩訶薩도 亦復如是하여 不住生死하며 不住涅槃하며 亦復不住生死中流하고 而能運度此岸衆生하여 置於彼岸의 安隱無畏無憂惱處하되 亦不於衆生數에 而有所着하여 不捨一衆生하고 着多衆生하며 不捨多衆生하고 着一衆生하며 不增衆生界하고 不減衆生界하며 不生衆生界하고 不滅衆生界하며 不盡衆生界하고 不長衆生界하며 不分別衆生界하고 不二衆生界니라

"보살마하살도 그와 같아서 (1) 생사에 머물지도 않고 열반에 머물지도 않고 (2) 생사인 중류에 머물지도 아니하면서, (3) 이 언덕 중생을 건네어 저 언덕의 편안하고 두려움이 없고 근심이 없고 시끄러움이 없는 곳에 두지마는, (4) 중생의 수효에 집착하지도 아니하며, (5) 한 중생을 버리고 여러 중

생에 집착하지도 아니하고, (6) 여러 중생을 버리고 한 중생에 집착하지도 아니하며, (7) 중생계가 더하지도 않고 중생계가 감하지도 않으며, (8) 중생계가 나지도 않고 중생계가 멸하지도 않으며, (9) 중생계가 다하지도 않고 중생계가 자라지도 않으며, (10) 중생계를 분별하지도 않고 중생계를 둘로 하지도 않느니라."

[疏] 三, 法合中에 二니 先, 正合이오 後, 徵釋이라
- (c) 법과 비유를 합함 중에 둘이니 ① 바로 합함이요, ② 묻고 해석함이다.

㊂ 가름에 따라 해석하다[隨釋] 2.
① 바로 합하다[正合] 3.

㉮ 첫 문단과 합함에 대해 해석하다[釋合初段] 3.
㉠ 소가에 의지한 해석[依疏釋] (前中 17下1)

[疏] 前中에 具合三段하니 生死는 卽此岸이오 涅槃은 合彼岸이오 合上은 中流라 亦言生死者는 以發心之後와 成佛之前이니 十地三賢이 尙居 二死일새 是以로 中流는 卽是生死니 故云生死中流니라
- ① 바로 합함 중에 세 문단을 구비하여 합하였으니, 생사는 곧 이 언덕이요, 열반은 저 언덕과 합함이요, 위와 합함은 중류이다. 또한 생사를 말한 것은 보리심을 발한 뒤와 성불하기 전까지이니, 십지(十地)의 지위와 삼현(三賢)의 지위가 오히려 두 가지 죽음에 있으므로 중류

(中流)는 바로 생사인 것이니, 그래서 '생사인 중류'라 말하였다.

㉡ 결론적으로 비판하고 간략히 해석하다[結彈略釋] 2.
ⓐ 다른 해석을 비판하다[正彈異釋] (非生 17下4)

[疏] 非生死涅槃之中間을 名生死中也니 文旨顯然이로다 晉譯에 失旨하니 不應廣引이니라
■ 생사와 열반이 아닌 중간을 이름하여 '생사인 중류'라 하였으니 경문의 뜻이 분명하다. 진경(晉經)에는 종지를 잃었으니 응당히 자세하게 인용하지 않았다.

[鈔] 合上中流者는 疏文有三하니 一, 依文正釋[16]이니 意以[17]中流가 亦合上生死故라 二, 非生死下는 結彈異釋이오 三, 會取異釋이라 二中에 先, 總非[18]니 以古今에 皆謂二法中間이라 故로 有問云호대 中流는 不唯屬於此岸이어늘 何以偏名生死中流오 晉經失旨者는 卽引破刊定이니 刊定에 先擧向問하고 後引古釋호대 以晉譯이 失意하니 古釋이 豈是아 晉經에 云, 譬如河水가 不至此岸이며 不住彼岸이며 不斷中流라할새 故로 古釋이 非一하야 苑公이 並引之어니와 故今總非하니 恐後誤解라 須知昔非니라 今鈔에 爲引하리라 一, 遠公이 云, 前不趣二處니 是離有오 後不住中流니 是離無오 謂生死無處를 名斷中流니 不住無故로 云不住中流也라하니라

---

16) 文正은 甲南續金本作疏.
17) 以는 甲南續金本作云.
18) 非는 甲南續金本作標.

● '위와 합함은 중류'라는 것은 소문에 셋이 있으니 ⓐ 소문에 의지해 바로 해석함이니 의미가 중류가 또한 위와 합한 생사인 까닭이다. ⓑ 非生死 아래는 결론적으로 다른 해석을 비판함이요, ⓒ 다른 해석과 회통함이다. ⓑ 중에 ㉮ 총합하여 비판함이니 예와 지금에 모두 '두 법의 중간'이라 말하였다. 그러므로 어떤 이가 묻기를 '중류는 오직 이 언덕에만 속하지 않거늘 어찌하여 생사인 중류라 치우쳐 말하였는가?' '진경에는 종지를 잃었다'는 것은 간정기를 인용하여 타파함이다. 『간정기』에, "먼저 앞의 질문을 거론하고 뒤에는 고인들의 해석을 인용하되, '진경이 의미를 잃었으니 고인들의 해석이 어찌 옳겠는가?' 진경에 이르되, '비유컨대 강물이 이 언덕에 이르지 않으며 저 언덕에 머물지 않으며 중류도 끊어지지 않는다' "고 하였으므로 고인들의 해석이 하나가 아니어서 혜원(惠苑)법사가 함께 인용하였거니와 그래서 지금 총합하여 비판하였으니, 뒷사람들이 잘못 알까 두렵다. 모름지기 고인들의 잘못임을 알아야 한다. 지금 초(鈔)에서 인용하리라. (1) 혜원법사가 이르되, "앞은 두 곳에 나아가지 않음이니 '유를 여읨'이요, 뒤는 중류에 머물지 않음이니 '무를 여읨'이요, 이른바 생사가 없는 곳을 '중류를 끊음'이라 이름하였으니, 무에 머물지 않는 연고로 '중류에 머물지 않는다'고 말하였다.

二, 賢首가 云, 如東流水가 不住南岸하고 不住北岸이니 亦得說言不斷北岸中流니 以中無別體일새 約岸分故라 若爾인대 南岸亦得이어늘 何以不言涅槃中流오 由所度生이 在此岸故로 所以偏就生死而說이라하니라 而刊定에 具引竟하고 云호대 今助釋之리라 意乃有二하니 初, 會文이오 後, 釋義라 初中에 新舊經本에 說喩不同하니 謂舊經은

約河水가 不趣兩岸이며 不斷中流爲喩하야 喩菩薩이 以離有無한 悲智로 度衆生也오 新經은 約船師가 不住兩岸으로 爲喩하야 喩菩薩이 以無住悲智로 度衆生也니라 問이라 若爾인대 梵本에 豈有異[19])耶아 答이라 梵本은 是一이로대 由譯者異니 謂此梵文에 雖云河水나 意屬船師니 即是於能依聲處에 作所依聲說이라 譯者가 若善文義하면 則會意譯之하야 爲船師어니와 若但知文하면 則按文譯之하야 謂河水라

● (2) 현수대사가 말하되, "마치 동쪽으로 흐르는 물이 남쪽 언덕에도 머물지 않고 북쪽 언덕에도 머물지 않나니 또한 북쪽 언덕을 끊지 않고 흐른다고 말하기도 하는 것과 같나니 중간에 별다른 체성이 없으므로 언덕의 부분을 잡은 까닭이다. 만일 그렇다면 남쪽 언덕도 또한 얻을 텐데 어찌하여 열반의 중간으로 흐른다고 말하지 않는가? 제도받을 중생이 이 언덕에 있음으로 말미암아 치우쳐 생사에 나아가 말한 것이다"라고 하였다. 그러나 간정공은 갖추어 인용하고 나서 말하되, "지금은 도와서 해석하리라. 의미가 비로소 둘이 있으니 ㉮ 경문을 모음이요, ㉯ 뜻을 해석함이다. ㉮ 중에 신역 경전과 구역 경전에 비유가 같지 않음을 말하나니, 말하자면 구역 경전은 강물이 두 언덕에 나아가지 않음을 잡았으며 중간으로 흐름을 끊지 않음을 비유하여 보살이 있고 없음을 여읜 자비와 지혜로 중생을 제도함이요, 신역 경전은 뱃사공이 양쪽 언덕에 머물지 않음을 잡아서 비유하여 보살이 자비와 지혜에 머물지 않음으로 중생을 제도하는 것이다. 묻는다. '만일 그렇다면 범본에 어찌 다른 것이 있겠는가?' 답한다. '범본은 하나이지만 번역자가 다름으로 말미암은 것이다.' 말하자면 이런 범본에 비록 강물을 말했지만 의미로는 뱃사공에 속하나니 곧

---

19) 異는 甲南續金本作二.

의지하는 주체인 음성이 나오는 곳에 의지할 대상인 소리를 지어서 말한 것이다. 번역자가 만일 좋은 경문의 뜻과 같다면 의미를 모아서 번역하여 뱃사공이 되었거니와 만일 단지 경문만 알면 경문을 참고하여 번역하여 이른바 강물이다.

二, 釋義者인대 卽準此文에 有二種中流하니 一者, 生死中流니 謂兩[20])岸中間이 處自別故라 此則存二之中을 名生死中流라 如是見者는 不絶生死故니라 二者, 涅槃中流니 謂離此彼岸이 卽爲中流오 更無別處니 此則泯二之中이 名涅槃中流라 如是知者는 必證涅槃故니라 今此喩中은 喩菩薩이 大智故로 不住生死오 大悲故로 不住涅槃이니 悲智는 唯是一心이라 不住生死時가 卽不住涅槃이니 以無住故라 故但云爾라하니라 釋曰, 上은 刊定意니 前會梵本하야 雙出二經之意와 及其問答하야 結成晉經失旨하고 以從今經하니 義則善矣라 及後釋義에는 還同古人이 以生死涅槃이 皆有中流하니 而以存二岸으로 爲生死中流하고 亡二岸으로 爲涅槃中流라하며 由不住故로 不存二岸이라 是則住於涅槃中流가 則不順不住中流之義니 故로 疏並非諸釋하야 云[21])文旨顯然이라하니라

- ⓑ 뜻을 해석하였다면 곧 이 경문에 두 종류의 중류를 준하였으니 ① 생사하는 중류이니 이른바 양쪽 언덕과 중간에 처하여 자연히 구변되기 때문이다. 이것은 둘이 존재하는 중간을 생사하는 중류라 이름한다. 이와 같이 본 것은 생사를 끊지 못한 까닭이다. ② 열반하는 중류이니 이른바 이쪽을 여읜 저 언덕이 곧 중간 흐름을 삼았고, 다시 다른 곳이 없나니 이것은 둘을 없앤 중간이 열반의 중류라 이름한

---

20) 兩은 南續金本作南.
21) 云下에 原本有云字, 甲南續金本無.

다. 이와 같이 아는 자는 반드시 열반을 증득하기 때문이다. 지금 이렇게 중간을 비유한 것은 보살이 크게 지혜로운 연고로 생사에 머물지 않고, 크게 자비한 연고로 열반에 머물지도 않나니 자비와 지혜는 오직 한 마음인 뿐이다. 생사에 머물지 않은 때가 곧 열반에 머물지도 않나니 머무르지 않기 때문이다. 그래서 단지 그렇다고만 말하였다. 해석하자면 위는 간정공의 주장이니 앞에서 범본을 모아서 두 경전의 의미와 그 질문과 대답을 함께 나와서 진경(晉經)의 종지를 잃은 것을 결론하고 본경에 따랐으니, 뜻은 좋은 것이다. ㉠ 뒤에서 뜻을 해석함에는 "도리어 고인(古人)이 생사와 열반과 같은 것이 모두 중류에 있으니 그러나 두 언덕에 있음으로 생사인 중류를 삼고, 두 언덕을 없앰으로 열반인 중류를 삼는다"라고 하였으며, 머물지 않음으로 말미암아 두 언덕을 두지 않는 것이다. 이것은 열반인 중류에 머무는 것이 중류에 머물지 않는 뜻을 따르지 않는 것이니 그러므로 소가가 모든 해석을 함께 부정하여 말하되, '경문의 종지가 뚜렷하다'고 말하였다.

ⓑ 다른 해석을 거듭 말하다[重敍異釋] (有以 19上9)

[疏] 有以煩惱로 爲中流하야 約其漂溺은 從因說也오 有以聖賢으로 爲中流하야 約受生死之人也라 有以中道로 爲中流하니

■ 어떤 이는 번뇌로 중류를 삼아서 그 표류하고 빠짐에 의지함은 원인에 따라 말함이요, 어떤 이는 성현으로 중류를 삼아서 생사를 받은 사람에 의지함이다. 어떤 이는 중도로써 중류로 삼았으니,

㉢ 소가가 회통하여 해석하다[疏會釋] (約觀 19上10)

[疏] 約觀行說이라 並不應住니라
- 관행에 의지하여 설함이다. 아울러 응하여 머물지 않는다.

[鈔] 有以煩惱爲中流下는 重敍異釋하야 爲其義收라 略有三義하니 初一은 生公이 釋維摩意니 約其漂溺이라 從因說者는 疏爲會取니 是生死因故로 與涅槃意同이라 二, 云有以聖賢爲中流者는 即什公이 釋淨名意라 約受下는 會釋이라 三, 有以中道爲中流者는 肇公意也라 約觀下는 會釋이라 並不應住는 總收諸義니 意在不住라 若住煩惱하면 不證涅槃이어니 豈能度生이며 住聖涅槃하면 則無增進이어니 亦不能究竟度生이라 住中道則不契理어니 安能成佛度生이리오 上三이 皆屬生死일새 故疏正釋이 理無不該니라

- ⓑ 有以煩惱爲中流 아래는 다른 해석을 거듭 말하여 그 이치를 섭수하였다. 대략 세 가지 이치가 있으니 처음 하나는 도생(道生)법사가 『유마경』의 뜻으로 해석하였으니 그 표류하거나 빠짐에 의지한 해석이다. '원인에서부터 설한다'는 것은 소가가 회통하여 취하였으니 생사의 원인인 연고로 열반의 의미와 같다. 둘째에 '어떤 이는 성현으로 중도를 삼는다'고 말한 것은 곧 라집법사가 유마경의 뜻을 해석함이다. 約受 아래는 회통하여 해석함이다. 셋째, 어떤 이는 중도로써 중류를 삼는다는 것은 승조법사의 주장이다. ㉢ 約觀 아래는 회통하여 해석함이다. 아울러 응하여 머물지 않음은 총합하여 여러 뜻을 섭수함이니 머물지 않음은 총합하여 여러 뜻을 섭수함이니 머물지 않음에 뜻이 있다. 만일 번뇌에 머무르면 열반을 증득하지 못할 것이니 어

찌 중생을 제도할 수 있으며, 성인의 열반에 머무르면 더욱 정진함이 없을 것이니 또한 능히 끝까지 중생을 제도하지 못할 것이다. 중도에 머무르면 이치에 계합하지 못할 것이니 어찌 능히 부처가 되어 중생을 제도하겠는가? 위의 세 가지 주장은 모두 생사에 속하므로 소가가 바로 해석함이 이치가 해당되지 않는다.

⑭ 두 문단과 합함에 대해 해석하다[釋合二段] (安穩 19下10)

[疏] 安隱已下는 涅槃之德이니 常故安隱이오 樂故無畏오 我故無憂오 淨則無惱라
- 安隱 아래는 열반의 덕이니 항상한 연고로 편안함이요, 안락한 연고로 두려움이 없고, <나>인 연고로 근심이 없고, 청정한 연고로 시끄러움이 없는 것이다.

⑮ 세 문단과 합함에 대해 해석하다[釋合三段] 2.
㉠ 총합하여 의미를 밝히다[總顯意] (亦不 20上1)
㉡ 개별로 경문을 해석하다[別釋文] (初句)

[疏] 亦不已下는 廣明以智導悲니 合前往返無休息義라 謂由不住着故로 所以往返하야 運濟無休라 及顯法中에 非有不捨之義니 謂非唯悲故로 不捨라 亦由了其非有하야 無可捨故니 則終日度而無度也라 初句는 總明이오 不捨下는 別有五對十句하니 初는 一多對니 已化未化에 俱有捨着二義라 思之니라 二, 增減對니 化之成道라도 生界不減이오 不從化者일새 生界不增이니 此約多人相望이라 三, 約一人이니

果起不生이오 惑盡非滅이라 四, 謂空爲盡하고 謂有爲長이라 五一對는 總結이니 四對不亡이 並名爲二어니와 今無分別이 契本不二니라

■ 亦不 아래는 지혜로 대비를 인도함에 대해 자세히 해석함이니, 앞의 가고 돌아오며 휴식이 없는 뜻과 합함이다. 말하자면 머물러 집착하지 않음으로 인해 가고 돌아오면서 실어 나르며 쉼이 없다는 것이다. 법을 밝힘 중에 '버리지 않는다'는 뜻이 없지 않나니, 말하자면 오직 대비뿐만이 아닌 연고로 버리지 않는다. 또한 있지 않음을 알아서 버릴 수도 없음으로 인한 까닭이니 하루 종일 제도하면서도 제도함이 없는 것이다. ⓐ 첫 구절[亦不於衆生數而有所着]은 총합하여 설명함이요, ⓑ 不捨 아래는 별도로 다섯 대구인 열 구절이 있으니 (1) 하나와 많음과 대구이니 제도하고 제도하지 못함에 모두 버리고 집착하는 뜻이 있으니 생각해 보라. (2) 증가하고 감소함이 대구이니 교화하여 도를 이루더라도 중생계는 감소하지 않으며, 어디로부터 교화하는 자가 아니니 중생계가 증가하지 않음이니, 이는 많은 사람이 서로 바라봄을 의지한 분석이다. (3) 한 사람에 의지함이니 결과가 일어나 생기지 않으며 번뇌가 다하여도 없어지지 않는다. (4) 공함을 다했다고 말하고 유를 자란다고 말한 것이다. (5) 한 대구[不分別衆生界 不二衆生界]는 총합 결론이니 네 가지 대구가 없어지지 않음이 함께 이름하여 둘이라 하였거니와 지금은 분별 없음이 본래 둘이 아님과 계합한 것이다.

[鈔] 亦由了其非有無可捨者는 卽大智로 不捨生死也라 已化未化者는 言屬我故어니와 未化는 未屬일새 故不着也오 有着未化者는 是所應化故어니와 已化는 竟者일새 故不着之니라

● '또한 있지 않음을 알아서 버릴 수도 없다'는 것은 큰 지혜와 합치하여 생사를 버리지 않는 것이다. '제도되고 제도되지 못함'이란 나에게 속한 때문이라 말했지만 제도되지 않음은 속하지 않으므로 집착하지 않는 것이요, 어떤 이가 제도되지 않음에 집착한 것은 응하여 제도할 대상인 까닭이지만 이미 제도됨은 마친 사람이므로 집착하지 않는 것이다.

② 묻고 해석하다[徵釋] 2.
㉮ 집착하지 않음에 대해 바로 묻다[正徵不着] (第二 20下6)

何以故오 菩薩이 深入衆生界如法界하여 衆生界와 法界가 無有二하여 無二法中에 無增無減하며 無生無滅하며 無有無無하며 無取無依하며 無着無二니
"무슨 까닭이냐 하면, (1) 보살이 중생계가 법계와 같은 데 깊이 들어가서 (2) 중생계와 법계가 둘이 없게 되나니, (3) 둘이 없는 법에는 더함도 없고 감함도 없고 (4) 나는 것도 없고 멸함도 없고 (5) 있지도 않고 없지도 않으며, (6) 취함도 없고 의지함도 없고 (7) 집착함도 없고 둘도 없나니,

[疏] 第二, 徵釋中에 文有兩番하니 前番은 正徵不着이오 後番은 重徵前義라 今初也라 先, 徵意에 云, 現化衆生에 有增有減이어늘 而言不着은 其故何耶오 釋意에 云, 以菩薩이 深觀生界가 同於法界하야 無增等故로 所以不着이라 文中에 初二句는 總이라 上句는 是不異義니 故云如也오 下句는 是相卽義니 故云無二라 後, 無二法中下는 別彰無

二之相이니 卽屬對上文의 無取依着하야 釋不分別이라 餘文相顯이로다 此文昭著어늘 而末學之徒가 但謂一分衆生不成佛일새 故名不減生界라하니 深可悲哉로다

- ② 묻고 해석함 중에 경문에 두 번이 있으니 앞의 번은 ㉮ 집착하지 않음에 대해 바로 물음이요, 뒤의 번은 ㉯ 앞의 뜻을 거듭 물음이다. 지금은 ㉮이다. 먼저 물은 의미를 말하면, 현재에 중생을 교화할 적에 증가함도 있고 감소함도 있는데 '집착하지 않는다'고 말함은 무슨 까닭인가? 의미를 해석하기를 "보살이 중생계가 법계와 같아서 증가함 등이 없는 연고로 집착하지 않는 것이다." 경문 중에 (1) 처음 두 구절은 총상이다. 위 구절은 '다르지 않다'는 뜻이니 그러므로 같다고 하였고, 아래 구절은 '서로 합치한다'는 뜻이니 그러므로 '둘이 없다'고 하였다. (2) 無二法中 아래는 둘이 없는 모양을 별도로 밝힘이니 위 경문의 취하거나 의지하거나 집착함 없음을 상대하여 '분별하지 않는다'고 해석함에 속한다. 나머지 경문은 모양이 뚜렷하다. 이 경문이 밝고 현저하거늘 말법에 배우는 이들이 단지 일부분의 중생이 성불하지 못하므로 중생계가 감소하지 않는다고 말하니 깊이 슬퍼할 일이다.

[鈔] 此文昭著下는 結彈法相師니 已如玄中하니라 而云但謂者는 然彼宗中22)에 亦有此義나 但非究竟耳라 以生界가 有二義하니 一, 性義니 卽衆生이 是法界義오 二者, 是性分義니 謂衆生相이라 若依究竟인대 相卽同性이오 亦理平等이어늘 彼但取分義라 衆生成佛에 義則有減이나 但不盡成일새 故言無減23)하니 卽少分之義오 非究竟理니 故可

---

22) 上三字는 甲本無, 南續金本作其.

悲之니라

● 此文昭著 아래는 법상종(法相宗)의 스님을 결론적으로 비판함이니 이미 현담(玄談)에서 밝힌 바와 같다. 하지만 '단지 말한다'고만 말한 것은 저 법상종에도 또한 이런 이치가 있지만 다만 구경의 뜻이 아닐 뿐이다. 중생계에 두 가지 뜻이 있으니 (1) 체성의 뜻이니 곧 중생이 바로 법계라는 뜻이요, (2) 체성의 부분의 뜻이니 이른바 중생이란 모양이다. 만일 구경법에 의지한다면 서로 합치하여 체성이 같음이요, 또한 이치로 평등하거늘 저기서는 단지 부분의 뜻을 취하였을 뿐이다. 중생이 성불할 적에 이치는 감소함이 있지만 단지 다 이루지는 못하므로 '감소함이 없다'고 말했으니 곧 '조금의 분량'이란 뜻이다. 구경의 이치는 아니므로 슬퍼할 만한 일이다.

㉑ 앞의 뜻을 거듭 묻다[重徵前義] (第二 21下1)

何以故오 菩薩이 了一切法이 法界無二故니라
왜냐하면 보살이 일체법과 법계가 둘이 없음을 아는 연고이니라."

[疏] 第二番은 重徵意에 云, 何以生界가 即同法界오 釋云호대 一切諸法이 皆同法界어니 豈獨衆生이 而不同也리오

■ ㉑ 두 번째는 의미를 거듭 물어 말하되, '어찌하여 중생계가 법계와 같은가?' 해석하기를 '일체의 모든 법이 다 법계와 같으니 어찌 유독 중생만 같지 않겠는가?'

---

23) 減은 金本作滅誤.

c. 동요와 적정에 무애함으로 결론하다[雙結二行] 2.
a) 의미를 말하고 과목 나누다[敍意分科] (第三 21下9)

菩薩이 如是以善方便으로 入深法界일새 住於無相하되 以淸淨相으로 莊嚴其身하며 了法無性하되 而能分別一切法相하며 不取衆生하되 而能了知衆生之數하며 不着世界하되 而現身佛刹하며 不分別法하되 而善入佛法하며 深達義理하되 而廣演言敎하며 了一切法離欲眞際하되 而不斷菩薩道하고 不退菩薩行하며 常勤修習無盡之行하되 自在入於淸淨法界하나니라

"보살이 (1) 이렇게 좋은 방편으로 (2) 깊은 법계에 들어가고는 (3) 모양이 없는 데 머물러서 청정한 모양으로 그 몸을 장엄하며 (4) 법의 성품이 없음을 알지마는 일체법의 모양을 분별하며 (5) 중생에 집착하지 않으면서도 중생의 수를 알며 (6) 세계에 집착하지 않으면서도 부처님 세계에 몸을 나타내며 (7) 법을 분별하지 않으면서도 부처님 법에 잘 들어가며 (8) 이치를 깊이 통달하고도 말로 가르침을 널리 연설하며 (9) 일체법이 탐욕을 여읜 진정한 경계를 알면서도 보살의 도를 끊지 아니하고 (10) 보살의 행에서 물러나지 아니하고 부지런히 다함이 없는 행을 닦아서 자재하게 청정한 법계에 들어가느니라."

[疏] 第三, 菩薩如是下는 雙結二行이 動寂無礙니 亦名無盡心行이라 有法喩合이라

■ c.菩薩如是 아래는 두 가지 행을 함께 결론함이 동요와 적정에 무애함이니, 또한 '다함없는 마음의 행법'이라 말하였다. (거기에) (a) 법과 (b) 비유와 (c) 합이 있다.

b) 과목에 따라 해석하다[隨科隨釋] 3.
(a) 법으로 설하다[法] (法中 21下10)

[疏] 法中에 十句니 初二는 牒前起後니 旣方便深入일새 故性相無礙라 住於下는 餘有八對하야 正顯行相하니 一, 約起行之身이오 二, 了法藥이오 三, 識根緣이오 四, 遊佛刹이오 五, 達佛法이오 六, 深契離言이나 不捨言說이오 七, 無求離欲이나 而萬行을 爰修니 前七은 明卽寂之用이라 八, 常勤下一對는 明卽用之寂이오 亦通顯所由니 由勤修故로 涉權이오 入法界故로 常寂이니라

■ (a) 법으로 설함 중에 열 구절이니 ㊀ 처음 두 구절[以善方便 入深法界]은 앞을 따와서 뒤를 시작함이니, 이미 방편으로 깊이 들어간 연고로 체성과 모양에 무애한 것이다. ㊁ 住於 아래는 나머지는 여덟 대구가 있어서 바로 행법의 모양을 밝혔으니 ① 행법을 시작한 몸[無相身]에 의지함이요, ② 법의 약[淸淨相]을 아는 것이요, ③ 육근과 인연을 아는 것[分別一切法相]이요, ④ 부처님 국토에 유희함[不取衆生 而能了知衆生之數 不着世界 而現身佛刹]이요, ⑤ 불법을 통달함[不分別法 而善入佛法]이요, ⑥ 말을 여읨에 깊이 계합했지만 언설을 버리지 않음[深達義理 而廣演言敎]이요, ⑦ 탐욕 여읜 진제를 구하지 않지만 만행을 수행함[了一切法離欲眞際 而不斷菩薩道]이니, 앞의 일곱 구절은 고요함과 합치한 작용을 밝힘이다. ⑧ 常勤 아래 한 대구[常勤修習無盡之行 自在入於淸淨

法界는 작용과 합치한 고요함을 밝힘이요, 또한 그 원인을 통틀어 밝혔으니, 부지런히 수행함으로 인해 권교(權敎)를 건넘이요, 법계에 들어간 연고로 항상 고요한 것이다.

(b) 비유로 밝히다[喩] (二喩 22上7)

譬如鑽木하여 以出於火에 火事無量이나 而火不滅인달 하여
"비유컨대 나무를 비비어 불을 내거든 불타는 일이 한량없으나 불은 꺼지지 아니하나니,

[疏] 二, 喩中에 木喩法界하고 火喩所成身智하고 火事는 喩悲化無邊하고 本火不滅은 喩身智常湛이라
■ (b) 비유로 밝힘 중에 나무는 법계에 비유하고, 불은 이룰 대상인 몸과 지혜에 비유하고, 불타는 일은 대비로 끝없이 교화함에 비유하고, 본래 불이 꺼지지 않음은 몸과 지혜가 항상 담담함에 비유하였다.

(c) 법과 비유를 합하다[合] (三合 22上10)

菩薩도 如是하여 化衆生事가 無有窮盡이나 而在世間하여 常住不滅이니라
보살도 그와 같아서 중생을 교화하는 일이 다함이 없으나 세간에 있어서 항상 머물고 멸하지도 않느니라."

[疏] 三, 合은 可知로다

- (c) 법과 비유를 합함은 알 수 있으리라.

d. 두 가지 행을 함께 부정하다[雙非二行] 2.
a) 큰 의미를 총합하여 밝히다[總彰大意] (第四 22下3)

非究竟이며 非不究竟이며 非取며 非不取며 非依며 非無依며 非世法이며 非佛法이며 非凡夫며 非得果니라
"구경도 아니고 구경 아님도 아니며, 집착도 아니고 집착 아님도 아니며, 의지도 아니고 의지 없음도 아니며, 세상 법도 아니고 부처님 법도 아니며, 범부도 아니고 과를 얻은 것도 아니니라."

[疏] 第四, 非究竟下는 雙非二行하야 拂迹入玄者라 然初自行에 云, 能轉生死호대 而不捨大願[24]이라하니 已有權實雙行일새 而謂多明照體大智라 次, 利他之中에 旣云無住運濟라하니 則悲智相導하야 而多似起用大悲라 次, 復以導悲之智로 遣彼着心하니 復似悲智二心이라 行有前後일새 故第三段에 辨動寂雙行이니 則理無不盡이나 而猶慮物하니 謂二事不融이라 故此明形奪兩亡이며 權實無寄니 豈唯十行菩薩의 修行善巧리오 彌顯功德林의 悲濟之深이로다

- d. 非究竟 아래는 두 가지 행을 함께 부정하여 자취를 털어 내고 현묘함에 들어감이다. 그러나 (1) 자행경계에 이르되, "능히 생사를 바꾸되 대원을 버리지 않는다"라고 하였으니 이미 방편과 실법을 함께

---

24) 願下에 南續金本有謂其三字.

행하므로 대부분 체성은 큰 지혜를 비춤을 설명하였다. (2) 이타의 행법 중에 이미 '머무름 없이 실어 옮긴다'라고 하였으니 자비와 지혜가 서로 인도하여 대부분 작용을 일으켜 대비함과 같다. (3) 다시 자비를 이끄는 지혜로 저 집착하는 마음을 보냈으니, 다시 자비와 지혜의 두 가지 마음과 같다. 행법은 앞과 뒤가 있으므로 셋째 문단에 동요와 적정을 함께 행함을 밝혔으니 이치는 다하지 않음이 없지만 아직도 중생을 염려하니 이른바 두 가지 일이 융합하지 못한다. 그러므로 여기서 형상을 빼앗아 둘이 없으며 방편과 실법이 의탁함이 없으니 어찌 오직 십행위 보살의 수행이 뛰어날 뿐이리오. 공덕림보살이 자비로 구제함이 깊음을 충분히 밝힌 것이다.

[鈔] 然初自行下는 疏文有二하니 先, 總彰大意오 後, 文有五對十句下는 釋文이니 今初라 意云, 菩薩慈悲重重하야 顯悲智無礙라 收上四段하야 四段別說인대 一, 自行이오 二, 化他오 三, 雙行이오 四, 雙拂이라 今明自行은 即有自他雙行이니 雙行既俱에 義必不着이 即是雙拂이라 從增科之는 顯菩薩悲深耳라 今初自行은 能轉生死는 即自行之實이오 不捨大願은 即利他之權이라 雖前科爲四나 而今疏文에 乃有六節하니 一, 即第一自行이오 二, 而謂多明下는 起第二利他오 三, 而多似起用大悲者는 亦似第二利他中徵釋之文이라 四, 然其復似悲智二心行有前後는 即生第三雙行이라 五, 而猶慮物二事不融下는 生第四段이라 上之四段에 皆初一句는 躡前起後라 六, 豈唯十行下는 結歎이니 歎二菩薩이라 一, 十行難得行의 用心之深이니 即所說行이오 二, 即功德林能說之人이 重重曲巧하니 說斯悲智라

● 然初自行 아래는 소문에 둘이 있으니 a) 큰 의미를 총합하여 밝힘이

요, b) 文有五對十句 아래는 경문을 별도로 해석함이니 지금은 a) 이다. 의미로 말하되, "보살의 자비가 겹치고 겹쳐서 자비와 지혜가 걸림 없음을 밝혔다." 위의 네 문단을 거두어서 네 문으로 별도로 설명한다면 (1) 자행경계요, (2) 다른 이를 교화하는 경계요, (3) (두 가지 행을) 함께 행함이요, (4) 함께 털어 냄이다. 지금에 (1) 자행에 대해 설명함은 곧 자신과 남이 함께 행함이니 함께 행함이 이미 함께할 적에 이치가 반드시 집착 않음이 바로 동시에 털어 냄이다. 여기부터 과목이 늘어난 것은 보살의 자비가 깊음을 밝혔을 뿐이다. 지금 (1) 자행은 생사를 능히 바꿈이니 자행의 실법이요, 대원을 버리지 않음은 이타행의 방편이다. 비록 앞의 과목이 넷이지만 지금 소문에는 비로소 여섯 마디가 있으니 ① 자행이요, ② 而謂多明 아래는 이타행을 시작함이요, ③ '대부분 작용을 일으켜 대비함과 같다'는 것은 또한 ② 이타행 중에 물어서 해석한 문장과 같다. ④ 그런데 그 '다시 자비와 지혜의 두 가지 마음과 같다. 행법은 앞과 뒤가 있다'는 것은 곧 함께 행함을 생기게 했다. ⑤ 而猶慮物二事不融 아래는 함께 털어 냄을 생기게 했다. 위의 네 문단은 모두 처음 한 구절은 앞을 토대로 뒤를 시작함이다. ⑥ 豈唯十行 아래는 결론하고 찬탄함이니 두 보살을 찬탄한 내용이다. 하나는 십행위의 난득행의 작용하는 마음이 깊음이니 곧 '설하는 대상인 행'이요, 둘은 설법하는 주체인 공덕림보살이 더욱더 자세하고 교묘함이니, 이것을 일러 '자비와 지혜'라 하는 것이다.

b) 경문을 개별로 해석하다[別釋經文] 2.
(a) 표방하다[標] (文有 23上4)

[疏] 文有五對十句라
- 경문에 다섯 대구인 열 구절이 있다.

(b) 해석하다[釋] 2.
㈠ 첫째 대구를 갖추어 해석하다[具釋初對] 5.
① 방편과 실법이 서로 사무침으로 해석하다[權實交徹釋] (然其 23下4)
② 자취를 털고 현묘함에 들어감으로 해석하다[拂迹入玄釋] (又但)

[疏] 然其所非之法은 即前權實二行이라 且如究竟은 即實이오 不究竟은 即權이라 今乃雙非者는 實即權故로 非究竟이오 權即實故로 非不究竟이니라 又但言非究竟이언정 非謂有不究竟이니 故亦非之라 是則借權以遣實이니 實去而權亡이오 借實以破權이니 權亡實不立이라 言窮慮絕이어니 何實何權이며 體本寂寥어니 孰非孰是리오 唯儵[25]然無寄하야 理自玄會라 故辨雙非언정 非有雙非可立이니라
- 그러나 그 부정했던 법은 바로 앞의 방편과 실법의 두 가지 행법이다. 우선 구경이란 실법이요, 구경이 아닌 것은 방편이다. 지금 여기서 함께 부정한 것은 실법은 방편과 합치하므로 구경법이 아니요, 방편은 실법과 합치하므로 구경법이 아님도 아니다. 또한 단지 구경법이 아니라 말할지언정 구경법 아닌 것이 있다고 말하지 않았지만, 그래서 또한 부정한 것이다. 이것은 방편을 빌려서 실법을 보냄이니 실법이 가 버리면 방편이 없어짐이요, 실법을 빌려서 방편을 타파하였으니 방편이 없으면 실법도 존립하지 않는다. 말이 다하고 생각이 끊어졌는데 무엇이 실법이며 무엇이 방편일 것이며, 체성이 본래 고요하고

---
25) 儵는 신수본에 蕭.(대정장 권35 p.670a18-)

고요한데 누가 그르고 누가 옳겠는가? 오로지 갑작스레 의탁할 데가 없어서 이치가 자연히 현묘하게 알아진다. 그러므로 함께 아니라고 밝힐지언정 함께 부정함은 '존립할 수가 없다'는 뜻이다.

[鈔] 且如究竟下는 釋初一對하야 以爲體式이라 疏文有三하니 一, 權實交徹釋이오 二, 又但言下는 拂迹入玄釋이라 唯脩[26]然無寄者는 卽肇公百論序니 前已用竟이라

● 且如究竟 아래는 처음 한 대구[非究竟非不究竟]를 해석하여 본체의 형식을 삼았다. 소문에 셋이 있으니 ① 방편과 실법이 서로 사무침으로 해석함이요, ② 又但言 아래는 자취를 털고 현묘함에 들어감으로 해석함이다. 오로지 갑작스레 의탁할 데가 없다는 것은 승조법사의 『백론(百論)』 서문이니 앞에서 이미 인용했다.

③ 털고 융합함을 함께 부정하다[拂融雙非] (然雙 24上2)
④ 앞 문단을 총합하여 결론하다[總結前段] (總前)
⑤ 아래 여러 구절과 유례하다[例下諸句] (下諸)

[疏] 然雙非는 是遮오 雙是爲照라 卽遮而照일새 故雙非가 卽是雙行이오 卽照而遮일새 雙行이 卽爲雙遣이라 總前諸段에 理極於斯라 下諸句中에 皆倣於此니라

■ 그런데 함께 부정함은 막는 것이요, 함께 인정함은 비추는 것이다. 막음과 합치하여 비추므로 함께 부정함이 바로 함께 행함이요, 비춤과 합치하여 막으므로 함께 행함이 곧 함께 보냄[雙遣]이 된다. 앞의

---

26) 脩는 신수본에 蕭.(대정장 권36 p.339c04-)

여러 문단에서 이치가 여기에 이르러 지극해짐을 결론하였다. 아래 여러 구절 중에 모두 이와 같이 이해해야 한다.

[鈔] 三, 然雙非下는 又融拂雙非니 雙非는 卽第四段이오 雙照는 卽第三段이니 融拂二段하야 成玄之又[27]玄이라 又卽此第四段中에 初, 權實交徹釋이니 卽是雙照오 後, 拂迹入玄釋이니 卽是雙非라 雙非此二하야사 方入玄矣니라 又旣融第三에 則已具前二일새 故四門一致라야 方顯深玄이라 故로 下結에 云, 總前諸段理極於斯라 下諸句者는 例下諸句니 諸句에 多唯明初權實交徹一義일새 故例令如初句知니라

● ③ 然雙非 아래는 털고 융합을 함께 부정함이니, 함께 부정함은 넷째 문단이요, 함께 비춤은 셋째 문단이니 두 문단을 융합하고 털어 내어 현묘하고 더욱 현묘함을 이루었다. 또한 여기서 넷째 문단[非世法非佛法] 중에 ① 방편과 실법이 서로 사무침으로 해석함은 곧 함께 비춤이요, ② 자취를 털고 현묘함에 들어감으로 해석함은 곧 함께 부정함이다. 이 둘을 함께 부정해야만 비로소 현묘함에 들어가는 것이다. 또한 이미 셋째 문단[非依非無依]과 융합할 적에 이미 앞의 두 문단을 갖추었으므로 네 문이 일치해야만 바야흐로 깊고 현묘함을 밝히게 된다. 그러므로 아래에 결론하기를 "앞의 여러 문단에서 이치가 여기에 이르러 지극해진다"라고 한 것이다. '아래 여러 구절'이란 아래 여러 구절과 유례함이니, 여러 구절에서 대부분 오직 방편과 실법이 서로 사무침인 한 가지 뜻만 밝혔으므로 유례하여 '첫 구절과 같이 알게 하라'는 뜻이다.

---

27) 又는 甲南續金本作入誤.

㊂ 뒤의 네 가지 대구를 간략히 해석하다[略釋後四對] (二對 24下1)

[疏] 二, 對所化니 能所取寂일새 故非是取오 了知心行일새 故非不取니라
三, 約化處니 不着世界일새 故非是依오 依刹現身일새 故非無依라 亦約所證에 智無分別而善入故니라 四, 約化法이니 深達義理일새 故非世法이오 隨世語言일새 故非佛法이니라 五, 證離欲際일새 故非凡夫오 不斷菩薩行일새 故非得果니라

㊁는 교화할 대상과 상대함이니 주체와 대상이 고요함을 취하므로 취함이 아니요, 마음과 행법을 알았으므로 취하지 않은 것도 아니다. ㊂ 교화할 장소에 의지함이니 세계에 집착하지 않는 연고로 의지함이 아니요, 국토에 의지해 몸을 나타내므로 의지하지 않음도 아니다. 또한 증득할 대상에 의지할 적에 지혜가 분별함 없이 잘 들어가는 까닭이다. ㊃ 교화할 법에 의지함이니 뜻과 이치를 깊이 알았으므로 세간법이 아니요, 세상의 말과 글을 따르므로 불법도 아니다. ㊄ 욕심을 여읜 진제를 증득했으므로 범부가 아니요, 보살행을 단절하지 않았으므로 과덕을 얻음도 아니다.

ㄴ) 승진행법을 밝히다[明勝進] 2.
(ㄱ) 가름을 표방하여 과목을 나누다[標章分科] (第二 24下7)
(ㄴ) 가름을 따라 해석하다[隨章別釋] 2.

a. 지혜행법에 대해 설명하다[明慧行] 2.
a) 앞의 자분행법을 따오다[牒前自分行] (今初)

菩薩이 成就如是難得心하여 修菩薩行時에
"보살이 이러한 얻기 어려운 마음을 성취하고 보살행을 닦을 때에,

[疏] 第二, 菩薩成就下는 明勝進行이라 文分爲二니 初, 明慧行이오 後, 菩薩如是下는 辨悲行이라 今初分二니 先, 牒前自分行이라
■ ㄴ) 菩薩成就 아래는 승진행법을 밝힘이다. 경문을 둘로 나누리니, a. 지혜행법에 대해 설명함이요, b. 菩薩如是 아래는 대비행에 대해 밝힘이다. 지금은 a.를 둘로 나누리니, a) 앞의 자분행법을 따옴이다.

b) 승진행법을 바로 설명하다[正辨勝進行] 4.
(a) 모양을 여의면 설할 것 없음을 밝히다[總明離相無說] (後不 25上2)

不說二乘法하고 不說佛法하며 不說世間하고 不說世間法하며 不說衆生하고 不說無衆生하며 不說垢하고 不說淨하나니
(1) 이승 법도 말하지 않고 부처님 법도 말하지 않고 (2) 세간도 말하지 않고 세간 법도 말하지 않고 (3) 중생도 말하지 않고 중생 없음도 말하지 않고 (4) 때 묻은 것도 말하지 않고 깨끗한 것도 말하지 않나니,

[疏] 後, 不說已下는 正辨勝進行相이라 皆卽事入玄이라 分四니 初, 總明離相無說이라

■ b) 不說 아래는 승진행법을 바로 설명함이다. 모두 현상과 합치하여 현묘함에 들어감이다. 넷으로 나누리니 (a) 모양을 여의면 설할 것 없음을 밝힘이다.

(b) 묻고 해석하여 함께 부정함에 대해 설명하다[徵釋以顯雙非]

(二徵 25上9)

何以故오 菩薩이 知一切法이 無染無取며 不轉不退故로 菩薩이 於如是寂滅微妙甚深最勝法中修行時에 亦不生念하되 我現修此行하며 已修此行하며 當修此行이라하여 不着蘊界處와 內世間外世間內外世間하고 所起大願諸波羅蜜과 及一切法에 皆無所着이니라

무슨 까닭인가? 보살은 (1) 일체법이 물들지도 않고 집착도 없고 (2) 전변하지도 않고 물러나지도 않음을 아는 연고며, (3) 보살이 이렇게 적멸하고 (4) 미묘하고 매우 깊고 (5) 가장 수승한 법 가운데서 수행할 때에 '내가 현재에 이 행을 닦고 이미 이 행을 닦았고 장차 이 행을 닦으리라'는 생각을 내지 아니하며, (6) 오온, 18계, 12처에 집착하지 않고, (7) 안 세간, 바깥 세간, 안팎 세간과 (8) 일으킨 큰 소원의 바라밀다와 (9) 일체법에도 모두 집착이 없었느니라."

[疏] 二, 徵釋하야 以顯雙非라 釋意에 云, 所以不說者는 一, 無法可說故오 二, 菩薩於如是下는 明無心說이니 謂不起念故라

■ (b) 묻고 해석하여 함께 부정함에 대해 설명함이다. 의미를 해석하기

를, "말하지 않는 이유는 (1) 법을 설할 수가 없는 까닭이요, (2) 菩薩如是 아래는 텅 빈 마음으로 설해야 함을 밝힘이니, 이른바 생각을 일으키지 않는 까닭이다."

(c) 생각을 비우는 이유를 바꾸어 해석하다[轉釋無念所以]

(三何 25下4)

何以故오 法界中에 無有法名向聲聞乘과 向獨覺乘이며 無有法名向菩薩乘과 向阿耨多羅三藐三菩提며 無有法名向凡夫界며 無有法名向染向淨과 向生死向涅槃이니

"무슨 연고냐? (1) 법계 중에는 어떤 법이 성문승에 향한다, (2) 독각승에 향한다 이름할 것이 없으며, (3) 어떤 법이 보살승에 향한다, (4) 아눗다라삼먁삼보디에 향한다 이름할 것이 없으며, (6) 어떤 법이 범부세계에 향한다 할 것이 없으며, (7) 어떤 법이 물드는 데 향한다, (8) 깨끗한 데 향한다, (9) 생사에 향한다, (10) 열반에 향한다 할 것이 없나니,

[疏] 三, 何以故下는 轉釋無念所以라 無念者는 稱法界故니 故不說聲聞法等이니라

- (c) 何以故 아래는 생각을 비우는 이유를 바꾸어 해석함이다. '생각을 비운다'는 것은 법계와 칭합한 까닭이니, 그러므로 '성문의 법을 말하지 않는다'는 따위이다.

(d) 물음을 빌려서 함께 운전함을 설명하다[假徵以顯雙運] 2.

㈠ 의미를 밝히고 과목 나누다[顯意分科] (四假 25下7)
㈡ 과목에 따라 해석하다[隨科別釋] 3.
① 법으로 설하다[法] (法中)

何以故오 諸法이 無二며 無不二故니라
그 까닭은 모든 법이 둘도 없고 둘이 아님도 없는 연고이니라."

[疏] 四, 假徵以顯雙運이라 徵意에 云, 旣無所着인대 何以復修二利之行고 釋意에 云, 性相雙非일새 故能雙運이라 文有法喩合하니 法中에 諸法無二故로 無說無着이오 無不二故로 不妨起行이라

■ (d) 물음을 빌려서 함께 운전함을 설명함이다. 묻는 의미를 말하되, "이미 집착한 바가 없는데 어찌하여 다시 두 가지 이익행을 닦아야 하는가?" 의미를 해석하되, "체성과 모양을 함께 부정하였으므로 능히 함께 운전함이다." 경문에 ① 법으로 설함과 ② 비유로 밝힘 ③ 법과 비유를 합함이 있다. ① 법으로 설함 중에 모든 법이 둘이 없는 연고로 설하더라도 집착이 없으며, 둘이 아님도 없는 연고로 행법을 시작함에 방해가 되지 않는다.

② 비유로 밝히다[喩] (二喩 26上3)

譬如虛空이 於十方中과 若去來今에 求不可得이나 然이나 非無虛空인달하니
"마치 허공을 시방에서 과거나 미래나 현재에 구하여도 얻

을 수 없으나, 그러나 허공이 없는 것은 아니니,

[疏] 二, 喩는 可知로다
■ ② 비유로 밝힘은 알 수 있으리라.

③ 법과 비유를 합하다[合] 2.
㉮ 바로 설명하다[正明] (三合 26上7)
㉯ 공덕으로 덕을 세움을 밝히다[辨功成德立] (後普)

菩薩도 如是하여 觀一切法이 皆不可得이나 然이나 非無一切法이니 如實無異하되 不失所作하여 普示修行菩薩諸行하며 不捨大願하고 調伏衆生하며 轉正法輪하여 不壞因果하되 亦不違於平等妙法하며 普與三世諸如來等하여 不斷佛種하고 不壞實相하며 深入於法하여 辯才無盡하며 聞法不着하여 至法淵底하며 善能開演하여 心無所畏하며 不捨佛住하고 不違世法하여 普現世間하되 而不着世間이니라

보살도 그와 같아서 (1) 일체법이 모두 얻을 수 없음을 관찰하거니와, (2) 그러나 일체법이 없지도 아니하여 (3) 실상과 같고 다르지 아니하며, (4) 짓는 일을 잃지 않고 보살의 행을 수행함을 보이며, (5) 큰 원력을 버리지 않고 (6) 중생을 조복하며, (7) 정법의 수레를 운전하여 (8) 인과 과를 무너뜨리지 아니하여, (9) 평등하고 (10) 묘한 법에도 어기지 아니하며, (11) 삼세의 여래들과 더불어 평등하여 (12) 부

처의 종성을 끊지 않고 (13) 실상을 깨뜨리지 아니하며, (14) 법에 깊이 들어가 변재가 다하지 않으며, (15) 법을 듣고 집착하지 않으나 (16) 법의 깊은 데까지 이르러 (17) 잘 열어 연설하매 두려운 마음이 없으며, (18) 부처님 머무는 데를 버리지 아니하고 (19) 세상 법을 어기지 아니하며, (20) 세간에 두루 나타나되 세간에 집착하지 않느니라."

[疏] 三, 合中에 皆顯性不礙相이라 於中에 二니 先, 正明이오 後, 普與下는 辨功成德立이니 勝進之相이라 故로 晉經에 此初에 有此菩薩言하니라

■ ③ 법과 비유를 합함 중에 모두 체성이 모양과 장애되지 않음을 밝혔다. 그중에 둘이니 ㉮ 바로 설명함이요, ㉯ 普與 아래는 공덕으로 덕을 세움을 밝힘이니 승진행의 모양이다. 그러므로 진경에서 "여기서 처음으로 이 보살이란 말이 있다"고 하였다.

b. 대비행에 대해 밝히다[辨悲行] 3.
a) 지혜를 따와서 대비를 밝히다[牒智顯悲] (第二 26下4)
b) 대비의 모양을 바로 밝히다[正顯悲相] (二於)

菩薩이 如是成就難得智慧心하여 修習諸行하되 於三惡趣에 拔出衆生하여 敎化調伏하여 安置三世諸佛道中하여 令不動搖니라

"보살이 이렇게 얻기 어려운 지혜의 마음을 성취하고는 모든 행을 닦으면서, 세 나쁜 갈래에서 중생들을 뽑아내어 교

화하고 조복하여 삼세의 부처님 도에 편안히 두고 동요치 않게 하며,

[疏] 二, 辨悲行이라 中에 分三이니 一, 牒智顯悲라 悲假智深일새 所以先牒이라 二, 於三惡下는 正顯悲相이오

- b. 대비행에 대해 밝힘이다. 그중에 셋으로 나누리니, a) 지혜를 따와서 대비를 밝힘이다. 대비는 지혜를 빌려서 깊어지므로 먼저 따온 것이다. b) 於三惡 아래는 대비의 모양을 바로 밝힘이요,

c) 악한 이를 교화함에 대해 치우쳐 말하다[偏語化惡] 2.
(a) 과목 나누기[分科] (三復 27上2)
(b) 과목에 따라 해석하다[隨釋] 3.
㊀ 악한 이는 대비행의 대상이다[惡是所悲] (今初)

復作是念하되 世間衆生이 不知恩報하고 更相讐對하며 邪見執着하여 迷惑顚倒하며 愚癡無智하여 無有信心하며 隨逐惡友하여 起諸惡慧하며 貪愛無明의 種種煩惱가 皆悉充滿하니 是我所修菩薩行處라

생각하기를 "(1) 세간의 중생들이 은혜 갚을 줄을 알지 못하고 원수로 상대하며, (2) 삿된 소견에 집착하여 미혹하고 뒤바뀌며, (3) 어리석고 지혜가 없어 신심이 없고 (4) 나쁜 벗을 따라 나쁜 생각을 일으키며, (5) 탐욕과 애착과 무명과 가지가지 번뇌가 모두 가득하였으니, (6) 이것이 내가 보살행을 닦을 만한 곳이로다.

[疏] 三, 復作是念下는 偏語化惡라 顯勝進相은 文中에 三이니 初, 明惡是所悲오 次, 明善非化境이오 後, 徵釋所由라 今初所悲中에 先은 明有違教之惑이오 後, 貪愛下는 明總具塵勞니 惑病旣深에 方假醫救라 前中에 不知恩報者는 必無敬養하고 更相讐對하니 則難以訶責이오 邪見執着하니 則不受正敎오 迷惑顚倒에 所領不眞이오 愚癡無智에 爲說不知오 無有信心에 絶於希向이오 隨逐惡友에 必遠善人이오 起諸惡慧에 無由正解일새 故難化也니라

- c) 復作是念 아래는 악한 이를 교화함에 대해 치우쳐 말함이다. 승진행의 모양을 밝힌 내용이니, 경문 중에 셋이니, ㊀ 악한 이는 대비행의 대상이라 설명함이요, ㊁ 선한 이는 교화할 경계가 아님을 설명함이요, ㊂ 물어서 그 원인을 해석함이다. 지금은 ㊀ 악한 이는 대비행의 대상 중에 ① 가르침을 어기는 번뇌를 밝힘이요, ② 貪愛 아래는 총합하여 번뇌가 가득함을 밝힘이니 번뇌의 병이 이미 깊어질 적에 비로소 의사의 구제를 빌리는 것이다. ① 중에 '은혜 갚을 줄 알지 못한다'는 것은 반드시 공경 공양이 없고 다시 서로 원수로 상대하니 (1) 힐난하여 꾸짖음이요, 삿된 소견에 집착하니 (2) 올바른 교법을 받지 않음이요, 미혹하여 뒤바뀌었을 적에 아는 것이 진실하지 않음이요, 어리석고 지혜가 없을 적에 (그를) 위해 알지 못한다 말함이요, 신심이 없을 적에 희망과 회향이 끊어짐이요, 나쁜 벗을 따오면 반드시 좋은 벗을 멀리함이요, 나쁜 생각을 일으킬 적에 올바르게 알 수가 없으므로 교화하기 어려운 것이다.

㊁ 선한 이는 교화할 대상이 아니다[善非化境] (二設 27下2)

設有知恩과 聰明慧解와 及善知識이 充滿世間이면 我不
於中에 修菩薩行이니
설사 은혜를 알고 총명하고 지혜가 있으며 선지식이 세간에
가득하다면 나는 이 가운데서 보살행을 닦지 아니할지니,

[疏] 二, 設有下는 善非化境을 可知로다
■ ㈡ 設有 아래는 선한 이는 교화할 대상이 아님은 알 수 있으리라.

㈢ 물어서 그 원인을 해석하다[徵釋所由] 3.
① 묻다[徵] (三徵 27下7)
② 해석하다[釋] (次釋)

何以故오 我於衆生에 無所適莫하며 無所冀望하며 乃至
不求一縷一毫와 及以一字讚美之言하고 盡未來劫토록
修菩薩行하되 未曾一念도 自爲於己요 但欲度脫一切衆
生하여 令其淸淨하여 永得出離니라
왜냐하면 나는 중생에게 대하여 맞고 맞지 아니할 것도 없
고 바라는 것도 없으며, 내지 실 한 올, 터럭 끝 하나를 구하
거나 칭찬하는 말 한마디를 구함도 아니며, 오는 세월이 끝
나도록 보살행을 닦으면서도 한 번도 내 몸을 위하지 아니
하였고, 다만 모든 중생을 제도하여 청정케 하고 영원히 뛰
어나게 하려는 것이로다' 하느니라."

[疏] 三, 徵釋中에 初는 徵이오 次는 釋이오 後는 轉徵釋이라 初, 徵意에 云,

菩薩化生에 理宜平等이어늘 偏惡棄善은 其故何耶아 次, 釋意에 云, 菩薩於物에 無主定於親疎나 就於惑重하야 偏是化境이니 如母矜病子가 豈不等耶아 又若求名利인대 應化知恩이어니와 本爲淨他어니 理應隨惡이라 若棄惡從善인대 魔攝持故니라

■ ㈢ 물어서 그 원인을 해석함 중에 ① 물음이요, ② 해석함이요, ③ 바꾸어 묻고 해석함이다. ① 물은 의미를 말하되, "보살이 중생을 교화할 적에 이치가 마땅하고 평등하거늘 악한 이에게만 치우치고 선한 이를 버리는 까닭이 무엇인가?" ② (그 원인을) 해석한 의미를 말하되, "보살이 중생에게 친한 이나 소원한 이가 정해져 있지 않지만 번뇌가 무거운 이에 나아가 교화할 경계에 치우치는 것이니, 마치 어머니가 병든 아들을 돌보는 것이 어찌 평등하지 않음이겠는가? 또한 만일 명리를 구한다면 응하여 교화하면 은혜를 알겠거니와 본래 다른 이를 청정케 하기 위함일 텐데 이치로는 응당히 악한 이를 따를 것이다. 만일 악한 이를 버리고 착한 이를 따른다면 마군에게 포섭되어 지녔기 때문이다."

[鈔] 若棄惡從善魔攝持故者는 五十八經에 說十種魔業中에 云, 捨惡性人하고 遠懈怠者하며 輕慢亂意하고 譏嫌惡慧는 是爲魔業이라하며 又云하시되 已得解脫과 已安隱者를 常樂親近而供養之하고 未得解脫과 未安隱者를 不肯²⁸⁾親近하며 亦不敎化하면 是爲魔業이라하니 卽棄惡從善也니라

● '만일 악한 이를 버리고 선한 이를 따른다면 마군에게 포섭되어 지녔기 때문'이란 제58권 이세간품의 경문에 열 종의 마군의 업을 설한 중

---

28) 肯은 甲南續金本作得誤.

에 이르되, "(나쁜 마음으로 보시하고 성난 마음으로 계율을 지니며) 나쁜 성품 가진 사람을 버리고 게으른 이를 멀리하며, 산란한 뜻을 업신여기고 나쁜 지혜 있는 이를 싫어함이 마의 업이니라." 또 이르되, "해탈을 얻어 이미 편안하게 된 이를 항상 가까이하여 공양하고, 해탈을 얻지 못하여 편안하지 못한 이는 가까이하지도 않고 교화하지도 아니함이 마의 업이니라"라고 하였으니 악한 이를 버리고 선한 이를 따름이다.

③ 뒤바꾸어 묻고 해석하다[轉徵釋] (三轉 28上10)

何以故오 於衆生中에 爲明導者가 法應如是하여 不取不求하고 但爲衆生하여 修菩薩道하여 令其得至安隱彼岸하여 成阿耨多羅三藐三菩提라하나니

"무슨 까닭인가? 중생들을 지도하는 이는 으레 그러하여, 집착하지도 않고 구하는 것도 없으며, 다만 중생들을 위하여 보살의 도를 닦으며, 그들로 하여금 편안한 저 언덕에 이르러서 아뇩다라삼먁삼보디를 이루게 하려는 것이니,

[疏] 三, 轉徵釋이니 徵云호대 菩薩衆生이 本不相預어늘 何爲長劫에 悲救無求오 釋意에 云, 諸佛菩薩이 法爾同遵이니 不爾면 不名爲明導故니라

■ ③ 뒤바꾸어 묻고 해석함이니 물어 말하되, "보살과 중생이 본래 서로 참여하지 못하거늘 어찌하여 오랜 겁에 자비로 구제함을 구하지 않는가?" 해석한 의미를 말하되, "모든 부처님과 보살이 법다이 함께 따르는 것이니 그렇지 않으면 '현명한 인도자'라 이름할 수 없는 까

닭이다."

(다) 얻기 어려운 행을 결론하다[結名] (經/是名 28上9)

是名菩薩摩訶薩의 第八難得行이니라
이것을 보살마하살의 여덟째 얻기 어려운 행이라 하느니라."

자) 제9 법을 잘 말하는 행[善法行] 2.

(가) 체성을 내보이다[出體] (第九 28下4)
(나) 경문 해석[釋文] 2.
ㄱ. 과목 나누기[分科] (就文)

佛子여 何等이 爲菩薩摩訶薩의 善法行고
"불자들이여, 어떤 것이 보살마하살의 법을 잘 말하는 행인가?

[疏] 第九, 善法行이니 體卽力度라 就文分三이니 初, 徵名이오 二, 釋相이오 三, 結歎이라

■ 자) 제9 법을 잘 말하는 행이니 체성은 곧 능력바라밀이다. 경문에 나아가 셋으로 나누리니 ㄱ) 명칭을 물음이요, ㄴ) 행법의 모양을 해석함이요, ㄷ) 결론하고 찬탄함이다.

ㄴ. 과목에 따라 해석하다[隨釋] 3.
ㄱ) 명칭을 묻다[徵名] 3.

(ㄱ) 경과 논을 인용하여 명칭을 바로 해석하다[引經論正釋名] 3.
a. 함께 인용하다[雙引] (今初 28下5)
b. 구분하다[料揀] (唯識)
c. 바로 회통하여 해석하다[正會釋] (互擧)

[疏] 今初라 唯識에 有二하니 一, 思擇力이오 二, 修習力이라 本業有三하니 一, 報通力이오 二, 修定通力이오 三, 變化通力이라 唯識은 約修하고 本業에는 約用하야 互擧一邊이라 由前二力하야 爲機說法에 則成語意二業之善法하야 有本業三力하야 則成身意二業之善法이라 以修定通은 即意業故라

■ 지금은 ㄱ)이다. 『성유식론』에 둘이 있으니 (1) 생각하여 선택하는 능력이요 (2) 닦아 익히는 능력이다. 『보살본업경』에는 셋이 있으니 ① 과보로 얻은 신통력이요, ② 삼매를 닦아 얻은 신통력이요, ③ 변화하는 신통력이다. 『성유식론』은 닦음에 의지하여 해석하였고, 『보살본업경』에는 작용에 의지하여 번갈아 한쪽을 거론하였다. 앞의 두 가지 능력으로 인해 중생의 근기에 응해 법을 설하면 구업과 의업 두 가지의 선법을 이루어서 『본업경』의 세 가지 능력이 있으면 신업과 의업 두 가지의 선법을 이루게 된다. 삼매를 닦아 얻은 신통력은 곧 의업인 까닭이다.

(ㄴ) 양섭론에 의지해 두 가지 힘이 삼업과 통함을 밝히다

[依梁論顯二力通業] (依梁 28下9)

[疏] 依梁攝論인대 由思擇力하야 能伏一切正行等所對治障하니 令不起故오 由修習力하야 能令一切善行으로 堅固決定이라하니라 旣言一切善行하니 此則二力이 通三業善이라

■ 『양섭론』에 의지한다면 "① 생각하여 선택하는 능력으로 인해 온갖 바른 행동 따위의 대치할 대상인 장애를 능히 조복하나니 일어나지 못하게 하는 연고요, ② 닦아 익히는 능력으로 인해 온갖 선행으로 하여금 견고하게 결정하게 한다"고 하였다. 이미 온갖 선행을 말하였으니 이것은 두 가지 능력이 삼업이 선행에 통하는 내용이다.

(ㄷ) 제9지와 같음을 지적하여 명칭을 결론하다[指同九地以結名]

(此位 29上2)

[疏] 此位는 大同九地하니 是法師位로 善說法故니라

■ 이 지위는 크게는 제9지와 같나니, 법사의 지위로서 설법을 잘 하는 까닭이다.

[鈔] 今初唯識二力은 論但列名[29]이라 梁論에 云, 思擇力[30]者는 正思諸法過失과 及功德이니 此思擇力이 若得增勝하면 自地惑의 所不能動이오 體性堅强일새 故名爲力이라 修習力者는 心緣此法하야 住於[31]

---

29) 上十字는 南金本無, 此下에 甲本有依字 續本有依梁論下釋五字.
30) 上六字는 南續金本作依梁論.
31) 住於는 甲南續金本作作.

觀行하야 令心與法으로 和合成一이 猶如水乳며 亦如熏衣라하니라
- 지금은 (가) (체성을 내보임)에서 『성유식론』의 두 가지 능력이란 논에서는 다만 명칭만 열거하였다. 『양섭론』에 이르되, "사유하여 간택하는 힘이란 모든 법의 과실과 공덕을 바르게 사유하는 것이다. 이 사유하고 간택하는 힘이 만일 늘어나고 뛰어나게 되면 스스로의 지위의 번뇌에 움직여지지 않을 수 있을 만큼 견고하고 강해지기 때문에 힘이라고 일컫는다. 닦아 익히는 힘이란 마음이 이 법이 일으키는 관행(觀行)을 인연하여 법과 함께 화합하여 하나가 되게 함이 마치 물과 우유 같고 또한 마치 옷에 스며드는 것과 같으므로 닦음이라고 이름한다"라고 하였다.

ㄴ) 행법의 모양을 해석하다[釋相] 2.
(ㄱ) 가름을 열고 이치를 밝히다[開章顯義] (二釋 29上9)
(ㄴ) 과목에 따라 개별로 해석하다[隨科別釋] 2.

a. 자분의 행[自分] 2.
a) 총합하여 설명하다[總明] (前中)

此菩薩이 爲一切世間天人魔梵沙門婆羅門乾闥婆等하여 作淸凉法池하여 攝持正法하고 不斷佛種하니라
이 보살이 일체 세간의 하늘, 사람, 마군, 범천, 사문, 바라문, 건달바들을 위하여 청량한 법못이 되어 바른 법을 거두어 지니어서 부처의 종성이 끊어지지 않게 하느니라."

[疏] 二, 釋相中에 二니 前은 自分이오 後는 勝進이라 然此二段에 各具二力하니 至文當知라 亦有三力하니 謂善[32)]知根緣과 一音普應과 成就十身이라 義該三通이니라 初自分中에 先, 總明이오 後, 別顯이라 前中에 作淸涼法池는 標也라 言含法喩하니 謂如無熱惱池가 淸淨無濁이라 下二句는 釋이라 上句는 如池含於德水일새 故云攝持正法이오 下句는 以四辯才로 出願智等하야 饒益衆生하야 相續無盡하야 究竟入於一切智海일새 名不斷佛種이니 如彼大池가 流出四河하야 相續入海니라

■ ㄴ) 행법의 모양을 해석함 중에 둘이니 a. 자분의 행이요, b. 승진의 행이다. 그런데 이 두 문단에 각기 두 가지 능력이 있으니 이른바 (1) 근과 연을 잘 아는 것과 (2) 한 가지 음성으로 널리 응함과 (3) 열 가지 몸을 성취함이다. 이치로는 셋을 포함하여 통한다. a. 자분의 행 중에 a) 총합하여 설명함이요, b) 개별로 설명함이다. a. 중에 청량한 법못이 됨은 표방함이다. 말씀에 법과 비유를 품었으니 이른바 마치 뜨거운 번뇌가 없는 못이 청정하여 더러움이 없음과 같다. 아래 두 구절[攝持正法 不斷佛種]은 해석이다. 위 구절은 마치 못에 공덕의 물을 함유함과 같은 연고로 '바른 법을 거두어 지닌다'고 말함이요, 아래 구절은 네 가지 변재로 원력과 지혜 따위를 내어서 중생을 요익하게 상속하여 끊어짐이 없어서 온갖 지혜바다에 마침내 들어가므로 '부처의 종성이 끊어지지 않는다'고 말하였으니 마치 저 큰 못에서 네 가지 강이 흘러나와 끊임없이 바다로 들어감과 같다.

b) 개별로 설명하다[別顯] 2.

---

32) 善은 南續金本作普.

(a) 과목 나누기[分科] (二得 30上5)

得清淨光明陀羅尼故로 說法授記에 辯才가 無盡하며 得具足義陀羅尼故로 義辯이 無盡하며 得覺悟實法陀羅尼故로 法辯이 無盡하며 得訓釋言詞陀羅尼故로 詞辯이 無盡하며 得無邊文句無盡義無礙門陀羅尼故로 無礙辯이 無盡하며 得佛灌頂陀羅尼가 灌其頂故로 歡喜辯이 無盡하며 得不由他悟陀羅尼門故로 光明辯이 無盡하며 得同辯陀羅尼門故로 同辯이 無盡하며 得種種義身句身文身中訓釋陀羅尼門故로 訓釋辯이 無盡하며 得無邊旋陀羅尼故로 無邊辯이 無盡이니라

"청정한 광명 다라니를 얻었으므로 법을 말하고 수기하는 변재가 다함이 없으며, 뜻을 구족한 다라니를 얻었으므로 뜻을 말하는 변재가 다함이 없으며, 실상 법을 깨닫는 다라니를 얻었으므로 법을 말하는 변재가 다함이 없으며, 훈고하여 해석하는 말 다라니를 얻었으므로 품사의 변재가 다함이 없으며, 끝이 없는 글 구절과 다함없는 뜻의 걸림 없는 문 다라니를 얻었으므로 걸림 없는 변재가 다함없으며, 부처님의 관정 다라니를 얻어 정수리에 물을 부었으므로 환희케 하는 변재가 다함이 없으며, 남을 의지하지 않고 깨닫는 다라니를 얻었으므로 광명 변재가 다함이 없으며, 같은 말 하는 다라니를 얻었으므로 같은 말을 하는 변재가 다함이 없으며, 가지가지 뜻과 구절과 글을 훈고 해석하는 다라니를 얻었으므로 훈고하는 변재가 다함이 없으며, 끝이 없

이 돌아가는 다라니를 얻었으므로 끝이 없는 변재가 다함이 없느니라."

[疏] 二, 得淸淨下는 別顯이라 文分爲二니 初, 廣攝持正法이오 二, 此菩薩大悲下는 廣不斷佛種이라
- b) 得淸淨 아래는 개별로 설명함이다. 경문을 둘로 나누었으니 ㉠ 정법을 거두어 지님을 자세히 설명함이요, ㉡ 此菩薩大悲 아래는 부처 종성을 단절하지 않음을 자세히 설명함이다.

(b) 과목에 따라 해석하다[隨釋] 2.
㉠ 정법을 거두어 지님을 자세히 설명하다[廣攝持正法] 2.
① 총상으로 밝히다[初句總] (今初 30上6)

[疏] 今初也라 具十總持하니 是攝持義라 十持爲體하고 十辯으로 爲用이라 初句爲總이니 寂障鑒法이 名淨光明이라
- 지금은 ㉠이다. 열 가지 다라니를 갖추었으니 '거두어 지닌다'는 뜻이다. 열 가지 다라니로 체성을 삼고, 열 가지 변재로 작용을 삼았다. ① 첫 구절은 총상으로 밝힘이니 장애가 고요해지면 법을 보는 것이므로 '청정한 광명'이라 이름하였다.

② 아홉 구절은 별상으로 밝히다[餘九句別] 2.
㉮ 처음 네 구절을 바로 해석하다[正釋初四] (餘九 30上8)

[疏] 餘九爲別이라 初四는 卽四辯才라 四持는 卽池之德水오 四辯은 卽

池之四口라

- ② 나머지 아홉 구절은 별상으로 밝힘이다. ㉮ 처음 네 구절은 네 가지 변재이다. 네 가지 다라니는 연못의 공덕의 물이요, 네 가지 변재는 연못의 네 가지 입구이다.

[鈔] 四辯卽喩者는 此中의 四河四口等은 皆依十定品이니 一, 東恆伽河는 從銀色象口하야 流出銀沙니 合以義辯才로 說一切義오 二, 私陀河는 從金剛色師子口하야 流出金剛沙니 合以法辯才로 說金剛句오 三, 信度河는 從金色牛口하야 流出金沙니 合以辭辯으로 說隨順世間緣起오 四, 縛芻河는 從琉璃色馬口하야 流出琉璃沙니 合菩薩摩訶薩이 亦復如是하야 以無盡辯으로 雨無盡百千億那由陀不可說法等이라 下에 別合云호대 云何菩薩의 四河오 一, 願智河오 二, 波羅密河오 三, 三昧河오 四, 大悲河라하니 並如彼文하니라

- '네 가지 변재'는 비유한 것이란 이 가운데 네 강과 네 가지 입구 따위는 모두 십정품에 의지한 분석이다. ① 동쪽 긍가하(恆伽河)는 은색 코끼리 입으로부터 은빛 모래를 흘러내리니 뜻을 말하는 변재로 온갖 이치를 말함과 합함이요, ② 사타(私陀)강은 금강색 사자 입으로부터 금강 모래를 흘러내리니 법을 말하는 변재[法辯]로 금강 같은 구절을 말함과 합함이요, ③ 신도(信度)강은 금색 소의 입으로부터 금빛 모래를 흘러내리니 품사의 변재로 세간을 수순하는 연기를 설함과 합함이요, ④ 박추(縛芻)강은 유리 색 말의 입으로부터 유리 빛 모래를 흘러내리니 보살마하살도 그래서 끝없는 변재로 끝없는 백천억 나유타의 말할 수 없는 법을 비 내리는 등이다. 아래에 별도로 합하기를, "어떤 것이 보살의 네 가지 강인가? (1) 원력과 지혜의 강이

요, (2) 바라밀의 강이요, (3) 삼매의 강이요, (4) 대비의 강입니다"
라고 하였으니, 함께하면 저 경문과 같다.

㉑ 뒤의 다섯 구절을 해석하다[別釋後五] (五卽 30下9)

[疏] 五, 卽外力으로 加辯하고 智水로 灌心故로 稱根令喜니 此卽得辯之 緣이라 六, 卽內力自證之³³⁾辯이니 謂道契內心이며 光明外徹이니 此 乃得辯之因也라 七, 同類音辯이니 此約順機라 八, 訓釋辯이니 此約 窮法이라 前四辯中에 但明通相文句오 此明曲盡其源이라 義身은 卽 當名身이니 名所詮故라 體是名境이오 義卽境義라 梵云得種種名身 故니라 九, 總顯深廣이니 持辯無邊하야 旋有入空하고 旋空入有等일 새 故無有邊이라 皆言無盡者는 稱法界故니라

⑤ [無礙辯]는 외부의 힘으로 변재를 더하고 지혜의 물로 마음을 씻어 내는 연고로 육근과 칭합하게 기쁘게 하나니, 이것은 변재를 얻는 인연이다. ⑥ [歡喜辯]은 내부의 힘으로 스스로 증득한 변재이니, 이른바 도가 내부의 마음과 계합하며, 광명[光明辯]은 안으로 사무침이니 이래야 비로소 변재를 얻는 원인이다. ⑦ [同辯]은 같은 종류의 음성변재이니 이것은 중생의 근기에 수순함에 의지한 내용이다. ⑧ 훈석하는 변재이니 이는 법을 궁구함에 의지한 분석이다. 앞의 네 가지 변재 중에 단지 모양과 통하는 경문 구절이요, 이는 그 근원을 자세하게 다함을 밝혔다. 뜻의 몸[義身]은 곧 이름의 몸[名身]에 해당하나니 말할 대상을 말한다. 체성은 이름의 경계요, 뜻은 경계의 뜻이다. 범어로는 '갖가지 이름의 몸을 얻었다'고 말한 까닭이다. ⑨ 총합하여

---

33) 上三字는 南續金本作證.

깊고 넓음을 밝혔으니 다라니와 변재가 끝이 없어서 유를 돌아서 공에 들어가고 공을 돌아서 유에 들어가는 따위이므로 끝이 없는 것이다. 모두에 '끝없다'고 말한 것은 법계와 칭합한 까닭이다.

㊂ 부처 종성을 단절하지 않음을 자세히 설명하다[廣不斷佛種] 3.
① 삼업으로 중생을 이익함에 대해 총합하여 설명하다[總明三業利生]

(第二 31上9)

此菩薩이 大悲堅固하여 普攝衆生하여 於三千大千世界에 變身金色하여 施作佛事하되 隨諸衆生의 根性欲樂하여 以廣長舌로 於一音中에 現無量音하여 應時說法하여 皆令歡喜하며
"이 보살이 대비심이 견고하여 중생들을 널리 거두어 주는데, 삼천대천세계에서 몸을 금빛으로 변하여 불사를 지으며, 중생들의 근성과 욕락을 따라서 길고 넓은 혀로써 한 음성에 한량없는 소리를 나타내어 때에 맞추어 법을 말하여 환희케 하느니라."

[疏] 第二, 廣前不斷佛種이라 中에 文分三別이니 初, 總明三業利生이오 二, 假使下는 假設深勝이오 三, 以得一切下는 總釋所以라 前二는 含於四河라 今初는 卽大悲河라 大悲堅固는 標其體也니 悲紹佛種일새 故首明之라 普攝衆生은 正明不斷이라 於三千下는 示其攝相이라

■ ㊂ 앞의 부처 종성을 단절하지 않음을 자세히 설명함이다. 그중에 경문을 셋으로 나누었으니 ① 삼업으로 중생을 이익함에 대해 총합하

여 설명함이요, ② 假使 아래는 깊고 뛰어난 모임을 가정하여 설정함이요, ③ 以得一切 아래는 그 원인을 총합하여 해석함이다. 앞의 둘은 네 강을 포함하고 있다. 지금 ①은 곧 대비의 강이다. (1) '대비심이 견고함'은 그 체성을 표방함이니, 대비심이 부처 종성을 이으므로 가장 먼저 설명하였다. (2) '중생들을 널리 거두어 줌'은 끊어지지 않음을 바로 밝힌 내용이다. (3) 於三千 아래는 거두어 주는 모양을 보임이다.

② 깊고 뛰어난 모임을 가정하여 설정하다[假設深勝] 3.
㉮ 큰 모임에서 의심을 끊어 주는 바라밀의 강[大會斷疑波羅蜜河]

(二假 31下10)

假使有不可說種種業報의 無數衆生이 共會一處하되 其會廣大하여 充滿不可說世界어든 菩薩이 於彼衆會中坐에 是中衆生이 一一皆有不可說阿僧祇口하고 一一口에 能出百千億那由他音하여 同時發聲하여 各別言詞로 各別所問이라도 菩薩이 於一念中에 悉能領受하고 皆爲酬對하여 令除疑惑하나니 如一衆會中하여 於不可說衆會中에도 悉亦如是니라

"가령 말할 수 없는 가지가지 업보로 생긴 무수한 중생들이 한곳에 모였으며, 그러한 모임이 엄청나게 말할 수 없는 세계에 가득하였거든, 보살이 그 모인 이들 가운데 앉았을 적에, 그 모임에 있는 중생들이 낱낱이 말할 수 없는 아승지 입을 가졌고, 그 입마다 백천억 나유타 음성을 내어 한꺼번

에 말하는데, 말이 각각 다르고 묻는 일이 각각 다른 것을, 이 보살이 한 생각 동안에 모두 알아듣고 따로따로 대답하여 그들의 의혹을 덜어 주며, 한 모임에서와 같이 말할 수 없는 모임에서도 모두 그와 같이 하느니라."

[疏] 二, 假設深勝이라 於中에 有三을 卽爲三河하니 一, 大會斷疑에 明問答成就니 處多大衆이라가 頓領頓酬는 由具諸度故니 卽波羅密河라
■ ② 깊고 뛰어난 모임을 가정하여 설정함이다. 그중에 셋이 있는 것은 곧 세 강을 삼았으니 (1) 큰 모임에서 의심을 끊을 적에 문답으로 성취함을 설명하였으니, 많은 대중 속에 있다가 단박에 알아듣고 단박에 대답함은 여러 바라밀을 구비함으로 말미암았으니 곧 '바라밀의 강'이 된다.

㈏ 미세하게 의심을 끊는 삼매의 강[微細斷疑三昧河] (二復 32上7)

復次假使一毛端處에 念念出不可說不可說道場衆會하고 一切毛端處에도 皆亦如是하여 盡未來劫토록 彼劫은 可盡이어니와 衆會는 無盡이어든 是諸衆會가 於念念中에 以各別言詞로 各別所問이라도 菩薩이 於一念中에 悉能領受하여 無怖無怯하며 無疑無謬하여
"또 가령 한 털끝만 한 곳에서, 잠깐잠깐마다 말할 수 없이 말할 수 없는 도량에 모인 대중을 내듯이, 일체의 털끝만 한 곳에서도 그와 같이 내기를, 오는 겁이 다하도록 한다면, 저 겁은 다한다 하여도 대중의 모임은 다함이 없나니, 이러한

모임의 대중들이 잠깐잠깐마다 제각기 다른 말로써 제각기 다르게 질문하더라도, 보살은 한 생각 동안에 모두 다 알아들으면서, 두려움도 없고 겁도 아니 나고 의심도 없고 잘못 아는 일도 없어

[疏] 二, 復次下는 微細斷疑니 前에 直明大會異問能答이어니와 今乃云, 於一毛端處에 有不可說如前大會하는 多劫殊問이라가 一念能答하야 不怖大衆하고 不怯文義하고 決斷揀擇하야 顯轉超勝하니 是三昧力이니 卽三昧河라 故로 下經에 云, 菩薩이 住此三昧하야 能於自身 一一毛孔中에 見不可說不可說佛刹微塵數諸佛如來하며 亦見彼佛의 所有國土道場衆會聽法하며 乃至云, 其諸衆生이 亦無迫隘니 何以故오 入不思議三昧境界故라하니 彼約聽法이어니와 此約答問이 以之爲異라 餘義大同하니라 此約圓敎普賢位中일새 故於地前에 有斯自在오 非三乘中에 得斯作用이니라

㉑ 復次 아래는 미세하게 의심을 끊어 줌이니 앞에서는 큰 모임에서 달리 질문해도 능히 대답함을 바로 밝혔거니와 지금에야 비로소 이르되, "한 털끝만 한 곳에서 말할 수 없이 앞의 큰 모임에서 오랜 겁이 지나도록 (제각기) 다르게 질문하더라도 한 생각에 능히 대답하여 대중을 두려워하지 않고 경문의 뜻에 겁도 아니 나고 결단하여 간택하여 더욱 뛰어남을 밝혔으니, 이것은 삼매의 힘이니 곧 '삼매의 강'이다"라고 하였다. 그러므로 아래 경문에 이르되, "(불자여, 마치 해가 뜰 때에 무열 못에 있는 금 모래·은 모래·금강 모래·유리 모래와 다른 여러 가지 보물들마다 해의 영상이 나타나고, 금 모래 등의 모든 보물들도 제각기 차츰차츰 영상이 나타나서 서로 사무쳐 비치어도 방해가 없느니라.)[34] 보살마하살도 그와 같아서

이 삼매(법계자재대삼매)에 머무르면 제 몸의 낱낱 털구멍마다 말할 수 없이 말할 수 없는 세계의 티끌 수 부처님을 뵈오며, 또한 그 부처님의 국토와 도량에 모인 대중들도 보며, 낱낱 부처님 계신 데서 법을 듣고 (받아 지니고 믿고 이해하고 공양하기를 말할 수 없이 말할 수 없는 억 나유타 겁을 지내더라도, 시간이 길고 짧은 것을 생각하지도 않고) 나아가 그 모인 대중들도 비좁지 아니하느니라. 왜냐하면 불가사의한 삼매의 경계에 들어간 까닭이다"라고 하였다. 저기서는 법문 들음에 의지했지만 여기서는 질문에 대답함에 의지한 것이 그것과 다른 점이다. 나머지 뜻은 거의 같다. 여기서는 원교의 보현보살 지위를 의지하였으므로 십지(十地) 이전에 이런 자재함이 있는 것이요, 삼승(三乘) 중에 이런 작용을 얻는다는 것은 아니다.

㉰ 두루두루 의심을 끊어 주는 원력과 지혜의 강[周徧斷疑願智河]

(三而 33上2)

而作是念하되 設一切衆生이 以如是語業으로 俱來問我라도 我爲說法을 無斷無盡하여 皆令歡喜하여 住於善道하고 復令善解一切言詞하여 能爲衆生하여 說種種法하되 而於言語에 無所分別하며 假使不可說不可說種種言詞로 而來問難이라도 一念悉領하고 一音咸答하여 普使開悟하여 無有遺餘라하나니

이렇게 생각하느니라. '가령 일체 중생이 모두 이와 같은 말로써 한꺼번에 나에게 묻더라도 나는 그들에게 법을 말하

---

34) 이 부분은 십정품 제27의 제9 法界自在大三昧의 17門 譬喩의 하나이다.

되 끊임도 없고 다함도 없으며, 그로 하여금 환희하여 선한 도에 머물게 하며, 또 그들로 하여금 온갖 말을 잘 알아서 중생에게 가지가지 법을 말하되 말에 대하여 조금도 분별함이 없을 것이며, 가령 말할 수 없이 말할 수 없는 가지가지 말로써 와서 문란하더라도, 한 생각에 다 알고 한 음성으로 모두 대답하여 모두 깨닫게 하고 남음이 없게 하리라' 하나니,

[疏] 三, 而作是念下는 周徧斷疑라 上擧毛端多衆은 猶有量故어니와 今明一切衆에 各具多言하야 悉能答故는 卽願智河니 願智相導하야 悲救無休일새 故云作念이라 文中에 先, 顯多衆이오 後, 假使下는 復顯多言이라

- ㉢ 而作是念 아래는 '두루두루 의심을 끊어 줌'이다. 위에서 털끝마다 많은 대중을 거론함은 오히려 헤아릴 수 있겠지만 지금 일체 중생이 각기 많은 말을 갖춤을 밝혀서 모두 능히 대답한 까닭은 곧 원력과 지혜의 강이니, 원력과 지혜가 서로 인도하여 자비로 구제하기를 쉬지 않는 연고로 '이런 생각을 한다'고 말하였다. 경문 중에 ㉠ 먼저 많은 중생을 밝힘이요, ㉡ 假使 아래는 많은 말을 다시 밝힘이다.

③ 그 원인을 총합하여 해석하다[總釋所以] (前二含於四河)

(第三 33上8)

以得一切智灌頂故며 以得無礙藏故며 以得一切法圓滿光明故며 具足一切智智故니라

온갖 지혜로 관정함을 얻은 연고며, 걸림 없는 장을 얻은 연고며, 온갖 법의 원만한 광명을 얻은 연고며, 온갖 지혜의 지혜를 구족한 연고이니라."

[疏] 第三, 總釋所以者는 所以得此四河廣利者는 略擧四因이니 此之四因이 或以一因으로 成前四河하며 或以四因으로 成其一河라 一, 他佛이 外加故오 二, 自藏離礙故오 三, 所照法圓故오 四, 能照智具故라 或各配屬이니 一,[35] 同體悲加故오 二, 見心性故오 三, 諸度圓故오 四, 二智滿故니라

■ ③ 그 원인을 총합하여 해석함이란 네 강이 널리 이익함을 얻은 까닭은 대략 네 가지 원인을 거론할 수 있는데, 이 네 가지 원인으로 앞의 네 강을 이루며 혹은 네 가지 원인으로 하나의 강을 이루기도 한다. (1) 타방 부처님이 밖에서 가피한 까닭이요, (2) 자신의 장으로 장애를 여읜 까닭이요, (3) 비출 대상인 법이 원만한 까닭이요, (4) 비추는 주체의 지혜가 구비된 까닭이다. 혹은 각기 배대하여 속하게 하였으니 ① 동체대비로 가피하는 까닭이요, ② 마음의 본성을 보는 까닭이요, ③ 여러 바라밀이 원만한 까닭이요, ④ 두 가지 지혜가 원만한 까닭이다.

[鈔] 或各配屬下는 上卽通釋이니 故或一因이 成四河等이어니와 今此는 別配라 言同體悲加故는 卽以他佛外加로 爲大悲河因이라 二, 見心性故는 卽第二自藏離礙故니 自藏은 卽是如來藏性이니 此卽心性이라 能觀心性을 名爲上定일새 故爲三昧河因이라 三, 諸度圓故는 卽第三

---

35) 一은 南續金本無, 下二三四三字同.

所照法圓故니 爲波羅密河因이라 四, 二智圓滿故는 卽第四能照智具故니 爲願智河因이라 一切智는 是根本智니 重言智者는 卽後得智라 後得智가 攝願故니라

● 或各配屬 아래는 그 위는 전체적인 해석이니 그러므로 혹은 하나의 원인이 네 강을 이루었다는 등이지만, 지금 여기서는 개별로 배대하였다. ① 동체대비로 가피하는 까닭이라 말한 것은 곧 (1) 타방 부처님이 밖에서 가피함으로 인해 '대비의 강'이 원인이 된 것이다. ② 마음의 본성을 보는 까닭이란 (2) 자신의 장으로 장애를 여읜 까닭이니, 자신의 장은 곧 여래장의 체성이니 이것이 곧 마음의 본성이다. 능히 심성을 보는 것을 이름하여 '상품 선정'이라 하므로 삼매강의 원인이 되었다. ③ 여러 바라밀이 원만한 까닭이란 곧 (3) 비출 대상인 법이 원만한 까닭이니 바라밀의 강의 원인이 된다. ④ 두 가지 지혜가 원만한 까닭이란 곧 (4) 비추는 주체의 지혜가 구비된 까닭이니 원력과 지혜의 강의 원인이 된다. 온갖 지혜는 근본지요, 거듭하여 '지혜의 지혜'라 말한 것은 곧 후득지이다. 후득지가 원력을 포섭하는 까닭이다.

b. 승진의 행[勝進] (前四河之相) 2.
a) 자분행의 완성을 따오다[牒自分行成] (第二 34上1)

佛子여 此菩薩摩訶薩이 安住善法行已에
"불자여, 이 보살마하살이 선법행에 편히 머물고는,

[疏] 第二, 佛子此菩薩下는 明勝進行이라 亦卽是前四河之相이라 文分爲二니 初, 牒自分行成이라

■ b. 佛子此菩薩 아래는 승진의 행을 밝힘이다. 또한 곧 앞의 네 강의 모양을 설명한 내용이다. 경문을 둘로 나누리니 a) 자분행의 완성을 따옴이다.

b) 승진행에 대해 바로 밝히다[正顯勝進] 4.
(a) 네 강이 청정함을 밝히다[辨四河淸淨] (二能 24上5)
(b) 네 강이 모두 바다로 들어가다[辨四河入海] (二如)

能自淸淨하고 亦能以無所著方便으로 而普饒益一切衆生하되 不見有衆生이 得出離者니 如於此三千大千世界하여 如是乃至於不可說三千大千世界에 變身金色하고 妙音具足하여 於一切法에 無所障礙하여 而作佛事하나니라
능히 스스로 청정하고, 역시 집착이 없는 방편으로 일체 중생을 이익케 하면서도, 중생이 벗어나는 일이 있음을 보지 아니하며, 이 삼천대천세계에서와 같이 내지 말할 수 없는 삼천대천세계에서 몸을 금색으로 변하고 묘한 음성을 구족하여 온갖 법에 장애함이 없이 불사를 짓느니라."

[疏] 二, 能自下는 正顯勝進이라 文分爲四니 一, 辨四河淸淨之義라 二, 如於此下는 辨四河入海에 無能障義라 於多界中에 化無障故니라
■ b) 能自 아래는 승진행에 대해 바로 밝힘이다. 경문을 넷으로 나누었으니 (a) 네 강이 청정한 뜻을 말함이요, (b) 如於此 아래는 네 강이 모두 바다로 들어감을 밝힐 적에 장애할 수 없다는 뜻이다. 여러

세계 중에서 교화하여 장애가 없기 때문이다.

(c) 네 강이 휘돌아오다[辨四河旋澓] 2.
㈠ 먼저 큰 의미를 밝히다[先彰大意] (三佛 34下8)

佛子여 此菩薩摩訶薩이 成就十種身하나니 所謂入無邊法界非趣身이니 滅一切世間故며 入無邊法界諸趣身이니 生一切世間故며 不生身이니 住無生平等法故며 不滅身이니 一切滅하여 言說不可得故며 不實身이니 得如實故며 不妄身이니 隨應現故며 不遷身이니 離死此生彼故며 不壞身이니 法界性無壞故며 一相身이니 三世語言道斷故며 無相身이니 善能觀察法相故니라

"불자들이여, 이 보살마하살이 열 가지 몸을 성취하느니라. 이른바 (1) 그지없는 법계에 들어가는 모든 갈래가 아닌 몸이니 일체 세간을 멸하는 연고며, (2) 그지없는 법계에 들어가는 모든 갈래의 몸이니 일체 세간에 나는 연고며, (3) 나지 않는 몸이니 남이 없이 평등한 법에 머무는 연고며, (4) 멸하지 않는 몸이니 일체의 멸함을 말로 할 수 없는 연고며, (5) 진실하지 않은 몸이니 실상과 같음을 얻은 연고며, (6) 허망하지 아니한 몸이니 마땅한 대로 나타내는 연고며, (7) 변천하지 않는 몸이니 여기서 죽어 저기 나는 일을 여읜 연고며, (8) 무너지지 않는 몸이니 법계의 성품이 무너짐이 없는 연고며, (9) 한 모양 몸이니 삼세의 말할 길이 끊어진 연고며, (10) 모양 없는 몸이니 법의 모양을 잘 관찰하는 연고

이니라."

[疏] 三, 佛子下는 辨此四河旋遶池義라 四, 菩薩成就下는 辨累劫入海하야 無疲厭義라 三, 旋繞中에 謂成就隨順身語意業하야 智爲先導身語意業이니 四方流注하야 入智海故라 隨順이 卽是旋繞之義라

- (c) 佛子 아래는 네 강이 휘돌아오는 뜻을 밝힘이다. (d) 菩薩成就 아래는 여러 겁을 바다에 들어가도 싫어함이 없는 이치를 밝힘이다. (c) 휘돌아옴 중에 이른바 신·구·의에 수순하는 업을 성취하여 지혜로 몸과 입과 생각의 업을 앞에서 인도함이니 사방에서 흘러나와서 지혜바다에 들어가는 까닭이다. 수순함이 바로 휘돌아옴의 뜻이다.

[鈔] 三旋遶中下는 疏文有二니 先, 彰大意라 初[36]成就等은 卽十定經文이오 從隨順卽是下는 疏釋旋繞之相이니라

- (c) 三旋遶中 아래는 소문에 둘이 있으니 ① 큰 의미를 밝힘이다. 첫 구절에 성취 등은 십정품의 경문이요, ② 隨順卽是 아래는 소가가 휘돌아오는 모양을 해석함이다.

㈡ 개별로 경문을 해석하다[別釋文] 3.
① 총합하여 지적하다[總指] (文中 35上4)

[疏] 文中에 二니 先, 總標요 二, 所謂下는 列釋이라 皆上句는 標名이오 下句는 釋相이라

- 경문 중에 둘이니 ㉮ 총합하여 표방함이요, ㉯ 所謂 아래는 열거하

---
36) 初는 甲續本作謂初, 南金本作謂.

며 해석함이다. 모두에 ㉠ 위 구절은 명칭을 표방함이요, ㉡ 아래 구절은 모양을 해석함이다.

② 거두어서 묶다[收束] 2.
㉮ 열 구절을 묶어서 다섯 대구를 삼다[束十爲五] (勤此 35上5)
㉯ 다섯 대구를 묶어서 둘로 삼다[束五爲二] (束此)

[疏] 勒此十身하야 以爲五對니 一, 證滅示生對요 二, 不生不滅對요 三, 非實非虛對요 四, 不遷不壞對요 五, 一相無相對라 束此五對에 不出體用하니 一一對中에 體用對辨이라 第一對는 體用自體요 第二對는 體用之相이요 第三對는 體用之力이요 第四對는 體用之性이요 第五對는 體用之德이니라

■ ㉮ 이 열 가지 몸을 억지로 묶어서 다섯 대구로 하였으니 ㉠ 열반을 증득함과 태어남을 보임이 대구요, ㉡ 나지 않음과 멸하지 않음이 대구요, ㉢ 진실하지 않은 몸과 허망하지 않은 몸이 대구요, ㉣ 변천하지 않는 몸과 무너지지 않는 몸이 대구요, ㉤ 한 모양과 모양 없음이 대구이다. 이런 다섯 대구를 묶을 적에 체성과 작용을 벗어나지 않나니, 낱낱 대구 중에 체성과 작용이 상대함을 밝혔으니 ㉠ 첫째 대구는 체성과 작용의 자체요, ㉡ 둘째 대구는 체성과 작용의 모양이요, ㉢ 셋째 대구는 체성과 작용의 힘이요, ㉣ 넷째 대구는 체성과 작용의 성품이요, ㉤ 다섯째 대구는 체성과 작용의 덕이다.

③ 개별로 해석하다[別釋] 6.
㉮ 체성과 작용에 의지해 경문을 해석하다[約體用正釋文] 2.

㉠ 바로 해석하다[正釋] (今初 35上9)
㉡ 총합하여 결론하다[總結] (故此)

[疏] 今初에 理無不證이 名入無邊法界오 世無不超가 名爲非趣라 下釋中에 但釋非趣者는 謂若入法界에 必滅世間이오 若滅世間에 卽入法界라 標釋相成이니 此卽體之自體也라 二, 用無不徧일새 故入無邊法界라 隨類受身일새 故云諸趣라 此言入者는 應往之入이니 不同上來證入之入이라 釋文은 可知로다 此는 卽用之自體也니라 第二對에 初不生身은 卽前應用之身이니 生而不生이라 言住無生平等法者는 有二義하니 一, 依體起用이니 用不離體故오 二, 體之與用이 平等無生故니 此卽用之相也라 後不滅身은 卽前體滅이니 離言說故라 一, 因滅顯理에 理非滅故오 二, 寂滅之理는 離滅相故라 此卽體之相也라 故로 上體滅現生之身이 卽以不生不滅로 爲相이니라 第三對는 體有何力고 得如實理하야 離世俗之實也라 用有何力고 隨應而現하야 不同塵也니라 第四對는 用以何爲性고 隨流應而不遷이오 體以何爲性고 卽法界而無壞니라 第五對는 體有何德고 過去無始며 未來無終이며 現在非有니 故로 三世言斷이라 用有何德고 體卽無相하야 能照法相이니라 故此十身이 不離體用이라 用有聚義니 體具體依를 皆得名身이니라

■ 지금은 ㉠ 이치를 증득하지 않음이 없음을 이름하여 그지없는 법계에 들어감이요, 세간을 뛰어넘지 못함이 없음을 이름하여 '갈래가 아님'이라 한다. 아래 해석 가운데 단지 갈래가 아니라고 해석한 것은 이른바 만일 법계에 들어갈 적에 반드시 세간을 멸해야 하고, 만일 세간을 없앨 적에 곧 법계에 들어감이 된다. 표방함과 해석함이 서로 성

립되나니, 이것은 체성과 합치한 자체이다. ⓒ 작용이 두루 하지 않음이 없는 연고로 그지없는 법계에 들어간다. 부류를 따라 몸을 받는 연고로 '여러 갈래'라고 하였다. 여기서 '들어간다'고 말한 것은 응하여 가는 들어감이니, 여기까지의 증득해 들어감의 들어감과는 같지 않다. 경문을 해석하면 알 수 있으리라. 이것은 작용과 합치한 자체이다. 둘째 대구에서 ⓒ 나지 않는 몸은 앞의 응하여 쓰는 몸이니 나면서도 나지 않음이다. '남이 없이 평등한 법에 머문다'고 말한 것은 두 가지 뜻이 있으니 (1) 체성에 의지해 작용을 일으킴이니 작용은 체성을 여의지 않는 까닭이요, (2) 체성과 작용이 평등하게 남이 없는 까닭이니 이것은 작용과 합치한 모양이다. 뒤의 ⓔ 멸하지 않는 몸은 곧 앞의 체성이 없어진다는 뜻이니 언설을 여읜 까닭이다. (1) 없어짐을 인하여 이치를 밝힐 적에 이치는 없어지지 않는 까닭이요, (2) 고요하다는 이치는 없어지는 모양을 여읜 까닭이다. 이는 체성과 합치한 모양이다. 그러므로 위의 체성이 멸하고 현재 태어난 몸이 곧 나지 않고 없어지지 않음으로 모양을 삼는다. 셋째 대구에서 체성에 어떤 힘이 있는가? 여실한 이치를 얻어서 세속을 여읜 진실이다. 작용은 어떤 힘이 있는가? 응신을 따라 나타나서 티끌과 같지 않다. 넷째 대구에서 작용은 무엇으로 체성을 삼는가? 부류를 따라 응하지만 옮기지 않음이다. 체성은 무엇으로 성품을 삼는가? 법계와 합치하여 무너짐이 없다. 다섯째 대구에서 체성에는 어떤 공덕이 있는가? 과거는 시작함이 없고 미래는 끝이 없으며 현재는 있지 않나니, 그러므로 삼세의 언어가 끊어짐이다. 작용은 어떤 공덕이 있는가? 체성이 곧 모양이 없어서 능히 법의 모양을 비추는 공덕이다. 그러므로 이런 열 가지 몸이 체성과 작용을 여의지 않는다. 작용에 모으는 뜻이 있으니 체성을 구비하고 체성을 의지함을 모두 이름하여 몸이라 하였다.

⑭ 체성과 작용을 융합하여 법계로 삼다[融體用爲法界] (體外 30上7)

[疏] 體外無用이니 用卽是體오 用外無體니 體卽是用이라 體卽法性이오 用卽智應이라 二旣不二에 理智圓融하야 唯一無礙法界之身이니라
- 체성 밖에 작용이 없으니 작용이 곧 체성이요, 작용하는 외에 체성이 없으니 체성이 곧 작용인 것이다. 체성이 곧 법성이요, 작용이 곧 지혜로 응함이다. 둘이 이미 둘이 아닐 적에 이치와 지혜가 원융해서 오로지 하나뿐인 '장애 없는 법계의 몸'인 것이다.

[鈔] 二文中下는 釋文中에 三이니 一, 總科오 二, 爲五對釋이오 三, 總相收攝이라 二中에 先列五對오 後, 今初明理無不證下는 別釋이니 細尋可知니라 故此十身下는 第三, 總相收攝이라 於中에 五니 初, 收五不出體用이오 二, 體外無用下는 融體用爲法界라 於中에 言用卽智應者는 兼融三身하야 以爲一體라
- ㈡ 文中 아래는 개별로 경문을 해석함 중에 셋이니 ① 총합하여 과목 나눔이요, ② 다섯 대구로 해석함이요, ③ 총상으로 거두어 섭수함이다. ② 중에 먼저 ㉮ 다섯 대구를 나열함이요, ㉯ 今初明理無不證 아래는 별도로 해석함이니 자세히 찾아보면 알 수 있으리라. ③ 故此十身 아래는 총상으로 거두어 섭수함이다. 그중에 다섯이니 ㉮ 다섯 대구를 거두면 체성과 작용에서 벗어나지 않음이요, ㉯ 體外無用 아래는 체성과 작용을 융합하여 법계가 됨이다. 그중에 '작용은 지혜

로 응함'이라 말한 것은 세 가지 몸과 융합함을 겸하여 하나의 체성으로 삼은 것이다.

㉣ 열 가지 몸이 나온 이유[出十身之由] (隨相 36下1)
㉤ 비방을 해명하다[通妨] (一乘)

[疏] 隨相顯十하야 以表無盡이니라 一乘圓融에 地前能爾라
- 모양을 따라 열 가지 몸을 밝혀서 다함없음을 표하였다. 일승교의 원융문으로는 십지 이전이라도 능히 그렇게 될 것이다.

[鈔] 三, 隨相顯十者는 出十身之由오 四, 一乘圓融下는 通妨難이니 以有難云호대 地前未證이어늘 何得爾耶아 故爲此答이니라
- ㉣ 모양을 따라 열 가지 몸을 밝힘이란 열 가지 몸이 나온 이유이다.
  ㉤ 一乘圓融 아래는 비방과 힐난을 해명함이니 "어떤 이가 힐난하기를, '십지 이전은 증득하지 못한 것인데 어찌 그런 것을 얻을 수 있는가?'" 그래서 이렇게 대답하는 것이다.

㉮ 자세히는 근본이 있음을 지적하다[指廣有本] (更有 36下5)
㉯ 생략하고 겸하여 나머지 뜻을 내보이다[出略兼餘] (此略)

[疏] 更有餘義는 如十地와 離世間品明이라 此略舉成就隨順之身하야 言身兼語意也니라
- 다시 남은 이치는 십지품과 이세간품에서 밝힌 내용과 같다. 여기서 수순하는 몸을 성취함에 대해 간략히 거론하여 몸과 겸하여 말과 생

각의 업을 말하였다.

[鈔] 五, 更有餘義者는 指廣有本이니 卽是彼十이라 一, 卽威勢身이니 菩薩衆中에 威光赫奕하야 滅諸暗故오 二, 卽意生身이니 徧趣生故오 三, 卽菩提身이니 正覺無生故오 四, 卽福德身이니 福絶三際하야 不可說故오 五, 卽智身이니 智契實理故오 六, 卽化身이니 隨應現[37])故오 七, 卽力持身이니 力持不變故오 八, 卽法身이니 法界性故오 九, 卽相好莊嚴身이오 十蓮華藏相이 同於一相하야 周法界故오 十, 卽願身이니 願轉法故로 觀法無相이나 現相에 無所不周故라 經에 云,[38]) 毘盧遮那佛이 願力周法界하사 一切國土中에 恒轉無上輪이라하시니 斯卽十地中義라 會於離世間十佛에 同前十地라 已會十身이니라 然彼約佛身이오 今約菩薩所得하니 則望彼皆因이니 以因望果일새 故小有不同이나 而圓融交徹일새 故得例彼라 若不例彼는 當文自釋에 義亦無遺니라 又顯十身五體五用이니 謂威勢와 福德과 智와 法과 相好인 此五는 皆體요 餘五는 爲用이라 體卽是眞이오 用卽是應이니 同眞應二身하야 融爲一味를 可知로다

● ㉣ '다시 남은 이치'란 자세히는 근본이 있음을 지적함이니 곧 저 열 가지 몸을 뜻한다. (1) 위세신이니 보살 대중 가운데 위덕광명이 크고 밝아서 여러 어두움을 없애는 까닭이요, (2) 의생신이니 여러 갈래에 태어나는 까닭이요, (3) 보리신이니 태어남 없음을 바로 깨닫는 까닭이요, (4) 복덕신이니 복이 삼세(三世)에 끊어져서 말할 수 없는 까닭이요, (5) 지혜의 몸이니 지혜로 실법의 이치에 계합한 까닭이요,

---

37) 應現은 甲南續金本作現應誤.
38) 아래 게송은 如來現相品 第二의 總結偈頌이다.

(6) 화현의 몸이니 응할 곳에 따라 나타나는 까닭이요, (7) 힘을 가진 몸이니 힘을 가져서 변하지 않는 까닭이요, (8) 법신이니 법계의 체성인 까닭이요, (9) 상호로 장엄한 몸이니 열 개의 연꽃이 박힌 모양이 한 모양과 같아서 법계에 두루 한 까닭이요, (10) 원력의 몸이니 법륜 굴리기를 원하는 연고로 법에 모양 없음을 관찰하지만 모양을 나타냄에 두루 하지 못함이 없는 까닭이다. 경문에 이르되, "비로자나 부처님이 원력이 법계에 두루 하사 온갖 국토에 항상 위없는 법륜을 굴리시네"라고 하였으니, 이것은 십정품 중의 이치이다. 이세간품의 열 분의 부처님과 회통할 적에 앞의 십지품과 같으므로 이미 십신에 대해 회통한 것이다. 그러나 저기서는 부처님 몸에 의지하였고, 지금은 보살이 얻은 바에 의지하였으니 저것은 모두 원인을 본 것이니 원인으로 결과를 바라보는 연고로 조금은 같지 않음이 있지만 원융문으로 서로 사무쳤으므로 저와 비슷함을 얻는다. 만일 저와 유례하지 않는 것은 경문에 가서 자연히 해석하면 이치 또한 버림이 없게 된다.

또한 십신은 다섯 가지 몸에 다섯 가지 작용을 밝혔으니 이른바 (1) 위세신 (4) 복덕신 (5) 지혜의 몸 (8) 법신 (9) 상호로 장엄한 몸인 이 다섯 가지는 모두 체성이요, 나머지 다섯 가지는 작용이 된다. 체성은 곧 진신이요, 작용은 곧 응신이니 진신과 응신 둘과 같아서 융합하여 '한 맛'임을 알 수 있으리라.

(d) 여러 겁을 바다에 들어가도 싫어함이 없음을 밝히다[顯無疲厭]

(四顯 37下8)

菩薩이 成就如是十種身하여 爲一切衆生舍니 長養一切
善根故며 爲一切衆生救니 令其得大安隱故며 爲一切衆
生歸니 與其作大依處故며 爲一切衆生導니 令得無上出
離故며 爲一切衆生師니 令入眞實法中故며 爲一切衆生
燈이니 令其明見業報故며 爲一切衆生光이니 令照甚深
妙法故며 爲一切三世炬니 令其曉悟實法故며 爲一切世
間照니 令入光明地中故며 爲一切諸趣明이니 示現如來
自在故니라

"보살이 이러한 열 가지 몸을 성취하고는 (1) 일체 중생의 집이 되나니 모든 선근을 기르는 연고며, (2) 일체 중생의 구호함이 되나니 그로 하여금 크게 편안함을 얻게 하는 연고며, (3) 일체 중생의 돌아갈 데가 되나니 그들의 의지할 곳이 되는 연고며, (4) 일체 중생의 지도자가 되나니 위없이 벗어나게 하는 연고며, (5) 일체 중생의 스승이 되나니 진실한 법에 들게 하는 연고며, (6) 일체 중생의 등불이 되나니 그들로 하여금 업보를 환히 보게 하는 연고며, (7) 일체 중생의 빛이 되나니 깊고 묘한 법을 비추게 하는 연고며, (8) 일체 삼세의 횃불이 되나니 실상 법을 깨닫게 하는 연고며, (9) 일체 세간의 비침이 되나니 광명한 땅 속에 들게 하는 연고며, (10) 일체 갈래의 밝음이 되나니 여래의 자재함을 나타내는 연고이니라."

[疏] 四, 顯無疲厭이니 謂四河入海에 累劫無疲라 菩薩亦爾하야 以普賢行願으로 盡未來劫토록 修菩薩行하야 入如來海하야 不生疲厭이라

是以로 廣顯與生으로 爲歸爲救等이니라 文中에 先은 牒前所成之身하야 爲益他之本이오 爲一切下는 正顯成益이라 句別有十하니 在文可見이라 十地에 又明이어니와 今略其要호리라 俗須委示니 故名爲燈이오 眞但高明이니 故目爲炬오 甚深則能所不二오 如光合空은 爲照爲明이라 但約入地니 示德爲異니라

■ (d) (여러 겁을 바다에 들어가도) 싫어함이 없음을 밝힘이니 이른바 네 강이 바다에 들어갈 적에 여러 겁이라도 피로함이 없듯이 보살도 그러해서 보현보살의 행원으로 미래겁이 다하도록 보살행을 닦아서 여래의 바다에 들어가도 피로하거나 싫어함을 내지 않는다. 이런 연고로 태어남과 더불어 돌아갈 곳이 되고 구제함이 되는 등을 자세하게 밝혔다. 경문 중에 ㉮ 앞에서 이룬 몸을 따와서 다른 이를 이익하는 근본이 됨이요, ㉯ 爲一切 아래는 성취한 이익을 바로 밝힘이다. 구절에 개별로 열 가지가 있으니 경문에 있으니 볼 수 있다. 십지품에 또한 설명하겠지만 지금은 그 요점은 생략하리라. 속제(俗諦)는 모름지기 자세히 보일 것이니 그래서 등불이라 했고, 진제는 단지 높고 분명함뿐이므로 횃불이라 지목하였고, 매우 깊으면 주체와 대상이 둘이 아니요, 마치 광명이 공과 합함은 비춤이 되고 밝음이 됨과 같다. 단지 땅 속에 드는 것만 의지하였으니 공덕을 보임은 다른 것이다.

ㄷ) 결론하고 찬탄하다[結歎] (三佛 38上7)

佛子여 是名菩薩摩訶薩의 第九善法行이니 菩薩이 安住此行하여 爲一切衆生作清凉法池하여 能盡一切佛法源故니라

"불자들이여, 이것을 보살마하살의 아홉째 법을 잘 말하는 행이라 하나니, 보살이 이 행에 머무르면, 일체 중생을 위하여 청량한 법못이 되어 일체 불법의 근원을 다하는 연고이니라."

[疏] 第三, 佛子已下는 結歎이라 分二니 先, 結名이오 後, 菩薩安住下는 歎勝이라 盡法源故라 以淸凉法池가 卽是行體니 故標結皆擧하야 顯中이 是其相이니라

- ㄷ) 佛子 아래는 결론하고 찬탄함이다. 둘로 나누리니 (ㄱ) 그 명칭을 결론함이요, (ㄴ) 菩薩安住 아래는 뛰어남을 찬탄함이니, 법의 근원을 다한 까닭이다. 청량한 법못이 곧 행법의 체성이니, 그러므로 표방함과 결론함을 모두 거론하여 중간을 밝힘이 곧 그 모양이다.

차) 제10 진실한 행[眞實行] 3.

(가) 명칭을 묻다[徵名] 2.
ㄱ. 앞을 지적하며 체성을 내보이다[指前出體] (第十 38下1)

佛子여 何等이 爲菩薩摩訶薩의 眞實行고
"불자들이여, 어떤 것이 보살마하살의 진실한 행인가?"

[疏] 第十, 眞實行이라 文三은 同前이라 初, 徵名者는 如本分釋이니 體卽智度라

- 차) 제10 진실한 행이다. 경문이 셋인 것은 앞과 같다. (가) 명칭을

물음은 본분의 해석과 같나니 체성은 지혜바라밀이다.

[鈔] 初徵名者는 卽言行不虛일새 故名眞實이라 又稱二諦故라 故로 瓔珞經에 云, 二諦非如며 非相非非相故로 名爲眞實이라하니라 次經에 卽云誠諦之語等이 卽釋名也라 體卽智下는 出體39)라

- (가) 명칭을 물음은 곧 말과 행동이 헛되지 않으므로 '진실하다'고 하였다. 또한 두 가지 진리와 칭합하는 까닭이다. 그러므로 『영락경』에 이르되, "두 가지 진리가 진여가 아니며 모양도 아니며 모양 아님도 아닌 연고로 진실하다고 이름한다"라고 하였다. 다음 경문에는 '성실한 진리의 말'이라 한 따위가 곧 명칭 해석이다. 體卽智 아래는 체성을 내보임이다.

ㄴ. 다시 간략히 명칭을 해석하다[更略釋名] 3.
ㄱ) 유식론의 두 가지 지혜에 의지하여 논하다[依唯識二智而論]

(今更 38下6)

[疏] 今更略釋호리라 若約二智인대 受用法樂成熟有情은 並如行能說이오 如說能行이 卽是眞實이라

- 지금은 다시 간략히 해석하리라. 만일 두 가지 지혜를 의지한다면 법의 즐거움을 수용하고 유정을 성숙시킴은 행함과 같이 능히 설함이요, 말함과 같이 능히 행함을 함께 함이 곧 진실함의 뜻이다.

---

39) 出體는 甲南續金本作不出別體.

ㄴ) 본업경을 의지하여 위의 두 가지 지혜와 회통하다
　　[約本業便會上二智] (本業 38下7)

[疏] 本業에 有三하니 一, 無相智니 卽受用法樂이오 二, 一切種智오 三, 變化智니 皆成熟有情이라
- 『본업경』에는 셋이 있으니 (1) 모양 없는 지혜이니 곧 법의 즐거움을 받아 씀이요, (2) 온갖 종류의 지혜요, (3) 변화하는 지혜이니 모두 유정을 성숙케 한다.

ㄷ) 아래 경문에 의지하여 위의 경론을 회통하다[依下經會上經論] 2.
(ㄱ) 유식론과 회통하다[會唯識] (下文 38下9)
(ㄴ) 본업경과 회통하다[會本業] (知十)

[疏] 下文에 云, 入一切三昧眞實相은 卽受用法樂智오 知衆生種種想等은 卽成熟有情이라하니 知十力智는 是一切種이오 不着一切世間하야 解衆生無際는 卽無相智오 我爲善變化와 及示現如來自在神通은 卽變化智니라
- 아래 경문에 이르되, "온갖 삼매의 진실한 모양에 들어감은 곧 법의 즐거움을 수용하는 지혜요, 중생의 갖가지 생각을 아는 등은 유정을 성숙시키는 지혜이다"라고 하였다. 열 가지 힘을 아는 지혜는 (1) 온갖 종류의 지혜요, 온갖 세간에 집착하지 않아서 중생이 끝이 없음을 아는 것은 곧 (2) 모양 없는 지혜요, 내가 잘 변화함과 여래의 자재한 신통력을 시현함은 곧 (3) 변화하는 지혜이다."

[鈔] 今更略釋은 於中에 有三이니 初, 依唯識二智라 而論에는 但列其名하고 無性이 釋云호대 由施等六하야 成立此智하고 復由⁴⁰⁾此智하야 成立六種하니 謂數相等種種品類니 是則名爲受用法樂이라 由此妙智하야 能正了知此施와 此戒와 此忍進等하며 如所聞法하야 饒益一切有情之類니 是則名爲饒益有情智라하니라 本業有三下는 二, 約本業하야 便會上二智니라 下文云下는 三, 依下經하야 會上經論이라 先, 會唯識論이오 後, 知十力智下는 會前本業이라

- ㄴ. 지금은 다시 간략히 해석함은 그중에 셋이 있으니 ㄱ) 유식론의 두 가지 지혜에 의지함이다. 그러나 논에는 다만 명칭만 열거하였고, 무성보살이 해석하되, "보시 등 여섯 가지로 인해서 이런 지혜가 성립하였고, 다시 이런 지혜로 말미암아 여섯 종류를 성립한다는 것이다. 이른바 수상(數相) 등의 여러 가지 품류를 곧 '법락을 수용하여'라고 하는 것이다. 이러한 미묘한 지혜에 의해서 능히 바르게 이러한 보시와 이러한 지계와 이러한 인욕과 정진 등을 요지하는 것이다. 듣는 바의 법과 같이 모든 유정의 부류를 요익하게 하는 것을 곧 '유정을 요익하는 지혜이다'라고 하는 것이다." ㄴ) 本業有三 아래는 본업경에 의지하여 위의 두 가지 지혜를 회통함이다. ㄷ) 下文云 아래는 아래 경문에 의지하여 위의 경과 논을 회통함이다. (ㄱ) 유식론과 회통함이요, (ㄴ) 知十力智 아래는 본업경과 회통함이다.

(나) 진실행의 모양을 해석하다[釋相] 2.
ㄱ. 과목 나누기[分科] (就釋 37下1)
ㄴ. 과목에 따라 해석하다[隨釋] 3.

---

40) 由는 甲南續金本作有.

ㄱ) 명칭과 체성을 밝히다[總顯名體] 2.
(ㄱ) 총합하여 표방하다[總標] (今初)

此菩薩이 成就第一誠諦之語하여 如說能行하며 如行能說하나니라
이 보살이 제일되는 진실하고 참된 말을 성취하여 말한 대로 능히 행하고 행하는 대로 능히 말하느니라."

[疏] 就釋相中하야 文分三別이니 第一, 總顯名體오 二, 別顯行相이오 三, 結住行益이라 今初에 初句는 總標요 後, 如說下는 解釋이라
- (나) 모양을 해석함에 나아가서 경문을 셋으로 구분하리니 ㄱ) 명칭과 체성을 총합하여 밝힘이요, ㄴ) 행법의 모양을 개별로 밝힘이요, ㄷ) 행법에 머무는 이익을 결론함이다. 지금은 ㄱ)에 (ㄱ) 첫 구절은 총합하여 표방함이요, (ㄴ) 如說 아래는 개별로 해석함이다.

(ㄴ) 개별로 해석하다[別釋] 2.
a. 첫 구절에 대한 해석[釋初句] (謂言 39下3)

[疏] 謂言行相符일새 故名誠諦니 誠實審諦가 卽眞實義라
- 이른바 말과 행동이 서로 부합하므로 '진실하고 참되다'고 이름하였으니 성실하고 자세히 살피는 것이 '진실한 이치'이다.

[鈔] 誠實審諦者는 次下疏文에 引下經釋하니라 有用金剛四語하야 釋云호대 眞語는 爲顯世諦故오 實語는 爲顯世諦修行에 有煩惱와 無煩

惱와 及淸淨相故라 於中에 實者는 此行煩惱와 此行淸淨故라 如語者는 爲顯第一義相故라 不異語者는 顯第一義修行이니 有煩惱와 及淸淨故라하니라

● '성실하고 자세히 살피는 것'은 다음의 아래 소문에 아래 경문을 인용하여 해석하였다. 어떤 이는 『금강경』의 네 가지 말을 써서 해석하되, "① 진실한 말은 세상 진리를 밝히려는 까닭이요, ② 실다운 말은 세속제로 수행할 적에 번뇌가 있고 번뇌가 없음과 청정한 모양을 밝히려는 까닭이요, 그중에 실다움이란 이 행의 번뇌와 이 행의 청정인 까닭이다. ③ 여여한 말이란 제일의제의 모양을 밝히려는 까닭이다. ④ 다르지 않은 말이란 제일의제로 수행함을 밝혔으니 번뇌와 청정함이 있기 때문이다"라고 하였다.

b. 뒤 구절에 대한 해석[釋後句] 2.
a) 앞의 서원에 의지하여 해석하다[約先誓釋] (此有 39下9)
b) 현재의 수행에 의지하여 해석하다[約現修釋] (二約)

[疏] 此有二義하니 一, 約先誓自他二利하야 決志具修라 今如昔說하야 決能行之며 亦如此行하야 以爲他說이라 故로 下文에 云, 我若先成하면 則違本願等이라 二, 約現修自他二行하야 如所演說하야 決定能行이니 非敷他寶라 故云如說能行이니 亦如所證하야 宣示於人이라 不昧所知를 名如行能說이니라

■ 여기에 두 가지 뜻이 있으니 a) 앞에서 먼저 자리와 이타를 서원함을 의지하여 결연한 의지로 수행을 구비함이다. 지금은 예전 말씀과 같아서 결정코 능히 행하며, 또한 이와 같이 수행하여 다른 이를 위하여

설하는 것이다. 그러므로 아래 경문에 이르되, "내가 만일 먼저 성불한다면 본래의 원을 어기는 것이다"는 등이다. b) 현재에 자리와 이타의 수행에 의지하여 연설한 바와 같이 결정코 능히 행함이니, 다른 이의 보물을 헤아림이 아니므로 '설한 바와 같이 능히 행한다'고 하였다. 또한 증득한 바와 같아서 사람들에게 베풀어 보여 주는 것이다. 아는 바에 어둡지 않은 것을 행함과 같이 능히 설한다고 말한다.

[鈔] 二約現修者는 卽由實語故로 所作皆成이니 如涅槃第三十一에 說[41] 하시되 昔與調達二人으로 入海採寶러니 船破之後에 二人不死라 調達悲泣하고 我有二珠어늘 分一與之러니 又貪一珠하야 遂刺我目이라 我時呻吟하더니 有一女人이 問我어늘 我卽具答한대 女人問言호대 汝名何等고 我卽答言호대 我名實語니라 彼云誰信고 我卽答言호대 我於提婆達多에 無惡心者인대 令我兩目으로 平復如故니라 言訖如故라하니라 忍辱仙人도 亦同此例하니 同在此卷하니라 又如說能行은 亦是如語오 如行能說은 卽不異語也라

● b) 현재의 수행이란 곧 진실한 말로 인한 연고로 지은 바를 모두 성취함이니 『열반경』제31권[사자후보살품]에 설함과 같으니, "예전에 제바달다가 두 사람과 함께 바다에 들어가 보물을 채취하려 하더니 배가 (흑풍을 만나) 난파된 뒤에도 두 사람은 죽지 않았다. 제바달다가 슬피 울고 나에게는 두 개의 값진 구슬이 있었는데 하나를 나누어 주었더니 또한 남은 구슬 하나를 탐을 내어 드디어 나의 눈을 찔렀다. 내가 그때 신음하고 있었는데 어떤 한 여인이 나에게 묻거늘 내가 곧 갖추어 답을 하였다. 여인이 묻기를 '너의 이름은 무엇인가?' 내가 바

---

41) 인용문은 『북본열반경』 제31권 師子吼菩薩品 제11의 5에 보인다. (대정장 권13 p.551a01-)

로 대답하되 '나의 이름은 「진실한 말」입니다.' 저가 묻기를 '누구를 믿었는가?' 내가 곧 대답하되 '내가 (서원하기를) 제바달다에게 악한 마음이 없었다면 나의 두 눈은 다시 회복되리라.' 말이 끝나자 예전대로 회복되었다." 인욕(忍辱)선인도 또한 이런 사례와 같았으니 같은 권수에 있다. 또한 설한 대로 능히 행함은 역시 '여실한 말'이요, 행하는 대로 능히 말함은 '다르지 않은 말'이다.

ㄴ) 진실행의 행상[別顯行相] 2.
(ㄱ) 가름을 표방하고 과목 나누다[標章分科] (第二 40下5)

此菩薩이 學三世諸佛의 眞實語하며 入三世諸佛種性하며 與三世諸佛로 善根同等하며 得三世諸佛의 無二語하며 隨如來學하여 智慧成就니라
"이 보살이 삼세 부처님들의 진실한 말을 배우며, 삼세 부처님들의 종성에 들어가며, 삼세의 부처님들과 더불어 선근이 동등하며, 삼세 부처님들의 두 가지 없는 말을 얻으며, 여래를 따라 배워서 지혜가 성취하였느니라."

[疏] 第二, 此菩薩學三世下는 別顯行相이라 文分二別이니 先, 標章이오 後, 依章別釋이라
■ ㄴ) 此菩薩學三世 아래는 진실행의 행상이다. 경문을 둘로 나누리니 (ㄱ) 가름을 표방함이요, (ㄴ) 가름에 의지해 개별로 해석함이다.

(ㄴ) 과목에 따라 해석하다[隨科別釋] 2.

a. 가름을 표방하다[總標章] (今初 40下6)

[疏] 今初라 文有五句하니 一, 稱實演法이니 師子吼故오 二, 深住實相이니 契一性故오 三, 二利善根이 等同佛故오 四, 得如說行이 同本誓故오 五, 學佛十力하야 智已成故니라
■ 지금은 (ㄱ)이다. 경문에 다섯 구절이 있으니 (1) 실법에 맞게 법을 연설함이니 사자후인 까닭이요, (2) 실법의 모양에 깊이 머무름이니 한결같은 성품과 계합한 까닭이요, (3) 2리행의 선근이 부처와 같은 까닭이요, (4) 설함과 같이 행함이 본래서원과 같음을 아는 까닭이요, (5) 부처님의 십력을 배워서 지혜를 이미 성취한 까닭이다.

b. 가름에 의지해 개별로 해석하다[依章別釋] 2.
a) 의미를 밝히고 과목 나누다[敍意分科] (第二 41上5)

此菩薩이 成就知衆生是處非處智와 去來現在業報智와 諸根利鈍智와 種種界智와 種種解智와 一切至處道智와 諸禪解脫三昧垢淨起時非時智와 一切世界宿住隨念智와 天眼智와 漏盡智하되 而不捨一切菩薩行하나니 何以故오 欲敎化一切衆生하여 悉令淸淨故니라
"이 보살이 중생의 옳은 곳 그른 곳을 아는 지혜와 과거, 미래, 현재에 업으로 받는 과보를 아는 지혜와 근성이 이롭고 둔함을 아는 지혜와 가지가지 경계를 아는 지혜와 가지가지 이해를 아는 지혜와 온갖 곳에 이르러 갈 길을 아는 지혜와 모든 선정, 해탈, 삼매의 때 물고 깨끗함이 일어나는 때

와 때 아님을 아는 지혜와 온갖 세계에서 지난 세상에 머물
던 일을 기억함에 따라 아는 지혜와 천안통의 지혜와 누진
통의 지혜를 성취하고도 일체의 보살행을 버리지 아니하나
니, 무슨 까닭이냐? 일체 중생을 교화하여 모두 청정케 하
려는 연고이니라."

[疏] 第二, 此菩薩成就下는 依章別釋이라 從後倒釋하야 卽分五段이니
- b. 此菩薩成就 아래는 가름에 의지해 개별로 해석함이다. 뒤로부터 거꾸로 해석하여 다섯 문단으로 나누었으니,

b) 과목에 따라 개별로 해석하다[隨科別釋] 5.
(a) 지혜를 성취하다[釋智慧成就] (第一 41上6)

[疏] 第一, 釋智慧成就라 文中에 三이니 初, 顯所成十力이라 言時非時者는 垢淨之時가 不同이며 化不化時가 別故라 次, 而不捨下는 得果不捨因이라 後, 何以下는 徵釋所以오 十力化生之智를 故須得之하야 令物淸淨일새 故須不捨因行이니라
- (a) 지혜를 성취함이다. 경문 중에 셋이니 ㊀ 성취한 십력(十力)을 설명함이다. '때와 때 아님'이라 말한 것은 번뇌가 깨끗해지는 때가 같지 않으며, 교화하고 교화 않을 때가 다른 까닭이다. ㊁ 而不捨 아래는 얻은 결과가 원인을 버리지 않음이다. ㊂ 何以 아래는 물어서 원인을 설명함이요, 십력으로 중생을 교화하는 지혜를 모름지기 얻어서 중생을 청정케 하는 연고로 모름지기 인행을 버리지 않는 것이다.

(b) 본래 서원과 같이 설함을 해석하다[釋同本誓如說] (第二 41下9)
   - 먼저 중생제도부터 하고 나서 성불한다[先度衆生後成佛]

此菩薩이 復生如是增上心하되 若我不令一切衆生으로 住無上解脫道하고 而我先成阿耨多羅三藐三菩提者인댄 則違我本願이니 是所不應이라 是故로 要當先令一切衆生으로 得無上菩提와 無餘涅槃하고 然後成佛이니 何以故오 非衆生이 請我發心이라 我自爲衆生하여 作不請之友하여 欲先令一切衆生으로 滿足善根하여 成一切智니라 是故로 我爲最勝이니 不著一切世間故며 我爲最上이니 住無上調御地故며 我爲離翳니 解衆生無際故며 我爲已辦이니 本願成就故며 我爲善變化니 菩薩功德莊嚴故며 我爲善依怙니 三世諸佛攝受故니라

"이 보살이 이러한 더 나아가는 마음을 다시 내느니라. '내가 만일 일체 중생으로 하여금 위없는 해탈도에 머물게 하지 못하고 내가 먼저 아눗다라삼약삼보디를 이룬다면, 이것은 나의 본래의 소원을 어기는 것이니 마땅하지 못한 일이다. 그러므로 반드시 먼저 일체 중생들로 하여금 위없는 보리와 무여열반을 얻게 한 뒤에 성불할 것이니라. 왜냐하면 중생들이 나에게 청하여서 발심한 것이 아니고, 내가 중생에게 청하지 않은 벗이 되어서[作不請之友] 일체 중생으로 하여금 선근을 만족하여 온갖 지혜를 이루게 하고자 한 것이다. 그러므로 내가 가장 수승하니 일체 세간에 집착하지 않는 연고며, 내가 가장 높으니 위없는 지도하는 지위에

있는 연고며, 내가 가리움을 여의었으니 중생의 끝이 없음을 아는 연고며, 내가 이미 판단하였으니 본래의 소원을 성취한 연고며, 내가 좋은 변화가 되나니 보살의 공덕으로 장엄한 연고이니라. 내가 좋은 의지가 되나니 삼세의 부처님들이 거두어 주시는 연고이니라."

[疏] 第二, 此菩薩復生下는 釋得三世諸佛無二語라 文中에 三이니 初, 反擧違誓自誡不應이오 次, 是故下는 順釋要當先人後己오 後, 何以下는 徵釋所由라 徵有二意하니 一은 云, 何以違誓리오 是所不應이라 二는 云, 何以要須先人後己라 釋此二徵에 卽分二別이니 初, 釋前徵云호대 由先許故니 不與則違先誓不請强許라 今之不與면 豈時所應이리오 後, 是故下는 釋第二徵이니 菩薩之道가 必先人後己라 不爾면 豈得名最勝耶아 文有六句하니 當句自釋이라 不俟繁文이니라

(b) 此菩薩復生 아래는 삼세 모든 부처님의 (본래 서원과 같이) 둘이 없는 말씀 얻음을 해석한 내용이다. 경문 중에 셋이니 (1) 서원을 어김과 반대로 거론하여 스스로 경계하여 응하지 않음이요, (2) 是故 아래는 당연히 남을 먼저 하고 자기를 나중에 함이 중요함을 수순하여 해석함이요, (3) 何以 아래는 물어서 원인을 해석함이다. 질문에 두 가지 뜻이 있으니 첫째는 이르되, '어찌하여 서원을 어김이 되겠는가?' 이는 응하지 않을 내용이다. 둘째는 이르되, '어찌하여 모름지기 남을 먼저 하고 자기를 나중에 할 것을 요구하는가?' 이런 두 가지 질문에 곧 둘로 나누어 구분하리라. (a) 앞의 질문을 해석하되, "먼저 허락하였기 때문이니, 지금 주지 않으면 청하지 않고 억지로 허락함을 먼저 서원한 것을 어기는 것이 된다. 지금에 주지 않으면 어찌 응

할 때가 있겠는가?" (b) 是故 아래는 둘째 질문을 해석함이니, "보살도가 반드시 남을 먼저 하고 자기를 나중에 함이니, 그렇지 않으면 어떻게 가장 뛰어나다는 이름을 얻겠는가?" 경문에 여섯 구절이 있으니, 해당 구절에 가서 자연히 해석할 것이요, 문장이 번거로움을 기다리지 않기 위함이다.

(c) 부처님과 함께 선근을 닦다[釋同佛善根] (第三 42下3)

此菩薩摩訶薩이 不捨本願故로 得入無上智慧莊嚴하여 利益衆生하여 悉令滿足하되 隨本誓願하여 皆得究竟하며 於一切法中에 智慧自在하여 令一切衆生으로 普得淸淨하며 念念徧遊十方世界하며 念念普詣不可說不可說諸佛國土하며 念念悉見不可說不可說諸佛과 及佛莊嚴淸淨國土하여 示現如來自在神力하여 普徧法界虛空界니라 "이 보살마하살이 본래의 소원을 버리지 않았으므로 위없는 지혜의 장엄에 들어가서, 중생들을 이익하여 만족케 하며 본래의 소원을 따라 모두 끝까지 이르게 하였으며, 일체법 가운데서 지혜가 자재하며 모든 중생을 두루 청정케 하며, 생각 생각마다 시방세계에 두루 노닐며, 생각 생각마다 말할 수 없이 말할 수 없는 부처님 국토에 두루 나아가며, 생각 생각마다 말할 수 없이 말할 수 없는 부처님과 부처님의 장엄과 청정한 국토를 다 보며, 여래의 자재하신 신통의 힘을 나타내어 법계와 허공계에 두루 가득하니라."

[疏] 第三, 此菩薩摩訶薩不捨下는 釋同佛善根이니 本誓와 智慧가 皆究竟故라 文中에 二니 先, 標德成滿이오 二, 於一切下는 別顯同相이라 一, 意業智慧同이오 二, 念念下는 身業神通同이라

- (c) 此菩薩摩訶薩不捨 아래는 부처님과 함께 선근을 닦음이니 본래 서원과 지혜가 모두 끝까지 이른 까닭이다. 경문 중에 둘이니 ㈀ 공덕이 가득함을 표방함이요, ㈁ 於一切 아래는 함께하는 모양을 개별로 밝힘이니 ① 의업과 지혜가 같음이요, ② 念念 아래는 신업과 신통이 같음을 밝힌 내용이다.

(d) 부처님의 종성에 들어가다[釋入佛種性] 2.
㈀ 몸에 의지해 들어감을 설명하다[約身明入] (第四 42下8)

此菩薩이 現無量身하여 普入世間하되 而無所依하여 於其身中에 現一切刹과 一切衆生과 一切諸法과 一切諸佛하며
"이 보살이 한량없는 몸을 나타내어 세간에 두루 들어가되 의지함이 없으며, 그 몸 가운데 모든 세계와 모든 중생과 모든 법과 모든 부처님을 나타내며,

[疏] 第四, 此菩薩現無量身下는 釋入佛種性이라 於中에 二니 一, 約身明入이니 入世無依라 又身中에 現刹이 皆得性融故라

- (d) 此菩薩現無量身 아래는 부처님의 종성에 들어감이다. 그중에 둘이니 ㈀ 몸에 의지해 들어감을 설명함이니 세간에 들어가지만 의지함이 없다. 또한 몸 가운데 국토를 나타내는 것이 모두 성품과 융합

함을 얻었기 때문이다.

㈢ 마음에 의지해 들어감을 설명하다[約心明入] 2.
① 자비의 종성에 들어가다[入悲種性] (二 此 43上2)
② 지혜의 종성에 들어가다[入智種性] (二觀)

此菩薩이 知衆生의 種種想과 種種欲과 種種解와 種種業報와 種種善根하여 隨其所應하여 爲現其身하여 而調伏之하며 觀諸菩薩이 如幻하며 一切法이 如化하며 佛出世가 如影하며 一切世間이 如夢하고 得義身文身의 無盡藏하여 正念自在하여 決定了知一切諸法하며 智慧最勝하여 入一切三昧眞實相하여 住一性無二地니라

이 보살이 중생의 가지가지 생각과 가지가지 욕망과 가지가지 이해와 가지가지 업보와 가지가지 선근을 알고, 적당한 대로 몸을 나타내어 조복하며, 모든 보살이 요술과 같고 온갖 법이 변화와 같고 부처님의 출세하심이 그림자와 같고 일체 세간이 꿈과 같음을 관찰하며, 뜻[義身]과 소리[文身]들이 무진장임을 얻고 바른 생각이 자재하며 일체법들을 결정적으로 알며, 지혜가 가장 수승하여 모든 삼매의 진실한 모양에 들어가니, 한 성품이요, 둘이 아닌 자리에 머무름이니라."

[疏] 二, 此菩薩知衆生下는 智入種性이라 於中에 二니 初, 入悲種性하야 知根善化故오 二, 觀諸菩薩下는 入智種性이니 窮實相故라 故로 結

句에 云, 住一性無二地라하니 以此智性으로 導前悲性하야 成無住道니 是爲如來無二之性이니라 文中에 初, 會緣入實이오 次, 得義身下는 依實了相이오 後, 智慧最勝下는 性相無二라 文有三句하니 初句는 約智니 則雙照性相이오 次句는 約定이니 動寂契眞이오 後句는 釋成이니 並由住無二性이니라

■ ㈢ 此菩薩知衆生 아래는 마음에 의지해 들어감을 설명함이다. 그중에 둘이니 ① 자비의 종성에 들어가서 근기를 알고서 잘 교화하기 때문이요, ② 觀諸菩薩 아래는 지혜의 종성에 들어감이니 실상을 궁구한 까닭이다. 그러므로 결론한 구절에 이르되, "한 성품이요 둘이 아닌 자리에 머문다"고 하였다. 이런 지혜의 종성으로 앞의 자비의 종성을 이끌어서 머무름 없는 도를 이루나니, 이것이 여래의 둘이 없는 성품이다. 경문 중에 (1) 인연을 알고 실상에 들어감이요, (2) 得義 아래는 실법에 의지해 모양을 요달함이요, (3) 智慧最勝 아래는 체성과 모양이 둘이 없음이다. 경문에 세 구절이 있으니 첫 구절은 지혜에 의지함이니 체성과 모양을 함께 비춤이요, 다음 구절은 선정에 의지함이니 동요와 적정으로 진법에 계합함이요, 뒤 구절은 성취함을 해석함이니 아울러 둘이 없는 성품에 머무는 까닭이다.

(e) 삼세 부처님의 말씀을 배우다[釋學三世佛語] 2.
㈠ 앞을 따와서 뒤를 시작하다[牒前起後] (第五 43下5)
㈡ 과덕을 성취하고 작용을 일으키다[成果起用] (後得)

菩薩摩訶薩이 以諸衆生이 皆着於二일새 安住大悲하여 修行如是寂滅之法하고 得佛十力하여 入因陀羅網法界

하여 成就如來無礙解脫하며 人中雄猛大師子吼로 得無所畏하여 能轉無礙淸淨法輪하며 得智慧解脫하여 了知一切世間境界하며 絶生死廻流하여 入智慧大海하며 爲一切衆生하여 護持三世諸佛正法하여 到一切佛法海實相源底니라

"보살마하살은 중생들이 모두 둘에 집착함을 말미암아, 대비에 머물러서 이렇게 적멸한 법을 닦아 행하며, 부처님의 열 가지 힘을 얻어 인드라 그물 같은 법계에 들어가고, 여래의 걸림 없는 해탈을 성취하여 사람 중에 영특한 이로서 큰 사자후로 두려움이 없어 걸림 없고 청정한 법 수레를 운전하며, 지혜의 해탈을 얻어 일체 세간의 경계를 알고, 생사의 소용돌이를 끊고 지혜의 바다에 들어가 모든 중생을 위하여 삼세 부처님들의 바른 법을 보호하여 지니고 일체 부처님 법 바다의 실상인 근원에 이르느니라."

[疏] 第五, 菩薩摩訶薩以諸下는 釋學三世諸佛眞實語라 文中에 二니 先, 牒前起後니 衆生이 着二하야 不能悲智雙遊일새 菩薩이 卽寂修悲하니 故得不二라 後, 得佛十力下는 成果起用이니 顯實語相이라 能師子吼하야 轉法輪故로 結云知實相源이라하니 方爲實語也라 文中에 大同十地의 窮佛所得이라 圓融敎中에는 位位果滿故로 窮法實相이니 謂如是性相體力等이 皆盡源故라 餘句可知로다

■ (e) 菩薩摩訶薩以諸 아래는 삼세 부처님의 말씀을 배움이다. 경문 중에 둘이니, ㉠ 앞을 따와서 뒤를 시작함이니 중생이 둘에 집착하여 능히 자비와 지혜를 함께 유희하지 못하므로 보살이 고요함과 합치

하여 자비를 닦는 연고로 둘이 아님을 얻는 것이다. ㊂ 得佛十力 아래는 과덕을 성취하고 작용을 일으킴이니 진실한 말씀의 모양을 밝혔다. 능히 사자후로 법륜을 굴리는 연고로 '실상인 근원을 안다'고 결론하였으니 비로소 진실한 말씀이 된 것이다. 경문 중에 크게는 십지보살이 부처님의 얻는 바를 다함과 같다. 원융한 교법에는 지위 지위마다 과덕이 원만한 연고로 법의 실상을 다하였으니, 이른바 이러한 체성과 모양, 자체와 힘 등이 모두 근원을 다한 까닭이다. 나머지 구절은 알 수 있으리라.

[鈔] 窮法等者는 卽法華經에 云, 唯佛與佛이라야 乃能究盡諸法實相이니 所謂諸法의 如是相과 如是性과 如是體와 如是力과 如是作과 如是因과 如是緣과 如是果와 如是報와 如是本末究竟等이라하니라 此之十句를 天台가 歷十法界하고 一一界中에 復具十界하야 互相攝故로 十界가 便成百界하고 界各十如에 卽有千如하며 更分一一界하야 各有三界하니 一, 衆生世間이오 二, 五陰世間이오 三, 器世間이라 便成三千世間이니라 彼宗에 以此爲實法華經樞要最玄하고 後明知見에 但擧能知耳니라

思大師가 三種讀此十如하나니 一, 以如是로 爲頭云하야 如是相이 爲一句오 如是性이 爲二句等이라 卽約假觀이니 觀十別相故라 二는 云, 所謂諸法如가 爲一句오 是相如가 爲二句等이니 以如字爲空이니 卽成空觀이오 三, 以如是字로 爲末云호대 所謂諸法如是가 爲一句오 相如是가 爲二句等이라 以如是로 爲中道觀하니 一家之意가 理無不通이로다

● '법의 실상을 다함' 등이란 곧 『법화경』에 이르되, "오직 부처님들만이

모든 실상의 법을 다 아셨기 때문이니라. 이른바 이와 같은 모양, 이와 같은 성품, 이와 같은 체, 이와 같은 힘, 이와 같은 작용, 이와 같은 원인, 이와 같은 인연, 이와 같은 결과, 이와 같은 갚음, 이와 같은 근본과 끝과 구경 등이니라"라고 하였다. 이런 열 구절을 천태(天台)대사가 열 가지 법계를 거치고 낱낱의 법계 안에 다시 10법계를 구비하여 서로 번갈아 섭수하는 연고로 열 가지 법계가 문득 100가지 법계를 이루고 법계마다 각기 열 가지 여시(如是)를 적용하면 곧 천 가지 여시가 있으며, 다시 낱낱 법계를 나누어 각기 세 가지 세간이 있으니 ① 중생세간 ② 오음세간 ③ 기세간이다. 이렇게 하여 문득 삼천 가지 세간을 이루게 된다. 저 천태종에서는 이것으로『법화경』의 가장 중요하고 현묘함을 삼고 뒤에 지견을 밝힐 적에 단지 잘 아는 것만 거론했을 뿐이다.

혜사(惠思)대사가 세 종류로 이런 열 가지 여시를 읽었으니 (1) 여시(如是)로써 머리에 두어 '이러한 모양'을 한 구절로 삼고 이러한 성품이 둘째 구절이 되는 따위이다. 곧 가관(假觀)에 의지함이니 열 가지 별상을 관찰하는 까닭이다. (2)에 이르되, 이른바 '모든 법이 여여함'이 첫 구절이 되고 이 모양이 여여함이 둘째 구절이 되는 따위이니, 여(如) 라는 글자로 공을 삼았으니 공관(空觀)을 이룸이요, (3) 여시(如是)라는 글자로 끝을 삼아 말하면 이른바 '모든 법이 이와 같음'이 한 구절이 되고, '모양이 이와 같음'이 둘째 구절이 되는 따위이다. 여시로써 중도관(中道觀)을 삼았으니 한 천태가(天台家)의 주장이 이치로 통하지 않음이 없다.

ㄷ) 진실행의 이익을 결론하다[結成行益] (第三 45上2)

菩薩이 住此眞實行已에 一切世間의 天人魔梵과 沙門
婆羅門과 乾闥婆阿修羅等이 有親近者면 皆令開悟하여
歡喜淸淨케하나니
"보살이 이 진실한 행에 머물고는 일체 세간의 하늘, 사람,
마군, 범천, 사문, 바라문, 건달바, 아수라들로서 친근하는
이는 모두 마음이 열리어 깨달아 환희하고 청정하게 하나
니,

[疏] 第三, 菩薩住此下는 結行成益이라
■ ㄷ) 菩薩住此 아래는 진실행의 이익을 결론함이다.

(다) 진실행의 명칭을 총결하다[總結] (第三 45上4)

是名菩薩摩訶薩의 第十眞實行이니라
이것을 보살마하살의 열째 진실한 행이라 하느니라."

[疏] 第三, 結名이니 並如文顯이라 說分은 已竟하다
■ (다) 진실행의 명칭을 총결함이니 아울러 경문에 밝힌 것과 같다. (5)
설법하는 부분은 마친다.

(6) 서상을 나타내고 증명하는 부분[顯瑞證成分] 2.

가. 과목 나누기[分科] (大文 45上10)

[疏] 大文第六, 爾時已下는 顯瑞證成分이라 文分二別이니 一, 瑞證이오 二, 人證이라

■ 큰 문단으로 (6) 爾時 아래는 서상을 나타내고 증명하는 부분이다. 경문을 둘로 나누리니 가) 서상으로 증명함이요, 나) 사람으로 증명함이다.

나. 과목에 따라 해석하다[隨釋] 2.
가) 서상으로 증명하다[瑞證] 2.

(가) 사바세계의 모임[此會] (前中 45下1)
(나) 결론하고 시방에 통하다[結通] (後如)

爾時에 佛神力故로 十方各有佛刹微塵數世界가 六種震動하니 所謂動과 徧動과 等徧動과 起와 徧起와 等徧起와 踊과 徧踊과 等徧踊과 震과 徧震과 等徧震과 吼와 徧吼와 等徧吼와 擊과 徧擊과 等徧擊이요 雨天妙華와 天香과 天末香과 天鬘과 天衣와 天寶와 天莊嚴具하며 奏天樂音하며 放天光明하며 演暢諸天微妙音聲하니라 如此世界夜摩天宮說十行法에 所現神變하여 十方世界도 悉亦如是하니라

이때 부처님의 신통력으로 시방에 각각 부처님 세계의 티끌 수 세계들이 여섯 가지로 진동하니, 이른바 흔들흔들 · 두루 흔들흔들 · 온통 두루 흔들흔들 · 들먹들먹 · 두루 들먹들먹 · 온통 두루 들먹들먹 · 울쑥불쑥 · 두루 울쑥불

쑥·온통 두루 울쑥불쑥·우르르·두루 우르르·온통 두루 우르르·와르릉·두루 와르릉·온통 두루 와르릉·와지끈·두루 와지끈·온통 두루 와지끈이며, 하늘 꽃·하늘 향·하늘 가루향·하늘 화만·하늘 옷·하늘 보배·하늘 장엄거리를 비 내리며, 하늘 음악을 연주하고 하늘 광명을 놓고 하늘의 미묘한 음성으로 화창하게 연설하였다. 이 세계의 야마천궁에서 십행의 법을 말하면서 나타내는 신통 변화와 같이, 시방세계에서도 다 그러하였다.

[疏] 前中에 先은 此會오 後, 如此下는 結通이라
- 가) 중에 (가) 사바세계의 모임이요, (나) 如此 아래는 결론하고 시방에 통함이다.

나) 사람으로 증명하다[人證] 2.
(가) 사바세계를 말하다[此界] (二復 46上1)
(나) 결론하고 시방에 통하다[結通] (後佛)

復以佛神力故로 十方各過十萬佛刹微塵數世界外하여 有十萬佛刹微塵數菩薩이 俱하여 來詣此土하사 充滿十方하여 語功德林菩薩言하시되 佛子여 善哉善哉라 善能演說諸菩薩行이여 我等一切가 同名功德林이며 所住世界도 皆名功德幢이며 彼土如來도 同名普功德이시니 我等佛所에도 亦說此法하되 衆會眷屬과 言詞義理가 悉亦如是하여 無有增減하나라 佛子여 我等이 皆承佛神力하

고 來入此會하여 爲汝作證하노니 十方世界도 悉亦如是하니라

다시 부처님의 신력으로써 시방으로 각각 10만 세계의 티끌 수 세계 밖에 있는 10만 세계의 티끌 수 보살들이 함께 이 국토에 와서 시방에 가득 차 있으면서, 공덕림보살에게 말하였다. "불자여, 잘하십니다. 보살의 행을 잘 연설합니다. 우리들은 모두 이름이 같아서 공덕림이요, 우리가 있는 세계의 이름은 모두 공덕당이요, 그 세계의 여래께서는 다 명호가 보공덕이신데, 우리들의 부처님 계신 데서도 이 법문을 말씀하며, 모인 대중과 권속과 말과 이치도 모두 여기서와 같아서 더하거나 덜함이 없습니다. 불자여, 우리들은 다 부처님의 신력을 받들고 이 회상에 와서 당신들을 위하여 증명하는 것이며, 시방세계에서도 다 그와 같습니다."

[疏] 二, 復以下는 人證이니 亦先此界라 十住가 一萬일새 此云十萬은 表位增故라 前現瑞中에 亦應云十方에 各有十萬이로대 文無者는 略이라 餘義는 已見十住之末하니라 後, 佛子我等下는 結通이니라

■ 나) 復以 아래는 사람으로 증명함이니 또한 (가) 사바세계를 먼저 말한다. 십주가 1만이므로 여기서는 '10만이라 말함'은 지위가 증가했음을 표한 것이다. 가) 서상으로 증명함 중에도 또한 이르되, '시방에 각기 10만이 있다'고 해야 하지만 경문이 없는 것은 생략한 때문이다. 나머지 이치는 십주품의 끝부분에서 이미 보았다. (나) 佛子我等 아래는 결론하고 시방에 통함이다.

(7) 거듭 노래하는 부분[重頌分] 2.

가. 과목 나누다[分科] (第七 46下3)
나. 과목에 따라 해석하다[隨釋] 2.
가) 게송을 설하는 광경[說偈儀] (先彰)

爾時에 功德林菩薩이 承佛神力하사 普觀十方一切衆會와 暨于法界하고 欲令佛種性不斷故며 欲令菩薩種性淸淨故며 欲令願種性不退轉故며 欲令行種性常相續故며 欲令三世種性悉平等故며 欲攝三世一切佛種性故며 欲開演所種諸善根故며 欲觀察一切諸根故며 欲解煩惱習氣心行所作故며 欲照了一切佛菩提故로 而說頌曰하시되

이때 공덕림보살이 부처님의 위신력을 받들어 시방의 일체 회중과 법계를 두루 관찰하고, 부처님의 종성이 끊어지지 않게 하려고, 보살의 종성을 청정케 하려고, 서원의 종성을 퇴전하지 않게 하려고, 행의 종성을 항상 계속케 하려고, 삼세의 종성을 다 평등케 하려고, 삼세 일체 부처님의 종성을 거두어 붙들려고, 심은 바 모든 선근을 연설하려고, 모든 근성과 욕망과 이해와 번뇌와 습성과 마음으로 행하고 짓는 일을 관찰하려고, 일체 부처님의 보리를 비치어 알기 위하여 게송으로 말하였다.

[疏] 第七, 重頌分이라 中에 分二니 初, 說偈儀意라 先, 彰說儀라 後, 欲

令下는 說意라 意有九句하니 初는 總이오 餘는 別이라 別中에 一, 淨治因性이오 二, 不退願性이오 三, 行性續願이오 四, 以眞性導行이오 五, 上攝果性이오 六, 開己修性이니 即十行所習이라 七, 觀所化性이오 八, 照當果性이니라

- (7) 거듭 노래하는 부분이다. 그중에 둘로 나누니 가) 게송을 설하는 광경이다. 나) 欲令 아래는 게송을 바로 설함이다. 의미로 아홉 구절이 있으니 (가) 첫 구절은 총상이요, (나) 나머지는 별상이다. (나) 별상 중에 ㄱ. 인행의 체성을 깨끗하게 다스림이요, ㄴ. 원력의 종성에서 물러나지 않음이요, ㄷ. 십행의 종성을 계속하려는 원이요, ㄹ. 참된 성품으로 십행을 인도함이요, ㅁ. 위로 과덕의 종성을 포섭함이요, ㅂ. 자기가 닦은 종성을 열어 연설함이니 곧 십행으로 익힌 것이다. ㅅ. 교화할 중생의 종성을 관찰함이요, ㅇ. 당래의 과덕의 종성을 비춤이다.

나) 게송을 바로 설하다[正說偈] 2.
(가) 과목 나누기[分科] (二正 46下10)

[疏] 二, 正說偈辭라 總有一百一頌을 大分爲三이니 初之一頌은 總申歸敬이오 次, 九十六頌은 正頌前文이오 三, 有四頌은 結歎深廣이라

- 나) 게송을 바로 설함이다. 총합하여 101개의 게송을 크게 셋으로 나누었으니 ㄱ. 처음 한 게송은 세존께 예경함을 밝힘이요, ㄴ. 96개의 게송은 앞의 경문을 노래함이요, ㄷ. 네 개의 게송은 깊고 광대함을 결론하고 찬탄함이다.

(나) 과목에 따라 해석하다[隨釋] 3.

ㄱ. 세존께 예경함을 밝히다[初一頌總伸歸敬] (今初 47上2)

一心敬禮十力尊이 離垢淸淨無礙見하시며
境界深遠無倫匹하사 住如虛空道中[42]者하노이다

열 가지 힘 가진 높은 이와
때를 여의고 청정하여 걸림 없이 보시는 이와
경계가 깊고 멀어 짝할 이 없고
공한 도에 머문 이에게 경례합니다.

[疏] 今初也라 將申偈頌에 再展敬心이라 初四字는 申敬이오 十力下는 顯佛三德이라 十力은 智德이오 次句는 斷德이오 次句는 恩德이라 衆生爲境故라 末句는 通喩三德이니 智廣惑淨하야 悲深遠故라

■ 지금은 ㄱ.이다. 장차 게송을 말할 적에 다시 공경심을 펼친다. 처음 네 글자[一心敬禮]는 공경을 펼침이요, 十力 아래는 부처님의 세 가지 덕을 밝힘이다. (1) 십력은 지혜의 덕이요, (2) 다음 구절은 (번뇌를) 단절한 덕이요, (3) 다음 구절은 은혜의 덕이니, 중생으로 경계를 삼은 까닭이다. 마지막 구절은 통틀어 세 가지 덕을 비유함이니, 지혜가 넓고 번뇌를 깨끗하게 함은 대비가 깊고 멀기 때문이다.

ㄴ. 96개의 게송은 앞의 경문을 바로 노래하다[次九十六頌正頌前文] 2.
ㄱ) 과목 나누기[分科] (第二 47下1)

---

42) 道中者 依北藏本 作道中有.

[疏] 第二, 正頌前文이라 大分爲二니 初, 十一偈는 頌前本分이오 後, 八十五偈는 頌前說分이라
- ㄴ. 앞의 경문을 바로 노래함이다. 큰 문단을 둘로 나누리니 (ㄱ) 11개의 게송은 앞의 (4) 본분을 노래함이요, (ㄴ) 85개의 게송은 앞의 (5) 설분을 노래함이다.

ㄴ) 과목에 따라 해석하다[隨釋] 2.
(ㄱ) 11개의 게송은 앞의 본분을 노래하다[初十一頌前本分] 2.
a. 의미를 밝히고 과목 나누다[顯意分科] (然十 47下2)

[疏] 然十住頌文은 則擧其次第어니와 今沒其次第라 直云行斯道者는 略有四意하니 一, 前則約位始終行布而說이오 今將融會前說하야 令無始終이니 欲顯一位之中에 具行諸行하고 一行之中에 具一切故라 二, 前約別行하고 今約普行하니 普別無礙일새 二文互顯이라 三, 前約同教하고 今約別敎니 同別無礙하야 爲一圓敎故라 四, 前約不雜辯才오 此約任放辯才니 說不待次며 言辭不斷故라 又前多約因하고 此多就果라 或廣略綺互하며 體用更陳하며 總別遞明하야 互相影發하야 顯菩薩行의 深廣難思라 下文에 雖依次第나 旣沒本名하고 一同離世間圓融之行也라 今初에 亦可總歎行深코 不頌前文이라 頌亦無失이라 今頌本分을 曲分爲二니 前四는 頌前學三世佛而修行故오 後七은 頌前行體不可思議니라

- 그런데 십주품의 게송은 그 순서를 거론하였거니와 지금 (십행품은) 그 순서가 없다. 바로 말해서 이 '도를 행하는 것'은 대략 네 가지 의미가 있으니 (1) 앞은 지위가 시작하고 끝남을 의지하여 항포문으로

설한 것이요, 지금은 원융문으로 앞의 (5) 설분을 모아서 하여금 시작과 끝이 없게 하였으니 한 지위 중에 여러 행을 갖추어 행함을 밝혔고, 하나의 행법 속에 온갖 것을 갖춘 까닭이다. (2) 앞은 개별의 행에 의지하였고, 지금은 보편적인 행에 의지하였으니 보편적인 것과 개별적인 것이 걸림이 없으므로 두 경문을 번갈아 밝힌 것이다. (3) 앞은 동교일승(同教一乘)을 의지하였고, 지금은 별교일승(別教一乘)을 의지하였으니 동교와 별교가 걸림이 없어서 하나의 원교일승(圓教一乘)이 되었기 때문이다. (4) 앞은 '섞이지 않은 변재[不雜辯才]'에 의지하였고 여기서는 '마음대로 방임하는 변재[任放辯才]'에 의지하였으니 설법이 순서를 기다리지 않으며, 언사가 끊어짐이 없기 때문이다.' 또한 앞의 십주품은 인행에 의지하였고 여기 십행품에서는 대부분 과덕에 입각하였다. 혹은 광대하고 간략함이 번갈아 꾸며 주며, 체성과 작용을 다시 밝혔으며, 총상과 별상을 번갈아 설명하여 서로서로 그림자를 내어서 보살행이 깊고 광대하여 불가사의함을 밝혔다. 아래 경문에서 비록 순서에 의지하였지만 이미 본래 이름을 잃었고 한결같이 이세간품의 원융문의 행법과 같다. 지금은 a.에 또한 행법이 깊음을 총합하여 찬탄만 하고 앞의 경문은 노래하지 않았다. 게송도 역시 잃어버림이 없다. 지금은 본분을 노래한 것을 자세하게 둘로 나누었으니 a) 네 게송은 앞의 삼세 부처님께 배워서 수행함을 노래함이요, b) 뒤의 일곱 게송은 수행의 근본이 불가사의함을 노래함이다.

b. 과목에 따라 해석하다[隨科別釋] 2.
a) 네 게송은 삼세 부처님께 배워 수행하다[前四頌前者三世佛而修行] 2.
(a) 세 게송은 개별로 설명하다[初三頌別明] (今初 48上3)

過去人中諸最勝이　　　　　功德無量無所着하시며
勇猛第一無等倫하시니　　　彼離塵者行斯道로다
지난 세상 인간 중에 가장 수승하고
공덕이 한량없고 집착 없으며
용맹하고 제일이고 짝이 없으니
티끌을 여읜 이가 이 길 행하네.

現在十方諸國土에　　　　　善能開演第一義하사
離諸過惡最淸淨하시니　　　彼無依者行斯道로다
지금 세상 시방의 여러 국토에
첫째 뜻을 잘 펴서 연설하시며
모든 허물 여의고 가장 청정해
의지한 데 없는 이가 이 길 행하네.

未來所有人師子가　　　　　周徧遊行於法界하사
已發諸佛大悲心하시니　　　彼饒益者行斯道로다
오는 세상 인간 중에 사자이신 이
온 법계에 두루 돌아다니시면서
부처님의 대비심을 이미 냈으니
이익하는 저 이가 이 길 행하네.

[疏] 今初를 分二니 初三은 別明이오
■ 지금은 a)를 둘로 나누었으니 (a) 세 게송은 개별로 설명함이요,

(b) 한 게송은 총합하여 설명하다[後一頌總說] (後一 48上7)

　　　三世所有無比尊이　　　　自然除滅愚癡闇하사
　　　於一切法皆平等하시니　　彼大力人行此道로다
　　　세 세상에 계시는 짝 없는 어른
　　　저절로 어리석음 제해 버리고
　　　온갖 법에 모두 다 평등하시니
　　　큰 힘을 얻은 이가 이 길 행하네.

[疏] 後一은 總說이라 各初三句는 辨德이오 後句는 結德所行이라 下諸文
　　에 行斯道言이 皆倣於此니라
- (b) 뒤의 한 게송은 총합하여 설명함이다. 각기 ㊀ 처음 세 구절은
　공덕을 밝힘이요, ㊁ 뒤 구절은 공덕으로 행하는 바를 결론함이다.
　아래 모든 경문에 '이 길 행한다'는 말이 모두 이것을 따라 함이다.

b) 일곱 게송은 수행의 근본이 불가사의함을 노래하다
　　[後七頌前行體不可思議] 4.
(a) 한 게송은 총합하여 불가사의함을 노래하다 (後七 49上3)

　　　普見無量無邊界에　　　　一切諸有及諸趣하고
　　　見已其心不分別하니　　　彼無動者行斯道로다
　　　한량없고 그지없는 모든 세계의
　　　온갖 것과 모든 갈래 두루 다 보며
　　　보고는 그 마음에 분별없나니

동요하지 않는 이가 이 길 행하네.

(b) 한 게송은 앞의 법계와 평등함을 노래하다

  法界所有皆明了하고　　　　於第一義最淸淨하여
  永破瞋慢及愚癡하니　　　　彼功德者行斯道로다
  법계에 있는 것을 분명히 알고
  제일가는 이치가 가장 청정해
  진심·교만·어리석음 길이 파하니
  저 공덕 갖춘 이가 이 길 행하네.

(c) 두 게송은 허공계와 평등함을 노래하다

  於諸衆生善分別하고　　　　悉入法界眞實性하여
  自然覺悟不由他하니　　　　彼等空者行斯道로다
  여러 가지 중생을 잘 분별하고
  법계의 참성품에 모두 들어가
  다른 이 의지 않고 제가 깨달아
  허공과 평등한 이 이 길 행하네.

  盡空所有諸國土에　　　　　悉往說法廣開喩하되
  所說淸淨無能壞하니　　　　彼勝牟尼行此道로다
  온 허공에 널려 있는 모든 국토에
  모두 가서 법을 말해 알게 하시매

말씀이 청정하여 깰 이 없나니
수승한 모니께서 이 길 행하네.

(d) 세 게송은 앞의 보살행을 노래하다 2.
㈠ 첫 게송은 자분의 행을 총합하여 거론하다

具足堅固不退轉하여　　　　成就尊重最勝法하고
願力無盡到彼岸하니　　　　彼善修者所行道로다
구족하고 견고하여 퇴전치 않아
가장 좋고 존중한 법 성취하나니
원력이 그지없고 저 언덕에 가
수행을 잘하는 이가 행하신 길이네.

㈢ 두 게송은 승진의 행을 노래하다 2.
① 첫 게송은 부처님의 지혜를 증장함을 노래하다

無量無邊一切地와　　　　　廣大甚深妙境界를
悉能知見靡有遺하니　　　　彼論師子所行道로다
한량없고 그지없는 이 땅덩이의
넓고 크고 깊고 깊은 미묘한 경계
모두 다 알고 보고 남음 없나니
논리의 사자왕이 행하신 길이네.

② 다음 게송은 법계에 깊이 들어감을 노래하다

一切句義皆明了하여　　所有異論皆摧伏하고
於法決定無所疑하니　　彼大牟尼行此道로다
일체의 구절과 뜻 분명히 알고
여러 가지 논리를 모두 굴복하고
교법에 결정하여 걸림 없나니
저 크신 모니께서 이 길 행하네.

[疏] 後七은 頌行體中에 然文旨包含이나 略爲二解니 一, 頌行體요 二, 頌加之所爲라 然所爲가 正爲十行이로대 義旨不殊일새 故得同頌이라 配文少異를 分爲二解니 先, 配行體요 文分爲四니 初, 一頌은 總顯不可思議니 故云心無分別이니 彼無動故라 二, 一頌은 頌前與法界等이니 等法界가 有三義하니 所有皆明了는 等事法界요 次句는 等理法界요 此二無二는 等無礙法界니 由此等故로 能破惑成德이라

■ b) 일곱 게송은 수행의 근본이 불가사의함을 노래함 중에 그런데 경문의 뜻이 포함되었지만 간략히 두 가지로 이해해야 한다. (a) 행법의 체성을 노래함이요, (b) 가피의 역할을 노래함이다. 그런데 역할이 바로 열 가지 행법이 되겠지만 이치와 종지는 다르지 않으므로 함께 노래한 것이다. 경문과 배대함이 조금 다른 것은 두 가지 이해로 나누었으니 (a) 행법의 체성에 배대하면서 경문을 넷으로 나누었으니 ㉠ 한 게송[普見無量無邊界—]은 총합하여 불가사의함을 설명함이다. 그러므로 '마음에 분별이 없다'고 하였으니 저 체성에는 동요가 없는 까닭이다. ㉡ 한 게송[法界所有皆明了—]은 앞의 법계와 평등함을 노래함이다. '법계와 평등함'이 세 가지 뜻이 있으니 '있는 것을 분명히 안다' 함은 현상법계와 평등함이요, 다음 구절[於第一義最淸淨]은 이치의

법계와 평등함이요, 이런 둘이면서 둘이 아님은 무장애 법계와 평등함이니, 이런 따위로 인해 능히 번뇌를 파하고 공덕을 이루는 것이다.

[疏] 三, 有二偈는 頌等虛空界라 等空五義에 初偈는 顯二니 謂空無分別 而顯萬像이라 菩薩亦爾하야 入實自悟는 則無分別이니 不礙分別於 諸衆生이라 故로 結云等空이니 由入法界하야 故等虛空이라 二, 界相 成이니 故擧入法界라 後偈는 顯三義니 一, 等空廣大니 初二句는 顯 示라 二, 等空淸淨이오 三, 等空不可壞라 第三句는 顯由等虛空이 是勝寂靜이니 名曰牟尼라 四, 有三偈는 頌前菩薩行이니 初偈는 總 擧自分之行이오 後二는 卽勝進之行이라 二以此文으로 頌加所爲라 雖開合不同이나 依次不亂이라 初偈는 頌前爲增長佛智니 前半은 所 觀이오 後半은 能觀이라 次偈는 頌深入法界라 餘如前釋하니라 三中 에 初句는 頌了知衆生界오 次二句는 頌所入無礙라 四中에 頌所行 無障이라 往諸國土는 則身無障이오 說法淸淨은 則自行無障이오 異 論不壞는 則外無障이라 第五偈는 頌得無量方便이니 以願行等을 皆 善修故라 六中에 頌攝取一切智性이니 無邊一切地가 卽智地故라 十 地之智가 同佛智故라 歎勝은 可知로다 七中에 初句는 頌覺悟一切 法이오 次句는 知一切諸根隨宜摧伏이라 次句는 卽持說一切法也니라

■ (c) 두 게송은 허공계와 평등함을 노래함이다. 허공의 다섯 가지 뜻과 평등함에서 ㊀ 첫 게송[於諸衆生善分別一]은 두 가지를 밝혔으니 이른바 첫째, 허공은 분별이 없으면서 만 가지 상을 드러냄이다. 보살도 역시 그래서 실법에 들어가 스스로 깨달음은 분별이 없는 것이니 모든 중생을 분별함에 장애되지 않는다. 그러므로 결론하여 '허공과 평등하다'고 말하였으니, 법계에 들어감으로 인한 연고로 허공과

평등하다. 둘째, 법계가 서로 성취함이니 그러므로 법계에 들어감을 거론하였다. ㉡ 뒤 게송[盡空所有諸國土─]은 세 가지 뜻을 밝혔으니 ① 허공과 같이 광대함이니 처음 두 구절[盡空所有諸國土 悉往說法廣開喩]은 드러내어 보임이다. ② 허공과 같이 청정함이요, ③ 허공과 같이 파괴할 수 없음이다. 셋째 구절[所說清淨無能壞]은 허공과 평등함이 뛰어난 적정으로 인함을 밝혔으니 이름하여 모니(牟尼)라 하였다. (d) 세 게송[具足堅固不退轉─]은 앞의 보살행을 노래함이니 ㉠ 첫 게송[具足堅固不退轉─]은 자분의 행을 총합하여 거론함이요, ㉡ 두 게송[無量無邊一切地─]은 승진의 행을 노래함이다. 두 게송은 이 경문으로 가피의 역할을 노래하였다. 비록 열고 합함이 같지 않지만 순서에 의지하여 혼란스럽지 않다. ① 첫 게송[無量無邊一切地─]에서 앞은 부처님의 지혜를 증장함을 노래함이니, 앞 게송의 반은 관찰할 대상이요, 뒤 게송의 반은 관찰하는 주체이다. ② 다음 게송[一切句義皆明了─]은 법계에 깊이 들어감을 노래함이다. 나머지는 앞에서 해석함과 같다. (c) 중에 첫 구절은 중생계를 잘 아는 것을 노래함이요, 다음 두 구절은 들어간 바가 장애 없음을 노래함이다. (d) 중에 행할 대상이 장애 없음을 노래함이다. 모든 국토에 감은 몸에 장애가 없음이요, 설법이 청정함은 자분행이 장애 없음이다. '다른 논리가 파괴하지 못함'은 외부로 장애 없음이다. (e) 다섯째 게송[一切句義皆明了]은 한량없는 방편 얻음을 노래함이니 원행 등을 모두 잘 수행하는 까닭이다. (f) 여섯째 중에 온갖 지혜의 성품을 섭수하여 취함을 노래함이니 끝없는 온갖 지위가 곧 지혜의 자리인 까닭이다. 십지의 지혜가 부처님 지혜와 같은 까닭이다. 뛰어남을 찬탄한 것은 알 수 있으리라. (g) 일곱째 중에 ㉠ 첫 구절은 온갖 법을 깨달음에 대해 노래함이요, ㉡ 뒤 구절은 온갖 여러 근기를 알아 마땅한 대로 꺾어 굴복시킴이다. ㊂ 다음 구절은 간절함에 합치하여 온갖 법을 간직하고 설함이다.

(ㄴ) 85개의 게송은 앞의 설분을 노래하다[後八十五頌前說分] 2.
a. 과목 나누다[分科] (第二 50下8)
b. 과목에 따라 해석하다[隨釋] 10.

a) 여섯 게송은 환희행에 대해 노래하다[初六頌歡喜行] 4.
(a) 재물 보시를 노래하다[財施] (第一)

[疏] 第二, 遠離下는 頌前說分이라 十行이 即爲十段이니 第一, 六偈는 頌歡喜行이라 文分四別이니

■ (ㄴ) 遠離 아래 85개의 게송은 앞의 설분을 노래함이다. 십행품은 곧 열 문단이니, a) 여섯 게송은 환희행에 대해 노래함이다. 경문을 넷으로 나누어 구분하였으니,

遠離世間諸過患하고　　普與衆生安隱樂하여
能爲無等大導師하니　　彼勝德者行斯道로다
세간의 모든 걱정 멀리 여의고
중생들께 편안한 낙 널리 주어서
짝이 없이 크신 도사 능히 되나니
수승한 공덕 가진 이가 이 길 행하네.

(b) 무외시를 노래하다[無畏施] (經/恒以)

恒以無畏施衆生하여　　　　普令一切皆欣慶하고
其心淸淨離染濁하니　　　　彼無等者行斯道로다
두려움 없으므로 중생께 보시하여
모든 이로 하여금 기쁘게 하되
그 마음 청정하여 혼탁 없나니
동등할 이 없는 이가 이 길 행하네.

意業淸淨極調善하고　　　　離諸戱論無口過하며
威光圓滿衆所欽이니　　　　彼最勝者行斯道로다
마음이 청정하여 조화 잘되고
모든 희롱 여의어 말이 점잖고
위의가 원만하여 대중이 공경하니
가장 훌륭한 이가 이 길 행하네.

(c) 법 보시를 노래하다[法施] (經/入眞)

入眞實義到彼岸하고　　　　住功德處心永寂하여
諸佛護念恒不忘하시나니　　彼滅有者行斯道로다
진실한 뜻에 들어 저 언덕 가고
공덕에 머물러서 마음도 고요하여
부처님 호념하사 잊지 않나니
모든 유를 멸한 이가 이 길 행하네.

遠離於我無惱害하고　　　　恒以大音宣正法하되

十方國土靡不周하니　　　彼絕譬者行斯道로다
　　　<나>를 멀리 여의어 시끄러움 없고
　　　항상 큰 음성으로 바른 법 말해
　　　시방의 모든 국토 두루 했으니
　　　비유할 수 없는 이가 이 길 행하네.

(d) 인과가 원만함을 노래하다 (經/檀波)

　　　檀波羅蜜已成滿하여　　　百福相好所莊嚴이라
　　　衆生見者皆欣悅하나니　　　彼最勝慧行斯道로다
　　　보시바라밀다를 이미 만족하고
　　　백 가지 복된 상호 장엄했으매
　　　중생들 보는 이가 모두 기뻐해
　　　가장 수승한 지혜가 이 길 행하네.

[疏] 初一은 財施는 財去慳過하야 安隱他故라 次二偈無畏施는 前偈는 修因이오 後偈는 得果라 次二偈는 法施요 後一頌은 總結因圓果滿이라 言百福者는 涅槃二十四[43]에 云, 五品心修十善은 謂下中上, 上中上上이니 各十善에 成五十이오 始修終修일새 故成百福이라하니 然 十善之中에 不殺不瞋은 是無畏施오 不盜不貪은 是財施오 離口四 過와 不婬不癡는 是法施니 故具上三施하야 成百福果니라

■　(a) 처음 한 게송은 재물보시를 노래함이니, 재물로 인색한 허물을 버

---

[43] 『대반열반경』제24권 光明遍照高貴德王菩薩品 제10의 4에 云, "云何菩薩修淸淨身 菩薩摩訶薩修不煞戒有 五種心 謂下中上 上中上上 乃至正見 亦復如是 是五十心名初發心具足決定成五十心 是名滿中如是百心名 百福德具足百福成於一相如是展轉具足成就三十二相名淸淨身."

려서 저를 편안하게 한 까닭이다. (b) 다음 두 게송은 무외시를 노래함이니 앞 게송은 인행을 닦음이요, 뒤 게송은 과덕을 얻음이다. (c) 다음 두 게송은 법보시를 노래함이요, (d) 뒤의 한 게송은 인과가 원만함을 노래함이다. '백 가지 복'이라 말한 것은 『열반경』제24권에 이르되, "다섯 품의 마음으로 십선을 닦음은 이른바 ① 하품 ② 중품 ③ 상품 ④ 상중품 ⑤ 상상품이니 각기 십선을 닦으면 50가지 마음이 되고, 처음 수행을 시작하여 끝까지 수행하므로 백 가지 복을 이루게 된다"라고 하였다. 그러나 십선(十善) 중에 살생하지 않고 성내지 않음은 무외시요, 훔치지 않고 남의 재물을 탐내지 않음은 재물보시요, 구업의 네 가지 허물과 사음하지 않음과 어리석지 않음은 법보시이다. 그러므로 위의 세 가지 보시를 구족하여 백 가지 복의 과보를 성취함이 된다.

b) 다섯 게송은 요익행에 대해 노래하다[次五頌饒益行] 4.
(a) 첫 게송은 섭율의계를 노래하다 (第二 51下6)

智地甚深難可入이어늘　　能以妙慧善安住하여
其心究竟不動搖하니　　彼堅固行行斯道로다
지혜의 깊은 곳에 들기 어려워
묘한 지혜로써야 잘 머무나니
그 마음 필경까지 동요치 않아
수행 견고한 이가 이 길 행하네.

(b) 두 게송은 섭선법계를 노래하다 (經/法界)

法界所有悉能入하되　　　　隨所入處咸究竟하여
神通自在靡不該하니　　　　彼法光明行此道로다
법계에 간 데마다 다 들어가며
들어가는 곳에는 끝까지 가서
신통이 자재하여 다 포함하니
법의 광명 가진 이 이 길 행하네.

諸無等等大牟尼가　　　　　勤修三昧無二相하여
心常在定樂寂靜하니　　　　彼普見者行斯道로다
같을 이 없이 같은 대모니께서
부지런히 삼매 닦아 두 모양 없고
마음은 정에 들어 적정 즐기니
두루 다 보는 이가 이 길 행하네.

(c) 한 게송은 중생을 요익하는 계를 노래하다 (經/微細)

微細廣大諸國土가　　　　　更相涉入各差別이어늘
如其境界悉了知하니　　　　彼智山王行此道로다
미세하고 광대한 여러 국토가
서로서로 들어가도 제각기 차별
그러한 경계들을 모두 아나니
저 지혜의 산왕이 이 길 행하네.

(d) 뒤 게송은 삼취계를 총합하여 결론하다 (經/意常)

意常明潔離諸垢하여　　　　於三界中無所着하고
護持衆戒到彼岸하나니　　　此淨心者行斯道로다
뜻은 항상 깨끗하여 때를 여의고
삼계에서 조금도 집착이 없어
모든 계율 지니고 저 언덕 가니
마음 깨끗한 이가 이 길 행하네.

[疏] 第二, 智地下는 頌饒益行이라 五偈를 分四니 初偈는 律儀니 謂有智
能護心不動故로 是菩薩律儀라 次二는 攝善이오 三有一偈는 饒益
有情이니 擧處攝人이라 後偈는 總結三聚니라

■ b) 智地 아래는 요익행에 대해 노래함이다. 다섯 게송을 넷으로 나누리니 (a) 첫 게송은 섭율의계이니, 이른바 지혜가 있고 능히 마음을 보호하여 동요하지 않는 연고로 보살의 율의를 지킨다. (b) 두 게송은 섭선법계요, (c) 한 게송은 중생을 요익하는 계이니 처소를 거론하여 사람을 섭수한다. (d) 뒤 게송은 삼취계(三聚戒)를 총합하여 결론함이다.

c) 네 게송은 무위역행에 대해 노래하다[次四頌無違逆行] 3.
(a) 한 게송은 자세히 관찰하는 법인을 노래하다 (第三 52上7)

智慧無邊不可說이라　　　　普徧法界虛空界어늘
善能修學住其中하니　　　　彼金剛慧行斯道로다
지혜가 끝이 없고 말할 수 없어
법계와 허공계에 가득하거늘

제21. 十行品 ③　167

잘 닦아 배우고서 거기 있나니
　　금강 지혜 있는 이 이 길 행하네.

(b) 두 게송은 고통을 편안히 감수하는 법인을 노래하다 (經/三世)

　　三世一切佛境界에　　　　　智慧善入悉周徧하되
　　未嘗暫起疲厭心하니　　　　彼最勝者行斯道로다
　　삼세 일체 부처님 깊은 경계에
　　지혜로 잘 들어가 두루 하고서
　　잠깐도 피로한 맘 내지 않나니
　　가장 수승한 이가 이 길 행하네.

　　善能分別十力法하고　　　　了知一切至處道하여
　　身業無礙得自在하니　　　　彼功德身行此道로다
　　열 가지 지혜의 힘 잘 분별하고
　　온갖 곳에 이를 길 분명히 알며
　　몸으로 하는 일이 자재하나니
　　공덕 몸 이룬 이가 이 길 행하네.

(c) 한 게송은 원수나 해치는 이를 참는 법인을 노래하다 (經/十方)

　　十方無量無邊界에　　　　　所有一切諸衆生을
　　我皆救護而不捨하니　　　　彼無畏者行斯道로다
　　시방에 한량 없고 끝없는 세계

거기 있는 수없이 많은 중생들
내가 다 구호하여 버리지 않나니
두려움 없는 이가 이 길 행하네.

[疏] 第三, 智慧下는 無違逆行이라 四頌中에 三이니 初一은 諦察法忍이오 次二는 安受苦忍이라 一, 引他勵己以策修오 二, 引所成德以進道라 後一은 頌耐冤害忍이니 遇害無惱하고 但增救心이라

■ c) 智慧 아래는 무위역행에 대해 노래함이다. 네 게송 중에 셋으로 나누리니, (a) 한 게송은 자세히 관찰하는 법인을 노래함이요, (b) 다음 두 게송은 고통을 편안히 감수하는 법인을 노래함이다. 하나는 다른 이를 이끌어 자신을 격려하여 수행을 경책함이요, 둘은 성취한 덕을 이끌어 도에 나아감이다. (c) 한 게송은 원수나 해치는 이를 참는 법인을 노래함이니 해침을 당해도 번뇌하지 않고 단지 구제하려는 마음만 늘어난 것이다.

d) 다섯 게송은 무굴요행에 대해 노래하다[次五頌無屈行] 3.
(a) 두 게송은 앞의 선을 포섭하는 정진을 노래하다 (第四 42下10)

於諸佛法勤修習하고　　心常精進不懈倦하여
淨治一切諸世間하니　　彼大龍王行此道로다
부처님 모든 법을 닦아 익히되
언제나 정진하여 게으르지 않고
모든 세간 깨끗이 다스리나니
크나큰 저 용왕이 이 길 행하네.

了知衆生根不同과　　　欲解無量各差別하며
　　　種種諸界皆明達하니　　此普入者行斯道로다
　　　중생들의 근성이 같지도 않고
　　　욕망과 이해들도 제각기 차별
　　　가지가지 세계를 밝게 아나니
　　　널리 들어간 이가 이 길 행하네.

(b) 한 게송은 피갑정진(被甲精進)을 노래하다 (經/十方)

　　　十方世界無量刹에　　　悉往受生無有數하되
　　　未曾一念生疲厭하니　　彼歡喜者行斯道로다
　　　시방에 한량없는 모든 세계에
　　　태어나는 수효가 그지없건만
　　　한 생각도 피로한 마음 없나니
　　　즐거워하는 이가 이 길 행하네.

(c) 두 게송은 이락정진(利樂精進)을 노래하다 (經/普放)

　　　普放無量光明網하여　　照耀一切諸世間하되
　　　其光所照入法性하니　　此善慧者行斯道로다
　　　한량없는 광명 그물 두루 놓아서
　　　일체의 세계들을 환히 비추고
　　　비치는 광명 따라 법성에 드니
　　　선한 지혜 얻은 이 이 길 행하네.

震動十方諸國土를　　　　無量億數那由他하되
不令眾生有驚怖하니　　　此利世者所行道로다
시방에 한량없는 억 나유타의
국토들을 낱낱이 진동하여도
중생들은 놀라지 않게 하나니
세상에 이익 준 이 행하시는 길이네.

[疏] 第四, 於諸下는 無屈撓行이라 五偈를 分三이니 初二는 頌前攝善精進이니 亦名加行이라 初半偈는 即頌第一精進等十句요 次句는 即頌前離過十句요 後偈는 頌前所爲라 次一은 頌被甲精進이니 爲物受苦하야 心無厭等이라 後二偈는 頌利樂精進이라

■ d) 於諸 아래는 무굴요행에 대해 노래함이다. 다섯 게송을 셋으로 나누리니, (a) 두 게송은 앞의 선을 포섭하는 정진을 노래함이니 또 가행정진이라고도 한다. ㊀ 반의 게송은 곧 제일정진 등 열 구절을 노래함이요, 다음 구절은 곧 앞의 허물을 여의는 열 구절을 노래함이요, ㊁ 뒤 게송은 앞의 정진의 역할을 노래함이다. (b) 한 게송은 피갑정진(被甲精進)을 노래함이니 중생을 위해 고통을 받고도 피로함이 없는 등이다. (c) 두 게송은 이락정진(利樂精進)을 노래함이다.

e) 두 게송은 이치란행에 대해 노래하다[次二頌離癡亂行] 3.
(a) 한 게송은 현법낙주선(現法樂住禪)을 노래하다 (第五 53上8)

善解一切語言法하여　　　問難酬對悉究竟하며
聰哲辯慧靡不知하니　　　此無畏者所行道로다

일체의 말하는 법 잘 해득하여
문난과 대답함을 모두 이루고
총명, 현철, 변재, 지혜 죄다 아나니
두려움 없는 이가 행하시는 길이네.

(b) 반의 게송은 인생공덕선(引生功德禪)을 노래하다 (經/善解)

善解覆仰諸國土하야　　　分別思惟得究竟하고
엎고 잦힌 모든 세계 잘 이해하여
분별하고 생각하여 끝까지 얻고

(c) 반의 게송은 요익유정선(饒益有情禪)을 노래하다 (經/悉使)

悉使住於無盡地하니　　　此勝慧者所行道로다
다함이 없는 땅에 머물게 하니
좋은 지혜 있는 이가 행하시는 길이네.

[疏] 第五, 善解下는 頌離癡亂行이라 二頌中에 三이니 初一頌은 現法樂住라 於中에 前半은 頌能持色法言說等이오 後半은 通頌前無癡亂等七句라 次, 半偈는 頌引生功德禪이니 了一切法無有邊際하야 得一切法眞實智慧일새 故云得究竟也라 後, 半偈는 頌饒益有情中에 我當令一切衆生으로 乃至究竟無餘涅槃이 卽無盡地也니라

- e) 善解 아래는 이치란행에 대해 노래함이다. 두 게송 중에 셋이니
(a) 한 게송은 현법낙주선(現法樂住禪)을 노래함이다. 그중에 ㊀ 앞의

반 게송은 형색과 언설 등을 잘 지님에 대해 노래함이요, ㈡ 뒤의 반 게송은 앞의 이치란행 등 일곱 구절을 통틀어 노래함이다. (b) 반의 게송은 인생공덕선(引生功德禪)을 노래함이니, 온갖 법이 끝이 없음을 알아서 일체법의 진실한 지혜를 얻은 연고로 '끝까지 얻었다'고 말하였다. (c) 반의 게송은 요익유정선(饒益有情禪)을 노래함 중에 내가 마땅히 일체 중생으로 하여금 나아가 완전한 열반을 끝까지 얻음이 곧 다함없는 지위이다.

f) 두 게송은 선현행에 대해 노래하다[次二頌善現行] 3.
(a) 세 가지 진리를 밝힌 부분을 노래하다 (第六 53下8)

功德無量那由他를　　　爲求佛道皆修習하여
於其一切到彼岸하니　　此無盡行所行道로다
공덕이 한량없는 나유타인데
부처님 도 구하려고 모두 닦았고
무엇에나 저 언덕에 이르렀으니
다함없는 행 닦은 이가 행하시는 길이네.

(b) 반의 게송은 지혜를 의지하여 자비를 일으킴을 노래하다 (經/超出)

超出世間大論師가　　　辯才第一師子吼로
세상에 뛰어난 큰 논사며
제일가는 변재로 사자후하여

(c) 반의 게송은 행법을 이루어 중생에 이익 줌을 노래하다 (經/普使)

普使群生到彼岸하나니　　**此淨心者所行道**로다
많은 중생 저 언덕에 이르게 하니
마음 깨끗한 이가 행하시는 길이네.

[疏] 第六, 功德下二頌은 頌善現行이라
■ f) 功德 아래 두 게송은 선현행에 대해 노래함이다.

[鈔] 第六, 善現行二偈中에 初偈는 頌前正辨三諦오 次偈의 初半은 頌依智起悲오 後半은 頌行成益物이라 然皆有無對辨하야 具三諦義라 古將初半하야 爲加行하고 次半은 根本이라하고 後偈는 後得이라하니라 然取攝論之文인대 論依六度하야 似不會敎어니와 若兼正明義인대 理則可通이라 前文에 旣依本業하니 今頌은 不可錄舊니라

● f) 선현행의 두 게송 중에 (a) 첫 게송은 앞에서 세 가지 진리를 밝힌 부분을 노래한 내용이요, (b) 다음 게송의 앞은 지혜를 의지하여 자비를 일으킴에 대해 노래함이요, (c) 뒤의 반은 행법을 이루어 중생에 이익 줌에 대해 노래함이다. 그러나 모두 유와 무를 상대하여 밝혀서 세 가지 진리의 뜻을 갖추었다. 예전 고덕들은 "앞의 반의 게송을 가져서 가행지(加行智)로 삼고, 다음의 반의 게송을 근본지라 하고, 뒤 게송은 후득지이다"라고 하였다. 그런데 『섭대승론』의 논문을 취하여 보면 논에서는 육바라밀을 의지하여 원교와는 회통하지 않은 것 같은데, 만일 (둘을) 겸하여 바로 뜻을 설명한다면 이치로는 통할 수 있다. 앞의 소문에서 이미 『본업경』에 의지하였으니 지금의 게송은 오

래된 것을 기록하지 않겠다.

g) 네 게송은 무착행에 대해 노래하다[次四頌無着行] 4.
(a) 첫 게송은 회향하는 선교방편을 노래하다 (第七 54下2)

諸佛灌頂第一法에　　　　　已得此法灌其頂하고
心恒安住正法門하니　　　　彼廣大心行此道로다
부처님들 관정하는 제일가는 법
그 법으로 정수리에 물을 부었고
마음이 바른 법문 항상 머무니
광대한 마음 가진 이가 이 길 행하네.

(b) 두 게송은 곧 중생의 고통을 뽑아내 구제하는 선교방편을 노래하다
(經/一切)

一切衆生無量別을　　　　　了達其心悉周徧하고
決定護持佛法藏하나니　　　彼如須彌行此道로다
일체 중생 한량없이 차별하거늘
그 마음 통달하여 두루 하였고
결정코 부처 법장 수호하나니
수미산 같은 이가 이 길 행하네.

能於一一語言中에　　　　　普爲示現無量音하여
令彼衆生隨類解하나니　　　此無礙見行斯道로다

하나하나 말하는 소리 가운데
한량없는 음성을 나타내어서
중생들이 종류 따라 알게 하나니
걸림 없이 보는 이가 이 길 행하네.

(c) 반의 게송은 유와 무를 잘 회통하는 방편을 노래하다 (經/一切)

一切文字語言法에   智皆善入不分別하고
갖가지 문자들과 말하는 법을
지혜로써 들어가나 분별치 않고

(d) 반의 게송은 온갖 법을 버리지 않고 받지도 않음을 노래하다
(經/住於)

住於眞實境界中하니   此見性者所行道로다
진실한 경계 속에 머물렀으니
성품을 보는 이가 행하시는 길이네.

[疏] 第七, 四偈는 頌無着行이니 對前思之니라
■ g) 네 게송은 무착행에 대해 노래함이니, 앞과 상대하여 생각해 보라.

[鈔] 第七四偈는 頌無着行이라 初偈는 卽二方便中에 廻向善巧오 三方便中에 進趣向果니 已得灌頂이 是向果故라 次二偈는 卽拔濟善巧라 次半偈는 卽巧會有無니 謂善入文字가 是會有也오 不分別者는 是會無

也라 後半은 一切法을 不捨不受라 若配經文인대 初偈는 頌淨菩薩道하고 受菩薩記호대 而無所着이오 次偈는 頌悲念衆生이오 後二偈는 頌前於一切世間에 成熟衆生이라 前約所化種種音等이오 此約能化一音隨類라 前令所化不着이오 此卽能化不着이니라

- g) 네 게송은 무착행에 대해 노래함이다. (a) 첫 게송은 곧 두 가지 방편 중에 회향하는 선교방편을 노래함이요, 세 가지 방편 중에 정진으로 과덕에 나아가는 방편이니 이미 관정을 얻음이 바로 과덕으로 향함이기 때문이다. (b) 다음의 두 게송은 곧 중생의 고통을 뽑아내어 잘 구제하는 선교방편이다. (c) 다음의 반의 게송[一切文字— 智皆善入—]은 유와 무를 잘 회통하는 방편이니 말하자면 문자에 잘 들어가는 것이 유를 회통함이요, 분별하지 않는 것은 무와 회통함이다. (d) 뒤의 반의 게송[住於眞實— 此見性者—]은 온갖 법을 버리지 않고 받지도 않음이다. 만일 경문과 배대한다면 첫 게송은 보살도를 깨끗이 수행하고 보살의 수기를 받으면서 집착이 없음을 노래함이요, 다음 게송[一切衆生—]은 대비심으로 중생을 생각함을 노래함이요, 뒤의 두 게송[能於———, 一切文字—]은 앞의 온갖 세간에서 중생을 성숙케 함을 노래함이다. 앞에서는 교화할 대상인 갖가지 음성 등을 의지한 내용이요, 여기서는 교화하는 주체인 (부처님의) 한결같은 음성이 부류를 따름에 의지한 내용이다. 여기는 교화하는 주체요, 보살이 집착하지 않는다는 뜻이다.

h) 여덟 게송은 난득행에 대해 노래하다[次八頌難得行] 5.
(a) 자분행의 원을 노래하다 (第八 55下7)

安住甚深大法海하여　　　　善能印定一切法하되
了法無相眞實門하니　　　　此見實者所行道로다
깊고 큰 법 바다에 머물러 있어
온갖 법을 능히 다 인정했으며
모양 없고 진실한 법 분명히 아니
실상을 보는 이가 행하시는 길이네.

(b) 네 게송은 신통의 원을 노래하다 (經/一一)

一一佛土皆往詣하여　　　　盡於無量無邊劫토록
觀察思惟靡暫停하니　　　　此匪懈者所行道로다
하나하나 불국토에 모두 나아가
끝이 없는 무량겁이 다할 때까지
관찰하고 생각하기 쉬지 않나니
게으르지 않은 이 행하시는 길이네.

無量無數諸如來의　　　　　種種各號各不同을
於一毛端悉明見하니　　　　此淨福者所行道로다
한량없고 수없는 모든 여래의
가지가지 명호가 같지 않거늘
한 털끝에 모두 다 밝게 보나니
깨끗한 복 가진 이 행하시는 길이네.

一毛端處見諸佛하되　　　　其數無量不可說이며

一切法界悉亦然하니　　　　彼諸佛子行斯道로다
　　　털끝만 한 곳에서 보는 부처님
　　　그 수효 한량없어 말할 수 없고
　　　일체의 법계에도 다 그러하니
　　　저 여러 불자들이 이 길 행하네.

　　　無量無邊無數劫을　　　　　於一念中悉明見하여
　　　知其修促無定相하니　　　　此解脫行所行道로다
　　　한량없고 끝없고 수없는 겁을
　　　한 찰나 가운데서 밝게 보고서
　　　길고 짧아 일정하지 않음을 아니
　　　해탈행을 얻은 이 행하시는 길이네.

(c) 밖으로 교화하는 원을 노래하다 (經/能令)

　　　能令見者無空過하여　　　　皆於佛法種因緣하되
　　　而於所作心無着하니　　　　彼諸最勝所行道로다
　　　보는 이로 하여금 헛되지 않고
　　　불법에 좋은 인연 심게 하지만
　　　하는 일에 마음이 집착 없나니
　　　모든 것 수승한 이가 행하시는 길이네.

(d) 보리 구하는 원을 노래하다 (經/那由)

那由他劫常遇佛하되　　終不一念生疲厭하여
其心歡喜轉更增하니　　此不空見所行道로다
부처님 늘 만나기 나유타 겁에
잠깐도 싫은 마음 내는 일 없고
그 마음 환희하여 더욱 증장해
공하지 않게 본 이 행하시는 길이네.

(e) 중생을 성숙시키는 원을 노래하다 (經/盡於)

盡於無量無邊劫토록　　觀察一切衆生界하되
未曾見有一衆生하니　　此堅固士所行道로다
한량없고 끝없는 겁 다할 때까지
일체의 중생세계 관찰하지만
한 중생 있는 줄로 보지 않나니
견고한 사람들이 행하시는 길이네.

[疏] 第八, 安住下八偈는 頌難得行이라 分五니 初一偈는 卽自行之願이오 次四는 神通이오 次一은 外化오 次一은 求菩提오 後一은 成熟有情이라 若屬經文인대 初四偈는 頌前於佛法中에 得最勝解等十句오 二, 無量下三偈는 頌自行成益이오 第三, 一偈는 頌前利他니 不捨一衆生着多衆生等이라

■ h) 安住 아래 여덟 게송은 난득행에 대해 노래함이다. 다섯으로 나누리니 (a) 한 게송은 자분행의 원을 노래함이요, (b) 네 게송은 신통의 원을 노래함이요, (c) 한 게송은 밖으로 교화하는 원을 노래함이

요, (d) 한 게송은 보리 구하는 원을 노래함이요, (e) 한 게송은 중생을 성숙시키는 원을 노래함이다. 만일 경문을 소속시킨다면 (1) 처음 네 게송은 앞의 불법 중에 가장 뛰어난 이해를 얻는 등의 열 구절을 노래함이요, (2) 無量 아래 세 게송은 자분행을 완성한 이익을 노래함이요, (3) 한 게송은 앞의 이타행을 노래함이니 한 중생도 버리거나 많은 중생에게 집착하지도 않는 따위이다.

[鈔] 第八安住下八頌中言頌最勝等十句者는 於中에 初句는 頌廣大解오 次二句는 頌決定解라 第二偈는 除護念一句하고 頌餘七句라 後之二偈는 頌佛護念이니 以明見故로 得護念也라 二, 無量下三偈는 頌自行中에 初偈는 卽能轉多劫生死오 後二는 卽見者不空이라 初偈는 辨不空之果오 後偈는 辨不空之因이니 由見佛無厭故라

● h) 安住 아래 여덟 게송 중에 가장 뛰어난 등의 열 구절이라 말한 것은 그중에 (1) 첫 구절은 광대한 이해를 노래함이요, 다음 두 구절은 결정된 이해를 노래함이다. (2) 둘째 게송은 (모든 부처님이) 호념하심의 한 구절을 제외하고 나머지 일곱 구절을 노래함이다. (3) 뒤의 두 게송은 부처님이 호념하심을 노래함이니 분명하게 보는 연고로 호념을 얻은 것이다. (4) 無量 아래 세 게송은 자분행을 노래함 중에 ① 첫 게송[無量無邊一]은 곧 능히 다겁의 생사를 굴림이요, ② 뒤의 두 게송은 곧 보는 이가 헛되지 않음을 노래함이다. (그중에) 첫 게송은 헛되지 않은 결과를 말함이요, 뒤 게송은 헛되지 않은 원인을 밝힘이니 부처님 만남에 싫어하지 않기 때문이다.

i) 여섯 게송은 선법행에 대해 노래하다[次六頌善法行] 5.

(a) 한 게송은 수습하는 힘을 노래하다 (第九 56下10)

  修習無邊福智藏하고   普作清凉功德池하여
  利益一切諸群生하니   彼第一人行此道로다
  그지없는 복과 지혜 닦아 익혀서
  서늘한 공덕 못을 널리 만들고
  일체의 중생들께 이익 주나니
  첫째가는 사람이 이 길 행하네.

(b) 한 게송은 사유하여 선택하는 힘을 노래하다 (經/法界)

  法界所有諸品類가   普徧虛空無數量이어든
  了彼皆依言說住하니   此師子吼所行道로다
  온 법계에 여러 종류 많은 중생들
  허공에 두루 가득 한량없는데
  모두 말을 의지해 있는 줄 아니
  사자후하는 이가 행하시는 길이네.

(c) 두 게송은 선정과 신통력을 닦음을 노래하다 (經/能於)

  能於一一三昧中에   普入無數諸三昧하여
  悉至法門幽奧處하니   此論月者行斯道[44]로다
  하나하나 삼매의 어디서든지

---

44) 論月은 合注云月輪, 宋南北藏作論月.

수없는 모든 삼매 두루 들어가
　　　법문의 깊은 곳에 다 이르나니
　　　달을 의논하는 이가 이 길 행하네.

　　　忍力勤修到彼岸하되　　　能忍最勝寂滅法하여
　　　其心平等不動搖하니　　　此無邊智所行道로다
　　　부지런히 인욕 닦고 저 언덕 가서
　　　가장 수승한 적멸법 능히 참으며
　　　그 마음 평등하여 동요 않나니
　　　그지없는 지혜의 행하시는 길이네.

(d) 한 게송은 보답으로 얻은 신통을 노래하다 (經/於一)

　　　於一世界一坐處에　　　其身不動恒寂然하되
　　　而於一切普現身하나니　　彼無邊身行此道로다
　　　한 세계의 한 자리 앉아 있으며
　　　그 몸이 고요하여 동하지 않지만
　　　온갖 곳에 몸을 두루 나타내나니
　　　그지없는 몸 가진 이 이 길 행하네.

(e) 한 게송은 변화하는 신통을 노래하다 (經/無量)

　　　無量無邊諸國土를　　　悉令共入一塵中하여
　　　普得包容無障礙하니　　　彼無邊思行此道로다

한량없고 그지없는 모든 국토가
한 티끌 속에다가 모두 넣되
두루 다 포용하여 장애 없나니
그지없이 생각하는 이 이 길 행하네.

[疏] 第九, 修習下六頌은 頌善法行이라 初一은 修習力이오 次一은 思擇力이오 次二는 修定通이오 次一은 報得通이오 後一은 變化通이라 若屬經文인댄 初偈는 頌釋名이니 前半은 攝持正法이오 後半은 不斷佛種이니 亦大悲河라 次偈는 卽波羅密河니 問答成就라 次偈는 卽三昧河니 前擧三昧之用하고 此約三昧之體라 次一은 卽願智河오 次一은 十身體用이오 後一은 卽示現如來自在라

■ i) 修習 아래 여섯 게송은 선법행에 대해 노래함이다. (a) 한 게송은 수습하는 힘을 노래함이요, (b) 한 게송은 사유하여 선택하는 힘을 노래함이요, (c) 두 게송은 선정과 신통력 닦음을 노래함이요, (d) 한 게송은 보답으로 얻은 신통을 노래함이요, (e) 한 게송은 변화하는 신통을 노래함이다. 만일 경의 본문을 배속하면 (1) 첫 게송은 명칭 해석을 노래함이니, 앞의 반은 정법을 포섭하여 간직함이요, 뒤의 반은 부처 종성을 단절하지 않음이니 또한 '대비의 강'이다. (2) 다음 게송은 '바라밀의 강'이니 질문과 대답으로 성취함이다. (3) 다음 게송은 '삼매의 강'이니 앞에서 삼매의 작용을 거론하고 여기서는 삼매의 자체를 의지한 게송이다. (4) 다음의 한 게송은 '원력과 지혜의 강'이요, (5) 다음 게송은 열 가지 몸의 자체와 작용이요, (6) 뒤의 한 게송은 여래의 자재함을 시현함이다.

j) 네 게송은 진실행에 대해 노래하다[後四頌眞實行] 6.

(a) 세 게송은 부처님의 십력을 얻음에 대해 노래하다[初三偈頌得十力]

(第十 57下2)

了達是處及非處하며　　　於諸力處普能入하여
成就如來最上力하니　　　彼第一力所行道로다

옳은 곳과 그른 곳 분명히 알고
모든 힘에 골고루 능히 들어가
여래의 최상력을 성취하나니
제일 힘 가진 이가 행하시는 길이네.

過去未來現在世에　　　無量無邊諸業報를
恒以智慧悉了知하니　　　此達解者所行道로다

지난 세상, 오는 세상, 지금 세상의
한량없고 끝없는 모든 업보를
언제나 지혜로써 죄다 아나니
통달하여 아는 이 행하시는 길이네.

了達世間時非時하여　　　如應調伏諸衆生하되
悉順其宜而不失하니　　　此善了者所行道로다

온 세간의 제때거나 제때 아니나
조복할 중생들을 분명히 통달하여
적당함을 따라서 잃지 않나니

제21. 十行品 ③　185

이것은 잘 아는 이 행하시는 길이네.

[疏] 第十, 了達下의 四十三偈는 頌眞實行이라 文分爲六이니 第一, 三偈 는 頌得十力이라
- j) 了達 아래 43개의 게송은 진실행에 대해 노래함이다. 경문을 여 섯으로 나누리니, (a) 세 게송은 부처님의 십력을 얻음에 대해 노래 함이다.

(b) 세 게송은 삼세 부처님의 둘이 없는 말씀에 대해 노래하다
[次三頌得三世無二語] 2.
㈠ 첫 게송은 법에 의지해 수행함을 설명하다 (二善 57下10)

善守身語及意業하여　　　　恒令依法而修行하되
離諸取着降衆魔하니　　　　此智心者所行道로다
몸과 말과 마음을 잘 지키어
언제나 법에 따라 행을 닦으며
모든 집착 여의고 마군을 항복받으니
슬기로운 사람이 행하시는 길이네.

㈡ 두 게송은 내가 가장 뛰어남을 노래하다 (經/於諸)

於諸法中得善巧하고　　　　能入眞如平等處하여
辯才宣說無有窮하니　　　　此佛行者所行道로다
모든 법 가운데서 공교함 얻고

진여의 평등한 데 능히 들어가
변재로 연설함이 다하잖나니
부처님 행 닦는 이 행하시는 길이네.

陀羅尼門已圓滿하고　　　　　善能安住無礙藏하여
於諸法界悉通達하니　　　　　此深入者所行道로다
다라니 여러 문을 원만하였고
걸림 없는 장 속에 편히 머물러
모든 법계 모두 다 통달하나니
깊이 들어간 이의 행하시는 길이네.

[疏] 二, 善守下三偈는 頌得三世諸佛無二語라 初偈는 正明依法修行이니 卽無二語라 餘二偈는 頌我爲最勝等이라

- (b) 善守 아래 세 게송은 삼세 부처님의 둘이 없는 말씀에 대해 노래함이다. ㊀ 첫 게송은 법에 의지해 수행함을 설명함이니 곧 둘이 없는 말씀이다. ㊁ 나머지 두 게송은 내가 가장 뛰어남을 노래함이다.

[鈔] 我爲最勝等二偈는 卽最勝義니 謂善入平等하며 及達法界호대 不取着故라

- 내가 가장 뛰어남 등의 두 게송은 곧 가장 뛰어나다는 뜻이니 이른바 평등한 지혜에 잘 들어갔으며, 더불어 법계를 요달했지만 집착하지 않는 까닭이다.

(c) 여섯 게송은 부처님의 선근과 같음에 대해 노래하다

[次六頌同佛善根] 4.

㊀ 첫 게송은 최상의 지혜를 노래하다 (三六 58下6)

  三世所有一切佛로   悉與等心同智慧하여
  一性一相無有殊하니   此無礙種所行道로다
  삼세에나 계시는 모든 부처님
  모두 다 맘도 같고 지혜도 같아
  한 성품 한 모양이 다름 없나니
  걸림 없는 종성의 행하시는 길이네.

㊁ 한 게송은 티끌번뇌를 여읨에 대해 노래하다 (經/已抉)

  已抉一切愚癡膜하고   深入廣大智慧海하여
  普施衆生淸淨眼하니   此有目者所行道45)로다
  일체의 어리석은 막을 긁었고
  광대한 지혜 바다 깊이 들어가
  중생에게 청정한 눈 보시하나니
  지혜 눈 있는 이가 행하시는 길이네.

㊂ 세 게송은 (할 일을) 이미 다함과 잘 변화하여 제도함을 노래하다

               (經/已具)

---

45) 抉는 麗宋元作決, 續金作抉.

已具一切諸導師의　　　　　平等神通無二行하여
獲於如來自在力하니　　　　此善修者所行道로다
일체의 모든 도사 구족했으며
평등한 신통으로 두 행이 없고
여래의 자재한 힘 얻으셨으니
이것은 잘 닦은 이 행하시는 길이네.

徧遊一切諸世間하며　　　　普雨無邊妙法雨하여
悉令於義得決了하니　　　　此法雲者所行道로다
온 시방 모든 세계 두루 다니며
그지없이 묘한 법비 널리 내리어
이치에서 결정함을 얻게 하나니
이것은 법 구름이 행하시는 길이네.

能於佛智及解脫에　　　　　深生淨信永不退하여
以信而生智慧根하니　　　　此善學者所行道로다
부처님의 지혜와 모든 해탈에
깨끗한 신심 내어 퇴전치 않고
신심으로 지혜 뿌리 내는 것이니
이것은 잘 배운 이 행하시는 길이네.

㈣ 뒤 게송은 의지할 곳임을 노래하다 (經/能於)

能於一念悉了知　　　　　　一切衆生無有餘하여

了彼衆生心自性하니　　達無性者所行道로다
한 생각에 일체 중생 능히 다 알고
한 중생도 남기지 아니하면서
저 중생의 마음 성품 분명히 아니
무성을 통달한 이 행하시는 길이네.

[疏] 三, 六偈는 頌同佛善根이라
- (c) 여섯 게송은 부처님의 선근과 같음에 대해 노래함이다.

[鈔] 同佛善根者는 初偈는 頌最上이니 同一佛性이 是調御故라 次偈는 頌離翳오 次三偈는 頌已辨과 及善變化오 後偈는 頌爲依怙니 與佛化他故라
- 부처님의 선근과 같음이란 ㉠ 첫 게송은 최상의 지혜를 노래함이니 부처님의 종성과 같은 지혜가 (중생을) 잘 조절하고 제어하는 까닭이다. ㉡ 다음 한 게송은 티끌번뇌를 여읨에 대해 노래함이요, ㉢ 세 게송은 (할 일을) 이미 다함과 잘 변화하여 제도함을 노래함이요, ㉣ 뒤 게송은 의지할 곳임을 노래함이니, 부처님과 함께 다른 이를 교화하는 까닭이다.

(d) 11개의 게송은 부처 종성에 들어감에 대해 노래하다

　　[次十一頌入佛種性] 2.
㉠ 세 게송은 몸으로 들어감을 노래하다 (四法 60上1)

法界一切諸國土에　　　悉能化往無有數하되

其身最妙絶等倫하니　　　　此無比行所行道로다
법계에 수가 없는 모든 국토에
이 몸을 변화하여 두루 가는데
가장 묘한 그 몸이 짝이 없나니
비길 데 없는 행의 행하시는 길이네.

佛刹無邊無有數에　　　　　無量諸佛在其中이어든
菩薩於彼悉現前하여　　　　親近供養生尊重이로다
부처 세계 끝없고 수가 없는데
한량없는 부처님 속에 있거늘
보살이 그곳마다 앞에 나타나
친근하고 공양하고 존중하시네.

菩薩能以獨一身으로　　　　入於三昧而寂定하되
令見其身無有數하여　　　　一一皆從三昧起로다
보살들이 오로지 한 몸으로써
삼매에 들어가서 고요하지만
수가 없는 그 몸의 하나하나가
삼매에서 일어남을 보게도 하고

㈢ 나머지 여덟 개의 게송은 생각으로 들어감을 노래하다 2.
① 네 게송은 자비의 종성에 들어감을 노래하다 (經/菩薩 59上3)

菩薩所住最深妙하며　　　　所行所作超戲論하며

其心淸淨常悅樂하여　　　能令衆生悉歡喜로다
보살의 머문 데가 깊고 묘하여
행하고 짓는 일이 희론을 초월하여
그 마음 청정하고 항상 기쁘매
중생들을 모두 다 환희케 하고

諸根方便各差別을　　　能以智慧悉明見하고
而了諸根無所依하니　　　調難調者所行道로다
모든 근과 방편이 각각 다른데
지혜로 분명하게 능히 다 보고
근들이 의지한 데 없음을 아니
조복하기 어려운 이를 조복한 이 행하는 도라.

能以方便巧分別로　　　於一切法得自在하여
十方世界各不同에　　　悉在其中作佛事로다
교묘한 방편으로 잘 분별하여
일체법에 자재함을 능히 얻었고
시방세계 제각기 같지 않거늘
그 가운데 있으면서 불사를 짓네.

諸根微妙行亦然하여　　　能爲衆生廣說法하니
誰其聞者不欣慶가　　　此等虛空所行道로다
모든 근이 미묘하고 행도 그러해
중생들을 위하여 법을 말하니

듣는 이는 기뻐하지 않는 이 없어
허공과 평등한 이 행하는 도요

② 네 게송은 지혜의 종성에 들어감을 노래하다 (經/智眼)

  智眼淸淨無與等하여　　　於一切法悉明見하고
  如是智慧巧分別하니　　　此無等者所行道로다
  지혜 눈 청정하여 같을 이 없고
  온갖 법을 모두 다 밝게 보나니
  공교한 지혜로써 이러한 분별
  평등할 수 없는 이 행하시는 길이네.

  所有無盡廣大福을　　　一切修行使究竟하여
  令諸衆生悉淸淨하니　　　此無比者所行道로다
  그지없이 광대한 복을 갖춘 이
  온갖 것 수행하여 끝까지 가고
  중생들로 하여금 청정케 하니
  비길 데 없는 이가 행하시는 길이네.

  普勸修成助道法하고　　　悉令得住方便地하여
  度脫衆生無有數하되　　　未曾暫起衆生想하며
  도를 돕는 여러 법 닦기 권하여
  그들이 방편 지위 머물게 하여
  중생을 제도함이 그지없지만

중생이란 생각이 조금도 없고

　　一切機緣悉觀察하여　　　先護彼意令無諍하고
　　普示衆生安隱處하니　　　此方便者所行道로다
　　온갖 근기 인연을 다 관찰하여
　　저의 뜻 보호하여 다투지 않게 하고
　　중생에게 편안한 곳 널리 보이니
　　방편을 얻은 이의 행하시는 길이네.

[疏] 四, 法界下十一偈는 頌入佛種性이라 於中에 分二니 初三偈는 頌身入이오 餘는 頌意入이라 於中에 初四頌은 入悲種性이오 後, 智眼下 四頌은 頌入智種性이라

- (d) 法界 아래 11개의 게송은 불종성에 들어감에 대해 노래함이다. 그중에 둘로 나누리니 ㊀ 세 게송은 몸으로 들어감을 노래함이요, ㊁ 여덟 개의 게송은 생각으로 들어감을 노래함이다. 그중에 ① 네 게송은 자비의 종성에 들어감을 노래함이요, ② 智眼 아래 네 게송은 지혜의 종성에 들어감을 노래함이다.

(e) 18개의 게송은 삼세 부처님의 말씀을 배워 힘을 얻음을 노래하다

　　[次十八頌學三世佛語得力] 9.

㊀ 한 게송은 부처님의 십력 얻음을 노래하다 (五成 61下10)

　　成就最上第一智하고　　　具足無量無邊智하여
　　於諸四衆無所畏하니　　　此方便智所行道로다

가장 높고 제일가는 지혜 이루고
한량없고 그지없는 지혜 구족해
사부대중들에게 두렵잖으니
방편지혜 갖춘 이 행하시는 길이네.

㊁ 한 게송은 법륜을 굴림을 건너서 노래하다 (經/一切)

　　一切世界及諸法에　　　　悉能徧入得自在하고
　　亦入一切衆會中하여　　　度脫群生無有數하며
　　일체의 세계에나 모든 법에나
　　두루 다 들어가서 자재를 얻고
　　모든 대중 모인 데 또한 들어가
　　중생을 제도하기 셀 수가 없고

㊂ 두 게송은 장애 없이 해탈함을 노래하다 (經/十方)

　　十方一切國土中에　　　　擊大法鼓悟群生하여
　　爲法施主最無上하니　　　此不滅者所行道로다
　　시방에 널려 있는 국토 가운데
　　큰 법고 둥둥 울려 중생 깨우고
　　법으로 보시하여 가장 높으니
　　멸하지 않는 이가 행하시는 길이네.

　　一身結跏而正坐하여　　　充滿十方無量刹하되

而令其身不迫隘하니　　　　此法身者所行道로다
한 몸이 가부 틀고 앉아 있는데
한량없는 세계에 가득하지만
그 몸은 비좁지도 아니하나니
법신을 증득한 이 행하시는 길이네.

㈣ 한 개 반의 게송은 지혜로 해탈함을 노래하다 (經/能於)

能於一義一文中에　　　　演說無量無邊法하되
而於邊際不可得46)하니　　此無邊智所行道로다
한 이치와 한 글자 가운데서도
한량없고 끝없는 법 연설하지만
그래도 끝 간 데를 얻지 못하니
그지없는 지혜가 행하시는 길이네.

於佛解脫善修學하여　　　得佛智慧無障礙하고
부처님의 해탈을 닦아 배우고
부처님 지혜 얻어 장애 없으며

㈤ 반의 게송은 영웅처럼 용맹하여 두려움 없음을 되돌려 노래하다
(經/成就)

成就無畏爲世雄하니　　　此方便者所行道로다

---

46) 於는 麗合本作其, 宋元明金本作於.

두려움 없어지고 세상의 영웅 되어
방편을 얻은 이의 행하시는 길이네.

㈥ 한 게송은 세간을 잘 아는 경계를 노래하다 (經/了知)

了知十方世界海하고 亦知一切佛刹海하며
智海法海悉了知하니 衆生見者咸欣慶이로다
시방의 세계해를 분명히 알고
일체의 불찰해도 다 알았으며
지혜바다 법바다 모두 다 아니
중생들 보는 이는 모두 좋아해

㈦ 네 게송은 생사에 되돌아 유전함을 끊음을 노래하다 3.
① 두 게송은 여덟 모양을 노래하다 (經/或現 60下8)

或現入胎及初生하며 或現道場成正覺하여
如是皆令世間見하니 此無邊者所行道로다
혹은 태에 들어가고 처음 태어나고
도량에 나타나서 정각을 성취하여
이런 일을 세간들이 보게 하나니
이것은 끝없는 이 행하시는 길이네.

無量億數國土中에 示現其身入涅槃하되
實不捨願歸寂滅하니 此雄論者所行道로다

한량없는 억천만 국토 가운데
　　　열반에 드는 몸을 나타내지만
　　　서원을 버리고 멸도하지 않나니
　　　영웅스런 논사가 행하시는 길이네.

② 한 게송은 생사 없는 몸으로 비로소 능히 몸을 나타냄을 노래하다
　　　　　　　　　　　　　　　　　　　　　　　(經/堅固)

　　　堅固微密一妙身이　　　　　與佛平等無差別하되
　　　隨諸衆生各異見하니　　　　一實身者所行道로다
　　　견고하고 비밀하고 묘한 이 몸이
　　　부처님과 평등하여 차별 없건만
　　　중생들 나름으로 다르게 보니
　　　한결같이 진실한 몸 행하시는 길이네.

③ 한 게송은 지혜의 큰 바다에 들어감을 노래하다 (經/法界)

　　　法界平等無差別이나　　　　具足無量無邊義어든
　　　樂觀一相心不移하니　　　　三世智者所行道로다
　　　법계가 평등하여 차별 없으나
　　　한량없고 끝없는 뜻 구족하였고
　　　한 모양 보는 마음 이동 않나니
　　　삼세의 지혜로운 이 행하시는 길이네.

⑷ 세 게송은 정법을 보호하고 지킴을 노래하다 2.
① 첫 게송은 신통력을 가피하여 지킴을 노래하다 (經/於諸 61上6)

　　　於諸衆生及佛法에　　　　建立加持悉究竟하여
　　　所有持力同於佛하니　　　最上持者行斯道로다
　　　모든 중생에게나 부처님 법에
　　　건립하고 가지하기 모두 끝까지
　　　가지하는 힘을 얻어 부처 같으니
　　　최상 가지 받은 이가 행하시는 길이네.

② 두 게송은 육신통으로 보호하여 지킴을 노래하다 (經/神足)

　　　神足無礙猶如佛하고　　　天眼無礙最淸淨하며
　　　耳根無礙善聽聞하니　　　此無礙意所行道로다
　　　신족통 걸림 없어 부처님 같고
　　　천안통 걸림 없어 가장 청정코
　　　천이통 걸림 없어 잘 들리나니
　　　걸림 없는 뜻 가진 이 행하시는 길이네.

　　　所有神通皆具足하며　　　隨其智慧悉成就하여
　　　善知一切靡所儔하니　　　此賢智者所行道로다
　　　여러 가지 신통을 모두 갖추고
　　　그의 지혜 따라서 모두 성취해
　　　온갖 것을 잘 알아 짝이 없나니

지혜 있고 어진 이 행하시는 길이네.

㈨ 네 게송은 실상의 근원에 도달했음을 노래하다 (經/其心 61下2)

其心正定不搖動하고 　　其智廣大無邊際하여
所有境界皆明達하니 　　一切見者所行道로다
그 마음 정에 들어 동요치 않고
그 지혜 넓고 커서 끝이 없어서
온갖 경계 다 밝게 통달하나니
일체를 보는 이의 행하시는 길이네.

已到一切功德岸하여 　　能隨次第度衆生하되
其心畢竟無厭足하니 　　此常勤者所行道로다
일체 공덕 언덕에 이미 이르고
차례차례 따라서 중생 건지되
그 마음 필경까지 만족 없나니
늘 부지런한 이의 행하시는 길이네.

三世所有諸佛法을 　　於此一切咸知見하여
從於如來種性生하니 　　彼諸佛子行斯道로다
세 세상에 있는 바 부처님 법을
여기서 일체 것을 알고 보아서
여래의 종성으로부터 나나니
저 모든 불자들의 행하시는 길이네.

隨順言詞已成就하고 乖違談論善摧伏하여
常能趣向佛菩提하니 無邊慧者所行道로다

순하게 따르는 말 이미 이루고
어기는 말들을 꺾어 버리고
부처님의 보리도에 능히 향하니
끝없이 지혜로운 이 행하시는 길이네.

[疏] 五, 成就下十八偈는 頌學三世諸佛眞實語하야 得佛十力等이니 如文思之니라
- (e) 成就 아래 18개의 게송은 삼세(三世) 부처님의 말씀을 배워 부처님의 십력(十力)을 얻음을 노래함이니, 경문과 함께 생각해 보라.

[鈔] 頌得佛十力等如文思之者는 一偈는 頌得佛十力[47]이오 次一은 超頌轉法輪이오 次二는 頌無礙解脫이라 次一偈半은 頌智慧解脫이오 後半偈는 却頌雄猛無畏오 次一偈는 頌了知世間境界라 智海法海는 卽智正覺世間이라 次, 或現已下四偈는 絶生死廻流라 初二偈는 八相이니 明絶生死故로 方能現生이오 次一偈는 非生死身으로 方能現身이라 次一偈는 頌入智慧大海니 樂觀不移가 是入義故라 次, 於諸下三偈는 頌護持正法이니 初偈는 神力加持오 後二는 六通護持라 其無礙意는 卽他心通이오 神通具足은 兼宿命漏盡이라 次, 其心正定下四偈는 頌到實相源底라 餘並可知로다
- '부처님의 십력을 얻음을 노래함이니, 경문과 함께 생각해 보라'는 것은 ㉠ 한 게송은 부처님의 십력 얻음을 노래함이요, ㉡ 한 게송은 법

---

47) 十力은 甲續金本作加.

륜을 굴림을 건너서 노래함이요, ㊂ 두 게송은 장애 없이 해탈함을 노래함이요, ㊃ 한 개 반의 게송은 지혜로 해탈함을 노래함이요, ㊄ 반의 게송은 영웅처럼 용맹하여 두려움 없음을 되돌려 노래함이요, ㊅ 한 게송은 세간을 잘 아는 경계를 노래함이다. 지혜의 바다와 법의 바다는 곧 지정각세간이다. ㊆ 或現 아래 네 게송은 생사에 되돌아 유전함을 끊음이다. ① 두 게송은 여덟 모양이니 생사를 단절했음을 밝힌 연고로 바야흐로 능히 현재에 태어남이요, ② 한 게송은 생사하지 않는 몸으로 비로소 능히 몸을 나타냄을 노래함이다. ③ 한 게송은 지혜의 큰 바다에 들어감을 노래함이니, 즐겁게 관하여 옮기지 않음이 곧 들어감의 뜻인 까닭이다. ㊇ 於諸 아래 세 게송은 정법을 보호하고 지킴을 노래함이니, ① 첫 게송은 신통력을 가피하여 지킴이요, ② 뒤의 두 게송은 육신통으로 보호하여 지킴이다. 그 걸림 없다는 의미는 곧 타심통이요, '신통을 갖춘다'는 것은 숙명통과 누진통을 겸한다는 뜻이다. ㊈ 其心正定 아래 네 게송은 실상의 근원에 도달했음을 노래함이다. 나머지는 경문과 함께하면 알 수 있으리라.

(f) 두 게송은 중생에게 이익 줌이 헛되지 않다[後一頌益物不空]

(六一 62下5)

一光照觸無涯限하여 十方國土悉充徧하여
普使世間得大明하니 此破闇者所行道로다
한 광명 비치는 일 끝 간 데 없어
시방의 모든 국토 두루 가득해

세상으로 큰 광명 얻게 하나니
어두움 깨뜨린 이 행하시는 길이네.

隨其應見應供養하여　爲現如來淸淨身하여
敎化衆生百千億하며　莊嚴佛刹亦如是로다
공양하고 볼 수 있는 그들을 따라
여래의 청정한 몸 나타내면서
백천억 중생들을 교화하시니
불세계 장엄함도 그와 같더라.

[疏] 六, 一光下二頌은 頌益物不空이라
■ (f) 一光 아래 두 게송은 중생에 이익 줌이 헛되지 않음을 노래함이다.

ㄷ. 네 게송은 십행 법문이 깊고 광대함을 찬탄하다[後四頌結歎深廣]

(第三 63上4)

爲令衆生出世間하여　一切妙行皆修習하니
此行廣大無邊際라　云何而有能知者[48]리오
중생들을 세간에서 벗어나도록
갖가지 묘한 행을 닦아 익히니
이런 행 넓고 커서 그지없거늘

---

48) 有能은 續金本作能有 麗宋元明思淸合綱杭鼓纂本作有能.

뉘라서 이런 것을 능히 알리오.

假使分身不可說하되　而與法界虛空等하여
悉共稱揚彼功德이라도　百千萬劫無能盡이로다
가령 그의 나눈 몸 말할 수 없어
법계와 허공계와 같은 이들이
한 가지로 그 공덕 찬탄한대도
백천만겁 지내도 못다 하리라.

菩薩功德無有邊하여　一切修行皆具足하니
假使無量無邊佛이　於無量劫說不盡이어든
보살들의 공덕은 그지없어서
갖가지 닦을 행을 모두 갖추니
한량 없고 끝이 없는 부처님들이
무량겁에 말해도 못다 하거든

何況世間天及人과　一切聲聞及緣覺이
能於無量無邊劫에　讚歎稱揚得究竟가
하물며 이 세상의 천상, 인간들
일체의 성문이나 모든 연각이
한량없고 그지없는 그러한 겁에
찬탄하고 칭찬해도 그 끝이 없네.

[疏] 第三, 大段四偈는 結歎深廣이라 文顯可知로다

■ ㄷ. 큰 문단으로 네 게송은 십행 법문이 깊고 광대함을 결론하여 찬탄함이다. 경문이 뚜렷하니 알 수 있으리라.

제21. 십행품(十行品) 終

大方廣佛華嚴經 제21권

大方廣佛華嚴經疏鈔 제21권의 ① 雲字卷

제22 十無盡藏品 ①

십무진장품은 앞의 십행품의 승진행으로 다음 단계인 십회향 지위에 오르게 하는 수행의 양상을 열 가지로 설하고 있다. 여기서 부처님을 대신하는 법주는 공덕림(功德林)보살이다. 경문에 이르되,

"불자들이여, 이 열 가지 무진장에는 열 가지 다함이 없는 법이 있어 보살들로 하여금 필경에 위없는 보리를 성취[令諸菩薩 究竟成就無上菩提]케 하나니라. … 불자들이여, 무엇이 보살마하살의 믿음의 장인가? … "만약 보살이 이와 같이 모든 법을 수순해서 깨끗한 믿음을 내고는 온갖 부처님의 법이 불가사의하다 함을 듣고도 마음이 겁약하지 않으며, 모든 부처님이 불가사의하다 함을 듣고도 마음이 겁약하지 않으며, 중생의 세계가 불가사의하다 함을 듣고도 마음이 겁약하지 않으며, 법계가 불가사의하다 함을 듣고도 마음이 겁약하지 않으며…"

```
大方廣佛華嚴經 제21권
華嚴經疏鈔 제21권의 ① 雲字卷
```

제22. 열 가지 무진장을 설하는 품[十無盡藏品] ①

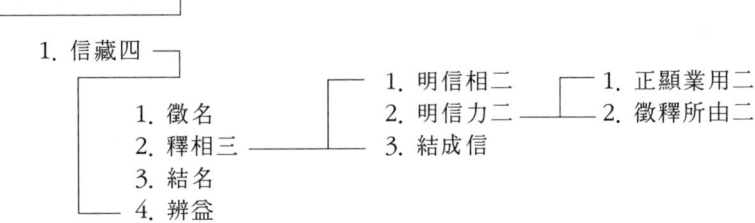

三. 明已解令行三
  1. 初二品當會由致二(승야마천궁품, 야마궁중게찬품)
  2. 次一品當會正宗(십행품)
  3. 後一品勝進趣後(십무진장품)四
     1. 來意三
     2. 釋名
     3. 宗趣
     4. 釋文四
        1. 唱數顯同
        2. 徵名列異三
        3. 依名廣釋十
           1. 信藏四
              1. 徵名
              2. 釋相三
                 1. 明信相二
                    1. 正顯業用二
                    2. 徵釋所由二
                 2. 明信力二
                 3. 結成信
              3. 結名
              4. 辨益
           2. 戒藏
           3. 慚藏
           4. 愧藏
           5. 聞藏
           6. 施藏
           7. 慧藏
           8. 念藏
           9. 持藏
           10. 辨藏
        4. 總歎勝能

三. 십무진장품은 앞의 십행품의 승진행이다[後一品勝進] 4.
제1. 오게 된 뜻[來意] 3.

1. 바로 밝히다[正明] (初來 1上5)

[疏] 初, 來意者는 總有五義하니 一, 爲答前第二會初十藏問故[49]오 二, 前明正位하고 今依位起行故니 同梵行品이라 三, 前約位別行하고 今辨始終通行故라 四, 前明成位行하고 今辨淨治彼行故니 同十地 中의 信等十行이라 五, 前明自分究竟하고 今辨勝進趣後니 同上明 法이니라

- 제1. 오게 된 뜻이란 총합하여 다섯 가지 뜻이 있으니 (1) 앞 두 번째 보광명전법회 첫 부분에 열 가지 무진장에 대한 질문에 답하기 위함 이요, (2) 앞의 십행품에서 십행의 지위를 밝혔고 지금은 지위에 의지해 행법을 시작하였으니 (그 역할이) 제3 수미산정법회의 범행품과 같다. (3) 앞에서 지위에 의지해 행법을 구분하였고 지금은 처음과 끝이 행법을 통함을 밝힌 까닭이다. (4) 앞에서는 지위의 행법을 성취함을 밝혔고, 지금은 저 행법을 청정하게 다스림에 대해 밝혔으므로 십지품 가운데 믿음 등의 열 가지 행[50]과 같다. (5) 앞에서는 자분행을 끝까지 설명하였고, 지금은 다음 단계로 승진함에 대해 밝혔으니 앞의 (제3 수미산정법회의) 명법품과 역할이 같다.

---

49) 如來名號品 제7에 '佛果의 因'에 대한 열 가지 질문 가운데 十藏에 대한 것이 보인다. 經云, "說諸菩薩의 十住 와 十行과 十廻向과 十藏과 十地와 十願과 十定과 十通과 十頂하소서."(교재 권1 p. 261-)
50) 십지품의 初地에서 실천하는 열 가지 행법이니 ① 信行 ② 悲 ③ 慈 ④ 施 ⑤ 無疲厭 ⑥ 知經論 ⑦ 了世法 ⑧ 慚愧莊嚴 ⑨ 堅固力 ⑩ 供養佛을 말한다.

2. 비방을 해명하다[解妨] (準問 1上9)

[疏] 準問하면 應在十廻向後어늘 今此辨者는 略有二義하니 一云, 藏有二義하니 約蘊攝義엔 在十行後오 約出生義엔 在十地前이라 義通二處하야 問答互顯이라 二云, 廻向은 無別自體오 但以能廻前行으로 爲其自體어니와 今十藏이 旣爲十行勝進하고 亦爲廻向勝進일새 故廻向後에 無別勝進이니 此卽前後互擧하야 顯義方備니라

■ 질문에 준해 보면 응당히 십회향품 뒤에 있어야 하겠지만 지금 여기서 밝힌 이유는 대략 두 가지 의미가 있다. 첫째로 말하면 무진장에 두 가지 뜻이 있으니 쌓고 거두는 이치를 의지하면 십행품의 뒤에 있어야 하고, 출현하여 생기는 이치를 의지하면 십지품의 앞에 있어야 한다. 이치가 두 장소에 통하므로 질문과 대답으로 번갈아 밝힌 것이다. 둘째로 말하면 십회향품은 자체를 구별하지 않았고 단지 앞의 행법을 잘 돌려서 그 자체를 삼았거니와 지금의 십무진장품은 이미 십행품의 승진행으로 삼았고, 또 회향으로 승진하기 위하는 연고로 십회향품 뒤에는 따로이 승진행을 구분하지 않았으니, 여기서는 앞과 뒤를 번갈아 거론하여 이치가 비로소 구비되었음을 밝혔다.

3. 차이점을 회통하다[會差別] 2.
1) 지위로 구분하다[以位揀] (然明 1下4)
2) 우등과 열등으로 구분하다[優劣揀] (又前)

[疏] 然明法品과 及第五廻向에 皆有十藏하야 隨三賢異하니 故不相濫이니라 又前은 是勝進所成이오 後는 是一位之果라 今通爲勝進일새 故

意旨不同⁵¹⁾이니라

■ 그러나 제18 명법품과 제5 무진공덕장 회향에도 십무진장이 있지만 삼현(三賢)보살의 지위를 따라 다르므로 서로 잘못되지 않는다. 또한 앞의 명법품은 십주위의 승진행의 완성이요, 뒤의 제5 회향은 한 지위의 결과이다. 지금 십무진장품은 십행의 승진행과 통하므로 의미와 종지가 같지는 않다.

[鈔] 初來意에 有三하니 初, 正明이오 次, 準問下는 釋上問前却妨하야 二義通之라 三, 然明法下는 會差別이라 有二義釋하니 初, 以位揀이오 後, 以前後揀⁵²⁾이라 明法은 卽勝進所成者는 是勝進家果故라 故로 經에 云,⁵³⁾ 菩薩이 滿足如是願時에 卽得十種無盡藏하나니 所謂普見諸佛無盡藏이며 二, 總持不忘無盡藏이오 三, 決了諸法이오 四, 大悲救護오 五, 種種三昧오 六, 滿衆生心廣大福德이오 七, 演一切法甚深智慧오 八, 報得神通이오 九, 住無量劫이오 十, 入無邊世界無盡藏이라하니라 後是一位之果者는 以是第五廻向之果라 故로 經에 云, 菩薩이 住此廻向하야 得十種無盡藏하나니 所謂見佛無盡藏이라 於一毛孔에 見阿僧祇諸佛이 出興於世故等이라하니라 其中에 名有同⁵⁴⁾者도 亦復優劣有異니라

● 제1. 오게 된 뜻에 셋이 있으니 1. 바로 밝힘이요, 2. 準問 아래는 위의 앞에서 도리어 비방함을 질문하여 두 뜻이 통한다고 해명하였다. 3. 然明法 아래는 차이점을 회통함이다. 두 가지 뜻으로 해석하였으

---

51) 李通玄의 合論에 云, "第二 釋品來意者 此位已說十種行 以此十無盡藏 成前十行之法 使令無盡 成後十廻向之法 使令進向 令使行門不滯 是故此品須來"라 하다.
52) 上五字는 南金本作前 此下에 續本有前字.
53) 이는 明法品 제18의 내용이다. (교재 권1 p. 476-)
54) 名有同은 甲南續金本作有同名.

니 1) 지위로 구분함이요, 2) 앞과 뒤의 우등과 열등으로 구분함이다. '명법품은 승진행의 완성이다'라고 한 것은 승진행의 결과로 본 것이다. 그러므로 경문에 이르되, "불자여, 보살이 이러한 소원을 만족하면 곧 열 가지 무진장을 얻나니, 이른바 ① 모든 부처님을 두루 뵈옵는 무진장과 ② 모두 지니고 잊지 않는 무진장과 ③ 모든 법을 결정코 아는 무진장과 ④ 크게 어여삐 여기는 마음으로 구호하는 무진장과 ⑤ 가지가지 삼매 무진장과 ⑥ 중생의 마음을 만족하는 넓고 큰 복덕의 무진장과 ⑦ 온갖 법을 연설하는 깊은 지혜 무진장과 ⑧ 신통의 과보를 얻는 무진장과 ⑨ 무량한 겁에 머무는 무진장과 ⑩ 그지없는 세계에 들어가는 무진장이니라"라고 하였다.

'뒤의 무진장은 한 지위의 결과일 뿐'이란 바로 제5 회향의 결과이기 때문이다. 그래서 경문에 이르되, "보살이 이 제5 회향에 머물러서 열 가지 무진장을 얻게 되나니 이른바 ① 부처님을 뵙는 무진장이다. 한 털구멍 속에서 아승지 숫자의 부처님이 세상에 출현하심을 뵙는다"라고 한 등이다. 그중에 명칭이 같은 것은 또한 다시 우등과 열등의 차이가 있음이 된다.

제2. 명칭 해석[釋名] (二釋 2上8)

[疏] 二, 釋名者는 藏은 是出生蘊積之義니 謂一藏內에 體含法界故며 攝德出用이라 一一55)無盡하야 寄圓顯十하니 即帶數釋也니라

■ 제2. 명칭 해석이다. 무진장은 곧 '생겨나고 쌓고 모은다'는 뜻이다. 말하자면 한 무진장 속에 그 자체로 법계를 포섭하기 때문이며, 공덕

---

55) 一一은 甲綱續金本作二; 準探玄記應從原南本作一一.

을 거두어 작용을 내보임이다. 낱낱이 끝이 없어서 원교(圓敎)를 의탁하려고 열 가지로 밝혔으니 곧 '숫자를 동반한 해석[帶數釋]'이다.

제3. 근본 가르침[宗趣] (三宗 2上10)

[疏] 三, 宗趣者는 十藏으로 爲宗이오 攝前生後로 得果爲趣니라
■ 제3. 근본 가르침이란 열 가지 무진장으로 근본을 삼고, 앞을 거두어 뒤를 시작함으로 인해 결과를 얻음을 가르침으로 삼는다.

제4. 경문 해석[釋文] 2.

1. 과목 나누기[分科] (四釋 2下3)
2. 과목에 따라 해석하다[隨釋] 4.
1) 숫자로 불러서 같음을 밝히다[唱數顯同] (今初)

爾時에 功德林菩薩이 復告諸菩薩言일체 佛子여 菩薩摩訶薩이 有十種藏하니 過去未來現在諸佛이 已說當說今說이시니라

그때에 공덕림보살이 다시 여러 보살들에게 말하였다. "불자들이여, 보살마하살이 열 가지 장이 있으니 과거와 미래와 현재의 모든 부처님이 이미 말씀하였고 장차 말씀하실 것이며 지금 말씀하시느니라."

[疏] 四, 釋文中에 大分四別이니 第一은 唱數顯同이오 二는 徵名列異오

三은 依名廣釋이오 四는 總歎勝能이라 今初니 三世同說은 顯勝令遵이라
- 제4. 경문 해석 중에 크게 넷으로 구분하였으니 1) 숫자로 불러서 같음을 밝힘이요, 2) 명칭을 물어서 차이점을 열거함이요, 3) 명칭에 의지해 자세하게 해석함이요, 4) 뛰어난 능력을 총합하여 찬탄함이다. 지금은 1)이니 삼세 부처님이 똑같이 설함은 뛰어남을 밝혀서 따르게 함이다.

2) 명칭을 물어서 차이점을 열거하다[徵名列異] 3.
(1) 명칭을 바로 해석하다[正釋] (二何 2下8)

何等爲十고 所謂信藏과 戒藏과 慚藏과 愧藏과 聞藏과 施藏과 慧藏과 念藏과 持藏과 辯藏이니 是爲十이니라
"무엇이 열 가지인가? 이른바 믿음의 장과 계율의 장과 참의 장과 괴의 장과 다문의 장과 보시의 장과 지혜의 장과 명심의 장과 지님의 장과 변론의 장을 열 가지라 하느니라."

[疏] 二, 何等下는 徵名列異라 藏如前解니라 信等을 對藏에 皆持業釋이라 心淨을 名信이오 制止를 名戒오 崇重賢善이 爲慚이오 輕拒暴惡이 爲愧오 餐敎廣博이 爲聞이오 轍己惠人이 爲施오 決擇諸法이 名慧오 令心明記가 爲念이오 任持所記가 爲持오 巧宣所持가 爲辯이니 各有業用이라
- 2) 何等 아래는 명칭을 물어서 차이점을 열거함이다. 장(藏)에 대해서는 앞에서 해석함과 같다. 믿음 등을 장(藏)에 상대한 것은 모두 '업

을 간직한 해석[持業釋]'이다. 마음이 깨끗함을 '믿음'이라 하고, 제어하여 그침을 '계율'이라 하고, 어질고 착한 이를 숭배하여 소중히 여김을 '참(慚)'이라 하고, 포악함을 가볍게 막는 것을 '괴(愧)'라 하고, 교법을 밥으로 삼아 넓히고 박식한 것을 '들음'이라 하고, 자신을 뒤로 하고 남에게 은혜롭게 함을 '보시'라 하고, 모든 법을 결택함을 '지혜'라 하고, 마음으로 분명하게 기억하게 함을 '명심함'이라 하고, 기억한 바를 맡아 지킴을 '지님'이라 하고, 간직한 바를 잘 베푸는 것을 '변론'이라 하나니 각기 업과 작용이 있다.

[鈔] 各有業用者는 如信以能除不信濁으로 爲業하고 戒以遮防破戒蔽로 爲業이오 慚以對治無慚과 止息惡行으로 爲業이오 愧以對治無愧하고 止息惡行으로 爲業이오 聞以能破無知로 爲業이오 施以止慳으로 爲業이오 慧以破癡로 爲業이오 念以治忘念으로 爲業이오 持以治忘失로 爲業이오 辯以治於謇訥로 爲業이라

● '각기 업과 작용이 있다'는 것은 마치 ① 믿음으로 불신의 탁함을 잘 제거함으로 업을 삼고, ② 계율로 파계하는 폐단을 막는 것으로 업을 삼고, ③ 참(慚)으로 부끄러움 없음을 대치하고 악행을 그침으로 업을 삼고, ④ 괴(愧)로써 뉘우침 없음을 대치하고 나쁜 행을 그치는 것으로 업을 삼고, ⑤ 다문으로 아는 것 없음을 능히 타파함으로 업을 삼고, ⑥ 보시로써 인색함을 그치는 것으로 업을 삼고, ⑦ 지혜로써 어리석음 타파함으로 업을 삼고, ⑧ 명심함으로 망각을 대치함으로 업을 삼고, ⑨ 지님으로 잊고 놓침을 대치함으로 업을 삼고, ⑩ 변론으로 어눌함을 대치함으로 업을 삼는 것과 같다.

(2) 구분하다[料揀] 3.
가. 모양을 따르는 문에 의지하다[約隨相] (然念 3上8)

[疏] 然念慧와 及信⁵⁶⁾慚愧等五는 皆當體爲性이오 餘五는 行用으로 立名이라 此約隨相이어니와

- 그런데 ⑧ 명심함과 ⑦ 지혜와 ① 믿음 ③ 참과 ④ 괴 등 다섯은 모두 그 자체로 성품을 삼았고, 나머지 다섯[② 계율 ⑤ 다문 ⑥ 보시 ⑨ 지님 ⑩ 변론]은 행법과 작용으로 명칭을 세웠다. 이것은 모양을 따름에 의지한 분석이다.

[鈔] 然念慧下는 上은 正釋名이오 此下는 得名이라 得名에 有二하니 一, 約隨相이오 二, 若就下는 約融通이라 然約隨相前九自利者는 二利分別이라 信爲行本下는 明次第를 並可知로다

- 然念慧 아래는 (1) 명칭을 바로 해석함이다. (2) 이 아래는 명칭을 얻음이다. 명칭 얻음에 둘이 있으니 가. 모양을 따름에 의지한 분석이요, 나. 若就 아래는 원융문에 의지한 분석이다. 그런데 '가. 모양을 따름에 의지함 앞의 아홉 구절은 자리행'이라 함은 다. 2리행으로 구분함이다. (3) 信爲行本 아래는 순서를 밝힘이니 경문과 함께하면 알 수 있으리라.

나. 원융문에 의지하다[約圓融] (若就 3上9)
다. 2리행을 결론하다[結屬二利] (然約)

---

56) 信은 南續金本及鈔作戒 原本作信 與探玄記合.

[疏] 若就融通인대 皆順法界之行이니라 良以法界가 性自淸淨하야 離過
等故라 隨義說十이어니와 然約隨相인대 前九는 自利오 後一은 利他라
通皆具二니라
■ 만일 원융문에 입각하여 회통한다면 모두 '법계에 수순하는 행법'이
다. 진실로 법계가 성품이 자체로 청정해서 허물을 여읜 등인 연고로
이치에 따라 열 가지로 말하였다. 그런데 모양을 따름에 의지한다면
앞의 아홉 구절은 자리행이요, 뒤의 한 구절은 이타행이다. 통틀어
두 가지 행법을 모두 갖추었다.

(3) 행법을 밝히다[辨行] (信爲 3下2)

[疏] 信爲行本일새 故首明之라 依信離過하야 慚愧莊嚴에 戒行光潔이라
上三은 離過之行이오 餘皆進善이라 進善之首에 必藉多聞이오 如聞
而行은 唯福與慧라 念使增明이오 持令經久오 辯以利他라 故前七은
卽七聖財니 慧爲正導일새 故終辨之라 次二는 守護오 後一은 積而
能散이니라
■ 믿음은 행법의 근본이므로 가장 먼저 밝힌다. 믿음에 의지해 허물을
여의고서 부끄러워함으로 장엄하면 계율 수행으로 빛나고 청결해진
다. 위의 셋[① 믿음 ② 계율 ③ 참(慚)]은 허물을 여의는 행법이요, 나머지
일곱[④ 괴(愧) ⑤ 다문 ⑥ 보시 ⑦ 지혜 ⑧ 명심함 ⑨ 지님 ⑩ 변론]은 모두 선행
으로 나아감이다. 선행으로 나아가는 우두머리에 반드시 다문을 빌
릴 것이요, 들음과 같이 행함은 오로지 복과 지혜뿐이다. ⑧ 명심함
으로 더욱 분명하게 함이요, ⑨ 지님으로 하여금 경을 오래 지니게 함
이요, ⑩ 변론으로 남을 이롭게 함이다. 그러므로 앞의 일곱은 일곱

가지 성인의 재물이요, ⑦ 지혜로워야 바른 인도자가 되는 연고로 마지막에 설명하였다. 다음의 둘[⑥ 보시 ⑤ 다문]은 수호함이요, 뒤의 하나[④ 괴(愧)]는 쌓고 모아 잘 흩어야 한다.

3) 명칭에 의지해 자세하게 해석하다[依名廣釋] 2.
(1) 의미를 밝히고 과목 나누다[顯意分科] (第三 3下8)

[疏] 第三, 依名廣釋이라 十藏이 即爲十段이라 信中에 有四하니 謂徵名과 釋相과 結名과 辨益이라 辨益一種은 唯初와 七과 十이오 餘之七段에 文但有三이라

- 3) 명칭에 의지해 자세하게 해석함이다. 십무진장이 곧 열 개의 문단이 된다. 가. 믿음의 장 중에 넷이 있으니 가) 명칭을 물음과 나) 믿음의 모양을 해석함과 다) 명칭을 결론함과 라) 이익을 밝힘이다. 라) 이익을 밝힘 한 가지는 오직 가. 믿음, 사. 지혜, 차. 변론의 장에만 있고, 나머지 일곱 문단은 단지 (1) 명칭을 물음 (2) 모양을 해석함 (3) 명칭을 결론함만 있다.

(2) 과목에 따라 개별로 해석하다[隨科別釋] 10.
가. 믿음의 장[信藏] 4.

가) 명칭을 묻다[徵名] (今初 3下10)

佛子여 何等이 爲菩薩摩訶薩의 信藏고
"불자들이여, 무엇이 보살마하살의 믿음의 장인가?

[疏] 今初段中에 初徵을 可知로다
- 지금은 가. 믿음의 장 중에 가) 명칭을 물음은 알 수 있으리라.

나) 믿음의 모양을 해석하다[釋相] 3.
(가) 믿음의 모양을 설명하다[明信相] 2.
ㄱ. 가름으로 표방하다[標章] (釋中 4上5)

此菩薩이 信一切法空하며 信一切法無相하며 信一切法無願하며 信一切法無作하며 信一切法無分別하며 信一切法無所依하며 信一切法不可量하며 信一切法無有上하며 信一切法難超越하며 信一切法無生하나니라
이 보살이 (1) 모든 법이 공함을 믿으며 (2) 모든 법이 무상함을 믿으며 (3) 모든 법이 원이 없음을 믿으며 (4) 모든 법이 지음이 없음을 믿으며 (5) 모든 법이 분별이 없음을 믿으며 (6) 모든 법이 의지함이 없음을 믿으며 (7) 모든 법이 헤아릴 수 없음을 믿으며 (8) 모든 법이 위가 없음을 믿으며 (9) 모든 법이 초월하기 어려움을 믿으며 (10) 모든 법이 남이 없음을 믿느니라."

[疏] 釋中에 分三이니 初, 明信相이오 次, 若菩薩下는 明信力이오 三, 此菩薩入佛下는 總結信成이라 今初也라 十句를 爲四니
- 나) (믿음의) 모양을 해석함 중에 셋으로 나누리니 (가) 믿음의 모양을 설명함이요, (나) 若菩薩 아래는 믿음의 능력을 밝힘이요, (다) 此菩薩入佛 아래는 믿음을 완성함으로 결론함이다. 지금은 (가)인데 열

구절을 넷으로 나누리니,

ㄴ. 가름을 따오다[牒章] 4.
ㄱ) 세 구절은 고집할 대상인 모양 없음을 믿다[初三信所執無相]
(初三 4上6)
ㄴ) 세 구절은 의타성이므로 남이 없음을 믿다[次三信依他無生] (次三)

[疏] 初三은 三空이라 信所執無相이니 謂情有理無를 名空이라 空亦無相이니 空無相故로 無所願求라 次三은 信依他無生이니 一, 緣起無作이오 二, 不實故로 無能所分別이오 三, 無體故로 無所依라

■ 처음 세 구절은 세 가지가 공함이다. ㄱ) 고집할 대상인 모양 없음을 믿음이니 이른바 생각으로는 있는데 이치로는 없는 것을 공이라 이름한다. (그렇다면) 공도 역시 모양 없음이니, 공(호)하고 모양이 없는 연고로 원하고 구할 바도 없다. ㄴ) 다음 세 구절은 의타성이므로 남이 없음을 믿음이니 (1) 인연으로 일어났으므로 지음이 없고, (2) 진실하지 않은 연고로 주체와 대상으로 분별할 수 없고, (3) 체성이 없는 연고로 의지할 데가 없다.

ㄷ) 세 구절은 원성성이므로 체성 없음을 믿다[次三信圓成性無性]
(次三 4上9)

[疏] 次三은 信圓成無性이니 一, 廣無邊量이오 二, 勝故無上이오 三, 深不可越이라

■ ㄷ) 세 구절은 원성성이므로 체성 없음을 믿음이니 (1) 광대하여 끝

과 분량이 없고, (2) 뛰어난 연고로 위가 없고, (3) 깊어서 넘어갈 수가 없다.

[鈔] 初三三空等者는 意以前九는 別約三性이오 後一은 總融이라 前中에 卽依三性하야 信無三性이니 此初의 信所執은 卽徧計所執性이라 云無相者는 卽相無自性性이오 二, 依他無生의 無生은 卽生無自性性이오 三, 圓成無性의 無性은 卽勝義無自性性이니라

● '처음 세 구절은 세 가지가 공함' 등이란 의미로는 앞의 아홉 구절은 별도로 세 가지 성품에 의지한 분석이요, ㄹ. 뒤의 한 구절은 총합하여 융통함이다. ㄱ. 중에 곧 세 가지 체성에 의지하여 세 가지 성품이 없음을 믿음이니, 여기서 ㄱ) 소집성을 믿음은 곧 변계소집성을 뜻한다. '모양 없다'고 말한 것은 모양이 자체 성품이 없는 성품이요, ㄴ) 의타성이므로 남이 없음의 무생은 곧 태어나지만 자체 성품이 없는 성품이요, ㄷ) 원성성이므로 체성 없음의 성품 없음은 곧 뛰어난 이치의 자체 성품이 없는 성품이다.

ㄹ) 한 구절은 세 가지 성품이므로 남이 없음을 총합하여 믿다
　　[後一總信三性無生] 3.
(ㄱ) 앞을 가리키다[指前] (後一 4下6)
(ㄴ) 간략히 해석하다[略釋] (則十)
(ㄷ) 결론하고 유례하다[結例] (餘例)

[疏] 後一은 總信三性無生이니 如初會辨하야 則十皆無生이라 並通三性이니 如一無生觀하야 但信依他에 無徧計人法自然之生性이 卽是無

性圓成이라 餘는 例此知니라

■ ㄹ) 한 구절[信一切法無生]은 세 가지 성품이 남이 없음을 총합하여 믿음이니 제1 적멸도량법회에서 밝힌 것과 같다. 열 가지가 모두 남이 없음이다. (이 무생은) 아울러 세 가지 성품과 통하나니 한결같이 남이 없음으로 관하여 다만 의타성을 믿을 적에 변계성이 없는 사람과 법이 자연히 태어나는 성품이 곧 체성이 없는 원성성이 된다. 나머지는 이것과 유례하면 알게 되리라.

[鈔] 後一總信三性無生下一句는 總融前九라 文中에 有三하니 一, 指前이니 即第二經에 淸淨功德眼自在天王이 得知一切法不生不滅不來不去無功用行解脫門이니 廣如前說이니라 二言[57]十皆無生者는 一, 即空이 是無生義오 二, 無相이 是無生義오 三, 無願이 是無生義오 四, 無作이 是無生義等이라 三言이 並通三性者는 此有二義하니 一, 空等이 通三이니 謂徧計空과 依他空과 圓成空等이며 乃至三性難超越이라 二者, 無相과 無生과 無性이 亦通三性이니 下疏에 依後義하야 作一重云호대 如一無生을 若作無相하면 應云但信依他無徧計之相이 是則圓成之相이오 若信依他에 無自然之性하면 則悟圓成之性이니 是故로 結云餘例此知니라

● 'ㄹ) 한 구절은 세 가지 성품이므로 남이 없음을 총합하여 믿음'이란 앞의 아홉 구절과 총합하여 융합함이다. 경문 중에 셋이 있으니, (ㄱ) 앞을 가리킴이니 곧 본경 제2권에, "청정공덕안자재천왕은 모든 법이 나지도 않고 멸하지도 않고 오지도 않고 가지도 않음을 아는 작용 없는 행의 해탈문을 얻었다"고 하였으니 자세한 것은 앞에서 설명한

---

57) 二言은 南金本無, 此下에 甲南續金本有則字.

부분과 같다. (ㄴ)에 '열 가지가 모두 남이 없음'이라 말한 것은 (1) 공과 합치함이 남이 없는 이치요, (2) 모양 없음이 남이 없음의 이치요, (3) 원이 없음이 남이 없는 이치요, (4) 지음 없음이 남이 없는 이치라는 따위이다. '아울러 세 가지 성품과 통한다'고 말한 것은 여기에 두 가지 뜻이 있으니 ① 공함 등이 세 가지와 통하나니 이른바 변계성이 공함과 의타성이 공함과 원성성이 공함 따위이며, 나아가 세 가지 성품이 초월하기 어렵다는 등이다. ② 모양 없음과 남이 없음과 체성 없음이 역시 세 가지 성품과 통한다. 아래 소에서는 뒤의 뜻에 의지하여 한 가지 거듭함을 지어서 말하되, "마치 한 가지 무생(無生)과 같이 만일 무상(無相)으로 지으면 응당히 단지 의타성에 변계성의 모양이 없는 것이 곧 원성의 모양인 줄 믿음이요, 만일 의타성에 자연의 성품이 없음을 믿으면 곧 원성의 체성을 깨닫는 것이다"라고 하였으니, 이런 연고로 결론하여 '나머지는 이것과 유례하면 알 것'이라고 말하였다.

(나) 믿음의 능력을 밝히다[明信力] 2.
ㄱ. 업과 작용을 바로 밝히다[正顯業用] 2.
ㄱ) 열 구절의 생겨나는 글을 해석하다[釋生起十句文] (第二 5下6)

若菩薩이 能如是隨順一切法하여 生淨信已에 聞諸佛法不可思議하되 心不怯弱하며 聞一切佛不可思議하되 心不怯弱하며 聞衆生界不可思議하되 心不怯弱하며 聞法界不可思議하되 心不怯弱하며 聞虛空界不可思議하되 心不怯弱하며 聞涅槃界不可思議하되 心不怯弱하며 聞

過去世不可思議하되 心不怯弱하며 聞未來世不可思議하되 心不怯弱하며 聞現在世不可思議하되 心不怯弱하며 聞入一切劫不可思議하되 心不怯弱하나니라

"만약 보살이 이와 같이 모든 법을 수순해서 깨끗한 믿음을 내고는 온갖 부처님의 법이 불가사의하다 함을 듣고도 마음이 겁약하지 않으며, 모든 부처님이 불가사의하다 함을 듣고도 마음이 겁약하지 않으며, 중생의 세계가 불가사의하다 함을 듣고도 마음이 겁약하지 않으며, 법계가 불가사의하다 함을 듣고도 마음이 겁약하지 않으며, 허공계가 불가사의하다 함을 듣고도 마음이 겁약하지 않으며, 열반계가 불가사의하다 함을 듣고도 마음이 겁약하지 않으며, 과거 세상이 불가사의하다 함을 듣고도 마음이 겁약하지 않으며, 미래 세상이 불가사의하다 함을 듣고도 마음이 겁약하지 않으며, 현재 세상이 불가사의하다 함을 듣고도 마음이 겁약하지 않으며, 일체 겁에 들어감이 불가사의하다 함을 듣고도 마음이 겁약하지 않나니라."

[疏] 第二, 明信力中에 二니 先, 正顯業用이오 後, 徵釋所由라 今初에 文有十句하야 徧從前十이라 前十이 並成此十이라

■ (나) 믿음의 능력을 밝힘 중에 둘이니 ㄱ. 업과 작용을 바로 밝힘이요, ㄴ. 물어서 원인을 해석함이다. 지금 ㄱ.에서 경문에 열 구절이 있어서 모두 앞의 열 구절에서 나왔다. 앞의 열 구절이 아울러 여기의 열 구절이 된 것이다.

ㄴ) 열 구절의 경문을 해석하다[釋正說十句文] 2.
(ㄱ) 바로 해석하다[正釋] 2.

a. 해당 경문을 따라 해석하다[當文隨釋] (若類 5下7)
b. 앞과 상대하여 개별로 해석하다[對前別釋] (若剋)

[疏] 若類例辨인대 初二는 於勝上法에 不怯이오 次四는 廣多法에 不怯이오 一, 所化衆生이오 二, 卽化法이오 三, 是化處오 四, 化之所歸라 後四는 寬遠法에 不怯이라 若剋文取義인대 以後十句로 逆配前十이니 謂由信法無生故로 於佛法에 不怯이니 佛法은 以無生爲體故며 佛難超故며 衆生無盡故며 法界無邊故며 虛空無依故며 涅槃이 無分別故로 過去之因이 不作果故로 未來之法이 無可願故며 現在之法이 卽無相故며 入劫無障礙가 以卽空故라

■ 만일 유례하여 밝힌다면 ㊀ 처음 두 구절은 뛰어난 법에 대해 겁약하지 않음이요, ㊁ 네 구절은 광대하고 많은 법에 겁약하지 않음이니, ① 교화받을 중생이요, ② 교화할 법이요, ③ 교화할 도량이요, ④ 교화받고 돌아갈 곳이다. ㊂ 뒤의 네 구절은 광대하고 원대한 법에 겁약하지 않음이다. 만일 문장을 적극적으로 뜻을 취한다면 이후의 열 구절로 앞의 열 구절과 거꾸로 배대하게 되나니, 이른바 법이 남이 없음을 믿음으로 인해 불법에 겁약하지 않나니, 불법은 남이 없음으로 체성을 삼는 까닭이며, 부처님을 초월하지 못하는 까닭이며, 중생이 다함이 없는 까닭이며, 법계가 끝이 없는 까닭이며, 허공은 의지함이 없는 까닭이며, 열반은 분별이 없는 까닭으로 과거의 원인이 결과를 짓지 못하는 것이며, 미래의 법이 원할 수 없으며, 현재의 법이 곧

모양이 없는 까닭이며, 겁에 드는 것이 장애가 없는 것은 공과 합치한 까닭이다.

(ㄴ) 결론하여 해석하다[結釋] (此十 6上4)

[疏] 此十이 皆深廣難思니라
- 이 열 구절은 모두 깊고 광대하여 사의할 수가 없다.

ㄴ. 물어서 원인을 해석하다[徵釋所由] 2.

ㄱ) 의미를 밝히고 과목 나누다[顯意分科] (二徵 6上9)
ㄴ) 과목에 따라 경문을 해석하다[隨科釋文] 2.
(ㄱ) 총상 해석[總釋] (總云)

何以故오 此菩薩이 於諸佛所에 一向堅信하여 知佛智慧의 無邊無盡이니라
"무슨 까닭인가? 이 보살이 모든 부처님의 처소에 한결같이 굳은 신심을 내어서 부처님 지혜의 그지없고 다함이 없음을 아느니라.

[疏] 二, 徵釋中에 先, 徵意云호대 何以深廣難思어늘 菩薩이 聞而不怯고 釋意에 云호대 以於深廣에 皆堅信故라 文分爲二니 初는 總이오 後는 別이라 總에 云호대 一向信者는 無猶豫故오 堅者는 異說不壞故라 所信謂何오 卽佛智慧라 智慧는 何相고 無邊無盡이라 然通二義하니

一, 廣無邊涯하야 豎不可盡이오 二, 無二邊之偏하야 同眞性之無盡이니라

■ ㄴ. 물어서 원인을 해석함 중에 ㄱ) 질문한 의미를 말하면 "어찌하여 깊고 광대하여 헤아릴 수 없는데 보살이 듣고도 겁약하지 않겠는가?" 의미를 해석하여 이르되, "깊고 광대함 속에 모두 견고한 마음이 있기 때문이다." 경문을 둘로 나누리니 (ㄱ) 총상 해석이요, (ㄴ) 개별 해석이다. (ㄱ) 총상으로 해석하되, "한결같은 믿음은 우물쭈물함이 없는 까닭이요, 견고함은 다르게 말하여도 (믿음이) 무너지지 않는 까닭이요, 믿는 바는 무엇이라 말하는가? 곧 부처님의 지혜이다. 지혜는 어떤 모양인가? 끝이 없고 다함이 없다. 그렇다면 두 가지 뜻에 통하나니 (1) 넓고 끝과 다함이 없어서 종으로도 다할 수 없음이요, (2) 두 끝의 치우침이 없어서 참된 성품이 다하지 않음과 같다."

(ㄴ) 개별 해석[別釋] 2.
a. 깊고 광대함을 별도로 해석하다[別釋深廣] 2.
a) 광대함을 듣고 겁약하지 않는 이치를 설명하다[釋聞廣不怯義]

(二十 6下8)

十方無量諸世界中에 一一各有無量諸佛이 於阿耨多羅三藐三菩提에 已得今得當得하시며 已出世今出世當出世하시며 已入涅槃今入涅槃當入涅槃하시니라
시방의 한량없는 모든 세계 가운데 낱낱이 각각 한량없는 부처님이 있어 아눗다라삼약삼보디를 이미 얻었으며 지금 얻으며 장차 얻을 것이며, 이미 출세하였으며 지금 출세하

며 장차 출세할 것이며, 이미 열반에 들었으며 지금 열반에 들며 장차 열반에 들 것이니라.

[疏] 二, 十方下는 別釋이라 初, 釋前意니 十方無量이 是無邊義오 已現當入이 是無盡義라 言得菩提는 是自證義오 出世入滅은 是應現義라 法無邊故로 佛智無邊이라 一佛之智도 尙不可盡이온 況橫徧十方하며 豎該三際아 菩薩이 於斯廣遠에 堅信不移어니 寧有怯耶아

■ (ㄴ) 十方 아래는 개별 해석이다. a. 앞의 의미를 설명함이니 시방세계가 한량없음이 '끝이 없다'는 뜻이며, 이미 들어갔고 현재에 들어가며 장차 들어갈 것임이 바로 '다함없다'는 뜻이다. '보리를 얻었다'는 말은 스스로 증득했다는 뜻이요, '출세하고 열반에 드는 것'은 '응하여 나타난다'는 뜻이다. 법이 끝이 없는 연고로 부처님의 지혜가 끝이 없는 것이다. 한 부처님의 지혜도 오히려 다할 수 없는데, 하물며 가로로 시방에 두루 하며, 세로로 삼제(三際)를 포섭함이겠는가? 보살이 이렇게 넓고 원대한 것은 믿음이 견고하여 움직이지 않는 것인데 어찌 겁약함이 있겠는가?

b) 심오함을 듣고 겁약하지 않은 이치를 설명하다[釋聞深不怯義]

(二彼 7上5)

彼諸佛智慧는 不增不減이며 不生不滅이며 不進不退며 不近不遠이며 無知無捨니라
저 모든 부처님의 지혜는 더하지도 않고 덜하지도 않으며 나지도 않고 소멸하지도 않으며 나아가지도 않고 물러나지

도 않으며 가깝지도 않고 멀지도 않으며 앎도 없고 버림도 없느니라."

[疏] 二, 彼諸下는 釋第二意니 聞深不怯은 謂已得今得菩提而不增이오 當得未得而不減이오 已出今出而不生이오 已入今入而不滅이오 當出而不進이오 當入而不退오 現得出入而不近이오 在於已當而不遠이오 照窮萬法而無知오 頓寂諸相而不捨니 以寂照之體如如가 超戲論故라 但以世俗文字數故로 說有三世언정 非菩提涅槃이 有去來今이라 菩薩이 旣堅信於此하니 寧聞深而怯耶아

■ b) 彼諸 아래는 두 번째 의미를 설명함이니 심오함을 듣고도 겁약하지 않음은 이른바 보리를 이미 얻었고 지금 얻어도 늘어나지 않으며, 장차 얻거나 얻지 못해도 줄어들지 않는 것이요, 이미 출세하였고 지금 출세하여도 나지 않음이요, 이미 들어갔고 지금 들어가도 소멸하지 않음이요, 장차 출세해도 나아가지 않고, 장차 들어가도 물러나지 않으며, 현재에 출세하거나 열반에 들어가도 가깝지 않고 과거나 미래에 있어도 멀지 않으며 만 가지 법을 끝까지 비추어도 앎이 없으며, 모든 모양을 단박에 고요하게 하여도 버리지 않음이니 고요하게 비추는 체성이 여여하여 희론을 초월한 까닭이다. 단지 세속의 문자로 헤아리는 연고로 삼세(三世)를 말할지언정 보리와 열반이 과거와 미래와 현재가 있다는 것이 아니다. 보살이 이미 이렇게 믿음이 견고한데 어찌 심오함을 들었다고 겁약하겠는가?

[鈔] 若剋文取義者는 上但當文通釋이오 今對前別釋[58]이니 可思니라 二,

---

58) 釋下에 甲南續金本有經字.

彼諸下는 釋第二意라 文有四義하니 一, 謂已得今得下[59]는 約眞如本無增減等이오 卽就前廣無邊涯之經하야 以辨離二邊之偏邪[60]라 二, 寂照下는 菩薩이 寂照契如하야 絶戲論故라 三, 但以世俗下는 暗引淨名證成이라 四, 菩薩旣堅信下는 結成不怯이니라

- '만일 문장을 적극적으로 뜻을 취한다'는 것은 (a) 위에서는 단지 해당 문장으로 통틀어 해석하였고, (b) 지금은 앞과 상대하여 별도로 해석함이니 생각할 수 있으리라. b) 彼諸 아래는 두 번째 의미를 설명함이다. 경문에 네 가지 뜻이 있으니 (1) 謂已得今得 아래는 진여는 본래로 늘어나고 줄어듦이 없음에 의지한 등이요, 곧 앞의 관대하고 끝이 없다는 경문에 입각하여 두 가지 끝이 치우치고 삿됨을 여의었음을 밝힌 내용이다. (2) 寂照 아래는 보살이 고요하게 비추어 진여와 계합하여 희론을 초월했기 때문이다. (3) 但以世俗 아래는 가만히 『유마경』을 인용하여 증명한 내용이다. (4) 菩薩旣堅信 아래는 겁약하지 않음을 결론함이다.

b. 앞에 구비되었음을 결론하여 보이다[結示具前] (此二 7下6)

[疏] 此二段釋文은 具前十句難思之法하니 如文詳之니라
- 이 두 문단의 경문 해석은 앞의 열 구절이 헤아릴 수 없는 법에 구비되었으니 경문과 함께 자세히 볼지니라.

(다) 믿음을 완성함에 대해 결론하다[結成信] 2.

---

59) 下는 甲續本作菩提下, 南金本作菩提者.
60) 邪는 南金本無, 此下에 南金本有二釋後意文四 一約眞如本無增減等.

ㄱ. 믿음의 완성을 총합하여 따오다[初一句總牒信成] (第三 7下8)

此菩薩이 入佛智慧하여 成就無邊無盡信일새
"이 보살이 부처님의 지혜에 들어서 끝없고 다함없는 믿음을 성취하며

[疏] 第三, 總結信成이라 於中에 二니 初一句는 總牒信成이니 謂由明達佛智無邊無盡故로 稱此成信이니라
■ (다) 믿음을 완성함에 대해 결론함이다. 그중에 둘이니 ㄱ. 첫 구절은 믿음의 완성을 총합하여 따옴이니, 이른바 부처님의 지혜가 끝없고 다함없음을 분명하게 통달함으로 인해 이것과 칭합하게 믿음을 완성한다는 뜻이다.

ㄴ. 열 구절은 믿음을 완성한 이익을 밝히다[次十句顯成信益] 2.
ㄱ) 일곱 구절은 행법의 체성이 견고하다[初七句行體牢固] 3.
(ㄱ) 바로 해석하다[正釋] (二得 8上2)

得此信已에 心不退轉하며 心不雜亂하며 不可破壞하며 無所染着하며 常有根本하며 隨順聖人하며 住如來家하며
이 믿음을 얻고 나서는 마음이 물러서지 않으며 마음이 뒤섞이고 어지럽지 않으며 파괴할 수 없으며 물듦이 없으며 항상 근본이 있어서 성인을 따르며 여래의 집에 머물러서,

[疏] 二, 得此信下는 顯成信之益이며 亦是正顯成相이라 有十一句하니 前

七은 行體堅牢라 初句는 爲總이오 二는 內心不雜故로 不退오 三은 外緣不沮故오 四는 不染相故오 五는 有正慧故니 無慧之信은 長無明故라

- ㄴ. 得此信 아래는 믿음을 완성한 이익을 밝힘이다. 또한 (믿음을) 완성한 모양을 밝힌 내용이다. 11구절이 있으니 ㄱ) 앞의 일곱 구절은 행법의 체성이 견고함이다. (ㄱ) 첫 구절은 총상이 되고, (ㄴ) 둘째는 안으로 마음이 뒤섞이지 않는 연고로 물러나지 않음이요, (ㄷ) 바깥 인연으로 방해되지 않으며, (ㄹ) 물드는 모양이 아닌 까닭이며, (ㅁ) 바른 지혜가 있는 까닭이니 지혜가 없는 믿음은 무명만 기르는 까닭이다.

(ㄴ) 예전 주장을 인용하다[敍昔] (靜法 8上5)
(ㄷ) 회통하다[會通] (此或)

[疏] 靜法이 云호대 梵云, 阿慕羅匿陀는 此云, 不從根生이니 謂無生之信은 無根生故라 經本에 云常有根本者는 譯人이 不審阿字가 沒在上句하야 翻無爲有하니 於理背也라하니 此或應爾라 今以理通컨대 二義가 無違니 無根은 語慧之體오 根本은 約慧之用이니 亦猶從無住本하야 立一切法故라 無本者는 卽是根本이니라 六은 順同古聖故오 七은 安住菩提心故니라

- 정(靜)법사가 말하되, "범어로 아모라익타(阿慕羅匿陀)는 번역하면 '근으로부터 남이 아님'이다. 말하자면 태어남이 없는 믿음은 근본이 없이 생겨난 까닭이다. 경문에서 본래 이르되, '항상 근본이 있다'고 말한 것은 번역하는 이가 '아(阿)' 자가 위 구절에 없음을 살피지 못해서

무를 유라고 번역하였으니 이치에 위배된다"고 하였다. 여기서 혹은 응당히 그러하기도 하다. 지금에는 이치로 회통한다면 두 가지 뜻이 위배되지 않나니, '근본이 없음'은 지혜의 체성을 말한 것이요, '근본'은 지혜의 작용에 의지한 말이니 또한 마치 머무름 없는 근본으로부터 온갖 법을 건립한 까닭이다. '근본이 없음'이 곧 근본이다. (ㅂ) 여섯째는 옛 성인을 따라서 같아진 까닭이요, (ㅇ) 보리심에 안주하는 까닭이다.

[鈔] 五有正慧故下는 釋常有根本이라 於中에 三이니 初, 按文略釋이오 次, 靜法云下는 引昔解오 後, 此或應爾下는 會通이라 言或應爾는 且許昔解오 後, 今以理下는 引例會通이니라

- (ㅁ) 有正慧故 아래는 항상 근본이 있음에 대해 해석함이다. 그중에 셋이니 a. 경문을 살펴서 간략히 해석함이요, b. 靜法云 아래는 예전 주장을 인용함이요, c. 此或應爾 아래는 회통함이다. '혹은 응당히 그러하다'고 말한 것은 b. 예전 주장을 우선 허용함이요, c. 今以理 아래는 사례를 인용하여 회통함이다.

ㄴ) 네 구절은 거둔 공덕이 다함없다[後四句攝德無盡] (後四 8下5)

護持一切諸佛種性하며 增長一切菩薩信解하며 隨順一切如來善根하며 出生一切諸佛方便하나니
모든 부처님의 종성을 보호해 가지며, 모든 보살의 믿음과 이해를 증장하며, 모든 여래의 선근을 따르며, 모든 부처님의 방편을 출생하나니

[疏] 後四, 攝德無盡이니 一, 護已成性이오 二, 復長新解오 三, 順如生善이오 四, 不滯有無니라

- ㄴ) 네 구절은 거둔 공덕이 다함없음이니 (1) 보호하고 나서 종성을 이룸이요, (2) 새로운 이해를 더욱 증장함이요, (3) 있고 없음에 지체하지 않음이다.

다) 믿음의 장을 결론하다[結名] (三是 8下8)
라) 믿음의 이익을 밝히다[辨益] (四菩)

是名菩薩摩訶薩信藏이니 菩薩이 住此信藏하여는 則能聞持一切佛法하여 爲衆生說하여 皆令開悟하나니라
이것의 이름이 보살마하살의 믿음의 장이니 이 믿음의 장에 머물러서는 곧 능히 일체 부처님 법을 듣고 가져서 중생을 위해 설하여 다 깨닫게 하느니라."

[疏] 三, 是名下는 結이니라 四, 菩薩住此下는 辨益을 易知로다

- 다) 是名 아래는 믿음의 장을 결론함이다. 라) 菩薩住此 아래는 믿음의 이익을 밝힘이니 쉽게 알게 되리라.

나. 계율의 장[戒藏] 3.

가) 명칭을 묻다[徵名] (第二 9上3)
나) 행법의 모양을 해석하다[釋相] 2.

(가) 과목을 나누다[分科] (釋相)
(나) 과목에 따라 해석하다[隨釋] 2.
ㄱ. 열 가지 명칭을 열거하다[列十名] (初中)

佛子여 何等이 爲菩薩摩訶薩의 戒藏고 此菩薩이 成就 普饒益戒와 不受戒와 不住戒와 無悔恨戒와 無違諍戒와 不損惱戒와 無雜穢戒와 無貪求戒와 無過失戒와 無毁 犯戒니라
"불자여, 무엇이 보살마하살의 계율의 장인가? 이 보살이 (1) 널리 이익하게 하는 계와 (2) 받아들이지 않는 계와 (3) 머물지 않는 계와 (4) 뉘우침이 없는 계와 (5) 어기고 다툼이 없는 계와 (6) 손해되고 번거롭게 하지 않는 계와 (7) 뒤섞이고 더러움이 없는 계와 (8) 탐함이 없는 계와 (9) 과실이 없는 계와 (10) 헐고 범함이 없는 계를 성취하느니라."

[疏] 第二, 戒藏이라 文三이니 釋相中에 二니 初, 列十名이오 後, 隨牒釋이라 初中에 十戒가 皆通三聚나 取其相顯에 初但饒益有情이오 後一은 律儀오 中八은 通三이라 約遮過罪에 皆菩薩律儀오 但爲救護等에 卽是饒益攝善을 可知니 爲顯此十이 皆通三聚라 故釋後一하고 復顯三聚하니라

■ 나. 계율의 장이다. 경문이 셋이니, 나) 행법의 모양을 해석함 중에 둘이니 ㄱ. 열 가지 명칭을 열거함이요, ㄴ. 과목에 따라 따와서 해석함이다. ㄱ. 열 가지 명칭을 열거함 중에 열 가지 계가 모두 삼취계에 통하나니 그 모양을 취해 밝힐 적에 (1) 처음은 단지 중생을 요익함이

요, (2) 뒤의 하나[無毀犯戒]는 계율과 위의요, 그 중간의 여덟은 셋과 통한다. 만일 허물과 죄를 막음에 의지하면 모두 보살의 계율과 위의이고, 단지 구호하기 위함 등이면 곧 요익중생계와 섭선법계임을 알 수 있으리니, 이런 열 가지가 모두 삼취계와 통함을 밝히기 위함이다. 그러므로 뒤의 하나[섭선법계]를 해석하고 다시 삼취계를 밝힌다.

ㄴ. 과목에 따라 따와서 해석하다[隨牒釋] 10.
ㄱ) 널리 이익하는 계[普饒益戒] (二牒 9下4)

云何爲普饒益戒오 此菩薩이 受持淨戒는 本爲利益一切 衆生이니라
"무엇을 널리 이익하게 하는 계라 하는가? 이 보살이 깨끗한 계를 받아 가짐은 본래 모든 중생을 이익하게 하기 위함이니라."

[疏] 二, 牒釋中에 十戒가 爲十이니 皆先은 牒이오 後는 釋이라 初, 饒益者는 菩薩本意일새 故首明之니라
■ ㄴ. 과목에 따라 따와서 해석함 중에 열 가지 계가 열이 되나니 모두 (1) 따옴이요, (2) 해석함이다. ㄱ)에 요익함이란 보살의 본래 의미인 연고로 가장 먼저 밝힌 것이다.

ㄴ) 받지 않는 계[不受戒] (二不 9下8)

云何爲不受戒오 此菩薩이 不受行外道의 諸所有戒하고

但性自精進하여 奉持三世諸佛如來의 平等淨戒니라
"무엇을 받지 않는 계라 하는가? 이 보살이 외도들의 온갖 계를 받아 행하지 아니하고 성품이 스스로 정진하여 삼세의 모든 부처님 여래의 평등하고 깨끗한 계를 받들어 가지느니라."

[疏] 二, 不受中에 文有二意하니 一, 不受邪戒니 謂鷄狗等이오 二, 三聚를 宿成이니 動不蹲矩니라

■ ㄴ) 받지 않는 계 중에 경문에 두 가지 뜻이 있으니 (1) 삿됨을 받지 않는 계이니 닭이나 개 따위를 말함이요, (2) 삼취계를 숙세에 성취함이니 흔들어도 넘어가지 않는다는 뜻이다.

[鈔] 謂鷄狗等者는 涅槃二十四에 云, 菩薩摩訶薩이 受持禁戒호대 不爲生天하며 不爲恐怖하며 乃至不受狗戒鷄戒牛戒雉戒하며 乃至是名菩薩이 修大涅槃에 是第三戒라하시며 又十住毘婆沙論第三에 明穢土中에 多諸外道하야 有持牛戒者와 鹿戒者와 狗戒者와 鳥戒者와 象戒者라하니라 釋曰, 此皆外道의 所持惡禁戒라 通由二因하야 生此妄計하니 一, 由天眼하야 見有衆生이 從鷄狗等하야 卽生天上故오 二, 由非理尋思하야 妄生此計니라 婆沙一百一十四에 有二外道하니 一名은 布剌拏憍雉迦니 受持牛戒하고 二名은 頞剃剌羅栖你迦니 受持狗戒라 二人이 異時에 往詣佛所하야 種種愛語로 相慰問已하고 時에 布剌拏가 先爲他問호대 此栖你迦가 受持狗戒하야 修道已滿하니 當生何處닛고 世尊이 告曰, 汝止莫問하라 復再三請이어늘 佛이 以慈心告言하시되 諦聽하라 受持狗戒하야 若無缺犯하면 當生狗中이오 若

有缺犯하면 當墮地獄이니라 聞佛語已하고 悲泣哽咽하야 不能自勝이어늘 世尊이 告曰, 吾先告言, 止不須問하라 今果懷恨이로다 時에 布刺拏가 白言호대 世尊하 不以此人이 當生狗趣일새 故我悲泣이니다 然我長夜에 受持牛戒하니 或恐將來에 亦當爾耶닛가 唯願大慈로 爲我宣說하소서 世尊이 告曰, 準前狗戒하라하니 此等은 皆由不了眞道니라 婆沙에 又問云호대 云何受持猪戒와 牛戒와 狗戒호대 名無缺犯이니 答이라 一如牛法이며 一如狗法이면 名無缺犯이니라

● '닭이나 개 따위를 말함'이란『열반경』제24권에 이르되, "어떠한 것이 보살이 계율을 수행하여 다스리는 것인가? 보살마하살이 금지하는 계율을 받아 지니는 것은 천당에 태어나기 위함이 아니고, 두려워하기 때문이 아니며, 나아가 개의 계[狗戒]·닭의 계[鷄戒]·소의 계[牛戒]·꿩의 계[雉戒]를 받지 않으며, (파계(破戒)를 짓지 않고 결함 있는 계[瑕戒]를 짓지 않고, 잡스런 계[雜戒]를 짓지 않고, 성문의 계를 짓지 않으며 보살의 계인 시라바라밀의 계를 받아 지녀서 구족계를 얻고도 교만을 일으키지 않느니라.) 이것을 보살이 대열반을 수행하여 세 번째의 계율을 구족한 것이라고 이름하느니라"고 하였으며, 또한『십주비바사론』제3권에 이르되, "예토(穢土) 중에는 여러 외도들이 많아서 소 계율을 지니는 이, 사슴 계율을 지니는 이, 개 계율을 지니는 이, 말 계율을 지니는 이, 코끼리 계율을 지니는 이가 있다"고 하였다. 해석하자면 이는 모두 외도들이 지니는 나쁜 금계이다. 통틀어 두 가지 원인으로 인해 이런 잘못된 생각을 일으키나니 (1) 천안으로 인해 중생이 닭이나 개 따위로부터 나와서 곧 천상에 태어난다고 보기 때문이요, (2) 이치가 아닌 살피고 생각하는 관법[尋思觀]으로 인해 이런 잘못된 계탁을 일으키는 것이다.『대비바사론』제114권에도 두 가지 외도가 있으니 ① 하나는 이

름하기를 포자나교치가(布剌拏憍雉迦)이니 소의 계를 받아 지니고, ② 둘째는 이름이 안체자라서이가(頞剃剌羅栖你迦)이니 개의 계를 받아 지닌다. 두 사람이 다른 시기에 부처님 처소에 찾아와서 갖가지 좋은 말로 서로 안부 인사를 하고 나서 그때에 포자나(布剌拏)가 먼저 다른 이에게 묻기를 '이 서이가(栖你迦)가 개의 계를 받아 지녀서 도를 닦고 원만하였으니 당래에 어느 곳에 태어나겠습니까?' 세존께서 고하시기를 '너희는 그만두고 질문하지 말라.' 다시 세 번이나 청하거늘 부처님이 자비한 마음으로 고하시되, '자세히 들어라. 개의 계를 받아 지녀서 만일 잘못 범함이 없으면 미래에 개로 태어날 것이요, 만일 범함이 있으면 미래에 지옥에 떨어질 것이다.' 부처님의 말씀을 듣고 나서 슬피 울면서 스스로 이기지 못하였는데 세존께서 고하시기를 '내가 먼저 고하기를 그치고 묻지 말라 하지 않았느냐! 지금의 결과가 한탄스러운가?' 그때 포자나가 사뢰되, '세존이시여, 이 사람이 당래에 개의 갈래에 태어날 것이므로 슬피 우는 것이 아닙니다. 그러나 나는 오랜 밤에 소의 계를 받아 지녔으니 혹은 장래에 또한 그렇게 될까 두렵습니다. 오직 원컨대 자비로 저에게 말씀해 주십시오.' 세존께서 고하시기를 '앞의 개의 계와 준하여 생각하라.' 이런 등은 모두 진정한 도를 알지 못하는 까닭이니라. 『대비바사론』에, "또 질문하기를 '어떤 것을 돼지의 계, 소의 계, 개의 계를 받아 지니되 잘못 범함이 없음이라 합니까?' 대답하기를, '한결같이 소의 법이며, 한결같이 개의 법이면 잘못 범함이 없다고 이름한다'라고 하였다.

ㄷ) 머물지 않는 계[不住戒] (三中 10上1)

云何爲不住戒오 此菩薩이 受持戒時에 心不住欲界하며 不住色界하며 不住無色界하나니 何以故오 不求生彼하여 而持戒故니라

"무엇을 머물지 않는 계라 하는가? 이 보살이 계를 받아 가질 때 마음이 욕계에 머물지 아니하며 색계에 머물지 아니하며 무색계에 머물지 않나니 무슨 까닭인가? 그곳에 나기 위해서 계를 가짐이 아님이니라."

[疏] 三中에 唯爲菩提와 及衆生故니 非如難陀之類니라
- ㄷ) 중에 오직 보리와 중생을 위하는 까닭이니 마치 난타(難陀)의 부류와는 같지 않은 것이다.

[鈔] 非如難陀는 難陀之緣이 甚長하니 而人多聞이라 正明其性이 多欲하야 染着孫陀羅어늘 佛方便으로 誘引之하사 至於天上하야 見諸天女가 端正姝麗가 過其本妻라 見諸天男이 皆有天女호대 獨於一處에 見有天女가 逈異姝麗호대 而無天男이어늘 問佛하오대 佛令自問하시니 彼女가 答言호대 我有夫主하니 卽佛弟難陀니라 難陀答言호대 我身卽是니라 女言호대 難陀는 爲僧하야 身披袈裟니라 聞已에 便求剃落持戒하니 本爲貪着天女而持禁戒라 故로 阿難이 譏之호대 如羝羊相觸에 將前而更却하야 汝爲欲持戒가 其事亦如是라 身雖能持戒나 心爲欲所牽이니 斯業은 不淸淨이어니 何用是戒爲아하니라 意云, 如羊本擬向前은 如汝欲生天上受欲이오 而更却後는 如汝持戒니 故業不淸淨云云이니라

- '난타와 같지 않다'는 것은 난타 비구의 인연이 매우 길어서 사람들에

게 많이 알려졌다. 그 성품이 욕심이 많아서 부인 손타라를 좋아하여 집착하거늘 부처님이 방편으로 유인하여 천상에 이르러 모든 천녀들이 단정하고 아름다워 그 본래 부인보다 나음을 보았다. 여러 하늘의 남자가 다 천녀가 있으되 유독 한 곳에만 천녀가 있는데 용모가 매우 수려한데 천인 남자가 없음을 보고서 (난타가) 부처님께 여쭈니 부처님이 스스로에게 묻게 하였다. 그 천녀가 대답하되, '나는 지아비인 주인이 있으니 곧 부처님의 동생인 난타라 합니다.' 난타가 답하되, '내가 곧 그 사람이다.' 천녀가 대답하되, '난타는 스님이 되어 몸에 가사를 입었습니다.' 다 듣고 나서 문득 머리를 깎고 계를 받으려 하였으니 본래는 천녀를 탐하고 집착해서 금계를 가지게 되었다. 그러므로 아난존자가 나무라기를 '마치 숫양이 서로 부딪쳐 싸울 적에 앞을 가지려고 다시 물리치고 싸움과 같아서 네가 계를 지니려 하는 그 일도 역시 마찬가지이다. 몸으로 비록 계를 지키려 하지만 마음은 탐욕에 이끌리고 있으니 이런 업은 청정하지 않은데 어찌 계를 지키려 함이 되겠는가?'라고 하였다. 의미를 말하면 마치 숫양이 본래 '앞을 향하여 멈칫하는 것'은 네가 천상에 태어나 욕심을 누리려는 것과 같음이요, '다시 뒤를 물리침'은 마치 네가 계를 지킴과 같나니 그러므로 업이 청정하지 못한 것이다.

ㄹ) 뉘우침 없는 계[無毁戒] (四中 11下5)

云何爲無悔恨戒오 此菩薩이 恒得安住無悔恨心하나니 何以故오 不作重罪하며 不行諂詐하며 不破淨戒故니라
"무엇을 뉘우침이 없는 계라 하는가? 이 보살이 항상 뉘우

침이 없는 마음에 안주하나니 무슨 까닭인가. 무거운 죄를 짓지 아니하며 거짓을 행하지 않으며 청정한 계를 파하지 않는 까닭이니라."

[疏] 四中에 涅槃에 云, 何故로 持戒오 爲不悔故라 何故로 不悔오 爲歡喜故라 乃至爲得大涅槃故니라

■ ㄹ) 중에 『열반경』에 이르되, "무슨 까닭으로 계를 지키는가? 후회하지 않기 위한 까닭이다. 무슨 까닭으로 후회하지 않는가? 기뻐하기 위한 까닭이다. 나아가 대열반을 얻기 위한 까닭이다"라고 하였다.

[鈔] 涅槃等者는 卽第二十七이니 師子吼가 言하시되 何因緣故로 受持禁戒닛고 佛言하시되 爲心不悔니라 何故로 不悔오 爲受樂故니라 何故로 受樂고 爲遠離故니라 何故로 遠離오 爲安隱故라 何故로 安隱고 爲禪定故라 何故로 禪定고 爲實知見故라 何故[61]로 爲實知見고 爲見生死過患故라 何故로 爲見生死過患고 爲心不貪着故라 何故로 爲心不貪着고 爲得解脫故라 何故로 爲得解脫[62]고 爲得無上大涅槃故라 何故로 爲得無上大涅槃고 爲得常樂我淨故라 何故로 爲得常樂我淨고 爲得不生不滅故라 何故로 爲得不生不滅고 爲見佛性故라 是故로 菩薩이 性自能持究竟淨戒라하니 疏家가 但至涅槃이 已爲究竟일새 故略後三하니 後三이 卽涅槃中事故니라

● 『열반경』 등이란 곧 제27권이니 "사자후보살이 묻기를, '세존이시여, 무슨 인연으로 금계를 받아 지니나이까?' 부처님께서 말씀하셨다.

---

61) 故는 甲南續金本無 經原本有 下何故皆同.
62) 脫下는 甲南續金本有故字誤.

'선남자여, 마음으로 후회하지 않기 위함이니라. 어찌하여 후회하지 않으려고 하는가? 즐거움을 감수하기 위함이니라. 어찌하여 즐거움을 감수하려 하는가? 멀리 여의기 위함이니라. 어찌하여 멀리 여의려 하는가? 안온하기 위함이니라. 어찌하여 안온하려 하는가? 선정을 위함이니라. 어찌하여 선정에 들려 하는가? 진실하게 알고 보기 위함이니라. 어찌하여 진실하게 알고 보려 하는가? 태어나고 죽는 모든 근심을 보기 위함이니라. 어찌하여 태어나고 죽는 근심을 보려 하는가? 마음으로 탐착하지 않기 위함이니라. 어찌하여 마음으로 탐착하지 않으려 하는가? 해탈을 얻기 위함이니라. 어찌하여 해탈을 얻으려 하는가? 위없는 대열반을 얻기 위함이니라. 어찌하여 대열반을 얻으려 하는가? 항상하고 즐겁고 자아이고 깨끗한 법을 얻기 위함이니라. 어찌하여 항상하고 즐겁고 자아이고 깨끗함을 얻으려 하는가? 생겨나지도 않고 소멸하지도 않는 것을 얻기 위함이니라. 어찌하여 생겨나지도 않고 소멸하지도 않는 것을 얻으려 하는가? 부처님 성품을 보기 위함이니라. 그러므로 보살은 스스로의 성품으로 능히 구경에 이르기까지 청정한 계율을 지니느니라"라고 하였다. 소가가 단지 열반에 이르는 것을 마지막으로 삼았으므로 뒤의 세 가지를 생략하였으니, 뒤의 셋은 곧 열반 다음의 현상인 까닭이다.

ㅁ) 어기고 다툼이 없는 계[無違諍戒] (五中 12上10)

云何爲無違諍戒오 此菩薩이 不非先制하고 不更造立하며 心常隨順하여 向涅槃戒하며 具足受持하여 無所毁犯하며 不以持戒로 惱他衆生하여 令其生苦하고 但願一切

로 心常歡喜하여 而持於戒니라

"무엇을 어기고 다툼이 없는 계라 하는가? 이 보살이 먼저 제정한 것을 어기지 않고 다시 만들지 않으며 마음이 항상 수순해서 열반계를 향하여 구족하게 받아 가져서 헐거나 범함이 없으며 계를 가짐으로써 다른 중생을 번거롭게 하여 고통을 내게 하지 않으며 다만 모든 이들로 하여금 마음이 항상 환희하기를 원해서 계를 가지느니라."

[疏] 五中에 有四하니 非者는 違也라 一, 不違制立이니 不同調達이오 二, 不違涅槃이니 不取相故오 三, 不違律儀니 具足持故오 四, 不違利物이니 不惱他故라

■ ㅁ) 중에 넷이 있으니 아님이란 '어긴다'는 뜻이다. (1) 제정한 것을 어기지 않음이니 제바달다와 같지 않은 연고요, (2) 열반을 어기지 않음이니 모양을 취하지 않는 까닭이요, (3) 계율과 위의를 어기지 않음이니 구족하게 지키려는 까닭이요, (4) 중생을 이롭게 함과 어기지 않음이니 다른 이를 괴롭히지 않으려는 까닭이다.

[鈔] 五不同調達者는 佛說四依는 爲除比丘의 四惡欲故라 調達[63)]은 加一하야 爲五하니 謂加不食酥鹽魚肉하야 復皆盡形壽하니 說[64)]雖有同이나 本意가 不善故라 四分律第四卷에 云, 調達이 以五邪法으로 誘諸比丘하야 盡形壽乞食爲一이오 盡形壽着糞掃衣가 爲二오 盡形壽露地坐가 爲三이오 盡形壽不食酥鹽이 爲四오 盡形壽不食魚及肉이 爲

---

63) 達下에 甲南續金本有比丘二字.
64) 說은 甲南續金本作況.

五라하니라 不違涅槃者는 非涅槃經에 以無相持는 順寂滅故니라

ㅁ) '제바달다와 같지 않다'는 것은 부처님이 말씀하신 네 가지 의지처[65]는 비구의 네 가지 나쁜 욕구를 제거하기 위한 까닭이다. 제바달다는 하나를 더하여 다섯을 삼았으니 이른바 소금에 절인 물고기와 고기를 먹지 않음을 더하고, (거기에) 다시 모두에 '형상과 목숨이 다하도록'을 붙였으니, 말씀이 비록 같은 점이 있지만 본래 의도가 좋지 않은 까닭이다.『사분율장』제4권에 이르되, "제바달다가 다섯 가지 삿된 법으로 여러 비구들을 유인하여 형상과 수명이 다하도록 걸식함이 첫째요, 형상과 수명이 다하도록 더럽고 떨어진 옷 입기를 두 번째요, 형상과 수명이 다하도록 드러난 땅에서 앉는 것이 셋째요, 형상과 수명이 다하도록 소금에 절인 음식을 먹지 않음이 넷째요, 형상과 수명이 다하도록 물고기와 고기를 먹지 않음이 다섯째가 된다"라고 하였다. '열반을 어기지 않음'은『열반경』이 아닐 적에 모양 없음을 지니는 것이 적멸을 수순함이 되는 까닭이다.

ㅂ) 손해되고 번거롭게 하지 않는 계[不惱害戒] (六有 13上1)

云何爲不惱害戒오 此菩薩이 不因於戒하여 學諸呪術하여 造作方藥하여 惱害衆生하고 但爲救護一切衆生하여 而持於戒니라

"무엇을 손해되고 번거롭게 하지 않는 계라 하는가? 이 보살이 계로 인하여 여러 가지 주술을 배워서 약을 만들어 중

---

65) 佛說四依: ① 盡形壽樹下坐 ② 盡形壽著糞掃衣 ③ 盡形壽乞食 ④ 盡形壽病時服陳棄之藥. 提婆所立之五邪法雖與四依之正法相似(불광대사전) (1) 盡形壽乞食 (2) 糞掃衣 (3) 不食酥鹽 (4) 不食肉魚 (5) 露坐를 뜻한다.

생을 번거롭고 손해되게 하지 아니하고 다만 일체 중생을 구호하기 위해서 계를 가지느니라."

[疏] 六에 有二意하니 一, 非爲欲惱衆生하야 先須持戒오 二, 非爲欲成淨戒하야 逼惱衆生이니 如殺馬祀等이라

- ㅂ)에 두 가지 의미가 있으니 (1) 번거롭게 하는 중생을 위하여 먼저 지계를 구하려는 것이 아니요, (2) 깨끗한 계를 이루기 위하여 중생을 핍박하거나 번거롭게 하는 것이 아니니 마치 말을 죽여서 제사 지내는 등과 같다.

[鈔] 一非爲欲惱衆生者는 如欲禁龍에 曾聞羅漢이 持戒하야 而能遣龍하고 遂卽持戒가 是也라 如馬祀等者는 卽百論中에 外道가 計殺馬祀天에 得生梵天이니 卽逼惱於馬하야 謂爲戒等이라

- (1) '번거롭게 하는 중생을 위하여 지계하는 것이 아니다'는 것은 용의 금계를 하려고 일찍이 아라한이 지계함을 듣고 용을 보내고 드디어 지계하는 것이 이것이다. 마치 말을 죽여 제사하는 등은 곧 『백론(百論)』 중에 외도가 말을 죽여 하늘에 기원하면 범천에 태어난다고 계탁하는 등이다. 곧 말을 핍박하고 번거롭게 하여 계를 삼는 등의 뜻이다.

ㅅ) 뒤섞이지 않는 계[不雜戒] (七中 13上8)

云何爲不雜戒오 此菩薩이 不着邊見하며 不持雜戒하고 但觀緣起하야 持出離戒니라

"무엇을 뒤섞이지 않는 계라 하는가? 이 보살이 치우친 견해에 집착하지 아니하며 뒤섞인 계를 가지지 아니하고 다만 연기를 관찰하여 벗어나는 계를 가지느니라."

[疏] 七中에 戒正見邪일새 故名爲雜이라 定有定無가 爲斷常雜이라 觀緣性離하야 非有非無가 則名爲持라 又無煩惱之雜이 眞出離矣니라

■ ㅅ) 중에 바른 소견으로 삿된 소견을 경계하므로 '뒤섞임'이라 하였다. 있다고 정하고 없다고 정함이 단견과 상견의 뒤섞임이 된다. 연기의 체성이 (단상의 소견을) 여의어서 유도 아니요 무도 아님을 관찰함을 이름하여 '지닌다'고 한다. 또한 번뇌의 뒤섞임이 없는 것이 진정한 벗어난 여읨이다.

[鈔] 定有定無者는 今律學者는 多計爲有하고 禪學之者는 說戒如空하니 定有는 着常이오 定無는 着斷이니 此爲邪見이며 雜於正戒니라 觀緣性離者는 觀緣之相하야 不壞堅持하고 緣成性空일새 故不起迷倒니라

● '있다고 정하고 없다고 정함'이란 지금의 계율 배우는 이는 대부분 있다고 계탁하고, 선을 배우는 이들은 계율은 공과 같이 여기나니, 있다고 정함은 상견에 집착함이요, 없다고 정함은 단견에 집착한다고 말하나니, 이는 삿된 소견이 되며 바른 계율을 뒤섞은 것이다. '연기의 체성이 (단상의 소견을) 여의었음을 관찰하는 것'은 연기의 모양을 관하여 굳게 가지고 인연이 이루어져도 성품이 공함을 무너뜨리지 않는 연고로 어리석고 뒤바뀐 생각을 일으키지 않는다.

ㅇ) 탐함이 없는 계[無貪戒] (八中 13下6)

云何爲無貪求戒오 此菩薩이 不現異相하여 彰己有德하
고 但爲滿足出離法故로 而持於戒니라

"무엇을 탐함이 없는 계라 하는가? 이 보살이 기이한 모양
을 나타내어서 자기에게 덕이 있다고 드러내지 않고 다만
벗어나는 법을 만족하게 하기 위한 까닭에 계를 가지느니
라."

[疏] 八中에 不現異相彰己有德은 五邪之一이니 已見淨行하니라 又如十
住論說하니 一者, 矯異오 二者, 自親이오 三者, 激動이오 四者, 抑揚
이오 五者, 因利求利니 大同前引智度論說이라 今文은 卽矯異也니라
○) 중에 '기이한 모양을 나타내어서 자기에게 덕이 있다고 드러내지
않음'은 다섯 가지 삿된 소견 중의 하나이니, 이미 정행품에서 본 적
이 있다. 또한 『십주비바사론』에서 설명함과 같나니, "(거짓이라 함은
'다섯 가지 삿된 생활의 법[五邪命法]'이니,) (1) 속여 괴이하게 함이요, (2) 스
스로 몸소 함이요, (3) 몹시 충동함이요, (4) 혹은 헐뜯고 혹은 찬양
함이요, (5) 이끗으로 인하여 이끗을 구함[因利求利]이다"라고 하였
다. 대부분 앞에서 인용한 『대지도론』의 설명과 같다. 지금 경문은
곧 첫째, '속여 괴이하게 함'을 말한다.

[鈔] 又如十住婆沙論說一矯異者는 謂有貪利養故로 行十二頭陀하야
作如是念호대 他作是行하야 當得敬養하니 我作是行하면 亦或得之
라하야 爲利養故로 改易威儀라 二, 自親者는 爲有貪利養故로 至檀
越家하야 而語之言호대 汝等은 如我父母와 兄弟와 姉妹와 親戚하야
無有異也라 若有所須하면 我能相與오 若有所作이면 我能作之라하

야 不計遠近하고 來相問訊하며 我住此者는 正相爲耳라하야 爲求利養하야 貪着檀越하야 能以巧辯으로 牽引人心이니라 三, 激動者는 謂有不計貪罪하고 欲得財物하야 現於貪相하야 語檀越言호대 此衣鉢尼師壇이 好로다 若我得之하면 則能受用이니 若人이 能隨意施者인대 此人難得이라하며 又有謂檀越言호대 汝家의 羹飯餠肉이 香美하고 衣服又好로다 若常供養我하면 我以親眷으로 必當相與라하나니라 四, 抑揚者는 爲貪利養故로 語檀越言호대 汝極慳惜하야 尙不能與父母와 兄弟와 姊妹와 妻子와 親戚이어든 更有誰能得汝物者리오하면 檀越이 愧恥하야 俛仰施與하며 又至餘家하야 語彼人言호대 汝有福德하고 受人身不空이로다 阿羅漢等이 常入汝家하야 與汝로 坐起語言이라하야 欲令檀越로 必謂我是[66]羅漢이니라 五, 因利求利者는 謂有以衣鉢과 及僧伽梨와 尼師壇等인 資生之物로 持示人言호대 此是國王과 及施主等과 幷餘貴人이 將來與我라하야 令其檀越로 心中에 生念호대 王及貴人도 尙供養彼은 況我不與아 因以此利로 更求餘利일새 故以名也니라

● '또한 『십주비바사론』에서 첫째는 속여 괴이하게 함이라 설명함과 같다'는 것은 이른바 (1) 어떤 이가 이양을 탐하기 때문에 12가지 두타행을 닦을 적에 이런 생각을 하되, "다른 이가 이런 행을 지어서 당연히 공경과 공양을 얻을 텐데 나도 이런 행을 지으면 역시 얻게 되리라" 하여 이양을 위하는 까닭에 위의를 바꾸어 하는 것을 말한다. (2) 스스로 몸소 함이란 어떤 사람이 이양을 탐내어 단월의 집에 나아가 말하되, "나의 부모와 같고 형제자매 같고 친척과 같아 다름이 없습니다. 만일 필요한 것이 있으면 제가 드릴 수도 있고 하고 싶은

---

66) 是下에 甲南續金本有大阿二字.

일이 있으면 제가 할 수도 있습니다. 저는 멀다고 여기지 않고 와서 문안드리는 데 제가 여기에 머무는 것은 당신을 위해서입니다"라고 하고, 공양을 구하기 위해 단월에게 들러붙어서 말재주 좋게 사람의 마음을 끌어당기는 것이니 이런 것들을 스스로 몸소 함이라 한다. (3) 몹시 충동함이란 어떤 사람이 탐내는 죄는 헤아리지 않고 재물만을 얻고 싶어서 물건을 만나면 이런 말을 한다. '이 발우는 좋습니다' 하고, '돈이 좋습니다. 문고리가 좋습니다' 하며, '니사단(尼師壇)이 좋습니다' 하면서 '만일 제가 얻는다면 잘 받아 쓰겠습니다' 하며, 또 말하되, '뜻대로 보시하십시오. 이 사람으로서는 얻기 어려운 것입니다'라 한다. 또 단월의 집에 이르러 말하기를 '당신 집의 국과 밥, 떡과 고기는 향기롭고 맛이 있었고, 의복도 좋았습니다. 언제나 저에게 공양을 하니 저는 친구나 권속으로서 반드시 서로 주어야 합니다'라고 하면서 이와 같이 탐을 낸다. (4) 혹은 헐뜯고 혹은 찬양한다 함은 어떤 사람이 이양을 탐내어 단월에게 말하되, "당신은 매우 인색합니다. 오히려 부모에게도 주지 않고 형제 자매 처자나 친척에게도 주지 않는데 누가 당신의 물건을 얻는 이가 있을 수 있겠습니까?"라고 하면 단월이 부끄러워 어쩔 줄 모르며 주게 된다. 또 다른 집에 가서 말하되, "당신은 복과 덕이 있어서 사람 몸 받는 것이 헛됨이 아닙니다. 아라한 등이 언제나 당신의 집을 드나들며 당신과 함께 일어나고 앉고 말하기도 합니다"라고 하면서, 단월로 하여금 반드시 나를 아라한이라 여기리라 한다. (5) 이양으로 인해 이양을 구함이란 이른 바 어떤 사람이 옷이나 발우, 승가리, 니사단 따위의 생활에 필요한 물건을 가지고서 남에게 보이며 말하되, "이는 왕이나 왕족이며 그 밖의 귀인들이 나에게 이 물건을 주었습니다"라고 하면서 이런 생각을 하나니, '단월은 혹시 이런 마음을 낼 수 있으리라.' '저 여러 왕과 귀인들도 오히려 공양하거든 하물며 내가 이 사람에게 주지 않겠느냐!'라고 이런 이양으로 인해 다시 다른 이양을 구하는 것이기 때문에 이양으로 인해 이양을 구함이라 한다.

ス) 과실이 없는 계[無過失戒] (九中 15上2)

云何爲無過失戒오 此菩薩이 不自貢高하여 言我持戒하며 見破戒人하되 亦不輕毁하여 今他愧恥하고 但一其心하여 而持於戒니라

"무엇을 과실이 없는 계라 하는가? 이 보살이 스스로 높이 받들어서 말하기를 나는 계를 가지노라 하지 않으며, 계를 파한 사람을 보고도 또한 가벼이 여겨서 그로 하여금 부끄럽게 하지 아니하고 다만 그 마음을 한결같이 해서 계를 가지느니라."

[疏] 九中에 不輕毁者는 無行經에 云, 見破戒人에 不說其過惡하고 應念彼人이 久久亦當得道라하니라 問이라 涅槃에 云, 見破戒人에 應當擯黜訶責舉處니 當知是人은 得福無量이라하니 豈不違於無行此經고 答이라 略有三義하니 一, 此經은 約自行이오 涅槃은 據攝衆이니라 二, 此經은 約根未熟하야 護恐增惡일새 故且攝受오 涅槃은 約根熟者가 慈心拔濟일새 故應折伏이니라 三, 彼約慈心이오 此約輕毁니 故不同也니라

■ ス) 중에 '가벼이 여긴다'는 것은 『제법무행경』에 이르되, "파계한 사

람을 볼 적에 그 잘못을 말하지 않고 응당히 '저 사람이 오래오래 지나면 또한 당연히 도를 얻으리라' 생각한다"고 하였다. 묻는다. 『열반경』(수명품)에 이르되, "파계한 사람을 볼 적에 응당히 쫓아내거나(빈출擯黜은 곧 구견驅遣) 나무라거나(가책呵責) 사는 곳을 들어냄(거처擧處)으로써 대응한다. 마땅히 알라, 이런 사람은 한량없는 복을 얻으리라"고 하였으니 어찌 저 『제법무행경』과 본경이 어긋나겠는가! 답한다. 대략 세 가지 뜻이 있으니 (1) 이 경은 자분행법을 의지하였고, 『열반경』은 대중을 섭수함에 의지한 분별이다. (2) 본경은 근기가 무르익지 않은 중생에 의지하여 두려워하거나 더욱 악한 이를 보호하기 위해 먼저 섭수한 것이요, 『열반경』은 근기가 무르익은 이가 자비한 마음으로 구제하기 위해 응당히 꺾어서 조복하는 것이다. (3) 저 무행경은 자비심에 의지하였고 본경은 가벼이 여기고 훼손함에 의지하였으니 그러므로 같지 않다.

ㅊ) 헐고 범함이 없는 계[無毀犯戒] (十中 15下5)

云何爲無毀犯戒오 此菩薩이 永斷殺盜邪婬과 妄語兩舌惡口와 及無義語와 貪瞋邪見하고 具足受持十種善業하나니 菩薩이 持此無犯戒時에 作是念言하되 一切衆生이 毀犯淨戒는 皆由顚倒라 唯佛世尊이 能知衆生의 以何因緣으로 而生顚倒하여 毀犯淨戒하시나니 我當成就無上菩提하고 廣爲衆生하여 說眞實法하여 令離顚倒라하나니 "무엇을 헐고 범함이 없는 계라 하는가? 이 보살이 길이 살생과 도둑질과 사음과 거짓말과 두 가지 말과 악한 말과 옳

지 않는 말과 탐심과 진심과 사견을 끊고 열 가지 착한 업을
구족하게 받아 가지나니, 보살이 이 범함이 없는 계를 가질
때 이러한 생각을 하되 '일체 중생이 깨끗한 계를 헐고 범하
는 것은 다 전도하였기 때문이니 오직 부처님 세존이 능히
중생의 무슨 인연으로 전도하여 깨끗한 계를 헐고 범하는
가를 잘 아시나니 내가 마땅히 무상보리를 성취하고 널리
중생을 위하여 진실한 법을 설해서 전도를 떠나게 하리라"
하나니

[疏] 十中에 釋內에 分二니 初, 明律儀니 十善이 衆生之本일새 故偏明之
라 廣如二地니라 二, 菩薩持此下는 雙明二聚니 攝菩提善과 益衆生
故니라

■ 초) 중에 해석한 가운데 둘로 나누리니 (ㄱ) 계율과 위의를 설명함이
니 십선법이 중생의 근본이므로 치우쳐 밝힌 것이다. 자세한 것은 제
2지에 설명함과 같다. (ㄴ) 菩薩持此 아래는 이취계를 함께 설명함
이니 보리의 선법을 섭수하는 계와 중생을 요익하는 계인 까닭이다.

다) 계율의 장을 결론하다[結名] (經/是名 15下8)

是名菩薩摩訶薩의 第二戒藏이니라
이것이 이름이 보살마하살의 제2 계장이니라."

다. 부끄러움의 장[慚藏] 3.

가) 명칭에 대해 질문하다[徵名] (經/佛子 15下9)
나) 참장의 모양을 해석하다[釋相] 2.
(가) 가름을 표방하다[標章] 2.
ㄱ. 부끄러움의 개별 모양[慚愧別相] (第三)

佛子여 何等이 爲菩薩摩訶薩의 慚藏고 此菩薩이 憶念過去所作諸惡하여 而生於慚하나니
"불자여, 무엇이 보살마하살의 부끄러움의 장인가. 이 보살이 과거에 지은 모든 악을 생각해서 부끄러움을 내나니라."

[疏] 第三, 慚藏이라 釋相中에 二니 先, 標章이오 二, 謂彼下는 別釋이라 今初라 然이나 慚愧相別을 諸說不同하니 涅槃에 云, 慚者는 羞天이오 愧者는 羞人이며 慚者는 自不作惡이오 愧者는 不敎他作이며 慚者는 內自羞恥오 愧者는 發露向人이라하며 瑜伽四十四에 亦云, 內生羞恥가 爲慚이오 外生羞恥가 爲愧라하니 大同涅槃後解니라 成唯識에 云, 依自法力하야 崇重賢善이 爲慚이오 依世間力하야 輕拒暴惡이 爲愧라하며 俱舍에 亦同하니라 若無慚愧는 但翻上慚愧니 謂不羞天이 則是無慚이라 餘可例知니라

■ 다. 부끄러움의 장이다. 나) 모양을 해석함 중에 둘이니 (가) 가름을 표방함이요, (나) 謂彼 아래는 개별로 해석함이다. 지금은 (가) 가름을 표방함이다. 그러나 부끄러움의 모양이 별상으로는 여러 설명이 같지 않다. 『열반경』에 이르되, "(1) 참(慚)이란 하늘을 우러러 부끄러움이요, 괴(愧)란 사람에 대해 부끄러움이며, (2) 참이란 스스로 악행을 짓지 않음이요, 괴란 다른 이로 하여금 짓게 하지 않음이다. (3)

참이란 안으로 스스로 부끄러워함이요, 괴란 사람을 향해 드러냄이다"라고 하였고,『유가사지론』제44권에 또 이르되, "안으로 수치심을 내는 것을 참이라 하고, 밖으로 수치심을 내는 것을 괴라 한다"고 하였으니『열반경』의 뒷부분의 해석과 크게는 같은 내용이다.『성유식론』에 이르되, "(무엇을 참의 심소라 하는가?) 자신과 법의 힘에 의지해서 어진 이와 선법을 숭배하고 존중함을 참이라 하고, 세간의 힘에 의지해서 포악함과 악법을 가벼이 여기고 거부하는 것을 괴라 한다"라고 하였으며,『구사론』에도 또한 같은 내용이다. 만일 참괴가 없음은 단지 위의 참괴를 뒤바꾼 것이니 이른바 하늘을 우러러 부끄럽지 않은 것이 곧 참괴 없음[無慚]이다. 나머지는 유례하면 알 수 있으리라.

[鈔] 慚愧相別者는 此釋標章이나 而⁶⁷⁾雙釋慚愧兩章之通別이라 言涅槃云慚者羞天等者는 即南經第十七에 耆婆가 爲阿闍世王說也라 經에 云, 大王하 諸佛世尊이 常說是言하사 有二白法하사 能救衆生하시니 一, 慚이오 二, 愧라 慚者는 自不作罪오 愧者는 不敎他作이며 慚者는 內自羞恥오 愧者는 發露向人이며 慚者는 羞天이오 愧者는 羞人이니 是名慚愧니라 無慚愧者는 不名爲人이오 名爲畜生이라하니라 其成唯識은 即當第六이니 論에 云, 云何爲慚고 依自法力하야 崇重賢善으로 爲性이오 對治無慚하야 止息惡行으로 爲業이니 謂依自法⁶⁸⁾하야 尊貴增上하고 崇重賢善하며 羞恥過惡하고 對治無慚하야 息諸惡行이니라 釋曰, 言自法者는 謂於自身에 生尊重增上하고 於法에 生貴重增上이니 二種力故로 崇賢重善이니 此是慚相이니라 論에 云, 云何爲愧오

---

67) 上五字는 金本作慚愧相別者.
68) 法下에 原本有爲字, 甲南續金本有力字 論無.

依世間力하야 輕拒暴惡으로 爲性이오 對治無愧하야 止息惡行으로 爲業이니 謂依世間에 訶厭增上하야 輕拒暴惡하야 羞恥過罪로 對治無愧하야 息諸惡業이니라 釋曰, 謂依世間의 他人譏毁와 及自羞惡法하야 而不作等을 名依世間訶厭增上이라 有惡者를 名暴이오 染法體를 名惡이라 於彼二法에 輕有惡者而不親하고 拒惡法業而不住니 由此增上하야 對治無愧하고 息諸惡業이니라

- '부끄러움의 모양이 별상으로는 여러 설명이 다르다'는 것은 여기서는 가름을 표방함에서 해석했지만 참과 괴의 두 가름에서 전체와 개별로 함께 해석하였다. 『열반경』에 이르되, '참이란 하늘을 우러러 부끄러움 등이다'라 말한 것은 곧 『남본열반경』 제17권의 내용이다. 기바(耆婆)가 아사세(阿闍世)왕을 위해 설법한 내용이다. 경문에 이르되, "대왕이시여, 모든 부처님 세존이 항상 말씀하시기를, 두 가지 선한 법이 있어서 능히 중생을 구제하시니 하나는 부끄러움이요, 둘은 수치스러움이다. (1) 부끄러워하는 이는 스스로 죄를 짓지 아니함이요, 수치스러워하는 이는 다른 이를 죄 짓게 하지 않음이다. (2) 부끄러워하는 이는 속으로 수치한 줄 알고, 수치스러워하는 이는 남을 향하여 죄를 털어놓으며, (3) 부끄러운 이는 사람에게 부끄럽고, 수치스러워하는 이는 하늘에 수치스러워하나니 이것을 참괴라 이름한다. (그래서) 참괴가 없는 이는 사람이라 할 수 없고, 짐승이라 이름한다"라고 하였다. 그 『성유식론』은 곧 제6권에 해당한다. 논에 이르되, "무엇을 참(慚)의 심소라고 하는가? 자신과 법의 힘에 의지해서 현인(賢人)[69]과 선법(善法)[70]을 받들고 존중하는 것을 체성으로 삼고, 무참(無慚)을 다스리고 악행을 멈추게 하는 것을 업으로 삼는다. 자신

---

69) 범부와 성인을 막론하고 누구나 賢德이 있는 사람을 가리킨다.
70) 모든 有漏와 無漏의 선법을 가리킨다.

과 법을 존귀하게 여기는 증상력에 의지해서, 현인과 선법을 받들고 존중하며 잘못을 부끄럽게 여겨서, 무참(無慚)을 다스리고 여러 악행을 멈추게 한다"라고 하였다. 해석하자면 자신과 법이라 말한 것은 이른바 자신에게 존중심을 더욱 늘어나게 하고 법에 귀중하게 생겨남이 늘어나게 함이니 두 종류의 힘인 연고로 숭현(崇賢)함이 중하고 좋음이니 이것이 참(慚)의 모양이다. 논에 이르되, "무엇을 괴(愧)의 심소라고 하는가? 세간의 힘에 의지해서 포악함과 악법을 가볍게 여기고 거부하는 것을 체성으로 삼고, 무괴(無愧)를 다스리고 악행을 멈추게 하는 것을 업으로 삼는다. 세간에서 꾸짖고 싫어하는 증상력에 의지해서 포악함과 악법을 가볍게 여기고 거부하고, 잘못을 부끄럽게 여기며 무괴(無愧)를 다스리고 여러 악업을 멈추게 한다"라고 하였다. 해석하자면 이른바 세간의 타인을 나무라고 헐뜯음과 자신이 악법을 부끄러워하여 짓지 않는 등을 세간에 의지하여 꾸짖거나 싫어함이 늘어남이다. 악함이 있는 이를 포악함이라 이름하고, 염법의 체성을 악함이라 이름한다. 저 두 가지 법에 대해 악이 있는 것을 가볍게 여기고 친하지 않으며 악법의 업을 거부하여 머물지 않나니 이런 늘어남으로 말미암아 무괴(無愧)를 상대하여 다스리고 모든 악업을 멈추게 한다는 뜻이다.

論에 又云, 羞恥過惡가 是二通相이라 故諸聖教가 假說爲體라하니라 釋曰, 此會顯揚에 說 羞恥爲二相者는 是通相耳라 從通假說爲體나 實是崇拒等이 是別相이니 故로 下疏에 云, 是二通相이니라 俱舍亦同者는 卽彼第二疏根品之中이니 偈에 云, 無慚愧는 不重하야 於罪에 不見怖라 (愛敬謂信慚이요 唯於欲色有라)하니라 釋曰, 不重賢善이 名

爲無慚이니 謂於諸功德과 及有德人에 無敬無崇하야 無所忌難하고 無所隨屬을 說名無慚이니 卽是恭敬所離對法이라 云功德者는 戒定慧오 有德人者는 有戒定慧人也오 無忌難者는 無畏懼也오 不隨屬者는 不作弟子禮也니 於罪에 不見怖로 釋無愧也니 爲諸善者의 所訶厭法을 說名爲罪라 於此罪中에 不見能招可怖畏果를 說名無愧라 翻上이 卽是慚愧之相이니 謂重賢善等이라 故同唯識이니라

- 논에 또 이르되, "잘못을 부끄럽게 여기는 것은 이 둘의 공통된 양상이다. 따라서 여러 성스러운 가르침[71]에서 가정적으로 자체로 삼는다." 해석하자면 여기서 『현양성교론』과 회통한다면 부끄러워함은 두 모양이란 공통된 모양일 뿐이다. 공통된 모양으로부터 가정적으로 자체로 삼았지만 실제로는 존숭하거나 거부하는 등이 개별 모양이다. 그러므로 아래 소문에 이르되, '이 둘의 공통된 양상'이라 하였다. '구사론에도 같은 내용'이란 곧 『구사론』 제12권 분별근품 중의 내용이다. 게송으로 이르되, "자기의 부끄러움과 남을 향해 부끄러움이 없어 존경하지 않고 죄에 대해서도 두려워하지 않으며 (사랑은 믿음이고 공경은 부끄러워함이니 오직 욕심세계 형상세계에만 있네.)"라고 하였다. 해석하자면 어진 이와 선법을 존중하지 않음을 부끄러움 없음이라 이름한다. 말하자면 모든 공덕과 덕이 있는 이를 공경함이 없고 숭배함이 없으며 꺼리거나 어렵게 여기는 바가 없고 따르거나 붙이는 바가 없는 것을 자기의 부끄러움 없음이라 말하나니 바로 공경함과 정반대 되는 법이다. 공덕이라 말한 것은 계법과 선정과 지혜요, '덕이 있는 사람'이란 계법과 선정 지혜가 있는 사람을 뜻한다. '꺼리거나

---

71) 『아비달마잡집론』 권1(고려장 권16, p. 284下; 대정장 권31, p. 697 b-) 『현양성교론』 권1(고려장 권16, p. 56上; 대정장 권31, p. 481 b-).

어렵게 여기는 것'이란 외경과 두려움이 없음을 말한다. '따르거나 붙임이 아닌 것'은 제자의 예를 짓지 않음의 뜻이니, 죄에 대해 두려움을 느끼지 않음으로 '수치심 없음'이라 해석하였다. 모든 착한 이들이 나무라거나 싫어하는 법을 이름하여 '죄'라 하였다. 이런 죄 가운데 두렵고 공포스런 결과를 능히 초래함을 느끼지 못함을 이름하여 '수치심 없음[無愧]'이라 하였다. 위와 정반대가 바로 부끄럽고 수치스러운 모양이니 이른바 어진 이와 선법 등을 존중하는 연고로 유식론과 같은 내용이다.

ㄴ. 둘의 공통된 모양을 해석하다[釋二通相] (若說 17下7)

[疏] 若說羞恥가 爲慚愧者는 是二通相이라 今經은 多同唯識이니 而以不相恭敬으로 爲二通相이니라
■ 만일 수치스러움이 부끄러움이라 말한다는 것은 이 둘의 공통된 모양이다. 본경은 대부분 『성유식론』과 같나니 서로 공경하지 않음으로 둘의 공통된 모양을 삼았다.

[鈔] 若說羞恥下는 釋二通相이라 先, 依唯識이니 已如上引이오 後, 依今經이니 以二文中에 皆有不相恭敬故라
● ㄴ. 若說羞恥 아래는 둘의 공통된 모양을 해석함이다. ㄱ) 유식론에 의지한 구분이니 이미 위에서 인용한 바와 같으며, ㄴ) 본경에 의지한 구분이니 경문과 논문 둘 가운데 모두 서로 공경하지 않음이 있는 까닭이다.

(나) 개별로 해석하다[別釋] 2.

ㄱ. 과거에 지은 악을 해석하다[釋過去作惡] 2.

ㄱ) 스스로 부끄러움 없음을 생각하다[自念無慚] (二別 18上5)
ㄴ) 다른 이에게도 마찬가지로 자비하다[悲他亦爾] (後一)

謂彼菩薩이 心自念言하되 我無始世來로 與諸衆生으로 皆悉互作父母兄弟姉妹男女하여 具貪瞋癡와 憍慢諂誑과 及餘一切諸煩惱故로 更相惱害하고 遞相陵奪하여 姦淫傷殺을 無惡不造하며 一切衆生도 悉亦如是하여 以諸煩惱로 備造衆惡일새 是故로 各各不相恭敬하며 不相尊重하며 不相承順하며 不相謙下하며 不相啓導하며 不相護惜하고 更相殺害하여 互爲怨讐하나니라

"저 보살이 마음에 스스로 생각하되 '내가 끝없는 옛적부터 모든 중생으로 더불어 다 서로 부모도 되고 형제 자매와 남녀가 되어서 탐내고 성내고 어리석음과 교만과 아첨과 온갖 번뇌를 갖춘 연고로 서로 번거롭고 손해 입히며 서로서로 업신여기고 빼앗아서 간음하고 살생하여 온갖 악을 다 지으며 일체 중생도 다 이와 같이 해서 온갖 번뇌로 여러 가지 악을 다 지었으므로 각각 서로 공경하지 아니하며 존중하지도 않으며 순종하지도 아니하며 겸손하지도 아니하며 서로 계도하지도 아니하며 서로 보호하고 아끼지도 아니하고 서로 살해해서 서로가 원수가 되나니라.'"

[疏] 二, 別釋中에 分二니 先, 釋過去作惡이니 卽無慚行이라 二, 自惟下
는 釋而生於慚이라 前中에 亦二니 初, 自念無慚이오 後, 一切下는 悲
他亦爾라

- (나) 개별로 해석함 중에 둘로 나누리니 ㄱ. 과거에 지은 악을 해석
함이니 곧 부끄러움 없는 행동이다. ㄴ. 自惟 아래는 하지만 부끄러
움을 일으킴에 대해 해석함이다. ㄱ. 중에 또한 둘이니, ㄱ) 스스로
부끄럼 없음을 생각함이요, ㄴ) 一切 아래는 다른 이에게도 마찬가
지로 자비함이다.

ㄴ. 스스로 부끄러움을 일으킴에 대해 해석하다[釋而生於慚] 2.
ㄱ) 과거의 잘못을 스스로 기억하다[自念昔非] (第二 18下4)
ㄴ) 의지를 결단하여 끊고 증득하다[決志斷證] (二是)

自惟我身과 及諸衆生이 去來現在에 行無慚法을 三世
諸佛이 無不知見하시나니 今若不斷此無慚行이면 三世
諸佛이 亦當見我하시리니 我當云何猶行不止리오 甚爲
不可로다 是故로 我應專心斷除하고 證阿耨多羅三藐三
菩提하여 廣爲衆生하여 說眞實法이라하나니

"'스스로 생각하건대 나의 몸과 모든 중생이 과거와 미래와
현재에 부끄러움이 없는 법 행하기를 삼세에 모든 부처님
이 알고 보지 않으심이 없나니 이제 만약 이 부끄러운 줄 모
르는 행을 끊지 아니하면 삼세의 모든 부처님이 또한 나를
보시리니 내가 어찌 아직도 행하면서 끊지 아니하리오. 매
우 옳지 못한 일이로다. 그러므로 나는 응당 일심으로 끊어

서 제거하고 아눗다라삼약삼보디를 증득해서 널리 중생들을 위하여 진실한 법을 설하리라' 하리니

[疏] 第二, 正顯慚相中에 初는 自念昔非니 恥佛知見하야 現修慚相이라 自惟는 即是內自羞恥라 二, 是故已下는 決志斷證이라 文言去來現在에 行無慚者는 言總意別이니 菩薩이 自惟昔過하고 愍物三世常行일새 故專心斷除하야 防已伏之再起하고 爲衆生說하니 則物我之兼亡이라

- ㄴ. 부끄러움의 모양을 바로 밝힘(하지만 부끄러움을 일으킴에 대해 해석) 중에 ㄱ) 과거의 잘못을 스스로 기억함이니 부처님이 알고 보심을 부끄러워 해서 현재에 부끄러움의 장을 닦는 모양이다. '스스로 생각함'은 바로 안으로 스스로 부끄러워함이다. ㄴ) 是故 아래는 의지를 결단하여 끊고 증득함이다. 경문에서 '과거와 미래 현재에 부끄러움 없는 법을 행한다'고 말한 것은 말은 총상이고 의미는 별상이다. 보살이 스스로 과거의 허물을 생각하고 중생을 어여삐 여겨 삼세토록 항상 행할 것이므로 일심으로 끊어서 제거하고 막고 조복하고 다시 시작하고 중생을 위하여 설하나니 곧 중생과 나를 겸하여 잊는 것이다.

[鈔] 自惟가 即是內自羞恥者는 正同涅槃이오 兼得唯識의 依自法力이니라
- '스스로 생각함이 바로 안으로 스스로 부끄러워함'이란 『열반경』과 같고, 『유식론』의 자신과 법의 힘을 의지함을 겸하여 얻은 내용이다.

다) 부끄러움의 장을 결론하다[結名] (經/是名 19上2)

是名菩薩摩訶薩의 第三慚藏이니라
이것이 이름이 보살마하살의 제3 부끄러움의 장이니라."

라. 수치함의 장[愧藏] 3.

가) 명칭을 묻다[徵名] (經/佛子 19上3)
나) 행법의 모양을 해석하다[釋相] 3.
(가) 스스로 수치심 없음을 생각하여 수치함의 행법을 닦다
　　[自念無愧而修愧行] (第四)

佛子여 何等이 爲菩薩摩訶薩의 愧藏고 此菩薩이 自愧
昔來로 於五欲中에 種種貪求하여 無有厭足일새 因此增
長貪恚癡等의 一切煩惱니 我今不應復行是事라하나라
"불자여, 무엇이 보살마하살의 수치함의 장인가? 이 보살
이 스스로 부끄러워하기를 '옛적부터 오욕락 가운데서 가
지가지로 탐하여 만족한 줄을 모르며 그로 인해 탐내고 성
내고 어리석은 온갖 번뇌를 증장하였으니 내가 이제 다시
는 그런 일을 행하지 아니하니라' 하느니라."

[疏] 第四, 愧藏이라 釋相中에 三이니 初, 自念無愧하야 而修愧行이니 故
　　云我今에 不應復行是事가 卽愧行也라
■ 라. 수치함의 장이다. 나) 행법의 모양을 해석함 중에 셋이니, (가) 스
스로 수치심 없음을 생각하여 수치함의 행법을 닦음이니 그러므로
'내가 이제 다시는 그런 일을 행하지 않는다'는 것이 바로 수치함의

행법이다.

(나) 중생을 해치고도 수치심 없고 고통과 그 원인을 알지 못하다
[傷物無愧不覺苦集] (二又 19下1)

又作是念하되 衆生이 無智하여 起諸煩惱하여 具行惡法하여 不相恭敬하고 不相尊重하며 乃至展轉互爲怨讎하여 如是等惡을 無不備造하고 造已歡喜하여 追求稱歎하며 盲無慧眼하여 無所知見하니라
"또 생각하기를 '중생들이 지혜가 없어서 온갖 번뇌를 일으켜서 여러 가지 악한 법을 모두 행해서 서로 공경하지 아니하고 서로 존중하지 아니하며 내지 더욱 더 서로 원수가 되나니 이러한 악한 일을 짓지 않는 것이 없으며 짓고 나서는 기뻐해서 서로 칭찬하기를 바라며 참참하여 지혜의 눈이 없어서 지견이 없었느니라.'"

[疏] 二, 又作下는 傷物無愧하야 不覺苦集이니 故云無知無見이라
■ (나) 又作 아래는 중생을 해치고도 수치심 없고 고통과 그 원인을 알지 못함이니 그러므로 '알지도 못하고 보지도 못한다'고 하였다.

[鈔] 不覺苦集者는 不知苦果하고 不見集過[72]라
● '고통과 그 원인을 알지 못한다'는 것은 고통스러운 결과를 알지 못하고 모임의 허물을 보지 못한다는 뜻이다.

---

72) 過는 金本作故.

(다) 세간을 돌아봄에 의지해서 수치함의 행법을 닦는다

　　[依顧世間而修愧行]2.

ㄱ. 의미를 밝히다[顯意] (三於 19下8)

於母人腹中에 入胎受生하여 成垢穢身하여 畢竟至於髮白面皺하나니 有智慧者는 觀此에 但是從婬欲生不淨之法이라 三世諸佛이 皆悉知見하시나니 若我於今에 猶行是事하면 則爲欺誑三世諸佛이라 是故로 我當修行於愧하여 速成阿耨多羅三藐三菩提하고 廣爲衆生하여 說眞實法이라하나니

"'어머니의 배 속에 들어가서 태어나며 더러운 몸을 받아서 필경에는 머리는 희고 얼굴이 쭈그러지게 되나니 지혜 있는 이가 이것을 보고는 다만 이것은 음욕으로 생기는 청정하지 못한 법이므로 삼세의 모든 부처님이 다 아시나니 만약 내가 이제 이러한 일을 오히려 행한다면 삼세의 모든 부처님을 속이는 것이라. 그러므로 내가 마땅히 부끄러운 행을 닦아서 아눗다라삼약삼보디를 빨리 이루고 널리 중생을 위하여 진실한 법을 설하리라' 하나니

[疏] 三, 於母人下는 依顧世間而修愧行이니 誓益自他라

■ (다) 於母人 아래는 세간을 돌아봄에 의지해서 수치함의 행법을 닦음이니 나와 남에게 이익 주기를 서원함이다.

[鈔] 依顧世間은 卽順唯識意라

● 세간을 돌아봄에 의지함은 곧 유식론의 의미를 따른 내용이다.

ㄴ. 경문 해석[釋文] 2.
ㄱ) 총합하여 과목 나누다[總分科段] (於中 19下10)
ㄴ) 힐난을 따라 개별로 해석하다[隨難別釋] 2.

(ㄱ) 청정하지 못한 법이란 말을 해석하다[釋不淨二言] 2.
a. 다섯 가지 깨끗하지 않음에 의지하여 해석하다[約五種不淨] (言不)

[疏] 於中에 初는 所愧境이오 有智慧下는 顧他生愧니 卽外羞也라 初는 因人이오 後는 諸佛이라 是故已下는 決志斷證이라 言不淨之法者는 從婬欲生은 卽種子不淨이오 母人腹中은 卽住處不淨이오 成垢穢身은 卽自相과 自性과 究竟髮白은 意含究竟不淨이라

■ 그중에 ㄱ. 수치하는 대상 경계요, ㄴ. 有智慧 아래는 다른 이를 돌아보고 수치심이 생김이니 곧 밖으로 수치함이다. (1) 인행의 사람이요, (2) 모든 부처님이다. 是故 아래는 의지를 결단하여 끊고 증득함이다. '청정하지 못한 법'이라 말한 것은 (1) 음욕으로부터 생긴 것은 '종자가 부정함'이요, (2) 어머니 배 속은 '머무는 곳이 부정함'이요, 때 묻고 더럽게 이룬 몸은 곧 (3) '자체 모양이 부정함'과 (4) '자체 성품이 부정함'과 (5) 끝내는 머리털이 흰 것은 '구경까지 부정함'의 뜻을 포함하고 있다.

[鈔] 從婬欲生者는 疏中에 先說五種不淨이니 一, 種子不淨이오 二, 住處不淨이오 三, 自性不淨이오 四, 自相不淨이오 五, 究竟不淨이니 卽智

論二十一說이오 梵行品에 已廣其相이라 但自性不淨은 卽三十六物이니 今當更說호리라 卽涅槃十二聖行品에 云, 從頭至足히 其中에 唯有 髮一 毛二 爪三 齒四 不淨五 垢穢六와 皮七 肉八 筋九 骨十과 脾十一 腎十二 心十三 肺十四와 肝十五 膽十六 腸十七 胃十八과 生藏十九 熟藏二十과 大便二十一 小便二十二과 涕二十三 唾二十四 目淚二十五와 肪[73]二十六 膏二十七 腦二十八 膜二十九과 骨三十 髓三十一 膿三十二 血三十三과 膀三十四 胱三十五 諸脈三十六이라 菩薩이 如是專念時라하니라 釋曰, 遠公은 不分하야 其中에 骨有二하고 腦有二하니 腦連膜을 除二에 欠二하고 腸有大小하니 亦欠其一이라 餘處에는 有胞[74]하야 具三十六이라 直就經文하야 今具者인대 復有分垢하야 爲一하고 汗爲一하니 則穢字는 屬汗하야 亦具三十六이니라

- (1) 음욕으로부터 생긴 것이란 소문에서 먼저 다섯 가지 청정하지 못함을 설명하였으니 ① 종자가 부정함이요, ② 머무는 곳이 부정함이요, ③ 자체 모양이 부정함과 ④ 자체 성품이 부정함이요, ⑤ 구경까지 부정함이니,『대지도론』제21권에 설명한 내용이요, 범행품에서 이미 그 모양을 자세히 설명하였다. 다만 ④ 자체 성품이 부정함은 곧 36가지 물건이니 지금 다시 설명하겠다.『열반경』제12권 성행품에 이르되, "(또한 선남자여, 보살마하살의 성스러운 행이라는 것은 머리부터 발까지 몸을 살피는 것이다.) 그 속에는 다만 머리카락① 털② 손톱 발톱③ 치아④ 부정한 것⑤ 더러운 때⑥와 가죽⑦ 살⑧ 힘줄⑨ 뼈⑩와 비장⑪ 콩팥⑫ 염통⑬ 허파⑭ 간⑮ 쓸개⑯ 창자⑰ 위장⑱과 생장⑲ 숙장⑳과 대변㉑ 소변㉒ 콧물㉓ 침㉔ 눈물㉕ 지방㉖ 고름㉗ 뇌㉘ 망막㉙ 뼈㉚ 골수㉛

---

[73] 肪은 各本作脂, 經作肪.
[74] 胞下에 甲南續金本有則字.

피고름㉜ 피㉝ 방㉞ 광㉟ 여러 혈관㊱ 등이 있을 뿐이다. 보살이 이렇게 전념하는 마음으로 관찰할 때이다"라고 하였다. 해석하자면 혜원법사가 분별하지 않고 그 가운데 뼈가 둘이 있고, 뇌가 둘이 있으니 뇌막의 둘을 제외하면 둘이 모자라고, 창자는 대장, 소장이 있으니 또한 하나가 모자란다. 다른 곳에는 태보[胞]가 있어서 36가지를 갖추었다. 바로 경문에 입각하여 지금 갖춘다면 다시 때를 나누어 하나로 삼고, 땀으로 하나를 삼으니 더러움[穢]의 글자는 땀에 속하여 또한 36가지를 갖추게 된다.

b. 여섯 가지 부정함에 의지해 해석하다[約六種不淨] (又垢 20下9)

[疏] 又垢穢形은 是內汚穢不淨이오 處胎受生은 有苦觸不淨이라 從婬欲生은 下劣不淨이라 若觀待涅槃하면 三界가 並爲不淨이오 其五取蘊體는 是違壞不淨이라 上來煩惱는 亦是不淨이니라

■ 또한 더럽고 때묻은 형상은 안으로 ① '더럽고 부정함'이요, 태 속에서 태어남은 ② '고통과 맞닿은 부정함'이다. 음욕으로부터 태어남은 ③ '하열한 부정함'이다. 만일 열반을 관찰하고 상대하면 삼계가 함께 ④ '관찰하여 상대한 부정함'이 되고, 그 오취온의 체성은 ⑤ '어긋나고 무너지는 부정함'이다. 여기까지 번뇌는 또한 ⑥ '번뇌로 부정함'이 된다.

[鈔] 又垢穢形是內汚穢不淨者는 然有二種하니 一, 內오 二, 外라 論에 云, 云何依內汚穢不淨고 謂身中의 髮毛爪齒와 塵垢皮肉과 骸骨筋脈과 心膽肝肺와 大腸小腸과 生藏熟藏과 肚胃脾腎과 膿血熱痔와

肪膏肌髓와 腦膜涕唾와 淚汗屎尿인 如是等類를 名爲依內라하니라
釋曰, 此亦三十六物也니라 論에 外는 謂靑瘀와 或復膿爛과 或復變
壞와 或復膖脹과 或復食噉과 或復變赤과 或復散壞와 或骨或鎖와
或尿[75]所作과 或唾所作과 或涕所作과 或血所塗와 或膿所塗와 或
便穢處인 如是等類를 名爲依外汚穢不淨이라하니라

- '(1) 또한 형상을 더럽고 때 묻게 하여 안으로 더러워진 부정함[汚穢不淨]'은 그런데 두 가지가 있으니 ① 내부요 ② 외부이다. 『대지도론』(제48권 사념처품)에 이르되, "어떤 것이 ① 내부에 의지한 더럽고 때묻은 부정함인가? 이른바 몸속의 머리카락, 터럭, 손톱, 발톱과 때 묻은 가죽 살, 해골과 힘줄, 맥박, 심장, 쓸개와 간, 허파와 대장, 소장과 생장, 숙장과 배, 위장, 비장, 신장과 고름, 피, 치질과 방광, 골수, 뇌막과 눈물, 콧물과 똥, 오줌인 이런 종류를 이름하여 '내부를 의지한 부정함'이라 한다." 해석하자면 이도 또한 36가지 물건이다. 논에는 ② 외부적인 부정함은 "이른바 푸른 어혈과 혹은 고름덩이와 혹은 변하여 무너짐과 혹은 배의 종창과 혹은 씹던 음식과 혹은 빨갛게 변함과 혹은 흩어지고 무너짐과 혹은 뼈와 혹은 쇄골과 혹은 오줌으로 만든 것과 혹은 침으로 뱉은 것과 혹은 피를 바른 것과 혹은 똥으로 더럽혀진 곳인 이런 종류를 이름하여 '외부에 의지한 더럽고 때 묻은 부정함'이라 말한다.

二, 苦觸不淨은 論에 云, 謂順苦受觸하야 爲緣所生인 若身若心과
若不平等受인 受所攝을 如是名爲苦觸不淨이라하니라 三, 下劣不淨
者는 論에 云, 謂最下劣事와 最下劣界니 所謂欲界라 除此코 更無極

---

[75] 尿는 南續金本作屎.

下劣[76]最極鄙穢이라하니라 餘界는 可得이로다 如是를 名爲下劣不淨이니라 四, 觀待不淨者는 論에 云, 謂如有一劣淸淨事라도 觀待其餘勝淸淨事에 便似不淨이오 如待無色勝淸淨事에 色界諸法이 便似不淨이오 觀待薩迦耶寂滅涅槃에 乃至有頂도 皆似不淨이니 如是等類를 名爲觀待不淨이니라 五, 煩惱不淨이니 論에 云, 謂三界所有인 一切結縛隨眠煩惱纏이라하니라 六, 違壞不淨은 謂五取蘊이 無常無恒하야 不可保信이오 是變壞法이니 是故로 靜慮無色을 皆名不淨이라하니라 釋曰, 今疏隨勝하야 已略配竟하니 但觀所引論文하면 自然明了니라

- (2) 괴로운 감촉의 부정함[苦觸不淨]은 논에 이르되, 이른바 괴로움을 따라 감촉을 느껴서 인연으로 생겨난 몸과 마음과 평등하게 받지 않은 느낌에 포섭된 이런 것을 이름하여 '괴로운 감촉의 부정함'이라 이름한다"라고 하였다. (3) 하열한 부정함[下劣不淨]은 논에 이르되, "말하자면 가장 하열한 일과 가장 하열한 세계이니 이른바 욕계의 부정함이다. 이를 제외하고 다시 지극히 하열한, 가장 극심하게 때묻고 더러움이 없다"라고 하였다. 나머지 세계는 얻을 수 있다. 이와 같음을 이름하여 하열한 부정함이라 말한다. (4) 관찰하고 기다리는 부정함[觀待不淨]이란 논에 이르되, "말하자면 만일 어떤 하열하고 청정한 일이라도 나머지 수승하고 청정한 일을 관찰하고 기다릴 적에 문득 부정함과 같을 것이요, 만일 무색계의 수승하고 청정한 일을 기다릴 적에 색계의 모든 법이 문득 부정함과 같음이요, 살가야 견이 적멸한 열반을 관찰하고 기다릴 적에 나아가 유정천까지도 모두 부정함과 같을 것이니 이러한 따위 부류를 이름하여 관찰하고 기다리는 부정함이라 한다"라고 하였다. (5) 번뇌로 부정함[煩惱不淨]이니 논에 이

---

76) 劣은 甲南續金本作極劣.

르되, "말하자면 삼계에 있는 바 온갖 속박을 맺어서 따라 잠드는 번뇌에 얽힌다"라고 하였다. (6) 위배하고 무너져서 부정함[違壞不淨]은 "말하자면 오취온(五取蘊)이 무상하고 항상함이 없어서 보호하여 믿을 수가 없음이요, 변하고 무너지는 법이니 이런 까닭에 정려(靜慮)로 형색 없음을 모두 부정함이라 이름한다"라고 하였다. 해석하자면 지금 소가가 수승함을 따라서 이미 간략히 배대하여 마쳤으니 단지 인용한 논문을 관찰하면 자연히 분명하게 알게 되리라.

(ㄴ) 삼세의 부처님을 속임에 대해 해석하다[釋誑三世] (言誑 22上3)

[疏] 言誑三世佛者는 違本四弘誓斷惑故라 餘文은 易知로다
- '삼세의 모든 부처님을 속이는 것'이라 말한 것은 본래의 사홍서원과 어긋나게 번뇌를 끊는 까닭이다. 나머지 경문은 쉽게 알 수 있으리라.

다) 수치함의 장을 결론하다[結名] (經/是名 22上4)

是名菩薩摩訶薩의 第四愧藏이니라
이것이 이름이 보살마하살의 제4 수치함의 장이니라."

마. 다문의 장[聞藏] 3.

가) 명칭에 대해 묻다[徵名] (經/佛子 22上5)
나) 행법의 모양을 해석하다[釋相] 2.
(가) 과목 나누기[分科] (二疏)

佛子여 何等이 爲菩薩摩訶薩의 聞藏고 此菩薩이 知是 事가 有故로 是事가 有하고 是事가 無故로 是事가 無하며 是事가 起故로 是事가 起하고 是事가 滅故로 是事가 滅 하며 是世間法이요 是出世間法이며 是有爲法이요 是無 爲法이며 是有記法이요 是無記法이니라

"불자여, 무엇이 보살마하살의 다문의 장인가? 이 보살이 이 일이 있으므로 이 일이 있고 이 일이 없으므로 이 일이 없으며, 이 일이 일어나는 연고로 이 일이 일어나고 이 일이 소멸하는 연고로 이 일이 소멸하며, 이것은 세간법이요 이 것은 출세간법이며, 이것은 유위법이요 이것은 무위법이며, 이것은 기록할 수 있는 법이요 이것은 기록할 수 없는 법임 을 아느니라."

[疏] 第五, 聞藏[77]이라 分三이니 初, 徵名이오 二, 釋相中에 二니 初, 明所 知之法이오 後, 菩薩摩訶薩下는 顯多聞之意라

■ 마. 다문의 장이다. 셋으로 나누리니 가) 명칭에 대해 물음이요, 나) 행법의 모양을 해석함 중에 둘이니 ㄱ. 알아야 할 법을 밝힘이요, ㄴ. 菩薩摩訶薩 아래는 다문의 의미를 밝힘이다.

(나) 과목에 따라 해석하다[隨釋] 2.
ㄱ. 알아야 할 법을 밝히다[明所知之法] 2.
ㄱ) 표방함을 모아 다르게 해석하다[會標異釋] (今初 22下1)

---

77) 此下에 續金本有分三 初徵名 二.

[疏] 今初에 標稱聞藏하고 釋云知者는 聞爲本故로 實則多知耳라

- 지금은 가)에서 다문의 장이라 표방하여 이름하고는 아는 것에 대해 해석한 이유는 다문이 근본이 되는 연고로 실제로는 '많이 아는 것'이란 뜻이다.

ㄴ) 가름을 열고 바로 해석하다[開章正釋] 2.
(ㄱ) 가름으로 표방하다[標章] (文亦 22下2)

[疏] 文亦分二니 先, 標章이오 後, 牒釋이라 今初에 句雖有十이나 義束爲七이니 初之四句는 但是緣生故라 謂一은 緣生이오 二는 有漏五蘊이오 三은 無漏五蘊이오 四는 有爲오 五는 無爲오 六은 有記오 七은 無記니라

- 경문을 또한 둘로 나누리니 (ㄱ) 가름으로 표방함이요, (ㄴ) 가름을 따와서 해석함이다. 지금은 (ㄱ)에서 구절이 비록 열 가지가 있지만 의미로 묶으면 일곱이 되나니 a. 처음 네 구절은 단지 인연으로 생긴 까닭이다. 이른바 ① 인연으로 생김이요, ② 유루의 오온법이요, ③ 무루의 오온법이요, ④ 유위법이요, ⑤ 무위법이요, ⑥ 기록할 수 있는 법이요, ⑦ 기록할 수 없는 법이다.

[鈔] 聞爲本故者는 故大品第六에 云, 須菩提가 白佛言호대 何等一切法中의 無礙相을 應學應知이닛고 釋曰, 即多知之義라 下에 佛答中에 與此列로 大同하니 佛言하시되 一切法者는 善法과 不善法과 無記法과 世間法과 出世間法과 有漏法과 無漏法과 有爲法과 無爲法과 共法과 不共法이라하니라 釋曰, 此十法에 但共不共이 此中에 略無니 以

一向是不共般若故라 彼經에 云, 云何爲共法고 四禪과 四無色과 四無量心과 四無色定인 如是等法을 是名共法이니라 智論에 釋云호대 凡夫와 聖人의 生處와 入定處[78])가 共故로 名爲共法이라하니라 經에 云, 何等이 名不共法고 四念處와 乃至十八不共法을 是名不共法이라하니라 論釋云호대 菩薩이 分別知此諸法이 各各無相하고 是法이 從因緣和合生故로 無性이오 無性故로 自性空이라하니라 釋曰, 此卽聖人法이 不共凡夫니 如十八不共等은 亦不共二乘也라 餘大同此니라

● '들음이 근본이 되는 까닭'이란 『대품반야경』 제6권에 이르되, "수보리가 부처님께 사뢰어 말하되, 어떤 것이 온갖 법 가운데 걸림 없는 모양인지 응당히 배우고 알아야 합니까?" 해석하자면 곧 많이 안다는 뜻이다. 아래에 부처님이 답하신 중에 이것과 더불어 열거함과 크게는 같다. 부처님께서 말씀하시되 "온갖 법은 ① 선법과 ② 선하지 않은 법과 ③ 기록할 수 없는 법과 ④ 세간의 법과 출세간의 법과 ⑤ 유루의 법과 ⑥ 무루의 법과 ⑦ 유위법과 ⑧ 무위법과 ⑨ 함께하는 법과 ⑩ 함께하지 않는 법이다"라고 하였다. 해석하자면 이 열 가지 법에서 단지 함께하는 법과 함께하지 않는 법이 이 가운데 생략하고 없으니, 한결같이 함께하지 않는 반야이기 때문이다. 저 경문에 이르되, "어떤 것이 함께하는 법인가? 네 가지 선정과 네 가지 무색계와 네 가지 무량심과 네 가지 무색계의 선정인 이런 등의 법을 함께하는 법이라 이름한다." 『대지도론』에서 해석하되, "범부와 성인의 태어난 곳과 선정에 든 곳이 함께하는 연고로 함께하는 법이라 이름한다"라고 하였다. 경문에 이르되, "어떤 것을 함께하지 않는 법이라 이름하는가? 사념처와 내지 18가지 함께하지 않는 법을 이름하여 함께하지

---

78) 處는 甲南續金本作處所.

않는 법이라 한다"라고 하였다. 논에서 해석하기를 "보살이 이런 모든 법이 각각 모양이 없음을 분별하여 알고 이 법이 인연으로부터 화합하여 생긴 연고로 성품이 없으며, 성품이 없으므로 자체성품이 공하다"라고 하였다. 해석하자면 이것은 성인의 법이 범부와 함께하지 않나니 마치 18가지 함께하지 않는 따위는 또한 이승과도 함께하지 않는다. 나머지는 이와 대략 같은 내용이다.

(ㄴ) 가름을 따와서 해석하다[牒章] 2.
a. 총합하여 과목 나누다[總科] (二何 23下2)
b. 개별로 해석하다[別釋] 7.

a) 인연으로 생기다[緣生] 3.
(a) 생기는 문, 이끄는 문에 대해 밝히다[總顯生引] (初緣)

何等이 爲是事有故로 是事有오 謂無明이 有故로 行有니라 何等이 爲是事無故로 是事無오 謂識無故로 名色이 無니라 何等이 爲是事起故로 是事起오 謂愛起故로 苦起니라 何等이 爲是事滅故로 是事滅고 謂有滅故로 生滅이니라
"(1) 어떤 것이 이 일이 있으므로 이 일이 있음인가? 말하자면 무명이 있으므로 행이 있음이니라. (2) 어떤 것이 이 일이 없으므로 이 일이 없음인가? 말하자면 식이 없으므로 명색이 없음이니라. (3) 어떤 것이 이 일이 일어나는 연고로 이 일이 일어남인가? 말하자면 애가 일어나므로 고가 일어남이니라. (4) 어떤 것이 이 일이 소멸하므로 이 일이 소멸

함인가? 말하자면 유가 소멸하므로 생이 소멸함이니라."

[疏] 二, 何等下는 牒釋이라 卽爲七段이니 初, 緣起中에 依生引二門하야 開爲四重徵釋이라 謂十二支에 初二는 能引이오 次五는 所引이오 次三은 能生이오 後二는 所生일새 故爲四也니라

- (ㄴ) 何等 아래는 가름을 따와서 해석함이다. 곧 일곱 문단이 되었으니, (ㄱ) 인연으로 생김 중에 a. 생기는 문, 이끄는 문에 의지하여 사중(四重)으로 열어서 묻고 해석함이다. 이른바 12지 연기에서 a) 처음 둘[無明 行]은 이끄는 주체요, b) 다음의 다섯[識 名色 六入 觸 受]은 이끌 대상이요, c) 다음의 셋[愛 取 有]은 생기게 하는 주체요, d) 뒤의 둘[生 老死]은 생기는 대상이므로 사중(四重)이 되었다.

[鈔] 依生引二者는 然第六地에 廣顯其相하고 今文에는 略引이라 然此一段에 疏文有三하니 一, 總顯生引이라

- '생기는 문, 이끄는 문의 둘에 의지함'은 그런데 제6지에서 그 모양을 자세히 밝혔고, 본경의 문장에는 간략히 인용하였다. 그런데 이 한 문단에 소문이 셋이 있으니 a. 생기는 문, 이끄는 문을 총합하여 밝힘이다.

(b) 경문을 회통하여 해석하다[會釋經文] 2.
㊀ 세 가지 인연으로 생김을 설명하다[正說三緣生] (然依 23下7)

[疏] 然依雜集第四인대 十二有支에 皆具此有와 彼有等義라 故로 彼論文에 釋支相云호대 相者는 謂無作緣生故며 無常緣生故며 勢用緣生故라 此有彼有者는 顯無作緣生義니 唯有緣故로 果法得有오 非緣

有實作用하야 能生果法이라 此生故彼生者는 顯無常緣生義니 非無生法이 爲因故로 少有法生而得成立이라 無明緣行等者는 顯勢用緣生義니 雖復諸法이 無作無常이나 然不隨一法爲緣故로 一切果生이니 以諸法功能이 差別故라하니라

■ 그런데『아비달마잡집론』제4권에 의지한다면 12유지(有支)에 모두 이것이 있음과 저것이 있다는 등의 뜻을 갖추었다. 그러므로 저 논문에 (12가지) 유지(有支)의 모양을 해석하여 말하되, "모양은 지음 없는[無作] 연에서 생겨나기 때문이며, 항상하지 않음[無常]의 연에서 생겨나기 때문이며, 세력을 써서[勢用] 연에서 생겨나기 때문이니, (이러한 것이 '연에서 생기는 것[緣生]'의 모양이다.) '이것이 있으므로 저것이 있다는 것'은 지음 없는 연에서 생기는 이치를 밝힌 것이니 오직 연이 있는 연고로 과법이 존재하게 되는 것이나, 연 자체에 과법을 능히 생기게 하는 실다운 작용이 있는 것은 아니다. '이것이 생기는 연고로 저것이 생기는 것'은 무상함의 연에서 생기는 이치를 밝힌 것이니, 이것은 무생의 법을 인으로 삼는 것이 아니라 그 생기는 대상(所生)의 법이 부족하더라도 성립할 수 있는 것이다. '무명이 행을 인연한다'는 따위는 세력을 써서 연에서 생겨난다는 이치를 밝힌 것이다. 비록 다시 모든 법이 무작(無作)이고 무상(無常)이라 해도 하나의 법을 따라 연을 삼지 않은 연고로 온갖 과보가 생겨나게 된다. 모든 법의 공능에 차별이 있기 때문이다"라고 하였다.

[鈔] 二然依雜集下는 以三緣生으로 會釋經文之意라 三, 正釋經文이라 二中[79]에 二[80]니 先, 正說三緣生이오 後, 會釋今文이라 今初라 然雜集[81]

---

79) 上七字는 南金本作文.
80) 二는 甲續本作分二.

論에 云, 云何緣生이며 幾是緣生이며 何義로 觀緣生耶아 問也라 謂相故며 分別支故라하니라 釋曰, 彼有十五義어늘 今略用一二耳라 論名相者는 謂無作緣生故며 無常緣生故며 勢用緣生故니 是緣生相이 由此三故로 薄伽梵이 說, 此有故로 彼有며 此生故로 彼生이라 謂無明緣行이라하야 乃至廣說列也라 此有故彼有者는 顯無作[82]緣生義等이니 具如疏文하니 卽是釋也니라 然功能差別下는 更云호대 如從無明力故로 諸行得生하며 乃至生力故로 得有老死니라

- (b) 然依雜集 아래는 세 가지로 연에서 생김으로 경문의 뜻을 모아서 해석함이다. (c) 경문 해석이다. (b) 중에 둘이니 ㊀ 세 가지 인연으로 생김을 바로 설명함이요. ㊁ 본경의 문장을 회통하여 해석함이다. 지금은 ㊀이다. 그런데『아비달마잡집론』에 이르되, " '어떤 것이 연에서 생김이며, 몇 가지가 연에서 생기는 것이며, 어떤 이치에서 연에서 생기는 것이라고 관찰해야 합니까?' 라고 질문하였다. 이른바 모양에 기인하고 분별지에 기인하기 때문이다"라고 하였다. 해석하자면 저기에 15가지 뜻이 있는데 지금은 생략하고 한두 가지를 썼을 뿐이다. 논에서 이름한 "모양이란 이른바 지음이 없이 인연에서 생기는 까닭이며, 항상하지 않고 인연으로 생기는 까닭이며, 세력을 써서 연으로 생긴 까닭이며, 이런 연에서 생긴 모양이 이 세 가지로 인하여 박가범이 말씀하시되 '이것이 있는 연고로 저것이 있으며 이것이 생긴 연고로 저것이 생긴다.' 이른바 무명이 행을 인연한다"고 하여 내지 자세하게 말하여 나열하였다. '이것이 있으므로 저것이 있다'는 것은 지음 없이 연으로 생긴 이치 따위를 밝혔으니 소문에 모두 갖추었으니 곧 해석한 것이다. 然功能差別 아래는 다시 말하되, 마치 무명의

---

81) 上十字는 南金本作故彼.
82) 作은 原南續金本作明 論及疏引作作.

힘으로부터 모든 행이 생기며 나아가 힘이 생겨난 연고로 늙고 죽음이 있게 되었다.

㈢ 본경과 회통하여 해석하다[會釋經文] (然今 24下4)

[疏] 然今經中에 欲顯緣起無性하야 擧前二門이라 勢用一門은 六地에 廣辨하니라 就二門中하야 從增勝說이니 前後를 互擧니라 前七은 許同因位일새 故名能引所引이오 後五는 要因果相望일새 云能生所生이니라 由此하야 能所引中에는 但云此有彼有하고 後文에 則云, 此起彼起라하니 起即生也니라 故로 集論에 云, 謂於因時에 有能引所引하야 於果時에 有能生所生이라하니라

■ 그러나 본경 중에 연기가 체성 없음을 밝히기 위하여 앞의 두 문[生門, 引門]을 거론하였다. 세력을 쓰는 한 문은 제6 현전지에 가서 자세히 밝히겠다. 두 문에 입각하여 더욱 뛰어남으로부터 설명하나니 앞과 뒤를 번갈아 거론하였다. 앞의 일곱 지는 인행 지위가 같음을 허용한 연고로 이끄는 주체와 이끌 대상이라 이름하고, 뒤의 다섯 지(愛 取 有 生 老死)는 원인과 결과가 서로 보는 것이 중요하므로 생기는 주체와 생길 대상이라 하였다. 이로 말미암아 이끄는 주체와 대상 중에는 단지 '이것이 있으므로 저것이 있다'고 말하였고, 뒤의 경문에는 말하되, '이것이 일어나므로 저것이 일어난다'고 말했으니 일어남이 곧 생기는 것이다. 그러므로 『아비달마잡집론』에 이르되, "말하자면 인행 시절에 이끄는 주체와 이끌 대상이 있어서 과덕의 시절에는 생기는 주체와 생길 대상이 있는 것이다"라고 하였다.

[鈔] 然今經中下는 第二會釋經文也라 於中에 有五하니 一, 正明二門이라 然此有彼有等은 亦兼勢用이니 正顯二相일새 故指勢用이 在於六地라 二, 就二門下는 出其影略이라 言前後互擧者는 謂能所引中에 明無作緣生하고 能所生中에 明無常緣生이라 三, 前七許同下는 出生引所以라 言許同者는 據三世義니 初二와 次五는 過現不同이니 約二世義하야 許得同世이며 但引五種일새 故不名生이라 四, 由此能所下는 出此經中影略之由니 以前於能所引中에 無作義顯이나 而影取無常이오 能所生中에 無常義顯이나 影取無作이니라 五, 故集論下는 引證生引之相이니라

● ㈡ 然今經中 아래는 본경과 회통하여 해석함이다. 그중에 다섯이 있으니 (1) 두 문을 바로 설명함이다. 그런데 이것이 있으므로 저것이 있다는 따위는 또한 세력을 씀에도 겸하였으니 두 모양을 바로 밝힌 연고로 세력을 씀이 제6지에 있음을 지적하였다. (2) 就二門 아래는 그 비추어 생략한 부분을 내보였다. '앞과 뒤를 번갈아 거론했다'고 말한 것은 이른바 이끄는 주체와 대상 중에서 지음 없이 인연으로 생김을 밝혔고, 생겨나는 주체와 대상 중에서 항상함 없는 인연으로 생김을 밝혔다는 뜻이다. (3) 前七許同 아래는 생김과 이끌림의 이유를 내보임이다. '지위가 같음을 허용한다'고 말한 것은 삼세를 거론한다는 뜻이니 처음의 두 지[無明 行]와 다음의 다섯 지[識 名色 六入 觸 受]는 과거와 현재가 같지 않나니 두 세상의 뜻을 잡아서 같은 세상으로 허용함이며, 단지 이끄는 것이 다섯 종류일 뿐이므로 생긴다고 말하지 않았다. (4) 由此能所 아래는 본경에서 비추어 생략된 이유를 내보임이다. 앞의 이끄는 주체와 대상 중에서 지음 없음의 뜻을 밝혔지만 비추어(은근히) 항상하지 않음을 취하였고, 생기는 주체와 대

상 중에서 항상하지 않음의 뜻을 밝혔지만 비추어 지음 없음도 취했다는 뜻이다. (5) 故集論 아래는 생기는 문과 이끄는 문의 모양을 인용하여 증명한 내용이다.

(c) 경문을 해석하다[釋文] 3.
㊀ 총합하여 표방하다[總標] (然文 25上9)
㊁ 개별로 해석하다[別釋] 4. (初於)

① 이끄는 주체 중에서 깊은 관법을 설명하다[能引中明深觀] (初於)
② 이끌 대상을 잡아서 청정한 관법을 설명하다[約所引明淨觀] (第二)

[疏] 然이나 文有染淨二觀하니 初는 於能引中에 明染觀이니 故云無明有故로 行有라 第二는 約所引이니 亦通能所相對라 以明淨觀이니 故云識無故로 名色無라 以識通能引하야 有二種業하니 一, 持諸有情의 所有業縛이니 謂與行所引習氣로 俱生滅故오 二, 與名色으로 作緣이니 謂由識入母胎하야 名色이 得增長이라 今言識無者는 卽不爲業熏하야 不持業縛이니 故不入胎하야 增長名色이라 故云識無故로 名色無니라

■ 그러나 경문에 잡염과 청정의 두 관법이 있으니, ① 이끄는 주체 중에서 깊은 관법을 설명함이니 그러므로 '무명이 있으므로 행이 있다'고 말하였다. ② 이끌 대상을 잡은 설명이니 또한 주체와 대상이 상대함에 공통으로 청정의 관법을 설명했으니, 그러므로 '인식이 없어졌으므로 명색이 없다'고 하였다. 인식은 이끄는 주체와 공통으로 두 가지 업이 있으니 (1) 모든 유정들이 가진 업의 속박을 가졌으니 이른바 행

이 이끄는 대상인 습기와 함께 모두 생멸하는 까닭이요, (2) 명색과 함께 인연을 짓나니 이른바 인식이 어머니 태중에 들어감으로 인해 명색이 증장함을 얻는다는 뜻이다. 본경에 '인식이 없다'고 말한 것은 곧 업의 훈습이 되어 업의 속박을 지니지 않은 것이 아님이니 그러므로 태중에 들어가 명색을 증장함이 아닌 것이다. 그러므로 '인식이 없어졌으므로 명색이 없다'고 말한 것이다.

[鈔] 然文有下는 第三, 釋文이라 文中에 三[83)]이니 初句는 標也라 有染淨觀[84)]者는 六地에 廣明이니 謂無明緣行等이라 前能生後하야 生死流轉이 爲染이오 無明滅에 行滅等하야 反本還源이 爲淸淨耳니라 初能引中下는 二, 別釋이니 卽爲四番이라 初番은 可知로다 第二約所引下는 約所引明淨이니 例前하면 亦合云識有故로 名色有오 前文에 亦合有無明無故로 行無니라

以識通能引下는 釋上亦通能所引義니 正義는 正取識과 名色이 爲所引義라 今釋上言通能所引이니라 若識支가 通能引인대 名色은 唯所引이라 故로 識與名色이 是能所引對라 於中에 先은 反釋經文하야 約染觀明이라 然識通能所引者는 若取識種하야 爲識支인대 卽是所引이오 若取行種하야 爲識支인대 識是能引이니 行是能引故라 今擧二業하니 初, 業是能引이니 以取行習氣하야 爲識支故라 實是行種이 與識俱故로 名爲識支는 卽集論意니 正取業種하야 以爲識支라 識種은 乃是名色支攝이라 而緣起經에 通能所引하니 業種과 識種이 俱名識故라 識種은 但是名色所依오 非名色故라 今第二意는 卽是識爲能引일새 云與名色作緣이니라 從謂由識入母胎下는 兼顯現行二

---

83) 上三字는 南金本無, 甲本作文.
84) 有는 甲南續金本作者.

果라 然今下經에 義通能所라 故로 六地에 云, 於諸行中에 植心種子라하니 卽具二也라 其二種業言은 卽六地의 自業助成章中이라 然彼二業에 云, 識有二種業하니 一, 令諸有로 相續이오 二, 與名色으로 作生起因이라하니 今取其勢하야 以能所引으로 而爲二業이라 約持行種은 卽是能引이오 約其自體는 卽是所引이니라 今言識無者는 上에 反釋經이오 今順釋也라 反上二義를 可知로다

● (c) 然文有 아래는 경문 해석이다. 경문 중에 셋이니 ㊀ 첫 구절은 표방함이다. '잡염관과 청정관이 있다'는 것은 제6지에 자세히 설명하였으니 이른바 '무명이 행을 인연하는' 등이다. 앞에서 능히 뒤를 생기게 하여 나고 죽음에 유전함이 잡염이라 하고, 무명이 멸하면 행이 멸하는 등이라 하여 근본과 반대로 근원에 돌아감이 청정이라 하였다. ㊁ 初於能引中 아래는 개별로 해석함이니 네 번이 된다. ①은 알 수 있으리라. ② 第二約所引 아래는 이끄는 대상을 잡아서 청정관을 설명함이니 앞과 유례하면 또한 '인식이 있으므로 명색이 있다'고 해야 합당할 것이요, 앞의 경문에도 '무명이 없으므로 행이 없다'고 해야 합당할 것이다.

以識通能引 아래는 위의 이끄는 주체와 대상과 또한 통한다는 이치를 해석하였으니 바른 이치는 인식과 명색이 이끌 대상이라는 뜻을 바로 취한 것이다. 지금은 위에서 이끄는 주체와 대상에 공통되었다고 말한 부분을 해석함이다. 만일 인식의 지가 이끄는 주체와 공통된다면 명색은 이끌 대상일 뿐이다. 그러므로 인식과 명색, 이끄는 주체와 대상으로 상대한 것이다. 그중에 (1) 경문을 반대로 해석하여 잡염관을 의지해 설명함이다. 그러나 '인식이 이끄는 주체와 대상에 공통된다'는 것은 만일 인식의 종자를 취하여 인식의 지로 삼았다면 곧

이끌 대상이 됨이요, 만일 행의 종지를 취하여 인식의 지로 삼는다면 인식은 이끄는 주체가 되나니 행이 이끄는 주체인 까닭이다. 지금은 두 가지 업을 거론하였으니 ① 업은 이끄는 주체이니 행의 습기를 취하여 인식의 지로 삼은 까닭이다. 진실로 행의 종자가 인식과 함께하는 연고로 인식의 지라 이름한 것은 곧 『아비달마잡집론』의 주장이니, 업의 종자를 취하여 인식의 지로 삼은 것이다. 인식의 종자는 비로소 명색의 지에 섭수된다. 『연기경』에는 이끄는 주체와 대상에 공통하나니, 업의 종자와 인식의 종자가 모두 인식이라 이름하는 까닭이다. 인식의 종자는 단지 명색의 의지처일 뿐이요, 명색은 아니기 때문이다. 지금 (b)의 의미는 곧 인식이 이끄는 주체가 되는 연고로 말하되 '명색과 함께 인연을 짓는다'고 하였다. 謂由識入母胎 아래는 현행번뇌의 두 가지 결과를 함께 밝혔다. 그런데 지금은 (본경의) 아래 경문에서 이치가 주체와 대상에 공통되었다. 그러므로 제6지에 이르되, '모든 행 가운데 마음의 종자를 심는다'고 하였으니 곧 두 가지를 구비한 것이다. 그 두 종류의 업을 말함은 제6 현전지의 자업조성문(自業造成門) 중에 있다. 그러나 저 두 가지 업에 이르되, "인식에는 두 가지 업이 있으니 ① 모든 존재로 하여금 상속하게 함이요, ② (인식은) 명색과 함께 생겨나는 원인을 짓는다"고 하였으니, 지금은 그 세력을 취하여 이끄는 주체와 대상으로 두 가지 업을 삼은 것이다. 행의 종자를 지님을 잡음은 곧 이끄는 주체요, 그 자체를 잡음은 곧 이끌 대상이다. 본경에서 '인식이 없다'고 말한 것은 위에서 경문을 반대로 해석함이요, 지금은 순리로 해석함이다. 위의 두 가지 이치를 반대로 해석함은 알 수 있으리라.

③ 생기는 주체와 대상이 상대함을 잡아서 잡염의 관법을 설명하다

　　[能所相對明染觀] (第三 26下8)

④ 생기는 주체와 대상이 상대함을 잡아서 청정관법을 설명하다

　　[約能所生相對明淨觀] (第四)

[疏] 第三은 能生所生相對하야 以明染觀이니 故云愛起故로 苦起라 苦卽當果오 愛卽能生이라 能生에 有三하니 擧初攝末이라 下明淨觀에 擧末攝初하니 蓋巧辯影略耳라 第四는 亦能所生相對하야 以明淨觀이니 謂因亡果喪耳니라

■ ③ 생기는 주체와 대상이 상대함을 잡아서 잡염관을 설명함이니 그러므로 '사랑이 생겨나므로 고통이 생긴다'고 말하였다. 고통은 미래의 결과요, 사랑은 곧 생기는 주체이다. 생기는 주체에 셋이 있으니 처음을 거론하여 끝을 포섭하였다. 아래에서 청정관을 설명할 적에 끝을 거론하여 처음을 포섭하였으니 대개 말을 잘하면 비추어 생략했을 뿐이다. ④ 또한 생기는 주체와 대상이 상대하여 청정관을 설명함이니 이른바 원인이 없다면 결과도 없을 뿐이다.

[鈔] 第三下는 能生所生相對라 上은 愛取有가 是能生이오 生老死가 爲所生故라 第四는 可知로다

● ③ 아래는 생기는 주체와 생길 대상이 상대한 분석이다. 위는 사랑과 잡음, 존재가 생기는 주체요, 태어남과 늙고 죽음이 생길 대상인 까닭이다. ④는 알 수 있으리라.

㈢ 구분하다[料揀] (後之 27上3)

[疏] 後之三門은 皆能所相望이라 何以無明與行에 唯約能引而相望耶아 答이라 欲顯十二支가 皆有無作과 無常二門이라 故於初一位에 相次以明이라 不爾則謂要四位相望하야사 方得此有彼有니 故로 下之三門에 欲顯四位不同일새 故能所相望이니라 又爲顯能引之中에 或二或三일새 故於前二에 別爲一段이니 蓋說者[85])之妙也니라

■ 뒤의 세 문은 모두 주체와 대상이 서로 봄이다. 어찌하여 무명과 행에 오직 이끄는 주체만을 잡아서 서로 보는가? 답한다. 12지가 모두 지음 없음과 항상 하지 않음 두 문이 있음을 밝히려는 것이다. 그러므로 처음 한 지위에서 서로 순서대로 설명하였다. 그렇지 않으면 이른바 네 지위가 서로 바라봄이 되어야만 비로소 이것이 있으면 저것이 있음을 얻게 되나니, 그러므로 아래 세 문에서 네 지위가 같지 않음을 밝힌 연고로 주체와 대상이 서로 대비된 것이다. 또한 이끄는 주체 중에 혹은 둘과 혹은 셋을 밝히기 위한 연고로 앞의 두 지위에서 별도로 한 문단을 삼았으니 대개 설명한 이의 묘한 기술이다.

[鈔] 後之三門下는 料揀[86])이라 然第二門은 識與名色이라 識雖有能引之義나 正取所引이니 故로 三皆能所相對니라 先問後答이니 答意를 可知로다 又爲下는 重顯前二가 相次爲一所以라 識支가 是所引에는 則能引이 唯二오 識是能引에는 則能引이 有三이라 若識取所引인대 則上四番이 而爲三類니 初一은 唯就能引明이오 第二는 唯就所引說이

---

85) 者는 南續金本作智.
86) 揀下에 南續金本有初問.

오 三四는 通能所相對라 故顯十二로 一一相望에 皆得此有彼有와 此生彼生等이니 不必要能引所引과 能生所生으로 相對以明하야사 方有此有彼有等이니 故疏云說者之妙니라

- ㈢ 後之三門 아래는 구분함이다. 그런데 둘째 문은 인식과 명색이다. 인식은 비록 이끄는 주체의 뜻이 있지만 바로 이끌 대상을 취한다. 그러므로 셋이 모두 주체와 대상이 상대함이다. 앞은 질문이요 뒤는 대답이니 대답한 의미는 알 수 있으리라. 又爲 아래는 앞의 두 지위가 서로 순서대로 하나가 된 이유를 거듭 밝힌 내용이다. 인식의 지가 이끌 대상이면 이끄는 주체는 오직 둘뿐이요, 인식의 지가 이끄는 주체일 적에는 이끄는 주체가 셋이 있게 된다. 만일 인식이 이끌 대상을 취한다면 위의 네 번이 세 부류가 될 것이니 처음 하나는 오직 이끄는 주체에만 입각하여 설명함이요, 두 번째는 오직 이끌 대상에만 입각하여 설명함이요, 셋째와 넷째는 주체와 대상이 상대함에 공통된다. 그러므로 12지로 낱낱이 서로 대비시켜 밝힐 적에 모두 이것이 있으므로 저것이 있음과 이것이 생기므로 저것이 생긴다는 따위를 얻게 되나니, 반드시 이끄는 주체와 대상과 생기는 주체와 대상으로 상대하여 밝혀야만 비로소 이것이 있으므로 저것이 있는 따위가 되는 것은 아니다. 그러므로 소가가 '설명한 이의 묘한 기술이다'라고 말하였다.

b) 유루의 오온법[有漏五蘊] 5.
(a) 총합적 명칭을 해석하다[釋總名] (第二 27下8)

何等이 爲世間法고 所謂色受想行識이니라
"어떤 것이 세간법인가? 이른바 색과 수·상·행·식이니라."

[疏] 第二, 有漏五蘊이라 蘊者는 積聚義니 雜集第一에 云, 藏果며 重擔義라하니라

■ b) 유루의 오온법이다. 온(蘊)이란 '쌓고 모은다'는 뜻이니 『아비달마잡집론』 제1권에 이르되, "결과를 저장하며 무겁게 짊어진다는 뜻이다"라고 하였다.

(b) 세간에 대한 해석[釋世間] (而標 27下9)
(c) 구분하다[料揀] (然色)

[疏] 標名世間者는 世는 卽隱覆義니 隱覆勝義故라 又可破壞義니 三世所遷故라 間者는 墮虛僞中故니 隱覆之法이 卽墮虛僞故라 世卽是間이니라 然이나 色等蘊이 通於無漏出世之義나 欲訶毀故로 略擧一分이니라

■ 그러나 세간이란 이름을 표방한 것은 세(世)는 곧 '감추고 덮는다'는 뜻이니 뛰어난 이치를 감추고 덮기 때문이다. 또한 '파괴될 수 있다'는 뜻이니 삼세에 옮겨가기 때문이다. 간(間)이란 허망하고 거짓된 것에 떨어지기 때문이니 감추고 덮을 법이 곧 허망하고 거짓된 곳에 떨어지는 까닭이다. (그러므로) 세가 바로 간이 되는 것이다. (c) 그러나 색 등 오온이 번뇌 없는 출세간의 이치와 공통되지만 꾸짖고 훼방하려는 연고로 간략히 한 부분만 거론하였다.

[鈔] 二, 有漏下는 文五니 一, 釋總名이니 已見光明覺하니라 雜集藏果等者는 卽第二論이니 其藏果義가 與蘊義로 大同이라 重擔은 與隱覆義로 大同이라 然彼論에 云, 蘊義云何오 答, 諸所有色으로 乃至若近若

遠히 彼一切를 略說色蘊이라 積聚義故라 如財貨蘊이며 如是乃至識蘊이라하니라 釋曰, 此卽藏果義니 蘊藏色等果法耳라 言重擔者는 論에 云, 荷雜染擔일새 故名爲蘊이니 如肩荷擔이라 荷雜染擔者는 謂煩惱等諸雜染法이 皆依色等故니 譬如世間身之一分이 能荷於擔이라 卽此一分을 名肩名蘊이니 色等도 亦爾하야 能荷雜染故로 名之爲蘊이라하니라 而標名下는 二, 釋世間이라 世有三義하니 隱覆名世는 通爲無爲니 如世界成就品으로 下二는 唯有爲世間이라 世卽是間은 持業釋也라 然色等下는 三, 料揀이라 言通無漏者는 諸[87]佛五蘊이라 況因滅無常色하야 獲常色等이라 兼通無爲나 今但取有漏有爲蘊이라 不攝無爲는 義不相應故니 留於無漏하야 在後段說이니라

● b) 有漏 아래는 (유루의 오온법에서) 경문이 다섯이니 (a) 총합적인 명칭해석이니 이미 광명각품에서 본 적이 있다. 『아비달마잡집론』에서 결과를 저장한다'는 등은 두 번째 논문이니 '결과를 저장한다'는 뜻이 쌓음의 뜻과 함께 크게는 같다. 무겁게 짊어짐은 숨기고 덮는다는 뜻과 크게는 같다. 그러나 저『잡집론』에 이르되, "쌓음의 뜻은 어떤 것인가? 답한다. 모든 가진 바 색은 나아가 가깝고 먼 것에 이르기까지 저 모두를 간략히 '형색의 쌓음'이라 말한다. 쌓고 모은다는 뜻인 까닭이다. 마치 재화를 쌓음과 같으며 이와 같이 나아가 인식의 쌓음에까지 이른다"라고 하였다. 해석하자면 이것은 곧 '결과를 저장한다'는 뜻이니 색 등의 결과의 법을 쌓고 저장할 뿐이다. '무겁게 짊어진다'고 말한 것은『잡집론』에 이르되, "잡스럽고 물든 것을 짊어진 연고로 쌓음이라 이름하나니 마치 어깨에 멘 것과 같다. '잡스럽고 물든 것을 짊어짐'은 말하자면 번뇌 따위의 모든 잡염법이 모두 색 등

---

87) 諸는 甲南續金本作謂.

에 의지한 까닭이니, 비유컨대 세간에서 몸의 일부분이 능히 등에 짊어짐과 같다. 이런 한 부분을 어깨라 하고 쌓음이라 하나니, 색 등도 또한 그래서 능히 잡염법을 짊어지는 연고로 이름하여 쌓음이라 한다"라고 하였다. (b) 而標名 아래는 세간에 대한 해석이다. 세에 세 가지 뜻이 있으니 숨기고 덮음을 세라 이름한 것은 무위법과 공통되나니 세계성취품과 같다. 아래 둘은 오직 유위의 세간뿐이다. 세가 곧 간인 것은 업을 가진 해석[持業釋]이다. (c) 然色等 아래는 구분함이다. '무루법과 공통된다'고 말한 것은 모든 부처님의 오온을 뜻한다. 원인이 없고 무상한 색과 견주어서 항상한 색 등을 얻었으니 무위와 함께 공통되지만 지금은 단지 유루와 유위의 온만 취했을 뿐이다. 무위법은 이치로 불상응행법에 포섭되지 않은 까닭이니 무위법에 머물러서 뒤 문단에서 설명한다.

(d) 모양을 아는 것에 대한 해석[釋知相] (云何 28下7)

[疏] 云何知之오 應知三種이니 一, 知其相이니 謂色以變礙로 爲相이오 受以領納으로 爲義오 想者는 取像이오 行은 謂遷流오 識은 以[88]了別이라 二, 知其生滅이니 謂生無所從來며 滅無所至라 三, 知其不生不滅이니 謂法本不生일새 今則無滅이라 故로 力林菩薩이 云, 分別此諸蘊에 其性이 本空寂이라 空故로 不可滅이니 此是無生義하니라 況知一切法趣蘊가 蘊卽法界無礙니 方名眞實多聞이니라

■ 어떻게 아는가? 응당히 세 가지임을 알 것이니 ① 그 모양을 아나니 말하자면 형색은 변하고 장애함으로 모양이 되고, 느낌은 받아들임

---

88) 以는 南續金本作者.

으로 뜻을 삼았고, 생각이란 형상을 취함이요, 지어 감은 옮기고 흘러감을 말하고, 인식은 알고 분별함이다. ② 그 나고 없어짐을 아나니, 말하자면 태어남은 어디서 온 바가 없으며 멸하여 이르는 곳도 없다. ③ 그 생기지 않고 멸하지 않음을 아나니 말하자면 법은 본래 태어나지 않으며 지금에도 없어지지 않는 것이다. 그러므로 역림(力林)보살이 이르되, "이런 모든 쌓음을 분별할 적에 그 성품이 본래 공적한지라 공한 연고로 멸할 수가 없나니 이것이 남이 없는 이치이다"라고 하였다. 온갖 법의 가르침이 쌓음을 아는 것이 온은 곧 법계가 장애가 없음과 비견하나니 바야흐로 진실하게 많이 들음이라 말한다.

[鈔] 云何知下는 四, 釋知相이니 卽大品意라 前文에 已引하니라 初知相中에 言色以變礙爲相者는 俱舍第一中에 色有二義하니 一, 變壞義라 論에 問云호대 始自眼根으로 終乎無表히 世尊이 何故로 說爲色耶아 答이라 可變壞故로 名爲色蘊이라하니라 釋曰, 變者는 顯刹那無常이오 壞者는 顯衆同分無常이니라 論問云호대 誰能變壞오 謂手觸故[89]로 卽便變壞라하야 廣說乃至蚊虻等觸하니 此變壞者는 卽是可破壞義니라 二, 變礙義니 論에 云, 有說變礙일새 故名爲色이라하니라 釋曰, 變은 謂變壞오 礙는 謂質礙라 若爾인대 極微는 應不名色이니 無變礙故라 此難不然하니 無一極微가 各處而住니 衆微聚集에 變礙義成이라 餘廣如彼라하니라 雜集에 亦二義니 一, 問云호대 色蘊何相고 答이라 變現相이 是色相이라 此有二種하니 一, 觸對變壞오 二, 方所示現이라 觸對變壞者는 謂由手足하며 乃至蚊虻히 他所觸對時에 卽便變

---

89) 故는 原本作等故, 甲南續金本作故等, 論作故; 等下에 原本有云云二字注 南續金本作正文, 論無.

壞라 方所示現者는 謂由方所하야 隨何相示現如此色과 如是如是色等이니라

- (d) 云何知 아래는 모양을 아는 것에 대한 해석이다. 곧『대품반야경』의 주장이다. 앞의 경문에 이미 인용하였다. ① 모양을 아는 중에 '형색은 변화하고 장애함으로 모양을 삼는다'고 말한 것은『구사론』제1권 중에 형색에 두 가지 뜻이 있으니 (1) 변하고 무너지는 뜻이다.『구사론』에서 묻기를, "자신의 안근으로 시작하여 무표색으로 끝날 때까지 세존께서 무슨 까닭으로 색을 설하는가?" 대답한다. "변화하고 무너짐이 가능한 연고로 이름하여 형색의 쌓음이라 한다"라고 하였다. 해석하자면 변함이란 찰나 간의 무상함을 밝힘이요, 무너짐이란 중동분(衆同分)의 무상을 밝힘이니라. 논에서 묻기를, "무엇이 능히 변화하고 무너지게 하는가? 이른바 손과 맞닿은 연고로 곧 문득 변하고 무너진다는 뜻이다"라고 하여 자세히 설명하고 나아가 모기나 등에 등과 맞닿나니 이런 변화하고 무너짐이란 곧 파괴할 수 있다는 뜻이다. (2) 변화하고 장애하는 뜻이니 논에 이르되, "어떤 이는 변화하고 장애함을 설한 연고로 형색이라 이름한다"라고 하였다. 해석하자면 변화함은 변화하고 무너짐을 말하고, 장애함은 바탕을 장애함을 말하나니, 만일 그렇다면 지극히 미세함은 응당히 형색이라 이름하지 못할 것이니, 변하거나 장애함이 없기 때문이다. 이런 힐난은 그렇지 않나니 어떤 지극히 미세함도 각각의 처소에 머물지 않나니 여러 미세함이 모으고 쌓을 적에 변하고 무너지는 뜻이 성립하는 것이다. 나머지 자세한 것은 저 논의 설명과 같다.『잡집론』에는 또한 두 가지 뜻이니 (1) 묻기를 형색의 온은 어떤 모양인가? 답한다. 변하여 나타나는 모양이 바로 형색의 모양이다. 여기에 두 가지가 있

으니 ① 촉과 상대하여 변하고 무너짐이요, ② 방소에 보이고 나타남이다. ① 촉과 상대하여 변하고 무너짐이란 이른바 손과 발로 인함이며 나아가 모기나 등에 이르기까지 다른 것이 촉과 상대한 바일 적에 곧 문득 변하고 무너지게 된다. '방소에 보이고 나타남'이란 이른바 방소로 인하여 어떤 모양을 따라 이러한 형색과 이러이러한 형색 등을 보이고 나타내는 것이다.

受以領納者는 雜集에 問云호대 受蘊은 何相고 答이라 領納相이 是受故라 謂領種種淨不淨業으로 所得異熟이라하며 又唯識에 云, 受는 謂領納順違俱非境相으로 爲性이라하니라 想者取像者는 卽唯識文이니 下에 云施設種種名言으로 爲業이니 謂要安立境分齊相하야사 方能隨起種種名言이라하며 雜集에 云, 搆了相이 是想相이니 由此想故로 搆了種種像類하야 隨所見聞覺知之義하야 起諸言說이라하니라 行謂遷流[90]者는 俱舍에 云, 造作과 遷流二義를 名行이라하며 雜集에 云, 造作相이 是行相이니 由此行故로 令心造作이라 謂於善惡無記品中에 驅役心故라하니라 釋曰, 俱舍二義는 今取遷流는 欲訶毀故라

識以了別者는 俱舍에 云, 識은 謂各了別이라 論에 云, 了別名識이라 此有六種了別不同일새 故名爲識이라하며 雜集에 云, 了別相이 是識相이니 由此識故로 了別色聲香味觸法等種種境界라하니라 況知一切法趣色者는 卽於第三義中에 傍況此義라 亦大品經에 云, 一切法趣色이라도 色尙不可得이어든 云何當有趣及非趣아 天台가 爲三觀釋云호대 初句는 假오 次句는 空이오 後句는 中이라하니라 然經文에는 但顯性空이라 今疏引意에 却取一切法趣色은 明事事無礙니 一中에

---

90) 謂는 甲南續金本作以.

有無量義故라 是名善巧多聞이니라

● '느낌은 받아들임'이란 『잡집론』에서 묻기를, "느낌의 온은 어떤 모양인가? 대답한다. 받아들이는 모양이 바로 느낌인 까닭이다. 이른바 갖가지 깨끗하고 깨끗하지 못한 업으로 얻은 바 이숙을 받는 것을 뜻한다"라고 하였으며, 또한 『성유식론』에 이르되, "수(受)의 심소는 수순함과 거스름, 수순도 거스름도 아닌[俱非] 대상의 모습을 받아들임을 체성으로 삼고, (애착을 일으키는 것을 업으로 삼는다. 능히 화합과 떠남 및 화합도 떠남도 아닌 것의 욕구를 일으키기 때문이다.)[91]"라고 하였다. '생각이란 형상을 취함이다'라고 한 것은 곧 『성유식론』의 문장이니 아래에 이르되, "생각[想]의 심소는 대상에 대해 형상을 취하는 것을 체성으로 삼고, 갖가지 명칭을 시설함을 업으로 삼는다. 이른바 반드시 경계의 분제상[分齊相, 자상과 공상]을 안립하여 바야흐로 능히 따라서 갖가지 명칭[名言]을 일으킨다"라고 하였다. 『잡집론』에 이르되, "인식하는 모양[搆了相]이 상온(想蘊)의 모양이다. 상온으로 인해 온갖 모든 법의 모양을 인식하는 것이니, 그 보고 듣고 지각하고 이해하는 이치에 수반해서 갖가지 언설을 일으킨다고 말한다"라고 하였다. '행온은 이른바 옮기고 흘러감을 말한다'라는 것은 『구사론』에 이르되, "만들고 지음과 옮기고 흘러감의 두 가지 뜻을 행온이라 이름한다"고 했으며, 『잡집론』에 이르되, "조작하는 모양이 행온의 모양이다. 행온으로 인하여 마음을 조작하여 이른바 선품(善品)과 악품(惡品), 기록할 수 없는 품류[無記品] 중에서 조작하여 그 마음을 부리는 것을 가리킨다"라고 하였다. 해석하자면 구사론의 두 가지 뜻[造作과 遷流]

---

91) 樂受에 있어서는 未得의 樂에는 합하기를 바라고[欲], 已得의 樂에는 떠나지 않기를 바란다. 苦受에 있어서는 未得의 苦에는 합하지 않기를 좋아하고[樂], 已得의 苦에는 떠나지 않기를 좋아한다. 둘 다 아닌 것[非二]은 앞의 두 가지가 아닌 것을 말한다.

은 지금 본경에서 옮기고 흘러감이라 취함은 꾸짖고 훼손하기 위함이다. '인식은 알고 분별함'이란 『구사론』에 이르되, "인식은 각기 알고 분별함을 뜻한다. 논하여 이르되, 알고 분별함을 인식이라 이름한다. 여기에 여섯 종류의 알고 분별함이 같지 않음이 있는 연고로 이름하여 인식이라 말한다"라고 하였으며, 『잡집론』에 이르되, "모양을 구별하여 아는 것[了別]이 식온의 모양이니, 이 식온으로 인해서 색과 성, 향, 미, 촉, 법의 온갖 경계를 구별하여 알게 된다"라고 하였다. 하물며 온갖 법취의 색까지 아는 것은 곧 세 번째 뜻 가운데서 이 뜻을 빗대어 견준 것이다. 또한 『대품반야경』에 이르되, "온갖 법에 나아가는 색[法趣色]이라도 색은 오히려 얻을 수 없는데 어떻게 미래에 나아가고 나아가지 않음이 있겠는가?" 천태대사가 삼관법(三觀法)으로 해석하시되, "첫 구절[一切法趣色]은 가관이요, 다음 구절[色尚不可得]은 공관이요, 뒤 구절[云何當有趣及非趣]은 중관이다"라고 하였다. 그러나 경문에는 단지 성품이 공함만을 밝혔다. 지금 소가가 의미를 인용할 적에 도리어 온갖 법취의 색을 취함은 현상과 현상이 무애함을 설명한 부분이니 하나 가운데 한량없는 뜻을 가졌기 때문이다. 이런 것을 '뛰어난 다문'이라 이름한다.

(e) 비방을 해명하다[解妨] (然諸 30下4)

[疏] 然諸蘊性이 性皆遷流나 隨勝立名이라 行之一種은 雖標總稱이나 卽受別名이라 又攝法이 多故니라
■ 그러나 모든 쌓음의 성품이 체성은 모두 옮기고 흘러가지만 뛰어난 것을 따라 이름을 세웠다. 지어 감의 한 종류는 비록 총합적인 명칭

으로 표방했지만 곧 느낌의 별명이다. 또한 법을 포섭함이 많기 때문이다.

[鈔] 然諸蘊性下는 第五, 解妨이니 此卽以通으로 爲別妨이라 釋有二義하니 初一은 可知로다 又攝法多者는 第二釋也라 因此하야 略明五蘊의 攝法多少라 且依大乘百法인대 識蘊은 唯攝八識心王이오 色蘊은 唯攝十一種色이오 想受二蘊은 但攝心所徧行中의 二數오 四蘊이 但攝二十一法이오 除六無爲하니 蘊所不攝이라 餘七十三은 皆行蘊攝이니 故云多也라 百法은 已見第一疏抄하니라

● (e) 然諸蘊性 아래는 비방을 해명함이니 이것은 곧 공통된 모양으로 비방한 것을 해명하기 위함이다. 해석에 두 가지 뜻이 있으니 첫째 해석은 알 수 있으리라. '또한 법을 포섭함이 많기 때문'이란 둘째 해석이다. 이를 인하여 오온(五蘊)이 법을 포섭함이 많고 적음을 간략히 밝힌 내용이다. 우선 대승의『백법론』을 의지한다면 ① 인식의 온은 오직 팔식(八識)인 심왕만을 포섭하고, ② 형색의 온은 오직 11가지 형색을 포섭하고, ③ 생각과 느낌의 두 가지 온은 단지 변행심소 가운데 두 가지 수만을 포섭함이니 이런 네 가지 온이 21가지 법을 포섭하고 여섯 가지 무위법은 제외하나니 오온이 포섭하지 못하는 대상이다. 나머지 73가지 법은 모두 행온에 포섭되나니 그래서 '많다'고 말하였다. 백법에 대해서는 이미 제1권의 소와 초에서 본 적이 있다.

c) 무루의 오온법[無漏五蘊] 7.
(a) 총합적 명칭을 해석하다[釋總名] 3.
㊀ 다른 명칭을 내보이다[出異名] (第三 31上3)

㊁ 종류를 밝히다[辨種類] (然無)
㊂ 통하고 국한됨을 보이다[示通局] (欲顯)

何等이 爲出世間法고 所謂戒定慧解脫解脫知見이니라
"어떤 것이 출세간법인가? 이른바 계와 정과 혜와 해탈과 해탈지견이니라."

[疏] 第三, 無漏五蘊이니 亦名無取五蘊이라 然이나 無漏蘊이 亦有二類하니 一, 仍本名하야 亦名色等이니 不與漏相應故로 名爲無漏오 二, 從已轉立名하니 卽五分法身이라 如今文이 是니라 欲顯戒等의 德是可欣일새 故從極果하야 標以出世어니와 理實亦有世間戒等이니라

■ c) 무루의 오온법이니 또한 '취함이 없는 오온법'이라고도 이름한다. 그러나 무루의 오온이 또한 두 종류가 있으니 ① 본래 이름으로 인하여 또한 색 등이라 이름하였으니 유루법과 상응하지 않는 연고로 무루라 이름함이요, ② 이미 뒤바뀜으로부터 명칭을 세웠으니 곧 5분의 법신이다. 지금 경문과 같음이 이것이다. 계법 등의 기뻐할 만한 덕을 밝히려 한 연고로 지극한 결과로부터 출세간법이라 표방하였거니와 이치로는 진실로 또한 세간의 계법 등도 포함된다.

[鈔] 第三無漏中에 有四하니 初, 釋總名이라 二, 然無漏蘊下는 顯類別이라 三, 欲顯戒下는 釋立總名所以라 理實亦有者는 上五蘊에 亦有出世間이라 然世間戒等에 自有二義하니 一者, 外道에 共有十善等戒와 四禪等定과 世智之慧와 脫下地惑과 於中知見이라 二者, 正敎之中에 亦說十善五戒와 四禪八定과 無見慢修인 欣厭之慧와 脫下

界縛과 了見分明이나 而是有漏故로 名世間故니라

- c) 무루의 오온 중에 넷이 있으니 ㉢ 총합 명칭에 대한 해석이다. ㉣ 然無漏蘊 아래는 부류로 구분하여 밝힘이다. '이치로는 진실로 또한 있다'는 것은 위의 오온법에도 또한 출세간법이 있다는 것이다. 그러나 세간의 계 등에 자연히 두 가지 뜻이 있으니 첫째, 외도에게 공통적으로 십선계 등과 사선 등의 선정과 세간 지혜의 슬기와 아래 지위의 번뇌에서 해탈함과 그 가운데 (해탈한) 지견이 있다는 것이다. 둘째, 바른 교법 중에도 또한 십선과 오계와 사선(四禪) 팔정(八定)과 견해가 거만하고 수행이 없는 좋아하고 싫어하는 지혜와 아래 욕계의 속박에서 벗어남과 알고 봄이 분명하지만 유루법에 있는 연고로 세간이라 이름한 것이다.

(b) 경문을 해석하다[釋經文] (戒定 31下2)
(c) 이유를 세우다[立所由] (然卽)

[疏] 戒定慧三은 上來에 頻釋이오 解脫은 卽是離繫로 爲名이오 解脫知見은 由離繫縛하야 於境自在하야 觀求覺了니라 智論八十八에 云戒衆者는 攝一切戒하야 和合成衆하니 衆卽蘊也라 餘皆準之니라 然卽轉前五蘊하야 成此五分하니 謂轉色蘊하야 成於戒身하니 表無表戒가 皆色蘊故라 轉受蘊하야 而成定身[92]하니 定名正受니 入四靜慮하야 出四受故라 轉想하야 成慧하니 凡所有相[93]이 皆是虛妄이니 見相非相하야 見法身故라 轉行하야 爲解脫이니 無貪等行을 名心解脫이니 永斷無知[94]하야 慧解脫故라 又轉識하야 成解脫知見이니 若與邪受

---
92) 身은 甲南續金本作名.
93) 相은 南續金本作想.

妄想으로 相應하면 謂識依根하야 了別諸境이어니와 若與正受智慧로 相應하면 卽是現量이니 如實知故라 仁王觀空品에 云, 觀色識受想行하야 得戒忍과 知見忍과 定忍과 慧忍과 解脫忍이 卽斯義也라

■ 계율과 선정, 슬기의 셋은 지금까지 자주 해석하였고 해탈은 곧 얽힘을 여읨으로 명칭하였고, 해탈지견은 얽힘과 속박을 여읨으로 인하여 경계에 자재하여 깨달아 요달함을 구하는 것을 관찰함을 말한다. 『대지도론』제88권에 이르되, "계법의 무리는 온갖 계법을 거두어서 화합하여 무리를 이루었으니 무리는 곧 쌓음이다. 나머지는 모두 여기에 준한다. 그러나 앞의 오온을 뒤바꾸어 이 5분 법신을 이루었으니 말하자면 ① 형색의 온을 바꾸어 계의 몸을 이루었으니 표색과 무표색의 계가 모두 형색의 온인 까닭이다. ② 느낌의 온을 바꾸어 선정의 몸을 이루었으니 선정을 '바로 받아들임[正受]'이라 이름하나니 네 가지 정려에 들어가서 네 가지 느낌[苦受 樂受 喜受 捨受]이 나오는 까닭이다. ③ 생각의 온을 바꾸어서 슬기의 몸을 이루었으니 '무릇 모양 가진 것은 모두가 허망하나니 모양과 모양 아님을 보면 법신을 보기 때문이다.' ④ 행의 온을 바꾸어 해탈의 몸을 이루었으니 탐심 없는 등의 행을 이름하여 마음의 해탈이라 하나니, 영원히 알지 못함을 끊어서 슬기로 해탈하기 때문이다. ⑤ 또한 인식의 온을 바꾸어 해탈한 지견의 몸을 이루었으니 만일 잘못 받아들인 망상과 상응하면 이른바 인식이 육근을 의지하여 여러 경계를 알고 분별하겠지만, 만일 정수(正受)의 지혜와 상응하면 곧 현량이 되나니 여실하게 아는 까닭이다. 『인왕반야경』관공품(觀空品)에 이르되, "형색과 인식, 느낌, 생각, 지어 감을 관찰하여 계의 법인과 지견의 법인, 선정의 인, 슬

---

94) 知는 續金本作智.

기의 인, 해탈의 인을 얻는다"는 것이 바로 이 뜻이다.

[鈔] 戒定慧下는 四, 隨文正釋이라 於中에 有七하니 一, 指例略釋이오 二, 智論下는 引論總釋이오 三, 然卽轉下는 立五所由오 四, 釋通妨難이오 五者, 出體오 六, 會釋總名이오 七, 會通權實이라 前二는 可知로다 三中[95)]에 二니 先, 正釋이니 卽智論과 及仁王意라 仁王下는 引證이니 如次配之하면 居然可了니라 然新經은 卽菩薩行品이니 經에 云, 復次道種性菩薩은 修十廻向하야 起十忍心이니 謂觀五蘊色受想行識하야 得戒忍과 定忍과 慧忍과 解脫忍과 解脫知見忍하며 觀三界因果하야 得空忍과 無相忍과 無願忍하며 觀二諦假實과 諸法無常하야 得無常忍하며 觀一切法空하야 得無生忍이라하니 今卽前五오 文是舊經이니 故次與此로 不同이니라

- (b) 戒定慧 아래는 경문을 따라 해석함이다. 그중에 일곱이 있으니, ㉠ 가리키고 유례하여 간략히 해석함이요, ㉡ 智論 아래는 논문을 인용하여 총합 해석함이요, ㉢ 然卽轉 아래는 다섯 가지 이유를 세움이요, ㉣ 비방과 힐난을 해석하고 해명함이요, ㉤ 체성을 내보임이요, ㉥ 총합한 이름을 모아서 해석함이요, ㉦ 방편과 실법을 모아서 통함이다. 앞의 둘은 알 수 있으리라. ㉢ 다섯 가지 이유를 세움에 둘이니 ① 바로 해석함이니 곧 대지도론과 인왕경의 주장이다. ② 仁王 아래는 인용하여 증명함이니, 순서대로 배대하면 자연히 알 수 있다. 그런데 새 경으로는 보살행품이니 인왕경에 이르되, "다시 도의 종성인 보살은 십회향을 닦아서 열 가지 법인의 마음을 일으키나니 이른바 오온의 행색, 느낌, 생각, 지어 감, 인식을 관찰하여 계인과 선정인

---

95) 三中은 南續金本作然卽轉下 三立所由.

과 슬기인과 해탈인과 해탈지견의 인을 얻으며 삼계의 인과를 관찰하여 공의 법인과 모양 없는 법인과 원할 것 없는 법인을 얻으며, 두 가지 진리의 거짓과 참됨, 모든 법의 항상함 없음을 관찰하여 무상의 법인을 얻게 되며, 온갖 법이 공함을 관찰하여 나고 죽음 없는 법인을 얻는다"라고 하였으니 지금은 앞의 다섯 가지를 말하였고, 경문은 옛 경문이니 그러므로 차례는 이것과 같지 않은 것이다.

(d) 비방과 힐난을 해명하다[釋妨難] (知見 32下2)

[疏] 知見이 與慧로 此二가 何別고 佛地論第四에 總有三說하니 略擧其一호리라 謂無漏淨戒를 名爲戒蘊이오 無漏定慧를 名定慧蘊이오 無學勝解를 名解脫蘊이오 無學正見을 名解脫知見蘊이니 前三은 是因이오 後二는 是果라하니라

■ 알고 보는 것이 슬기와 더불어 이 둘이 어떻게 다른가? 『불지론』 제4권에 총합하면 세 가지 설명이 있으니 그 하나를 간략히 거론하리라. "말하자면 무루의 청정한 계를 이름하여 '계온(戒蘊)'이라 하고, 무루의 선정과 슬기를 이름하여 '선정과 슬기의 온[定慧蘊]'이라 하고, 아라한의 뛰어난 알음알이를 '해탈의 온'이라 이름하고, 아라한의 바른 소견을 '해탈지견의 온'이라 이름하나니 앞의 셋은 원인이요, 뒤의 둘은 결과이다"라고 하였다.

[鈔] 知見與慧下는 四, 釋妨難이니 卽相濫難也라 先은 難이오 後는 答言 佛地三說者는 今卽第一釋이라 二는 云, 一切가 皆是無礙니 緣解脫慧를 名解脫知見이오 緣解脫慧者는 緣滅諦智也오 緣餘慧者는 緣

餘三諦等智也니라 三에 云, 一切通學無學이니 學位는 分得이오 無學은 圓滿이니 諸佛菩薩이 皆有五故라하니라

- (d) 知見與慧 아래는 비방과 힐난을 해명함이니 곧 서로 잘못을 힐난한 부분이다. ㉠ 힐난함이요, ㉡ 해명함이다.『불지론』의 세 가지 설명이라 말한 것은 지금은 첫째 해석이다. 둘째 해석은 이르되, "모두가 다 걸림 없는 도리이니 인연에서 해탈한 슬기를 해탈지견이라 이름함이요, 인연에서 해탈한 슬기란 멸성제를 인연한 지혜요, 나머지 슬기를 인연한 것은 나머지 세 가지 성제[苦·集·道諦]를 인연한 지혜인 것이다." 셋째 해석은 이르되, "모두가 유학(有學)과 무학(無學)에 통하나니 유학의 지위는 부분적인 얻음이요, 무학은 원만한 얻음이니 모든 불보살은 5분법신을 모두 소유하는 까닭이다"라고 하였다.

(e) 체성을 내보이다[出體] (此五 32下10)

(f) 회통하여 해석하다[會釋] (然此)

[疏] 此五를 別說에 四法으로 爲性이니 謂定과 慧와 勝解와 及無表色이니라 然此五分法身은 不覆勝義하며 不爲相遷하며 不墮虛僞일새 故名出世니라 雜集에 云, 謂能對治三界하야 無顚倒며 無戲論이며 無分別故로 是出世間義라하니라

- 이런 다섯을 별도로 말할 적에 네 가지 법으로 체성을 삼았으니 이른바 ① 선정 ② 슬기 ③ 뛰어난 이해 ④ 무표색이다. 그러나 이 오분법신(五分法身)은 뛰어난 이치를 덮지 못하며 모양으로 천류하지 않으며 허망하고 거짓됨에 떨어지지 않으므로 출세라 하였다.『잡집론』에 이

르되, "이른바 삼계를 능히 대치하려는 까닭이며, 그 전도되지 않은 것에 기인하기 때문이며, 희론이 아닌 것에 기인하기 때문이며, 무분별에 기인하기 때문에 이것이 (분별없이) 세간을 출리하는 이치이다"라고 하였다.

[鈔] 此五別說下는 五, 出體니 以解脫知見及慧는 約所照異일새 故同是慧니 慧卽與想으로 相應이오 解脫知見은 卽與識으로 相應慧耳니라 然此下는 六, 會釋總名하야 出世所以라 引雜集證은 卽上第一論也니라

- (e) 此五別說 아래는 체성을 내보임이니 해탈한 지견과 슬기는 비출 대상이 다름을 잡은 연고로 똑같이 슬기인 것이니 슬기는 곧 생각의 온과 상응함이요, 해탈지견은 곧 인식의 온과 상응하는 슬기일 뿐이다. (f) 然此 아래는 총합 명칭을 출세간이라 한 이유를 회통하여 해석함이다. 『잡집론』을 인용하여 증명함은 곧 제1권의 논문이다.

(g) 권교와 실교를 회통하다[會通權實] (問無 33上8)

[疏] 問이라 無取五蘊은 卽有爲無漏어니 何以言不爲相遷고 答이라 約敎異故라 前是權小所明이어니와 若實敎定說인대 非爲無爲니 同眞性故라 但似蘊相現에 立以蘊名故라 涅槃純陀에 云, 善覆如來有爲之相에 應言如來가 同於無爲은 況一一⁹⁶⁾融攝가 若如是知하면 名爲多聞이라하니라

- 묻는다. 취착이 없는 오온법은 곧 유위의 무루법인데 어찌하여 '모양

---

96) 一一은 甲南續金本作二.

으로 천류(遷流)하지 않는다'고 말하는가? 답한다. 교법이 다름에 의지한 까닭이다. 앞은 방편의 소승법에서 밝힌 바이지만 만일 대승실교에서 정설을 말한다면 유위와 무위가 아니니 진실한 성품이 같은 까닭이다. 단지 오온의 모양처럼 나타날 적에 오온의 명칭을 세운 까닭이다. 『열반경』에서 순타가 이르되, "여래의 유의 모양을 잘 덮을 적에 응당히 '여래는 무위와 같을 텐데 낱낱이 원융하게 섭수함과 비교하겠는가?' 만일 이렇게 알면 다문이라 이름한다"라고 하였다.

[鈔] 問無取下는 七, 會通權實이라 然雜集第三에 亦云, 無取五蘊을 當言有爲아 當言無爲아 答이라 彼不應言有爲無爲니 何以故오 諸業煩惱가 無故로 不應言有爲오 隨欲現前故로 不應言無爲라 所以者何오 無取諸蘊은 隨所樂欲하야 而現其前이나 無爲는 不爾니 以常住故라하니라 釋曰, 此乃假說雙非하야 以約體用互奪이니 亦不[97)]定言無爲也니라 又言無取五蘊은 則顯凡夫가 是有取五蘊이니라 雜集에 云, 取蘊者는 與取和合者故[98)]니 取者는 蘊中諸煩惱也니라 純陀故實은 已見玄談하니라

- (g) 問無取 아래는 권교와 실교를 회통함이다. 그런데 『잡집론』 제3권에 또한 이르되, "(묻는다) 취착이 없는 오온법을 유위라 해야 하는가? 무위라 해야 하는가?" 답한다. "저것은 유위나 무위라 말할 수 없다. 왜냐하면 모든 업번뇌에 작용 받지 않으므로 유위라 말할 수 없고, 욕구를 따라 앞에 나타나거나 앞에 나타나지 않으므로 무위라 말할 수도 없다. 무슨 까닭인가? 취착이 없는 모든 온은 즐겨 욕

---

97) 不下에 甲南續金本有敢字.
98) 上四字는 甲南續金本作合故.

구하는 바를 따라 그 앞에 나타나거나 나타나지 않지만 무위법은 어디에도 해당하지 않고 항상 머무는 까닭이다"라고 하였다. 해석하자면 이것은 바야흐로 동시에 부정함을 가정하여 말해서 체성과 작용을 번갈아 맺음에 의지한 분석이니 또한 무위법이라 정하여 말하지도 못한다. 또 취착이 없는 오온을 말함은 범부가 취착이 있는 오온임을 밝힌 말이기도 하다.『잡집론』에 이르되, "온을 취착함이란 잡음과 화합하는 것이기 때문이니, 잡음이란 오온 중의 모든 번뇌를 뜻한다. '순타의 고사'는 이미 현담에서 본 적이 있다.

d) 유위법[有爲] 2.

(a) 총합 명칭을 해석하다[釋總名] (第四 34上2)
(b) 네 가지 현상에 대한 해석[釋四事] 2.
㊀ 네 가지 현상을 총합하여 해석하다[總釋四事] (今略)

何等이 爲有爲法고 所謂欲界와 色界와 無色界와 衆生界니라
"어떤 것이 유위법인가? 이른바 욕계와 색계와 무색계와 중생계니라."

[疏] 第四, 有爲者는 瑜伽一百에 云, 有生滅하야 繫屬因緣을 是名有爲라하며 智論에 云, 有所得故로 是名有爲라하니 二論이 心境爲異라 今略擧四事니 三界는 卽所依處오 衆生은 卽能依之者니라

■ d) 유위법이란『유가사지론』제100권에 이르되, "나고 멸함이 있어서

얽히고 속박하여 인연에 속하는 것을 유위법이라 이름한다"라고 하였으며, 『대지도론』에 이르되, "얻을 대상이 있는 연고로 유위법이라 이름한다"라고 하였으니 두 논문이 마음과 경계를 다르게 보고 있다. 지금은 간략히 네 가지 현상을 거론하였으니 삼계(三界)는 곧 의지할 곳이요, 중생계는 의지하는 주체이다.

[鈔] 第四有爲라 先, 釋總名이라 引二論이니 瑜伽의 繫屬因緣者는 正理論第一에 云, 有爲者는 衆緣取集하야 共所生故라 未來未起어니 何爲有爲오 是彼類故로 亦名有爲라 如所燒薪에 於未燒位에도 是彼類故로 亦名爲薪이라 或據曾當하야 立名無失이니 如琴瑟等을 名爲有聲이며 亦如乳房과 蓮華池等이라 諸未生法이 不越彼類일새 故名有爲라하니라 其有生滅은 此語猶略하니라 雜集論에 云, 若法有生滅住異하면 可名有爲니 一切法이 皆有爲오 唯除法界法과 法處一分이니 爲捨執着無常我故라하니라 釋曰, 此中에 論答三問하니 一, 答云, 何爲有爲오 二, 一切法下는 答幾是有爲오 三, 爲捨下는 答爲何義故로 觀有爲니라 今略擧四事者는 理實智論大品等이라 廣有多法하니 大品에 云, 何等有爲法고 若法生住滅과 此釋有爲義라 欲界色界無色界와 五蘊과 乃至意識因緣所生受와 四念處와 乃至十八不共法과 爲一切智가 是有爲法이라하니 智論에 釋云호대 有爲法을 略說三相이니 一, 所謂生住滅이오 二, 三界繫義오 三, 四念處와 乃至十八不共法이니 雖有無爲法이나 以有作故로 是有爲法이오 無爲相은 是無爲法이라하니라 釋曰, 今以十八不共等으로 屬有記法일새 故但略出其四하니 衆生은 則攝蘊處界也니라

● d) 유위법이다. (a) 총합 명칭을 해석함이다. 두 가지 논문을 인용하

였는데 『유가사지론』의 '얽히고 속박하여 인연에 속한다'는 것은 『순정리론』 제1권에 이르되, "유위법이란 여러 인연을 취하고 쌓아서 함께 생긴 결과인 까닭이다. 미래는 생기지 않았는데 무엇을 유위법이라 하는가? 저런 부류인 연고로 또한 유위법이라 이름한다. 마치 땔나무를 태울 적에 태우는 지위 앞에도 저런 부류인 까닭에 또한 땔나무라 말함과 같다. 혹은 지나간 것과 미래를 의거하여 세운 이름이 잘못이 없으니 마치 거문고나 비파 따위를 이름하여 '소리가 있다'고 말함과 같으며, 또한 마치 유방이나 연못이라 하는 따위와 같다. 모든 생기지 않은 법이 저런 부류에 지나지 않으므로 유위법이라 이름한다"고 하였다. 그 나고 멸함이 있음은 여기서 오히려 생략하여 말하였다. 『잡집론』에 이르되, "이 같은 법은 생겨나고 소멸하고 존재하고 달라지는 것에서 알 수 있다. 이런 것이 유위의 이치임을 알아야 한다. 일체가 모두 유위에 해당되지만 오직 법계의 법과 법처(法處) 일부분만 제외된다. 무상한 것을 나라고 하는 집착을 버리기 위한 까닭이다"라고 하였다. 해석하자면 이 가운데 논문에서 세 가지 질문에 대답하였다. (1) 답하되, 어떤 것이 유위법인가? (2) 一切法 아래는 몇 가지가 유위법인가를 답함이요, (3) 爲捨 아래는 어떤 이치 때문인가 하고 유위를 관찰함을 답하였다. 지금은 간략히 네 가지 현상을 거론한 것은 이치로는 진실로 『대지도론』과 『대품반야경』 따위이다. 자세히는 여러 법이 있으니 『대품반야경』에 이르되, "어떤 것이 유위법인가? 저 법이 생기고 머물고 멸함과 (이것은 유위의 뜻을 해석함이다.) 욕계 색계 무색계와 오온과 나아가 의식으로 인연하여 생겨난 느낌과 사념처(四念處)와 내지 18가지 불공법과 온갖 지혜가 유위법이다"라고 하였으니 『대지도론』에 해석하기를, "유위법을 대략 세 가지 모양으로 말한다. ① 이른바 생기고 머물고 없어짐이요, ② 삼계에 얽힌다는 뜻이요, ③ 사념처와 18가지 불공법에 이르기까지이니 비록 유위법이 있지만 지음이 있는 연고로 유위법이요, 함이 없는 모양은 무위법이다"라고 하였다. 해석하자면 지금 18가지 불공법 따위로 기록할 수 있는 법에 속하므로 단지 셋만 간략히 내보였으니 중생은 오온과 12처와 18계를 포섭한다.

㊂ 힐난을 따라 개별로 해석하다[隨難別釋] (然所 35上3)

[疏] 然所依處가 隨心成異니 故로 論에 云, 欲所屬界를 名欲界等이라하니라
■ 그런데 의지할 처소가 마음을 따라 다름을 이루나니 그러므로 『구사론』에 이르되, "욕구로 속하는 세계를 욕계라 이름하는 등이다"라고 하였다.

[鈔] 然所依處下는 釋三界義라 故論云者는 卽俱舍第八이라 等字는 等餘二界니 應云色所屬界를 名爲色界오 無色所屬界를 名99)無色界라 略去100)所屬二字하고 但名欲界等은 如言胡麻飮과 及金剛環이라 飮之與環은 俱是總名이오 胡麻와 金剛은 並爲別稱이니 以別依總일새 名胡麻飮과 及金剛環이라 具足인대 應言胡麻所屬飮等이니 略去所屬하고 但云金剛環等이라 界者는 總名이오 欲等은 別稱이니 略去中言하고 云欲界等이니라 論에 云, 此中欲言은 爲說何法고 答이라 略說段食과 淫所引貪이라하니라 注云, 淫貪을 名貪이오 食貪101)을 名欲

---

99) 名下에 甲南續金本有爲字.
100) 去는 續金本作其.

이라하니라 然語猶隱하니 本業上卷에 云, 佛子야 見着二業하라 迷法界中一切欲心故며 欲所起報分이 爲欲界報니라 佛子야 見着二業으로 迷法界中一切色心故며 色心所起報分이 爲色界報니라 佛子야 見着二業으로 迷法界中一切定心故며 定心所起報分이 爲無色界報니라 是故로 於一法界中에 有三界果報라하니라 若更令易見하면 欲界에 有男女形과 淫欲受身故며 色界에는 無男女形하고 唯有色故며 無色界에는 謂無色故라

前本業言見着者는 彼經에 說有七見六着하니 經에 云, 佛子야 無明者는 名不了一切法이니 迷法界而起三界業果라 是故로 我言從無明藏하야 起十三煩惱라하노니 所謂邪見과 我見과 常見과 斷見과 戒見과 盜見과 疑見인 七見이라 見一切處求일새 故說見이니라 復起六着心하니 貪과 愛와 瞋과 癡와 欲과 慢이라 於法界中에 一切時起니라 一切煩惱가 以十三으로 爲本이오 無明이 與十三으로 爲本이니 是以로 就法界中하야 別爲三界執라하니라 卽云見着二業等은 如前所引하니라

● 然所依處 아래는 삼계의 뜻을 해석함이다. 故論云 이란 곧 『구사론』 제8권을 말한다. 등이란 나머지 두 세계와 같음이니 응당히 말하되, "형색으로 속하는 세계를 색계라 이름하고, 형색 없는 생각이 속하는 세계를 무색계라 이름한다." 소속(所屬)이란 두 글자를 생략하고 단순히 욕계라 이름한 등은 마치 '오랑캐의 마의 음료[胡麻飮]'와 금강석 반지라 말함과 같다. 음료와 반지는 모두 총합 명칭이요, 호마와 금강은 함께 개별 명칭이니 별상으로 총상에 의지했으므로 호마의 음료와 금강석 반지라 이름하였다. 구족하게 말하면 응당히 호마가 속

---

101) 食貪은 南續金本作貪食.

한 음료 등이라 해야 하나니 소속(所屬)을 생략하고 단지 금강석 반지라 이름한 등이다. 계(界)란 총합 명칭이고 욕구 등은 개별 명칭이니 가운데 말을 생략하고 욕계 등이라 하였다. 논에 이르되, "이 가운데 욕구란 말은 어떤 법을 말하는가? 답한다. 간략히 '덩어리로 먹음[段食]'과 음행으로 이끌린 탐욕을 말하다"라고 하였다. 주(注)에 이르되, "음욕과 탐욕을 탐욕이라 이름하고 탐욕을 먹는 것을 욕심이라 말한다"라고 하였다. 그러나 말이 아직도 숨었으니 『본업경』 상권에 이르되, "불자여, 두 가지 업을 보아라. 법계 가운데 온갖 욕심에 미혹한 까닭이며, 삼매의 마음에서 일으킨 보답의 부분이 무색계의 과보가 된다. 이런 연고로 한 법계 중에 삼계의 과보가 있다"라고 하였다. 만일 다시 하여금 쉽게 보게 하려면 욕계에는 남자와 여자의 형상과 음욕으로 받은 몸이 있기 때문이며, 색계에는 남자 여자의 형상은 없고 오로지 형색만 있기 때문이며, 무색계에는 형색이 없음을 말하기 때문이다.

앞의 『본업경』에서 소견의 집착[見着]이라 말한 것은 저 경에 일곱 가지 소견과 여섯 가지 집착이 있음을 말하였다. 『본업경』에 이르되, "불자여, 무명은 온갖 법을 알지 못함을 말함이니 법계를 미혹하여 삼계의 업과 결과를 일으킨다. 이런 연고로 내가 말하되, "무명의 창고에서 13가지 번뇌를 일으킨다"고 하였으니 이른바 ① 삿된 소견 ② 나란 소견 ③ 항상하다는 소견 ④ 단멸하다는 소견 ⑤ 경계라는 소견 ⑥ 훔치는 소견 ⑦ 의심하는 소견인 일곱 가지 소견이다. 온갖 처소에서 구함을 본 연고로 견이라 말한다. 다시 여섯 가지 집착심을 일으키나니 ① 탐심 ② 사랑 ③ 성냄 ④ 어리석음 ⑤ 욕심 ⑥ 거만함이다. 법계 가운데 온갖 시절에 일으키는 것이다. 온갖 번뇌가 이 13

가지로 근본을 삼았고, 무명이 이 13가지와 함께 근본이 되나니 이런 까닭으로 법계 중에 나아가 개별적으로 삼계의 고집이 되었다"라고 하였다. 곧 두 가지 업을 보고 집착한 등은 앞에서 인용한 바와 같다.

e) 무위법[無爲法] 6.

(a) 명칭 해석[釋名] 3.
㊀ 바로 해석하다[正釋] (第五 36上8)
㊁ 인용하여 증명하다[引證] (瑜伽)
㊂ 총합하여 결론하다[總結] (然諸)

何等이 爲無爲法고 所謂虛空과 涅槃과 數緣滅과 非數緣滅과 緣起와 法性住니라
"어떤 것이 무위법인가? 이른바 허공과 열반과 숫자의 인연으로 소멸함과 숫자의 인연이 아니므로 소멸함과 연기와 법성주니라."

[疏] 第五, 無爲라 爲者는 作也니 卽前生滅이라 今虛空等은 寂寞冲虛하고 湛然常住하야 無彼造作일새 故名無爲라 瑜伽에 云, 無生滅이며 不繫屬因緣을 是名無爲라하며 智論에 云, 無所得故로 名爲無爲라하며 淨名에 云, 不墮數故라하니라 然諸論의 總名은 大旨無別이니라

■ e) 무위법이다. 함이란 짓는 것이다. 곧 앞의 나고 멸함이다. 지금의 허공 등은 고요하여 텅 비고 담담하여 항상 머물러서 저가 만들고 지음이 없는 연고로 '함이 없다'고 이름한다. 『유가사지론』에 이르되,

"나고 멸함이 없으며 인과 연에 얽히고 속박되지 않음을 무위라 이름한다"라고 하였으며, 『대지도론』에 이르되, "얻을 바가 없는 연고로 함이 없다고 이름한다"라고 하였으며, 『유마경』에 이르되, "숫자에 떨어지지 않는 까닭이다"라고 하였다. 그러나 모든 논서에서 총합하여 이름한 것은 큰 의미는 다름이 없다.

[鈔] 第五無爲에 有六하니 一, 釋總名이오 二, 開合이오 三, 釋文이오 四, 揀權實이오 五, 出體性이오 六, 結示多聞之旨라 今初에 釋總名이라 瑜伽下는 引證이니 如次論으로 對前二義라 雜集에 云, 無生住滅일새 故名無爲라하니라 不墮數故는 卽淨名阿難章에 云, 佛身은 無爲하야 不墮諸數라하니 數卽有爲라 餘義는 但翻上有爲니 故로 疏에 結云, 諸論總名大旨無別이라하니라

- e) 무위법에 여섯이 있으니 (a) 명칭 해석이요, (b) 열고 합함이요, (c) 경문 해석이요, (d) 권교와 실교로 구분함이요, (e) 체성을 내보임이요, (f) 다문의 뜻을 결론해 보임이다. 지금은 ㉠ 총합적인 명칭 해석이다. ㉡ 瑜伽 아래는 인용하여 증명함이니, 순서대로 논문으로 앞의 두 가지 뜻을 배대하였다. 『아비달마잡집론』에 이르되, "생기고 머물고 멸함이 없는 연고로 '함이 없다'고 이름한다"라고 하였다. '숫자에 떨어지지 않는 까닭'이란 곧 『유마경』 아난장에 이르되, "부처님의 몸은 함이 없어서 모든 숫자에 떨어지지 않는다"라고 하였으니 숫자는 곧 유위법을 말한다. 나머지 이치는 단지 위의 유위법을 뒤바꾼 것이다. 그러므로 소가가 결론하기를, "모든 논서에서 총합하여 명칭한 것은 큰 뜻은 다름이 없다"라고 하였다.

(b) 열고 합하다[開合] (然其 36下6)

[疏] 然其名數의 開合不同하니 小乘은 多說三種하니 卽此中의 初와 及三과 四라 諸大乘中에는 掌珍에 說四하니 謂加眞如오 法相論中에 或說有六하니 復加不動과 及想受滅이라 謂於擇滅中에 滅惑障故로 名爲擇滅이니 滅定障故로 復加後二하야 或開爲八하니 於眞如中에 開出三性이니 謂善法眞如等이라 漸欲展此眞如하야 徧諸法故니라

■ 그러나 그 명칭과 숫자의 열고 합함이 같지 않나니, 소승법은 대부분 세 종류를 말하나니 곧 이 가운데 첫째 허공과 셋째 수연멸과 넷째 비수연멸이다. 모든 대승법 중에는『대승장진론(大乘掌珍論)』에는 네 가지를 말했으니 진여를 더함을 말함이요, 법상종의 유식론에는 혹은 여섯 가지를 말하기도 하나니, (앞의 넷에) 다시 동요하지 않음과 생각과 느낌이 멸함을 더하였다. 이른바 택멸법(擇滅法) 중에 번뇌의 장애를 없애는 연고로 택멸(擇滅)이라 이름하나니, 삼매의 장애를 없애는 까닭에 다시 뒤의 둘을 더한다. 혹은 열어서 여덟 가지를 삼나니, 진여 중에 열어서 세 가지 성품을 내보였으니, 이른바 선법과 진여 등이다. 점차로 이런 진여를 전개하여 모든 법에 두루 하려고 하기 때문이다.

[鈔] 然其下는 二, 開合이라 中에 然小乘多說三種者는 卽俱舍等이니 論에 云, 無漏는 謂道諦와 及三種無爲니 謂虛空과 二滅이라하니라 而言多分者는 分別論에 有四하니 一, 虛空이오 二, 非擇滅이오 三, 想受滅이오 四, 眞如라 大衆部에 說九無爲하니 謂三과 及四空과 緣起支性과 聖道支性이라 化地部에 亦九니 三外에 加不動과 三性과 道支와

緣起니라 大乘[102]掌珍에 說四者는 於小乘三上에 加眞如故라 或說有六은 唯識論等이니 廣如下說하니라

或開爲八者는 雜集第二에 云, 無爲法이 有八種하니 謂善法眞如와 不善法眞如와 無記法眞如와 虛空과 擇滅과 非擇滅과 不動과 及想受滅이라 如是建立八無爲中에는 當知所依가 有差別故라 分析眞如하야 假立三種은 不由自性이라 善法眞如者는 謂無我性이며 空性이며 無相이며 實際며 勝義며 法界라 何故로 眞如를 說名無我오 由彼自性無變性故라 謂一切時에 無我實性이 無改轉故로 說無變異니 當知此則是無我性이니 離二我故니라 何故로 復說此名空性고 一切雜染의 所不行故라 所以者何오 由緣此故로 能令一切諸雜染事로 悉皆空寂이니라 有時에 說染은 但是客塵이니 諸相寂靜일새 故名無相이오 無倒所緣일새 故名實際라 實者는 謂無顚倒니 此處究竟일새 故名爲際오 最勝聖智의 所行處故로 說名勝義오 一切三乘妙法의 所依일새 故名法界니라 如善眞如하야 不善과 無記도 當知亦爾라하니라 餘如彼論하니라 言漸次下는 疏出論意니라

● (b) 然其 아래는 열고 합함이다. 그중에 '그런데 소승법에서 대부분 세 종류를 말한다'는 것은 곧 『구사론』등의 주장이다. 『구사론』에 이르되, "무루법은 이른바 ① 도의 성제와 세 가지 무위법이니 이른바 ② 허공과 ③ 수연멸과 ④ 비수연멸이다"라고 하였다. '그러나 여러 부분을 말한다'는 것은 『분별론』에 넷이 있으니 ① 허공이요, ② 비택멸이요, ③ 상수멸(想受滅)이요, ④ 진여이다. 대중부에는 아홉 가지 무위법을 말하나니, 이른바 앞의 셋과 네 가지 공(空: ④ 法相空 ⑤ 無法相空 ⑥ 自法相空 ⑦ 他法相空)과 ⑧ 연기하는 지의 체성과 ⑨ 성스런 도

---

102) 大上에 甲南續金本有諸字, 乘은 甲續本作乘中; 上四字는 南金本無.

의 체성이다. 화지부(化地部)에는 또한 아홉 가지이니 (앞의) 셋 외에 ④ 동요하지 않음과 세 가지 성품[⑤相無性 ⑥生無性 ⑦勝義無性]과 ⑧ 성스런 도의 지와 ⑨ 연기이다.『대승장진론』에서 '네 가지를 설한다'는 것은 소승법의 셋 외에 ④ 진여법을 더했기 때문이다. 혹은 여섯 가지를 설함은『성유식론』등이니 자세한 것은 아래 설명과 같다.
'혹은 열에서 여덟 가지가 된다'는 것은『아비달마잡집론』제2권에 이르되, "무위법이 여덟 종류가 있으니 이른바 ① 선법진여 ② 불선법진여 ③ 무기법진여 ④ 허공 ⑤ 택멸 ⑥ 비택멸 ⑦ 부동 ⑧ 상수멸 등이다. 이와 같이 여덟 가지 무위법을 건립한 중에는 의지할 대상이 차별이 있음을 알아야 한다. 진여를 분석하여 세 종류로 건립한 것은 자성을 말미암지 않은 것이다. 선법의 진여는 나라는 체성이 없음이며, 공한 성품이며, 모양이 없으며, 실제이며, 뛰어난 이치이며, 법계를 말한다. 무슨 까닭으로 진여를 설해 무아(無我)라 하였는가? 저 자성이 변함없는 체성이기 때문이다. 말하자면 온갖 시간에 내가 없는 실다운 성품이 고치거나 바뀜이 없는 연고로 변해 달라짐이 없다고 말했으니 마땅히 알라. 이것은 나라는 성품이 없는 것이니 두 가지 나를 여읜 까닭이다. 무슨 까닭으로 다시 이것을 공성(空性)이라 이름하였는가? 온갖 잡염이 지어 가지 못하는 대상인 까닭이다. 왜냐하면 이것을 인연한 연고로 능히 온갖 모든 잡염법의 일로 하여금 모두 다 고요하게 하기 때문이다. 어떤 때에는 잡염이라 말함은 단지 객진번뇌뿐이니 모든 모양이 고요해진 연고로 '모양이 없다'고 말하고, 뒤바뀜 없는 인연의 대상이므로 실제라 말하였다. 실(實)이란 뒤바뀜이 없다는 뜻이니 이곳이 마지막이므로 끝이라 이름하였고, 가장 뛰어난 성인의 지혜가 행할 곳인 연고로 뛰어난 이치라 이름하였다. 온갖 삼승의 미묘한 법의 의지처이므로 법계라 이름하였다. 선법진여와 같아서 불선법진여와 무기법도 마찬가지임을 알지니라. 나머지는 저 논의 설명과 같다. 言漸次 아래는 소가가 논의 의미를 내보임이다.

(c) 경문 해석[釋文] 2.

㊀ 있고 없음을 총합하여 설명하다[總明有無] (此經 38上2)
㊁ 개별로 해석하다[別釋] 2.
① 의미를 밝히다[顯意] (言虛)

[疏] 此經에는 說六호대 於擇滅中에 開出涅槃하니 二道別故오 復加緣起하니 顯無一事도 不即眞故오 略無二定은 未究竟故니라 言虛空者는 離諸障礙며 無物所顯故니라
■ 이 본경에는 여섯 가지를 말하되, 택멸법 중에 열어서 ② 열반을 내었으니 두 가지 도가 다른 까닭이요, 다시 ⑤ 연기를 더했으니, 한 가지의 현상도 진여와 합치하지 않는 것이 없는 까닭이요, 두 가지 선정[부동과 상수멸]이 없는 것은 구경법이 아닌 까닭이다. 허공이라 말한 것은 모든 장애를 여의었으며 어떤 사물로도 드러낼 수 없기 때문이다.

[鈔] 此經說六下는 第三, 釋文이라 於中에 二니 先, 總明有無라 後, 言虛空下는 別釋이니 多用唯識이라 有六無爲하니 即爲六段이라
● (c) 此經說六 아래는 경문 해석이다. 그중에 둘이니 ㊀ 있고 없음을 총합하여 설명함이다. ㊁ 言虛空 아래는 개별로 해석함이니 대부분

유식론을 사용하였다. 여섯 가지 무위법이 있으니 곧 여섯 문단이 되었다.

② 과목에 따라 해석하다[隨釋] 6.
㉠ 허공에 대한 해석[釋虛空] (初虛 38上6)
㉡ 열반에 대한 해석[釋涅槃] (二槃)

[疏] 初, 虛空이니 釋語가 全是百法疏意라 卽唯識에 依法性하야 假施設有義니 彼論에 先釋法性云호대 謂空無我의 所顯眞如는 有無俱非며 心言路絶이라 與一切法으로 非一非異等일새 是法眞理일새 故名法性이오 離諸障礙일새 故名虛空이라하니라 釋曰, 彼論은 明法性空에 但言離諸障礙라하고 百法에는 兼取外空호대 云無物所顯故라하며 俱舍에 云, 此中에 空無礙라하니라 二, 涅槃者는 古有二釋하니 一云, 性寂滅故라하니 此卽性淨涅槃이라 涅槃三十四에 亦同此說이라 此與擇滅로 顯未顯이 殊라 一云, 卽性淨之果라하니 此卽解脫道後니 擇滅이 乃在無間道中이라 然大乘에 非擇滅을 旣約性淨이라 又下說法性하니 則後解가 爲正이니라

■ ㉠ 허공이니 해석한 말이 완전히 『백법론소』의 주장이다. 곧 유식론에서 법성에 의지하여 빌려서 유위법을 만들었으니 저 논에서 먼저 법성을 해석하기를, "이른바 공하고 내가 없음으로 밝힌 진여는 유와 무가 모두 아니며, 마음과 말의 길이 끊어졌다. 온갖 법과 더불어 하나도 아니요, 다른 것도 아닌 등이며 법의 진실한 이치이므로 법의 성품이라 이름한다. 모든 장애를 여읜 연고로 허공이라 이름한다"라고 하였다. 해석하자면 저 논은 법의 성품이 공함을 밝힐 적에 단지 '모

든 장애를 여의었다'고만 말하고, 『백법론』에서는 겸하여 바깥이 공함을 취하여 '어떤 사물로도 드러낼 수 없다'고 하였으며, 『구사론』에 이르되, "이 가운데 공하여 장애가 없다"고 하였다. ⑭ 열반이란 예로부터 두 가지 해석이 있으니 ① '성품이 고요한 까닭이다'라고 하였으니 이는 '성품이 청정한 열반'을 말한다. 『열반경』제34권에도 이와 같이 설명하였다. 이것은 택멸과 함께 드러냄과 드러내지 못함이 다르다. ② 성품이 청정한 결과를 말한다. 이것은 해탈도(解脫道)의 뒤에 해당하나니 택멸법이 바야흐로 무간도(無間道) 중에 있기 때문이다. 그러나 대승에서는 비택멸법을 이미 성품이 청정함에 의지함이라 하였다. 또 아래에서 법성에 대해 설명하였으니 뒤의 해석이 바른 것이 된다.

[鈔] 二涅槃者는 涅槃은 卽同擇滅이라 先明性淨하고 乃傍出異義耳라 涅槃三十四者는 此卽刊定記釋이니 謂同此經의 所說虛空과 及涅槃也라 故로 涅槃經에 釋緣生四句中에 云, 有非緣生이며 非十二因緣者하니 謂虛空涅槃이 是也라 此則同性淨義니라 二, 後義爲正이니 云性淨之果는 卽圓淨涅槃이라 應有問言호대 若是果者인대 何殊擇滅고 由因果殊일새 故分二道니 所以로 先,[103] 總明中에 以此義로 爲正하야 云於擇滅中에 開出涅槃하니 二道別故라하니라 然其大乘下는 斷上二義라 則後解爲正者는 若唯識인대 解非擇滅云호대 不由擇力하고 本性淸淨故라하니라

● ⑭ 열반에서 열반은 택멸법(擇滅法)과 같은 뜻이다. ① 먼저 성품이 청정한 부분을 설명하고 나서 나중에 다른 뜻을 내보였을 뿐이다. 『열

---

103) 先은 甲南續金本作第一.

반경』제34권은 이는 곧 간정기의 해석이니, 이른바 본경에서 말한 허공과 열반과 같다는 뜻이다. 그러므로 『열반경』에서 인연으로 생겼다는 네 구절로 해석한 중에 이르되, "있음은 인연으로 생김이 아니며, 12가지 인연도 아님이니 이른바 허공과 열반이 이것이다. 이는 성품이 청정하다는 뜻과 같다." ② 뒤의 해석이 바른 것이 됨이니 성품이 청정한 결과는 곧 원만하고 청정한 열반이라 말하였다. 응당히 질문하여 말하되, "만일 이것이 결과라면 어찌하여 택멸법과 다른가?" 원인과 결과가 다름으로 인해 두 가지 길로 나누었으니 그러므로 a) 총합하여 설명한 중에 이 뜻으로 바름을 삼아서 말하되, "택멸법 중에 열어서 열반을 내었으니 두 가지 도가 다른 까닭이다"라고 하였다. 然其大乘 아래는 뒤의 두 가지 이치를 단절함이다. '뒤의 해석이 바름을 삼는다'는 것은 만일 유식론이라면 비택멸을 해석하되, "사택(思擇)하는 힘을 말미암지 않고 본성이 청정한 까닭이다"라고 하였다.

㉕ 숫자의 인연으로 소멸함에 대한 해석[釋數緣滅] (三數 39上7)

[疏] 三, 數緣滅者는 數는 謂慧數니 由慧爲緣하야 揀擇諸惑하야 能顯滅理라 故唐三藏이 譯爲擇滅하니 謂擇力所得滅을 名爲擇滅이라 然此滅言이 有其二義하니 一, 理性寂滅이니 此從所顯得名이오 二, 因滅惑顯하야 名理爲滅이니 則從能顯得名이니라

■ ㉕ '숫자의 인연으로 소멸함'이란 수(數)는 슬기의 숫자이니, 슬기로 인연함으로 인해 모든 번뇌를 간택해서 소멸함의 이치를 잘 밝혔다. 그러므로 당대(唐代) 삼장법사가 택멸이라 번역한 것이다. 이른바 간

택하는 힘으로 얻은 열반을 이름하여 택멸이라 하였다. 그런데 이 열반이란 말은 두 가지 뜻이 있으니, ① 이치의 체성이 고요함이니 이것은 드러난 바에서 열반이라고 얻은 명칭이요, ② 원인이 없어지고 번뇌가 드러나는 이치를 이름하여 '소멸'이라 하였으니 이것은 드러내는 주체로부터 얻은 이름이다.

[鈔] 三隨緣滅[104]故唐三藏下는 出其異名이라 謂擇力所得者는 是俱舍論釋이니 故로 彼喩云, 如牛所駕車를 名曰牛車라 略去中言일새 故作是說하야 但云擇滅이라 唯識에 釋云, 由揀擇力하야 滅諸雜染하고 究竟證會일새 故名[105]擇滅이라하니라 然此滅二者[106]는 別釋滅字라 此二義稱滅이니 若兼能滅之智하면 智亦稱滅이니라

● ㉣ 숫자의 인연으로 소멸함에서 故唐三藏 아래는 그 다른 명칭을 내보임이다. 이른바 간택하는 힘으로 얻은 것이란 구사론을 해석한 내용이다. 그러므로 저 논에서 이르되, "마치 소를 멍에한 수레를 이름하여 '소의 수레'라고 함과 같다." 중간 말을 생략하였으므로 이렇게 설하여 단지 택멸법이라 한 것이다.『성유식론』에서 해석하되, "간택하는 힘으로 인해 모든 잡염법을 없애고 완전히 증득하여 아는 연고로 택멸법이라 이름한다"라고 하였다. 그런데 이 열반이란 말에 두 가지 뜻이란 멸(滅)이란 글자를 별도로 해석함이다. 이런 두 가지 뜻이 열반과 칭합하니 만일 멸하는 주체의 지혜를 겸하면 지혜 역시 열반과 칭합할 것이다.

---

104) 滅下에 南續金本有下字.
105) 名은 甲南續金本作云.
106) 有二者는 甲南續金本作言下.

㉔ 숫자의 인연이 아님으로 소멸함에 대한 해석[釋非隨緣滅]

(四非 39下6)

[疏] 四, 非隨緣滅者는 非由慧數하야 滅惑所得이오 但以性淨과 及於緣闕之所顯故니라

■ ㉔ 숫자의 인연이 아님으로 소멸함이란 지혜의 숫자로 말미암아 번뇌를 없애고 얻은 바가 아님이요, 단지 성품이 청정함과 및 인연이 모자라서 드러난 바일 뿐이기 때문이다.

[鈔] 四非隨緣滅者는 故로 唯識에 云, 不由擇力하고 本性清淨이며 及緣闕所顯을 名非擇滅이라하니라 釋曰, 論存二義하니 初義는 異小라 故로 上疏文에 取爲楷定하니라 言緣闕者는 俱舍論에 云, 畢竟礙當生하야 別得非擇滅이라하며 下釋[107]에 云, 言當生者는 當來生法이니 緣會則生하고 緣闕에 不生이니 於不生時에 得非擇滅이라 此非擇滅은 礙當生法하야 令永不起니 名畢竟礙라

言別得者는 謂非擇滅이 有實體性이 緣闕位中하야 起別得故로 非擇滅得이니 不因擇滅하고 但由緣闕을 名非擇滅이라 論指事明云호대 如眼與意가 專一色時에 餘色聲香味觸等이 謝緣彼境界하야 五識身等이 住未來世하야 畢竟不生하나니 由彼不能緣過去境하야 緣不具故로 得非擇滅이라하니라 釋曰, 謂眼緣色時에 亦合緣聲等커니 以專注色故로 耳等이 不緣聲等이오 同時聲等이 刹那已謝일새 故令緣聲等識으로 更不復生이니 以前五識이 唯緣現量하고 不緣過去未來라 而言觸等者는 等取法中에 有與能緣으로 同時爲所緣境者니 如

---

107) 釋下에 甲南續金本有中字.
108) 滅下에 南續金本有故字.

他心智所緣境이 是也라 此他心智는 唯緣現在心王에 亦合緣心所 로대 以專注心王일새 故於心所에 得非擇滅108)이니라

● ㉣ 숫자의 인연이 아님으로 소멸함이란 그러므로『성유식론』에 이르되, "간택하는 힘으로 말미암지 않고 본성이 청정하고 인연이 부족하여 드러난 것을 이름하여 택멸이 아님이라 말한다"라고 하였다. 해석하자면 논에는 두 가지 뜻이 있으니 처음 뜻은 소승과 다르다. 그러므로 위의 소문에 취하여 해정(楷定)이라 하였다. '인연이 모자란다'고 말한 것은『구사론』에 이르되, "마지막에 가서 미래의 태어남을 장애하여 따로이 택멸이 아님을 얻는다"라고 하였으며, 아래에 해석하되, "미래의 태어남이라 말한 것은 미래의 생기는 법이니 인연이 모이면 태어나고 인연이 모자라면 태어나지 못하나니 태어나지 못하게 하므로 마지막까지 장애한다고 하였다.

'따로이 얻는다'고 말한 것은 이른바 비택멸이 진실한 체성이 인연이 모자란 지위에 있어서는 생겨나서 따로이 얻는 연고로 비택멸을 얻음이니 택멸을 말미암지 않고 단지 인연이 모자란 때문에 비택멸이라 이름한다. 논에서 현상을 지적하며 해명하되, '마치 눈과 생각이 오로지 하나의 형색일 때에 나머지 형색, 소리, 향기, 맛, 감촉 등이 저 경계에서 연을 버리고 전5식의 몸 등이 미래세에 머물면서 마침내 태어나지 못하는 것과 같나니 저로 인해 능히 과거의 경계를 인연하지 못하여 인연이 구비되지 않는 까닭에 비택멸을 얻는다"라고 하였다. 해석하자면 이른바 눈이 형색을 반연할 때에 또한 소리 등도 합쳐서 반연할 텐데 오로지 형색만 인연하는 연고로 귀 등이 소리 등을 반연하지 않는 등이요, 동시에 소리 등이 찰나 간에 버리는 연고로 소리 등을 반연하는 인식으로 하여금 다시 태어나지 못하게 하나니, 전5식

이 오직 현량경계만 반연하고 과거와 미래의 경계는 반연하지 못하는 것이다. 그러나 감촉 등이라 말한 것은 법 가운데 반연하는 주체와 동시에 반연할 대상 경계가 있는 것이니 타심통의 지혜로 반연할 대상 경계와 같은 것이 이것이다. 이런 타심통의 지혜는 오직 현재의 심왕을 반연할 적에 또한 심소를 합쳐서 반연하되 오로지 심왕에 주목하는 까닭에 심소에서 비택멸법을 얻는다.

㈑ 연기에 대한 해석[釋緣起] 2.
㉠ 가름을 열다[開章] (五緣 40下4)
㉡ 가름에 따라 해석하다[隨釋] 2.

ⓐ 개별로 해석하다[別釋] 5.
㉮ 소승의 5부를 인용하여 무위의 뜻을 밝히다[引小乘五無爲義] (別謂)
㉯ 대승론을 인용하여 증명하다[引大乘論證成] (智論)

[疏] 五, 緣起者는 有別有通하니 別은 謂十二因緣故라 分別論者는 大衆과 一說과 鷄胤과 化地와 說出世部가 皆立十二緣起하야 以爲無爲하니 彼意는 以其次第作緣이 恒無雜亂으로 故說爲常이라 有佛無佛에도 此法은 自爾일새 名曰無爲라하니라 故로 智論三十二에 云, 聲聞法中에 亦說法性과 實際故라하니라 雜阿含中에 說호대 有一比丘가 問佛호대 十二因緣이 爲是佛作가 爲是餘人作가 佛告比丘하시되 我不作十二因緣이오 亦非餘人作이니 有佛無佛에 諸法이 皆如하야 法相法位가 一切常有니 所謂是事有故로 是事有等이라하니라

■ ㈑ 연기는 개별도 있고 전체도 있으니, ⓐ 개별로 해석함은 이른바

12가지 인연을 말한다. 분별하여 논하면, "대중부와 설일체유부와 계윤(鷄胤)부와 화지부와 출세를 말하는 부가 모두 12연기를 건립하여 인연을 지음이 항상 잡란하지 않은 연고로 항상하다고 말한다. 부처님이 계심과 부처님이 안 계심에도 이 법은 자연히 그러하므로 이름하여 무위법이라 한다"라고 하였다. 그러므로 『대지도론』 제32권에 이르되, "성문의 법 중에도 또한 법성과 실제를 말하기 때문이다"라고 하였다. 『잡아함경』 중에 말하기를, "어떤 한 비구가 부처님께 여쭙되, 12인연이 부처님이 지으신 법인가? 다른 이가 지은 것인가?"하니 부처님께서 비구들에게 고하시되, "내가 12인연을 지은 것이 아니요, 또한 다른 사람이 지은 것도 아니다. 부처님이 계시거나 부처님이 안 계시거나 모든 법이 모두 여여해서 법의 모양과 법의 지위가 온갖 것이 항상 있는 것이다. 말하자면 이 일이 있으므로 이 일이 있다는 등이다"라고 하였다.

㉮ 대승경을 인용하여 증명하다[引大乘經證成] (涅槃 41上1)
㉯ 본경의 주장을 내보이다[出今意] (望今)

[疏] 涅槃에 亦說卽是無爲라하나니 遠公이 云, 就人論法에 三世流轉일새 是其有爲오 廢人談法에 法相常定일새 故曰無爲라하니라 望今經意컨대 緣起無性일새 故曰無爲라

■ 『열반경』에도 또한 '곧 바로 무위법이다'라고 말하였으니, 혜원법사가 이르되, "사람에 입각하여 법을 논할 적에 삼세로 유전하므로 유위가 되고, 사람을 버려두고 법만 말할 적에는 법의 모양이 항상 정해진 까닭에 무위라고 말한다"라고 하였다. 지금 본경의 주장을 바라

본다면, 연기하면서 체성이 없는 연고로 무위법이라 이름한다.

㈚ 다른 경문을 인용하여 증명하다[引他經證成] 2.
㊀ 대품반야경을 인용하여 증명하다[引大品證成] (大品 41上4)
㊁ 열반경을 인용하여 증명하다[引涅槃證成] (涅槃)

[疏] 大品에 云, 菩薩이 觀十二因緣이 如虛空不可盡이라하며 涅槃에 云, 十二因緣이 卽是佛性이라하니라 雖擧十二因緣이나 卽已攝陰界諸法이니라

■ 『대품반야경』에 이르되, "보살이 관찰하되 12가지 인연이 마치 허공이 다할 수 없음과 같다"라고 하였으며, 『열반경』에 이르되, "12인연이 곧 불성이다"라고 하였다. 비록 12인연을 거론하였지만 이미 오음과 18계의 모든 법을 포함하고 있다.

[鈔] 五緣起者는 疏文有二하니 一, 雙標요 二, 別謂下는 別釋이라 先, 釋別이오 後, 釋通이라 今初라 文有四節하니 一, 引小乘諸部所立이오 二, 智論三十二[109]下는 引大乘論立하야 證成上義라 此中論文은 先有問云호대 聲聞法中에 何以不說如是法性과 實際하고 而摩訶衍中에 處處說耶아 答이라 聲聞法中에 亦說此二라하니 下與疏同이오 玄中에 已引하니라

涅槃亦說下는 三, 引大乘經하야 立無爲義니 先引涅槃이라 卽北經 迦葉菩薩品이니 第三十四經이라 而爲品初오 南經三十一이 北經은 半卷이 向後하야 列二十一諍論하니 此卽第六이라 經에 云, 或說十

---

109) 上四字는 甲南續金本作度

二因緣이 是有爲法이라하고 或有說言十二因緣이 是無爲法이라하야 至第三十五하야 方釋하나니 經中에 具云하시되 善男子야 我經中에 說, 云何名爲十二因緣이 從無明生行하고 從行生識하고 從識生名色하고 從名色生六入하고 從六入生觸하고 從觸生受하고 從受生愛하고 從愛生取하고 從取生有하고 從有生生하고 從生有老死憂悲苦惱오 善男子야 我諸弟子가 聞是說已에 不解我意하고 唱言如來가 說十二因緣이 定是有爲라하면 我又一時에 告喩比丘하야 作如是言호대 十二因緣은 有佛無佛에 性相常住라하며 善男子야 有十二因緣이 不從緣生이오 有從緣生이나 非十二因緣하며 有從緣生하고 亦十二因緣이오 有非緣生이며 非十二因緣이니라 有十二因緣이 非緣生者는 未來世十二[110]支也오 有從緣生코 非十二緣者[111]는 謂阿羅漢의 所有五陰이오 有從緣生亦十二因緣者는 謂凡夫人의 所有五陰이오 有非緣生非十二因緣者는 謂虛空涅槃이니라 善男子야 我諸弟子가 聞是說已에 不解我意하고 唱言如來가 說十二因緣이 定是無爲라하니라 釋曰, 若經中에 言, 爲與無爲에 俱不解意라 若遠公釋인대 各有所以하니 然有二意하니 今疏는 是第一意라 第二意에 云, 直[112]就因緣事中의 現在之者하야 名曰有爲오 在未來者하야 未現起用을 名曰無爲니라 釋曰, 後釋은 順經後四句意오 前釋은 順經初意와 及智論等意니라

- ㉤ 연기법을 해석함에 소의 문장에 둘이 있으니 ㉠ 함께 표방함이요, ㉡ 別謂 아래는 따라 해석함이다. ⓐ 개별로 해석함이요, ⓑ 전체적으로 해석함이다. 지금은 ⓐ이다. 소문에 네 부분이 있으니 ㉮ 소승

---

110) 二는 甲南續金本作一, 經原本作二.
111) 緣者는 甲續金本作因緣, 南本作緣.
112) 直은 南續金本作眞.

의 여러 부파에서 주장함을 인용함이요, ㉑ 智論三十二 아래는 대승교 논경의 주장을 인용하여 위의 뜻을 증명함이다. 이 가운데 논의 문장은 먼저 질문함이 있으니 이르되, "성문법 중에 어찌하여 이러한 법성과 실제를 말하지 않고 마하연 법 중에 곳곳에서 말하고 있는가?" 답한다. "성문법 중에도 역시 이 두 가지를 말하였다"라고 하였으니 아래 소문과 같은 것이요, 현담에서 이미 인용한 적이 있다.

㉓ 涅槃亦說 아래는 대승경문을 인용하여 무위의 뜻을 건립함이니 먼저 열반경을 인용하였다. 곧 북본열반경 가섭보살품으로 제34권의 경문이니, 여기의 내용은 품의 첫부분이요, 『남본열반경』은 제31권인데 『북본열반경』은 반 권이 뒤를 향해 21가지 논쟁을 나열하고 있다. 이 부분은 그중 여섯 번째이다. 경문에 이르되, "혹은 12인연이 유위법이라 말하고 혹은 어떤 이는 12인연이 무위법이라 말하기도 한다"고 하면서 제35권에 이르러 바야흐로 해석하였으니 경문을 갖추어 말하면, "선남자여, 나는 경전에서 말하기를 '어떤 것을 십이인연이라고 이름하는가? 무명으로부터 행이 생기고, 행으로부터 인식이 생기고, 인식으로부터 이름과 물질이 생기고, 이름과 물질로부터 육입이 생기고, 육입으로부터 감촉이 생기고, 감촉으로부터 느낌이 생기고, 느낌으로부터 사랑이 생기고, 사랑으로부터 잡음이 생기고, 잡음으로부터 존재가 생기고, 존재로부터 태어남이 생기고, 태어남으로부터 곧 늙고 죽고 근심하고 괴로움이 생기느니라'라고 하였다. 선남자여, 나의 제자들이 이 말을 듣고 나서 나의 뜻을 이해하지 못하고 소리 높여 말하기를, '여래는 십이인연이 결정코 유위라고 말씀하셨다'고 하느니라. 나도 또 어느 때에 비구들에게 일러 이렇게 말하되, '십이인연은 부처님이 있거나 부처님이 없거나 성품과 모습이 항

상 머문다'고 하였느니라. 선남자여, 십이인연이 인연으로부터 생기지 않은 것이 있고, 인연으로부터 생기고도 십이인연이 아닌 것이 있고, 인연으로부터 생기고 또한 십이인연인 것도 있고, 인연으로 생기는 것도 아니고 또한 십이인연이 아닌 것도 있느니라. '십이인연이 인연으로부터 생기지 않은 것이 있다'는 것은 미래 세상의 열두 가지를 말하고, '인연으로부터 생기고도 십이인연이 아닌 것이 있다'는 것은 아라한이 소유하는 오음을 말하고, '인연으로부터 생기고 또한 십이인연인 것도 있다'는 것은 범부가 소유하는 오음의 십이인연을 말하며, '인연으로 생기는 것도 아니고 또한 십이인연이 아닌 것도 있다'는 것은 허공이나 열반을 말하는 것이다. 선남자여, 나의 제자들이 이 말을 듣고 나서 나의 뜻을 이해하지 못하고 소리 높여 말하기를, '여래는 십이인연이 결정코 무위(無爲)라고 말씀하셨다'고 하였느니라."

해석하자면 만일 경전 중에 말하되, "유위와 무위 모두 뜻을 알지 못한 것이다." 혜원법사의 해석으로는, 각기 이유가 있는데 그러나 두 가지 의미에서 지금의 소문은 첫 번째 의미이다. 둘째 의미를 말하면 "바로 인연의 현상 중에서 현재에 입각하여 이름하면 유위일 것이요, 미래에 있는 사람이 현재에 작용 일으키지 못함을 이름하면 무위라고 할 것이다. 다시 해석하자면, 뒤의 해석은 경의 넷째 구절의 의미를 따른 것이요, 앞의 해석은 경전의 첫 번째 의미를 따른 것과 『대지도론』 등의 의미이다.

望今經下는 疏家第四出今意라 次言大品云下는 引他經證하야 成上正義니 此卽中論靑目所引이니 釋初因緣不生之義니라 涅槃又云者는 復引涅槃하야 重成上義니 卽北經三十二師子吼品이라 經에

云, 善男子야 無明이 不能吸取諸行하고 行亦不能吸取於識也나 亦得名爲無明緣行하고 行緣識이니 有佛無佛에 法界常住라 若言佛性이 住衆生中者인대 善男子야 常法無住오 若有住處인대 卽是無常이니라 善男子야 十二因緣은 無定住處라 若有住處인대 十二因緣을 不得名常이니라 如來法身도 亦無住處니 法界와 法入과 法陰과 虛空에 悉無住處니라 佛性도 亦爾하야 都無住處니라

次下에 又云佛性者는 名十二因緣이니 何以故오 以因緣故로 如來常住라 一切衆生은 定有如是十二因緣이니 是故로 說言, 一切衆生悉有佛性이니라 十二因緣이 卽是佛性이오 佛性이 卽是如來라하니라 釋曰, 此上經意는 正取十二因緣之性하야 以爲佛性일새 故是無爲니라

● ㉧ 望今經 아래는 다른 경문을 인용하여 증명하여 바른 이치를 이루었다. 이것은 곧 『중론』에서 청목(靑目)법사가 인용한 내용이니 '첫째 인연은 생기지 않는다'는 이치를 해석함이다. 涅槃又云이란 다시 『열반경』을 인용하여 위의 이치를 거듭 성립한 부분이니, 곧 『북본열반경』 제32권 사자후보살품의 문장이다. 경문에 이르되, "선남자여, 무명이 모든 행을 흡수하지 못하고 행도 또한 인식을 흡수하지 못하지만, 또한 무명이 행을 반연하고 행이 인식을 반연한다고 이름하게 되나니, 부처님이 계시거나 안 계시거나 법계는 항상 머무느니라. (선남자여,) 만일 부처님 성품이 중생들 속에 머문다고 말한다면, 선남자여, 항상하는 법은 머무름이 없나니, 머무는 곳이 있다면 곧 항상하지 않는 것이니라. 선남자여, 십이인연에는 결정코 머무는 곳이 없나니, 만일 머무는 곳이 있다면 십이인연이 항상하다고 이름하지 못하느니라. 여래의 법신도 또한 머무는 곳이 없으며, 법계, 법입, 법음, 허공도 전부 머무는 곳이 없느니라"라고 하였다.

다음 아래에 또한 이르되, "부처님 성품은 십이인연이라 이름하나니, 왜냐하면 십이인연으로 여래가 항상 머무르고 일체 중생도 결정코 이런 십이인연이 있기 때문이니, 그러므로 일체 중생에게 모두 부처님 성품이 있다고 말하느니라. 십이인연은 곧 부처님 성품이고, 부처님 성품이 곧 여래니라"라고 하였다. 해석하자면 이 위의 경문의 뜻은 십이인연의 체성을 바로 취하여 불성으로 삼았으므로 무위법이 된다.

ⓑ 힐난을 통틀어 해석하다[通釋] (二通 43上6)

[疏] 文中에 雖擧下는 第二, 釋通妨[113)]이니 難云호대 若緣起無性이 卽無爲者인대 諸蘊界等이 豈有諸蘊界性也[114)]리오할새 故爲此通이라 則意無不該니 是故로 上引涅槃云호대 法界와 法入과 法陰과 虛空하니 卽說三科가 皆無住處하야 同佛性也니라

ⓑ 경문 중에 雖擧 아래는 비방과 힐난을 통틀어 해명함이니 힐난하되, "만일 인연으로 생김이 성품이 없음을 무위법이라 한다면 모든 오온과 18계 등이 어찌 모든 오온과 18계의 성품이 있을 것인가?" 할 것이므로 이렇게 해명한 것이다. 그러면 의미를 포함하지 않음이 없다. 그러므로 위에서 『열반경』을 인용하여 이르되, "법계(法界)와 법입(法入)과 법음(法陰)과 허공이 곧 세 과목이 모두 머무는 곳이 없어서 불성과 같다"고 말하였다.

㉥ 법성에 머무름에 대한 해석[釋法性住] 2.
㉠ 진여와 같음을 밝히다[顯同眞如] (六法 43上10)

---

113) 上三字는 甲南續金本作通釋.
114) 上五字는 甲南續金本作性耶.

ⓛ 그 명칭을 개별로 해석하다[別釋其名] 3.

ⓐ 진여에 대한 설명[釋眞如] (謂非)
ⓑ 법성에 대한 해석[釋法性] (又眞)

[疏] 六, 法性住者는 卽眞如也니 謂非妄倒일새 故名眞如라 又眞實如常이오 揀妄揀事니 於一切位에 恒如其性이라
■ ㉥ 법성에 머무름이란 곧 진여를 뜻한다. 이른바 허망하게 뒤바뀜이 아니므로 진여라고 이름하였다. 또한 진실하여 항상함과 같고, 허망함과 현상을 구분하였으니, 온갖 지위에서 항상하여 그 성품과 같다.

ⓒ 머문다는 글자에 대한 설명[釋住字] 2.
㉮ 위와 연결하여 설명하다[連上釋] (而云 43下1)
㉯ 각기 따로 설명하다[各別釋] (復云)

[疏] 而云住者는 離遷變故라 與法爲性이 是隨緣義라 復云住者는 是不變義니 卽妄卽眞하야 事皆如矣라 若準智論인대 法性과 法住가 各是一義니云云 卽爲七法이니라
■ 그러나 '머문다'고 말한 것은 천류하고 변함을 여읜 까닭이다. 법과 함께 체성이 됨이 바로 '인연을 따른다'는 뜻이다. 다시 '머문다'고 말한 것은 변하지 않는다는 뜻이니, 허망과 진실함이 합치하여 현상이 모두 여여함을 뜻한다. 만일 『대지도론』에 준해 보면, "법의 성품과 법이 머무름이 각기 동일한 이치이니 (하나하나 말하면) 곧 일곱 가지 법

이 된다."

[鈔] 法性住者는 卽眞如也니 顯此法性이 卽唯識等의 眞如異名耳라 謂非妄下는 別釋其名이라 初釋眞如에 自有二義하니 初, 合釋이니 唯揀於妄이라 二, 又眞實如常下는 卽是離釋이니 卽唯識에 云, 眞은 謂眞實이니 顯非虛妄이오 如는 謂如常이니 表無變易이라 是故로 疏에 云, 揀妄揀事라하니라 於一切位下[115]는 釋法性名이라 故로 唯識偈에 云, 此가 諸法勝義며 亦卽是眞如라 常如其性故로 卽唯識實性이 是也라 次는 釋住字라 亦有二義하니 一, 連上釋之에 則三字가 一名이니 謂上之二釋이 順法相宗이오 加此住字하면 順法性宗이라 法性은 謂[116] 隨緣이오 住字는 爲不變이니 以隨緣에 不失自性故라 二義旣具에 卽妄卽眞일새 故是法性宗義니라 二, 若準智論下는 別釋이니 取上法字와 及下住字하야 自爲一義하야 成七無爲니 則法字를 兩用이니라

● '법성에 머문다'는 것은 곧 진여이니, 이런 법의 성품이 곧 유식 따위처럼 진여의 다른 명칭임을 밝혔을 뿐이다. ㉡ 謂非妄 아래는 그 명칭을 개별로 해석함이다. 처음 진여를 해석할 적에 자연히 두 가지 뜻이 있으니, ① 합하여 해석함이니 오직 허망과 구분함이다. ② 又眞實如常 아래는 곧 여읨에 대한 설명이다. 『성유식론』에 이르되, "진(眞)이란 진실함이니, '허망됨이 아님'을 나타낸다. 여(如)[117]라는 것은 '똑같이 상주함[如常]'을 말하나니, 변천이 없는 것을 나타낸다. (이것이 진실한 것이고, 모든 지위에서 상주하고 평등한 것[常如]이면서 그것의 자성이기 때문에 진여라고 말한다. 곧 가득히 찬 것과 같아서 허망한 것이 아니라는 뜻이다.)"라

---

115) 上五字는 南金本作二.
116) 謂는 甲南續金本作爲.
117) 萬有諸法의 理體는 동일 평등하므로 如이고, 하나의 如에 一法界萬差의 일체법을 갖추어 어느 것이나 자체[體]로 말하면 如이다.

고 하였다. 이런 연고로 소에서 이르되, "허망함과 현상을 구분한다" 라고 하였다. ⓑ 於一切位 아래는 법성에 대한 명칭 해석이다. 그러므로 유식론 게송에 이르되, "이것은 모든 법의 뛰어난 이치[勝義]이며, 또한 곧 진여이다. 상주하고 평등한 것이면서도 그것의 자성이기 때문에 곧 '유식의 참다운 성품'이로다"라고 함이 이것이다. 다음은 ⓒ 머문다는 글자에 대한 설명이다. 마찬가지로 두 가지 뜻이 있으니 ① 위와 연결하여 해석한다면 세 글자가 한 가지 명칭이 되었으니, 이른바 위의 두 설명은 법상종에 따른 견해요, 여기에 '머문다'는 글자를 더하면 법성종에 따른 견해가 된다. 법의 성품은 '인연을 따름'을 말하고, 머물 '주(住)' 자는 변하지 않음을 말하나니 인연을 따를 적에 자성을 잃지 않기 때문이다. 두 가지 뜻이 이미 갖추어지면 허망함과 진실이 합치하게 되나니 그러므로 법성종의 이치가 된 것이다. ㉑ 若準智論 아래는 따로 설명함이니 위의 '법(法)'이란 글자와 아래 '주(住)'란 글자를 취하여 자연히 한 가지 뜻을 삼아서 일곱 가지 무위법을 이루었으니, 법이란 글자는 함께 쓰인 것이다.

(d) 권교와 실교를 상대하여 구분하다[對揀權實] (然小 44上6)

[疏] 然이나 小乘에는 說三하고 虛空에는 則就外空하며 復計三皆實有라 若大乘說인대 非唯數增이라 義亦有異니라 唯識論中에는 二義建立하니 一, 唯心變故오 二, 依法性하야 假施設有라 謂此諸義에 但一眞如가 隨義假設이니 一, 無相義오 二, 所證義오 三, 惑盡義오 四, 性淨義오 五, 隨緣義오 六, 隨緣卽不變義니라
■ 그러나 소승법에는 셋을 말하고, 허공에는 외부 허공에 입각하여 다

시 '셋이 모두 진실로 있다'고 계탁하였다. 만일 대승법으로 말한다면 오직 숫자로 늘어날 뿐만 아니라 이치도 또한 다름이 있다. 유식론에는 두 가지 뜻으로 건립하였으니, (1) 오직 마음이 전변된 것에 의거함이요, (2) 법성에 의거해서 가정적으로 존재한다고 시설한다. 이른바 이런 모든 뜻에 단지 하나의 진여만이 이치를 따라 가정적으로 시설하나니 ① 모양 없는 이치요, ② 증득할 대상이란 이치요, ③ 번뇌가 다했다는 이치요, ④ 성품이 깨끗하다는 이치요, ⑤ 인연을 따르는 이치요, ⑥ 인연을 따르는 것이 변하지 않는 이치와 합치함이다.

[鈔] 然小乘下는 第四, 對揀權實이라 初, 擧小乘이오 後, 若大乘下는 擧大斥小라 非唯數增은 已如前說이라 義亦有異는 次下에 正明이라 小乘之義는 略如上說이오 廣如唯識에 廣引廣破니라 唯識論下는 正辨大乘無爲之相이니 卽第二論이라 論中에 先破諸小乘宗等이 計於無爲에 爲實有竟하고 顯正義云호대 然契經에 說有虛空等諸無爲法이 略有二種하니 一, 依識變假施說有니 謂曾聞說虛空等名하고 隨分別하야 有虛空等相이오 數習力故로 心等生時에 似虛空等無爲相現이라 此所現相이 前後相似하야 無有變易일새 假說爲常이라하니라 釋曰, 此空無爲는 而無本質이오 唯心所變이 猶如極微가 假而無體라 於佛等處에 聞其名故로 而心變之니라 次論에 復云호대 二, 依法性假施設有니 謂空無我所顯眞如는 有無俱非며 心言路絶이라 與一切法으로 非一非異等이라 是法이 眞理일새 故名法性이오 離諸障礙일새 故名虛空이오 由揀擇力하야 滅諸雜染하고 究竟證會일새 故名擇滅이오 不由擇力코 本性淸淨하며 或緣闕[118]所顯일새 故名非擇滅이오 苦

樂受滅일새 故名不動이오 想受不行일새 名想受滅이라하니라 釋曰, 疏取論意하야 以釋經文호대 但順經有하고 不順論有라 上釋非擇에 有其二義는 依此論文이니라

● (d) 然小乘 아래는 방편과 실법을 상대하여 구분함이다. ㊀ 소승법을 거론함이요, ㊁ 若大乘 아래는 대승을 거론하여 소승을 배척함이다. '비단 숫자만 늘어남이 아니다'라는 것은 이미 앞에 설명한 바와 같다. '이치로 다름이 있다'는 것은 다음 아래에 바로 설명한다. 소승의 이치는 대략 위에서 설명함과 같고, 자세한 것은 유식론에서 자세하게 인용하고 자세하게 논파함과 같다. ㊂ 唯識論 아래는 대승의 무위법의 모양을 바로 설명함이니 곧 제2권이다. 유식론에서 먼저 소승의 여러 부파에서 무위법을 진실로 있다고 계탁하고 나서 바른 이치를 밝히기를, "그런데 계경에 허공 따위의 모든 무위법이 간략히 두 가지가 있으니 ① 인식의 변화에 의지하여 가정적으로 존재한다고 말하나니 이른바 일찍이 허공 등의 명칭 말함을 듣고 분별을 따라서 허공 등의 모양이 있으며, 자주 닦아 익힌 힘으로 인해 마음 등이 생길 때에 허공과 같은 따위 무위법의 모양이 나타난다. 여기서 나타난 모양이 앞과 뒤가 비슷해서 변함이 있지 않으므로 가정적으로 항상하다고 설한다"라고 하였다. 해석하자면 이런 허공인 무위법은 본질이 없음이요, 오직 마음이 변한 것이 마치 지극히 미세함이 거짓이어서 체성이 없는 것과 같다. 부처님이 계시는 등의 처소에서 그 명칭을 들은 연고로 마음이 변하는 것이다. 다음 『성유식론』에서 다시 말하되, "② 법성에 의거해서 가정적으로 존재한다고 시설한다. 공(호)과 무아(無我)에서 나타난 진여이다. 존재[有], 비존재[無], 존재이기도 하고

---

118) 緣闕은 南續金本作闕緣.

비존재이기도 한 것[俱], 존재하는 것도 아니고 존재하지 않는 것도 아닌 것[非]이라는 마음작용의 언어의 길이 끊어져서, 모든 법과 하나도 아니고 다른 것 등도 아니다. 이것은 법의 진리이므로 법의 체성[法性]이라고 이름한다. 모든 장애를 여의었기 때문에 허공이라고 이름한다.[119] 간택하는 힘[120]에 의해서 모든 잡염을 소멸하여, 구경에 이르러 깨달아 안다. 따라서 택멸(擇滅)[121]이라고 이름한다. 택멸의 힘에 의하지 않고, 본성이 청정하고, 혹은 인연[122]이 없어서 나타난 것이므로 비택멸(非擇滅)이라고 이름한다.[123] 괴로운 느낌[苦受]과 즐거운 느낌[樂受]이 멸했기 때문에 부동무위(不動無爲)[124]라고 이름한다. 생각과 느낌이 작용하지 않기 때문에 상수멸무위(想受滅無爲)[125]라고 이름한다"라고 하였다. 해석하자면 소가가 논의 주장을 취하여 경문을 해석하되, 단지 경문에 있는 것만 따르고 논에 있는 것은 따르지 않았다. 위에서 비택멸을 해석할 적에 '그 두 가지 뜻이 있다'

---

119) 이하 여섯 가지 무위법[허공·택멸·비택멸·不動·想受滅·진여무위]을 판별한다. 소승에서는 무위법이 유위법과 관계없이 別存한다고 말한다. 대승에서는 무위법이 역시 일체법의 體性이라고 말한다. 먼저 허공(虛空, ka) 무위에 관하여 말하는데, 소승에서 허공무위가 다른 것에 장애되지 않고 또한 다른 것을 장애하지도 않으면서, 오히려 일체법을 능히 포용하여 자유자재하게 행동케 하는 상주불변의 공간적 실체를 말한다. 따라서 이것을 논파하고, 유식학에서 '허공무위는 무위법의 理體가 번뇌장과 소지장을 멀리 떠나서 현현되기 때문에 비유로써 허공이라고 이름한다고 말한다.
120) 무루지혜의 簡擇力이다.
121) 택멸(擇滅, pratisankhyā-nirodha)에서 擇은 簡擇의 의미로서 무루의 지혜력을 말하고, 滅은 寂滅의 뜻으로서 모든 번뇌의 繫縛을 벗어난 涅槃을 가리킨다. 즉 무루의 지혜력으로써 진리를 간택해서 번뇌의 계박을 벗어나면, 거기에 나타난 唯善無漏의 상주법을 택멸이라고 이름한다.
122) 유위법이 생겨나는 緣을 가리킨다.
123) 비택멸(非擇滅, apratisankhyā-nirodha) 무위에 두 가지가 있다. 하나는 무루지혜의 간택법에 의하지 않고 本來自性淸淨한 것을 말한다. 다른 하나는 유위법이 생겨나는 緣이 없어서[缺] 생겨나지 않을 때에 현현되는 것이다.
124) 色界의 제3禪의 번뇌를 멀리 여의고 제4禪에 태어날 때에 모든 괴로움의 감각[苦受]과 즐거움의 감각[樂受]이 멸하고 오직 괴로움도 즐거움도 아닌 감각[捨受]과 상응한다. 이것을 不動이라 하고, 이때 현현되는 진리를 '부동무위'라고 말한다.
125) 상수멸무위(想受滅無爲)는 想의 심소와 受의 심소가 일어나지 않는 것을 말하며, 멸진정(滅盡定) 중에서 현현된다. 무색계 제3禪의 번뇌를 멀리 여일 때, 즉 有頂天에 태어날 때이다.

는 것은 이 유식론을 의지한 내용이다.

(e) 체성을 내보이다[出體性] (此中 45上9)
(f) 아는 모양을 개별로 밝히다[別顯知相] (今多)

[疏] 此中에 法性은 卽是眞如라 然法性과 眞如도 亦假施設이라 遮撥爲無일새 故說爲有오 遮執爲有일새 故說爲空이오 勿謂虛幻일새 故說爲實이오 理非妄倒일새 故名眞如오 爲法之性일새 名爲法性이언정 非離色心코 別有實體니라 今多聞之人은 不唯知名而已라 應如是知니라

- 이 가운데 법성은 곧 진여이다. 그러나 법성과 진여도 또한 가정적으로 있다고 시설하였다. 막고 뽑아서 없다고 하였으므로 '있다'고 말하였고, 막고 뽑아서 있다고 고집한 연고로 '공하다'고 말한 것이요, 헛되고 허깨비라고 말하지 않은 연고로 '진실하다'고 말하였고, 이치가 허망하거나 뒤바뀌지 않은 연고로 '진여'라고 하였고, 법의 체성이 되는 연고로 '법성'이라 이름한 것이지 '형색과 마음을 여의고 따로 실체가 있다'는 것은 아니다. 지금 다문(多聞)하는 사람은 오직 이름만 알지 못할 뿐만 아니니, 응당히 이렇게 알아야 한다.

[鈔] 此中法性下는 五, 出體性이니 卽彼論에 示無爲體라 論에 云, 此五가 皆依眞如假立이라하니라 眞如亦假施設下로 至故名眞如는 皆是論文이오 爲法之性故名法性은 是疏義加니 亦卽前文의 唯識論意라 非離色心別有實體者는 取論意結이니 具足인대 論에 云, 不同餘宗이 離色心等코 有實常法을 名曰眞如니 故諸無爲는 非定實有라하니라

釋曰, 言眞如亦是假者는 不得體故라 遮空見者로 說如爲有는 遮小乘中의 化地部等이 執定實有일새 故說爲空이언정 非言無爲가 體卽空也라 勿謂虛幻者는 虛는 揀徧計오 幻은 揀依他니 卽顯眞如는 是圓成實이오 以無虛妄顚倒法일새 故名眞如也니라 今多聞之人下는 第六, 結示多聞之旨를 可知로다

● (e) 此中法性 아래는 체성을 내보임이니 곧 저 논에서 무위법의 체성을 보인 것이다. 논에 이르되, "이 다섯 가지는 모든 진여(眞如)에 의거해서 가정적으로 건립한다." '진여라고 말해도 역시 가정적으로 명칭을 시설함' 아래로 '그러므로 진여126)라 이름한다'까지는 모두 논문이요, '법의 체성이 되는 연고로 법성이라 이름한' 것이란 소가 뜻을 더한 것이니 또한 앞의 문장에 대한 유식론의 주장이다. '형색과 마음을 여의고 따로 실체가 있다는 것은 아니다'라는 것은 논의 주장을 취하여 결론함이니, 구족하게는 논에 이르되, "다른 부파에서 근본진리[宗趣]로 주장하듯이, 색법과 심법 등을 떠나서 실제로 상주하는 법이 있고, 이것을 이름하여 진여라고 말하는 것과는 다르다. 따라서 모든 무위법도 반드시 참된 존재가 아니다"라고 하였다. 해석하자면 '진여라고 말해도 역시 가정적으로 시설한 것'이라 말한 것은 체성을 얻지 못한 까닭이다. 공하다는 견해로 진여가 있다고 말함을 막는 것은 소승법 중에 화지부(化地部) 등이 결정적으로 '실제로 존재한다'고 고집하므로 공하다 말했을지언정 '무위법의 체성이 곧 공하다'고 말한 것은 아니다. '헛되고 허깨비라고 말하지 않은 것'에서 헛됨은 변계소집성과 구분함이요, 허깨비는 의타기성과 구분함이요, 진여가

---

126) 진여(眞如, tathatā)에서 '眞'은 진실, 허망되지 않은 것[不虛妄]을 말하고, '如'는 常住一如 無變易法을 가리킨다. 앞의 5무위는 진여에 의해 가립하는 것으로서 원래 別體가 없다. 진여라고 말하는 것도 依詮門에서 가립하는 명칭이다. 閉詮門에서는 영원히 名言을 멀리 여읜다.

곧 원성실성임을 밝힘이요, 허망하거나 뒤바뀜이 없는 법인 연고로 진여라고 이름한 것이다. (f) 今多聞之人 아래는 다문의 뜻을 결론해 보임이니 알 수 있으리라.

f) 기록할 수 있는 법[有記法] 2.
(a) 총합 명칭을 해석하다[釋總名] 2.
㊀ 예전 해석을 말하다[敍昔] (第六 46上5)
㊁ 올바른 뜻을 말하다[辨正] (今唯)

何等이 爲有記法고 謂四聖諦와 四沙門果와 四辯과 四無所畏와 四念處와 四正勤과 四神足과 五根과 五力과 七覺分과 八聖道分이니라
"어떤 것이 기록할 수 있는 법인가? 말하자면 (1) 사성제와 (2) 사사문과와 (3) 사변과 (4) 사무소외와 (5) 사념처와 (6) 사정근과 (7) 사신족과 (8) 오근 (9) 오력과 (10) 칠각분과 (11) 팔성도분이니라."

[疏] 第六, 有記法者는 有釋云호대 謂能招愛非愛果일새 故名有記라하니 此乃通說이라 餘處에 辨記에는 卽是善惡이어니와 今唯擧善은 應云, 順理善法을 可記錄故니라

■ f) 기록할 수 있는 법이란 어떤 이가 해석하되, "이른바 능히 사랑과 사랑 아닌 결과를 초래한 연고로 '기록할 수 있는 법'이라 이름한다"라고 하였으니, 이것은 전체적인 설명이다. 다른 곳에서 기록한다 말할 적에는 바로 선법과 악법이다. 지금은 오직 선법만 거론함은 응

당히 말하되, "이치를 따르는 선법을 '기록할 수 있다'고 말한 까닭이다."

[鈔] 第六有記法中에 二니 先, 釋總名이오 後, 別釋相이라 今初라 先은 敍昔이니 卽刊定記라 大品經에 亦云, 若善法과 若不善法을 是名記法이니 如所說相하야 不捨離故라하니라 此乃通說下는 辨非니 以下無記가 旣非三性인대 今此有記를 安得例[127]之리오 後, 應云[128]下는 辨正이니라

- f) 기록할 수 있는 법 중에 둘이니 (a) 총합 명칭을 해석함이요, (b) 개별적으로 모양을 해석함이다. 지금은 (a)이다. ㉠ 예전 해석을 말함이니 곧 간정기의 주장이다. 『대품반야경』에 또한 이르되, "선법과 불선법을 기록할 수 있는 법이라 이름하였으니 설한 바 모양과 같아서 버리고 여의지 않는 까닭이다"라고 하였다. 此乃通說 아래는 잘못을 밝힘이다. 아래 기록할 수 없는 법이니 이미 세 가지 성품이 아니라면 지금 여기의 기록할 수 있는 법과 어찌 유례하겠는가? ㉡ 應云 아래는 올바른 뜻을 말함이다.

(b) 개별 모양을 해석하다[別相釋] 2.

㉠ 나머지를 지적하다[指所餘] (下出 46下2)
㉡ 오직 이 부분만 해석하다[唯釋此] 3.
① 지적한 것을 표방하다[標指] (四無)

---

127) 例는 甲南續金本作無誤.
128) 應云은 甲南續金本作今唯, 案上科云辨非 則今唯擧善四字 應從原本屬前.

[疏] 下出所記法體에 句有十一이나 義攝唯五니 四聖諦는 如前本品에 已辨이오 四沙門果는 如梵行品이오 四辯은 如第九地오 三十七品은 如第四地니라 四無所畏를 今當略明이니

- 아래에 기록한 법의 체성을 내보일 적에 구절이 11가지가 있으니 이치로는 다섯 가지만 포섭하나니 (1) 사성제는 앞의 본경의 사성제품에 이미 설명함과 같고, (2) 사사문과(四沙門果)는 범행품과 같고, (3) 사변재는 십지품의 제9지와 같고, (4) 37가지 도품은 십지품의 제4지와 같다. 사무소외(四無所畏)를 지금 마땅히 간략히 설명하였으니,

[鈔] 下出所下는 辨相中에 先, 指所餘가 如前後釋이니 不欲繁文故니라

- (b) 下出所 아래는 개별 모양을 해석함 중에 ㊀ 나머지를 지적함이 앞과 뒤에서 해석함과 같나니, 문장을 번거롭게 하지 않기 때문이다.

② 바로 해석하다[正釋] 3.
㉮ 명칭 해석[釋名] 2.
㉠ 총합 명칭을 해석하다[釋總名] (謂外 46下6)
㉡ 개별 명칭을 해석하다[釋別名] (無畏)

[疏] 謂外難無怯일새 故名無畏라 瑜伽에 云, 如來가 於此謗難에 都不見有如實因相하나니 由是因緣하야 能自了知하야 坦然無畏라하니라 無畏에 有[129]四하니 一, 一切智無畏오 二, 漏盡無畏오 三者, 障道오 四, 出苦道니라

- 이른바 외부의 힐난에 겁약하지 않은 연고로 '두려움 없음'이라 말한

---

129) 有는 南續金本作爲.

다. 『유가사지론』(제50권 本地分中 보살지)에 이르되, "여래는 스스로 찬양하신 것에 대하여 모든 비방을 잘 다스리면서도 그 안에서 도무지 사실대로의 원인 모양[因相]이 있음을 보지 않으신다. 이런 인연으로 말미암아 (이 네 가지 것에 대하여) 스스로가 분명히 아시는지라 탄연하여 두려워함이 없다"라고 하였다. 두려움 없음에 넷이 있으니 ① 온갖 지혜를 얻어 두려움 없음이요, ② 번뇌를 모두 끊었으므로 얻는 두려움 없음이요, ③ 도에 장애되는 것이 없으므로 얻는 두려움 없음이요, ④ 고통의 세계를 벗어남으로 얻는 두려움 없음이다.

[鈔] 四無所畏[130]下는 唯釋此一이라 言今當略明者는 諸經中에 多以五門分別하니 一, 辨名이오 二, 出體오 三, 行相이오 四, 次第오 五, 諸門이라 今疏에 但有三門하고 略無出體와 次第라 即分爲三이니 初, 釋名이오 二, 辨相이오 三, 諸門分別이라 初中에 有二하니 先, 總名이오 後, 別名이라 今初라 上二句는 標章[131]이오 謂外難無怯故下는 正釋이라 瑜伽下는 引證無怯之相이라 言都不見有如實因相者는 謂其所難이 皆就迹生疑하야 不知所觀眞實之理일새 故此所難이 無如實因이라 若實有可難인대 則可[132]怯畏어니와 所難不實이어니 何所畏耶아
…〈아래 생략〉…

● 三 四無所畏 아래는 오직 이 한 가지를 해석함이다. '지금 마땅히 간략히 설명한다'고 말한 것은 모든 경전 중에서 대부분 다섯 부문으로 분별하였으니 ① 명칭을 설명함이요, ② 체성을 내보임이요, ③ 행법의 모양이요, ④ 순서요, ⑤ 여러 부문으로 분별함이다. 지금 소에서

---

130) 所畏는 甲南續金本作畏義.
131) 標章은 南金本無, 此下에 南續金本有指文二字.
132) 可는 甲南續金本作有.

는 단지 세 문[① 釋名 ③ 辨相 ⑤ 諸門分別]만 있다. ① 중에 둘이 있으니
㉮ 총합 명칭을 해석함이요, ㉯ 개별 명칭을 해석함인데, 지금은 ㉮
이다. 위의 두 구절은 ㉠ 가름을 표방함이요, ㉡ 謂外難無怯故 아래
는 바로 해석함이다. ㉢ 瑜伽 아래는 겁약하지 않은 모양을 인용하
여 증명함이다. '도무지 여실한 원인 모양이 있음을 보지 않으신다'고
말한 것은 이른바 그 힐난한 것이 모두 자취에 입각하여 의심을 일으
켜서 보는 대상인 '진실한 이치'를 알지 못하므로 이런 힐난하는 바가
여실한 원인이 없기 때문이다. 만일 실제로 힐난할 바가 있다면 겁약
하고 두려워해야 하지만 힐난할 대상이 사실이 아닌데 어찌 두려워
하겠는가? …〈아래 생략〉…

㉯ 모양을 밝히다[辨相] 4.
㉠ 온갖 지혜를 얻어 두려움 없음에 대한 힐난[一切智無畏難]

(此四 47下4)

[疏] 此四에 各有難答하니 初, 外難에 云, 若佛이 是一切智者인대 有諸比
丘가 從他方來에 何須問言호대 安樂住不아 言一切智인대 無所不知
어늘 今問於他하니 一何相反고 佛自唱言호대 我是一切智人이언마는
但爲攝受來者하야 隨順世間師弟人事故라하니라

■ 이런 네 가지에 각기 힐난과 대답이 있으니, ㉠ 외부에서 힐난하여 말
하되, "만일 부처님이 온갖 지혜를 얻은 분이라면 어떤 여러 비구가
다른 곳에서 와서 어찌 질문을 구하기를, '편안하게 계십니까? 온갖
지혜가 말한다면 모르는 것이 없을 텐데 지금 다른 것을 질문하니 어
떤 것은 어찌하여 서로 반대가 됩니까?' 부처님께서 스스로 소리 높

여 말씀하되, '나는 온갖 지혜를 얻은 사람이지만 단지 오는 사람을 섭수하기 위하여 세간의 스승과 제자의 인사를 따르기 위함이다'"라고 하였다.

[鈔] 此之四段下는 二, 辨相也라 一, 一切智無畏難이라 於中有二하니 初, 牒擧所難이오 二, 有諸比丘下는 正難이라 於中에 先, 出難所因이니 謂諸部律中에 多有此言호대 時諸比丘가 至如來所하야 頭面禮足하면 佛便問言하시되 比丘야 住止安樂不아 乞求易得不아 不以飮食으로 爲苦耶等아하니라 今云何故問者는 卽是難也라

言一切智下는 結成難也라 佛自唱言下는 答也라 於中에 先, 按定所難하야 明不失一切智義라 若具인대 皆云, 我於此難에 正見無由하야 得安隱住며 無怖無畏며 自稱我是大仙尊位라 二, 從但爲攝受下는 出是一切智之所以니 示現問耳언정 非己不知라 言攝受來者는 要[133]令發勝心이니 聞佛慰問에 發道心故라 隨順世間師弟人事者는 此有二意하니 一者, 成上示現之相이오 二者, 亦令餘人으로 審諦於事라 佛知尙問이온 況餘不知아 亦爲後人하야 作軌則故라 見來發心에 應爲引攝일새 故云隨順世間이니라

● ⑭ 此四 아래는 모양을 밝힘이다. ㉠ 온갖 지혜를 얻어 두려움 없음에 대한 힐난이다. 그중에 둘이 있으니 ⓐ 힐난한 것을 따와서 거론함이요, ⓑ 有諸比丘 아래는 바로 힐난함이다. 그중에 ㉮ 힐난의 원인을 내보임이니 이른바 모든 부파의 율문 중에 대부분 이런 말이 있으되, "그때에 여러 비구들이 부처님 처소에 이르러 두면으로 부처님 발에 예배하면 부처님이 문득 질문하시되 '비구들이여, 사는 곳이 편

---

133) 上三字는 甲南續金本作者.

안한가? 걸식하면 쉽게 얻어지는가? 음식으로 고통받지는 않는가? 따위이다"라고 하였다. 지금에 이르되, '무슨 까닭으로 묻는가?' 한 것은 곧 힐난함이다.

㉘ 言一切智 아래는 힐난을 결론함이다. ㉮ 佛自唱言 아래는 대답하심이다. 그중에 ⓐ 힐난을 배정하여 온갖 지혜란 뜻을 잃지 않음을 설명하였다. 만일 구족하게 모두 말하면, "나는 이런 힐난에 바른 소견으로 이유 없이 편안하게 거처하며 공포나 두려움이 없으며, 스스로 나는 큰 신선의 높은 지위라고 말하신다. ⓑ 但爲攝受 아래는 온갖 지혜를 얻은 이유를 내보임이니 나타내 보이고 귀로 물을지언정 자신은 알지 못함이 아니다. '온 사람을 섭수하기 위한다'고 말한 것은 하여금 뛰어난 마음을 발하기를 요구하나니 부처님의 위로하심을 듣고 도 닦을 마음을 발하기 때문이다. '세간의 스승과 제자의 인사를 따름'이란 여기에 두 가지 의미가 있으니 첫째, 위에서 나타내 보인 모양을 이룸이요, 둘째, 또한 다른 사람으로 하여금 일을 자세히 살피는 것이다. 부처님은 알고도 오히려 물으시는데 하물며 나머지 모르는 것이겠는가? 또한 뒤 사람을 위하여 모범을 보이기 위함이다. 와서 발심하는 것을 볼 적에 응당 이끌어 섭수하기 위한 연고로 '세간에 수순한다'고 말하였다.

ⓑ 번뇌를 영원히 다하여 얻은 두려움 없음에 대한 힐난[漏永盡無畏難]

(二有 48下2)

[疏] 二, 有難云호대 若佛이 自言漏가 永盡者인대 何以愛語羅睺며 訶罵調達고 佛於此難에 正見無由하사 安隱無怯이라 自唱德號호대 我實

漏盡이온 但爲隨根하야 而調伏故니라

■ ⓑ 어떤 이가 힐난하되, "만일 부처님께서 스스로 말씀하되 '번뇌가 영원히 다하였다면 어째서 나후라에게 사랑스럽게 말하시며, 제바달다에게 나무라셨는가?' 부처님께서 이런 힐난에 바른 소견으로 이유 없이 편안하고 겁약함 없이 스스로 덕스런 이름을 외치시되 '나는 진실로 번뇌가 다하였지만 단지 근기를 따르고 조복받기 위한 까닭이다.'"

[鈔] 二有難云下는 第二無畏라 先難中에 文亦[134]有二하니 先, 牒擧所難이니 謂經中에 說言호대 我諸漏已盡이라하니라 後, 何以愛下는 正難이니 難之所因은 含在其中이니 謂羅睺羅가 被僧驅出하야 在於厠上이어늘 佛語諸比丘言하시되 云何野干이 驅師子子오하시니 卽愛語羅睺也라 調達이 頻爲惡行이어늘 佛時罵言癡人하시되 或云食唾小兒等[135]이라하니라 佛於此難下는 答也라 於中에 亦先按定所難이니 不失漏盡之義라 後, 但爲隨根而調伏故는 卽出愛恚所以니 謂羅睺는 譬之慧象일새 隨逐人心하야 軟言卽調오 調達은 喩之惡馬니 楚毒方調언정 非是如來가 有愛羅睺하시며 有恚調達하사 漏未盡也니라

● ⓑ 二有難云 아래는 번뇌를 영원히 다하여 얻은 두려움 없음에 대한 힐난이다. ㉮ 힐난 중에 경문에도 둘이 있으니 ㉠ 힐난을 따와서 거론함이니 이른바 경문에 말하되, "나는 모든 번뇌가 다하였다"라고 하였다. ㉡ 何以愛 아래는 바로 힐난함이니 힐난한 원인이 그 속에 포함되어 있으니 말하자면 나후라가 스님들에게 쫓김을 당하다가 화장실에 있었는데 부처님이 여러 비구들에게 말씀하시되 "어찌하여

---

134) 亦은 南續金本作但.
135) 等下에 南續金本有耶字.

여우가 사자새끼를 핍박하는가?" 하시니 이것이 곧 나후라에게 사랑
스런 말을 하심이다. 제바달다가 자주 악행을 저질렀는데 부처님이
그때에 어리석은 사람이라 욕하셨는데 혹은 이르되, "밥을 먹다가 침
을 뱉는 등이다"라고 하였다. ㉑ 佛於此難 아래는 대답함이다. 그중
에 또한 ㉠ 힐난을 배정함이니 번뇌가 다함의 뜻을 잃지 않았다.㉠
'단지 근기를 따르고 조복받기 위함'은 곧 사랑하고 성내는 이유를
내보임이다. 말하자면 나후라는 슬기로운 코끼리에 비유하여 사람
의 마음을 따라 부드럽게 말함은 조복함이요, 제바달다는 악한 말에
비유하였으니 심하고 독하게 하면 비로소 조복되지만 여래께서 라후
라에게는 사랑함이 있고 제바달다에게 성냄이 있어서 번뇌가 다하지
않은 것이 아닌가?

ⓒ 수행을 장애하는 도를 말함에 두려움 없음에 대한 힐난

[說障道無畏難] (三有 49上4)

[疏] 三, 有難云호대 若佛說欲能障道者인대 何故로 預流와 一來도 尙有
妻子之愛아 佛於此難에 心無怯懼라 謂自唱德號하시되 我說欲能障
道는 但障不還과 羅漢이오 非初二果니라

■ ⓒ 어떤 이가 힐난하되, "만일 부처님이 수행을 장애하는 것을 말하
려 한다면 무슨 연고로 수다원과와 사다함과도 오히려 처자에 대한
사랑이 남아 있는가? 부처님이 이런 힐난에 대해 마음으로 겁약하고
두려움이 없다. 말하자면 스스로 덕스런 이름을 외치시되 내가 수행
을 장애하는 것을 말함은 단지 아나함과 아라한과를 장애할 뿐이니
앞의 두 과위는 해당하지 않는다."

[鈔] 三有難云下는 第三無畏라 先難之中에 亦二니 先, 牒所難이오 後, 何故下는 牒疑正難이라 佛於此下는 答中에 亦二니 先, 按定所難이니 不失欲爲障道라 若具인대 亦應云호대 我於此難에 正見無由하야 安隱無怯이라 處大仙位일새 故云自唱德號라 後, 我所說下는 出不障所以라 若說邪行이 障諸聖道하며 若說畜妻가 障離欲道인대 初二果人은 性戒久成일새 故斷邪行이오 旣未離欲일새 不斷妻子니 斯有何失이리오 故諸染法이 非不障也니라

- ⓒ 三有難云 아래는 수행을 장애하는 도를 말하여 얻은 두려움 없음에 대한 힐난이다. ㉮ 힐난함 중에 또한 둘이니 ㉠ 힐난을 따옴이요, ㉡ 何故 아래는 의심을 따와서 바로 힐난함이다. ㉯ 佛於此 아래는 답함 중에 또한 둘이니 ㉠ 힐난을 배정함이니 도를 장애함을 잃지 못하게 한다. 만일 갖추어 말하면 또한 응당히 말하되, "내가 이런 힐난에 대해 바른 소견으로 이유 없이 편안하고 겁약함이 없었고, 큰 신선의 지위에 있는 연고로 스스로 덕스런 명칭을 외친다고 하였다. ㉡ 我所說 아래는 장애되지 않는 이유를 내보임이다. 만일 삿된 행동이 모든 성스런 도를 장애한다고 말하며, 만일 처를 기름이 욕심을 여의는 도를 장애한다고 말한다면 처음 두 과위의 사람[수다원, 사다함]은 성품의 계법이 오래 성취한 연고로 삿된 행법을 단절함이요, 이미 욕심을 여의지 못했으므로 처자를 끊지 못함이니 여기서 무슨 손실이 있겠는가? 그러므로 모든 잡염법이 장애되지 않음이 없다.

ⓓ 고통에서 벗어나는 길에 두려움 없음에 대한 힐난[說出苦道無畏難]

(四有 49下3)

[疏] 四, 有難云호대 若佛說諸聖道가 能盡苦者인대 何故로 羅漢이 受瘡潰蛇螫之苦오 佛於此難에 心無怯懼라 自唱德號하시되 我說聖道가 實能盡苦邊際는 但說未來오 非現在故니라

- ⓓ 어떤 이가 힐난하되, "만일 부처님께서 모든 성스런 도가 능히 고통을 다했다고 말한다면 무슨 까닭으로 아라한이 부스럼병과 독사에 물리는 고통을 받습니까? 부처님이 이런 힐난에 대해 마음으로 겁약하거나 두려움이 없어서 스스로 덕스런 명칭을 외치시되, '내가 성인의 도는 진실로 능히 고통의 끝을 다한다'고 말함은 단지 미래를 말한 것이요, 현재가 아니기 때문이다."

[鈔] 四有難下는 第四無畏라 先難中에 亦二니 先, 牒所疑니 謂如說我爲弟子하야 說出離道호대 諸聖을 修習하면 決定出離며 決定通達이라하니라 後, 何故羅漢下는 正難이니 旣瘡潰蛇螫이 豈非苦耶아 羅漢이 豈是無聖道耶아 豈非相違오 佛於此難下는 答이니 亦應具云호대 我於此難에 正見無由하야 安隱無怖라 處大仙位니라 我說聖道下는 通前難이라 然有二意하니 一者, 由於前世故業感身하야 於此身上에 得阿羅漢에 苦依身在하야 故有此苦언정 非得羅漢코 後有此苦니라 卽今疏意에 更有意云호대 無學은 實無苦果나 爲現惡因이 必有苦報니 由此聖者가 示相受苦하야 起後敎故라 亦猶世尊이 受金鎗等은 示義非實이니 故疏略無니라

- ⓓ 四有難 아래는 고통에서 벗어나는 길을 설하여 얻은 두려움 없음이다. ㉓ 힐난함 중에 또한 둘이니 ① 의심을 따옴이다. 말하자면 마치 내가 제자를 위하여 벗어나는 도를 말하되, "모든 성스런 도를 닦아 익히면 결정코 벗어날 것이며 결정코 통달한다"고 하신 부분이다.

㊦ 何故羅漢 아래는 바로 힐난함이니 이미 부스럼병과 독사에 물림이 어찌 고통이 아니겠는가? 나한에게 어찌 성인의 도가 없겠는가? (그러나) 어찌 서로 어긋남이 아니겠는가? ㉳ 佛於此難 아래는 대답함이니 또한 응당히 갖추어 말하면, "내가 이런 힐난에 바른 소견으로 이유 없이 편안하고 두려움이 없어서 큰 신선의 지위에 있었느니라." ㉤ 我說聖道 아래는 앞의 힐난을 해명함이다. 그런데 두 가지 뜻이 있으니 첫째, 전세에 업으로 감득한 몸으로 인해 이번 생의 몸에 아라한을 얻을 적에 고통이 몸을 의지하여 이런 고통이 있을지언정 아라한을 얻고 나서도 이런 고통이 생겨난 것은 아니다. 지금 소가의 뜻에 대해 다시 주장하되, "아라한은 진실로 고통의 결과는 없지만 현재의 나쁜 원인이 반드시 고통의 과보가 있는 것이니 이런 성자가 모양으로 고통받음을 보임으로 인하여 뒤의 가르침을 생기게 하기 위함이다." 또한 세존께서 종소리를 받음 등은 이치가 실답지 않음을 보인 것이니 소가가 생략하고 없앴다.

㈐ 여러 부문으로 분별하다[諸門分別] (四中 50上6)

[疏] 四中에 初一은 離所知障이오 次는 離煩惱障이오 三은 是出離道障이오 四는 卽出離之道라 初二는 自利오 後二는 利他라 所以自歎此四者는 初一은 爲菩薩이오 第二는 爲聲聞이오 後二는 通爲라

■ 사무소외 중에 처음 하나 일체지무외는 소지장을 여읨이요, 둘째 누영진무외는 번뇌장을 여읨이요, 셋째는 설장도무외를 여읨이요, 넷째는 출고도무외를 여읨이다. 첫째와 둘째는 자리의 행법이요, 뒤의 둘은 이타의 행법이다. 때문에 스스로 이런 넷을 찬탄함은 처음 하나

[一切智無畏]는 보살을 위함이요, 둘째[漏永盡無畏]는 성문을 위함이요, 뒤의 둘[說障道無畏, 出苦道無畏]은 모두를 위함이다.

③ 근본 원인을 결론해 보이다[結示本原] (智論 50上8)

[疏] 智論二十五와 瑜伽五十과 對法十四에 廣辨其相하니라
■ 『대지도론』제25권과 『유가사지론』제50권과 『대법론』제14권에 그 모양을 자세히 밝혔다.

[鈔] 四中初一下는 第三, 諸門分別이니 卽瑜伽論이라 文三이니 初, 約離障이라 言三是出離障道者는 欲爲道障을 今出離故라 四是出離之道者는 諸出離道가 能出於苦라 然其後二는 並約離煩惱障이니 三은 是所離之障이오 四는 是能離之道라 而三은 就離因하야 爲難이오 四는 就離果하야 爲難이라 亦可後二가 通約因位니라 初二自利下는 第二, 二利料揀이라 然約答難은 並是利他니 如次下明이니라 今約前二는 就佛身難이니 是約自利德歎이라 後二는 約他化爲難이니 故云利他니라 所以自歎此下는 三, 彰歎所以라 亦約被根差別이니 則皆是[136] 利他義니라 菩薩은 爲求種智하야 斷所知故로 初一이 爲之오 二乘은 求盡諸漏일새 第二爲之니 欲皆障於三乘일새 三乘이 皆期出苦하나니 故後二가 並爲니라

● ③ 四中初一 아래는 여러 부문으로 분별함이니 곧 『유가사지론』을 뜻한다. 소문이 셋이니 ㉠ 장애 여읨을 잡은 분석이다. '셋째는 설장도무외(說障道無畏)를 여읨'이라 말한 것은 도에 장애됨을 지금에 벗어

---

136) 皆是는 南續金本作是皆 甲本無皆字.

나려는 까닭이다. '넷째는 출고도무외(出苦道無畏)를 여읨'이란 모든 벗어나는 길이 능히 고통에서 나오는 것이다. 그러나 그 뒤의 둘은 아울러 번뇌장을 여읨을 잡았으니 셋째는 여읠 대상의 장애요, 넷째는 여의는 주체의 길이다. 그러나 셋째는 여읠 원인에 입각하여 힐난함이요, 넷째는 여원 결과에 입각하여 힐난함이다. 또한 뒤의 둘이 통틀어 인행의 지위를 잡은 분석이다. ㉮ 初二自利 아래는 2리행으로 구분함이다. 그러나 힐난에 대한 답을 잡음은 모두 이타행이니 순서대로 아래에 설명함과 같다. 지금은 앞의 둘이 부처님 몸에 대한 힐난을 잡은 것이니, 곧 자리행의 덕을 찬탄한 내용이다. 뒤의 둘은 다른 이를 교화함을 잡아 힐난한 내용이다. 그러므로 이타행이라 하였다. ㉯ 所以自歎此 아래는 찬탄한 원인을 밝힘이다. 또한 근기의 차별받음을 잡은 분석이니 모두가 이타행이라는 뜻이다. 보살은 일체종지를 구하기 위하여 소지장을 단절한 연고로 처음 하나가 해당되었고, 이승은 모든 번뇌가 다함을 구하므로 두 번째에 해당되나니 모두 삼승을 장애하려 하므로 삼승이 모두 고통에서 벗어나기를 기약하나니, 그래서 뒤의 둘이 함께 해당되는 것이다.

智論二十五下는 總示其源이라 然菩薩藏經第五와 般若五十三과 顯揚第四에 亦廣明之하니라 此中에 即有次第出體言이라 次第者는 德用自在에 智最勝故로 首而明之라 由具一切智하야 能盡諸漏오 由具智斷하야 說法化生이라 說法之中에 先說生死因하고 後出生死故라 而此一門은 即前二利門中에 已攝此意니라 若瑜伽와 對法인대 出苦가 爲第三이오 障道는 爲第四니 先果後因이라 亦如苦集이니라 又依上次者인대 即倒對四諦니 謂一切智는 約眞道爲難이오 二, 約

眞滅爲難이오 三, 約集因이오 四, 約苦果라 未見經論이나 義必應然이니라 若出體者인대 總有五種하니 一, 剋性體니 卽信進念定慧로 爲體오 二, 引發體니 若定若慧오 三, 最勝體니 卽正體와 後得二智라 四中에 初一은 通二智오 二는 卽正體오 三四는 皆後得이니 以是說法心故라 若約自住인대 四皆正體라 若能答難인대 此四가 並以後得爲性이니라 …〈아래 생략〉…

● ③ 智論二十五 아래는 근본 원인을 결론해 보임이다. 그러나 『보살장경』제5권과 『대반야경』제53권과 『현양성교론』제4권에 또한 자세히 설명하였다. 이 가운데 곧 순서대로 체성을 내보인 말씀이 있다. 순서란 공덕과 작용이 자재할 적에 지혜가 가장 뛰어난 연고로 먼저 밝힌 것이다. 온갖 지혜를 갖춤으로 인해 모든 번뇌를 다할 수 있으며, 지혜를 갖추어 단절함으로 인해 법을 설해 중생을 교화하는 것이다. 법을 설하는 중에 먼저 생사의 원인을 말하고, 뒤에 생사에서 벗어남을 말하기 때문이다. 그런데 이 한 가지 문은 곧 앞의 2리행의 문장 중에 이미 이런 뜻을 섭수하였다. 만일 『유가사지론』이나 『대법론』이라면 ④ 출고도무외가 셋째가 되고 ③ 설장도무외가 넷째가 되나니 앞은 결과요, 뒤는 원인이다. 또한 고제와 집제의 관계와 같다. 또한 위의 순서에 의지한다면 곧 사성제와 상대함이 뒤바뀌나니 이른바 ① 온갖 지혜는 진실한 도를 잡아서 힐난함이요, ② 누영진무외는 진정한 열반을 잡아서 힐난함이요, ③ 설장도무외는 집제의 원인을 잡았고, ④ 출고도무외는 고통의 결과를 잡아서 힐난함이다. 경문과 논서를 보지 못했지만 이치가 반드시 그러하리라. 만일 체성을 내보인다면 총합하여 다섯 종류가 있으니 ① 성품을 극복한 체성이니 곧 믿음, 정진, 기억, 선정, 지혜로 체성을 삼았고, ② 체성을 이끌

어 내었으니 선정과 지혜를 말하고, ③ 가장 뛰어난 체성이니 곧 바른 체성과 후천적으로 얻은 두 가지 지혜이다. ④ 중에 처음 하나는 두 가지 지혜에 공통됨이요, 둘째는 곧 바른 체성이요, 셋째와 넷째는 모두 후득지이다. 이것은 법을 설하는 마음 때문이요, 만일 힐난에 능히 답한다면 이런 네 가지가 함께 후득지로써 성품을 삼기 때문이다. …〈아래 생략〉…

g) 기록함 없는 법[無記法] 3.
(a) 명칭에 대해 질문하다[徵名] 4.
㊀ 총합 명칭을 해석하다[釋總名] (第七 52上2)

何等이 爲無記法고
"어떤 것이 기록함이 없는 법인가?"

[疏] 第七, 無記中에 分二니 先, 徵名이오 後, 謂世間下는 辨相이라 今初라 無記二義니 一, 非善非惡이니 不能招感愛非愛果일새 名爲無記라 可釋餘文이어니와 今此는 正謂虛妄推度하야 非理問難에 不可記錄일새 故名無記니 非對善惡故니라 俱舍第十九에 云, 諸契經에 說十四無記가 卽其義也라 亦名置記라 記卽答也니 不應答故니라

■ g) 기록함 없는 법 중에 둘로 나누리니 (a) 명칭에 대해 질문함이요, (b) 謂世間 아래는 모양을 설명함이다. 지금은 (a)이다. 기록함 없는 법에 두 가지 뜻이니 (1) 선도 아니고 악도 아닌 법이니 사랑스럽거나 사랑스럽지 않은 결과를 능히 초감하지 못하므로 이름하여 '기록함이 없다'고 하였다. 나머지 경문도 해석할 수 있지만 (2) 지금 여

기서는 바로 이른바 허망하게 미루어 계탁하여 이치가 아님을 묻고 힐난할 적에 기록할 수 없으므로 무기라 이름하였으니 선과 악으로 상대하지 못하기 때문이다. 『구사론』 제19권에 이르되, "모든 계경에서 14가지 무기에 대한 사실을 말하였다"고 하였는데 곧 그런 뜻이다. 또한 '기록하기를 내버려 둠[置記]'이라 하는데, 기(記)는 곧 '대답한다'는 뜻인데 응하여 답하지 못하는 까닭이다.

[鈔] 第七, 無記라 今初無記二義下는 卽初徵名이라 於中¹³⁷⁾에 四니 一, 釋總名이오 二, 彰不答所以오 三, 別示十四오 四, 總會不同이라 今初라 判定에 亦立二義나 而以前義로 爲正이어니와 今依諸論하야 以後爲正이니라 俱舍第十九中에 第二, 明無記中에 自分爲二하니 一, 明無記報오 二, 因便明四記니 前卽對善惡之無記也라 廣如彼論하니라 第二는 別明四無記事니 頌에 曰, 應一向과 分別과 反詰과 捨置記니 如死生殊勝과 我蘊一異等이라하니라 釋曰, 上兩句는 標요 下二句¹³⁸⁾는 指事釋之라 且問記가 有四하니 一, 應一向記오 二, 應分別記오 三, 應反詰記오 四, 應捨置記라 記者는 答也라 如問死者에 一切有情이 皆當死不아하면 應一向記니 一切有情이 皆定當死니라 如問生者에 一切有情이 皆當生不아하면 應分別記니 有煩惱者는 受生하고 無煩惱者는 不生이니라 如問殊勝이어든 應反詰記니 有作是問호대 人爲勝劣가하면 應反詰言호대 爲何所方고 若言方天인대 應記人劣이오 若言方下인대 應記人勝이라하니라 釋曰, 下는 卽惡趣¹³⁹⁾니라 如問我蘊一異者인대 應捨置記니 謂若作是問호대 我與五蘊이 爲一

---

137) 上十一字는 南金本作於中.
138) 上四字는 原南續金本無; 據圓暉俱舍論頌疏補 案下鈔文及注均同暉疏.
139) 趣下에 南續金本有論字 原本及暉疏無.

爲異아하면 應捨置記니 此不應問이라 若有我體하면 可問一異어니와 本無我體니 一異不成이니라 如問石女生兒에 爲白爲黑가하면 應捨置記니 謂石女는 本自無兒어니 何得論其白黑이리오 此上은 依毘婆沙說이니라

- g) 기록함 없는 법이다. (a) 今初無記二義 아래는 명칭에 대한 질문이다. 그중에 넷이니 ㊀ 총합하여 명칭 해석함이요, ㊁ 대답하지 못하는 이유를 밝힘이요, ㊂ 14가지 무기를 개별로 보임이요, ㊃ 같지 않음을 총합하여 회통함이다. 지금은 ㊀이다. 간정기에서 또한 두 가지 뜻을 세웠지만 그러나 앞의 뜻으로 바른 의미를 삼았거니와 지금은 여러 논서를 의지하여 뒤의 뜻으로 바른 의미를 삼았다. 『구사론』 제19권 중에 스스로 둘로 나누었으니 (1) 무기의 과보를 설명함이요, (2) 편의로 인해 네 가지 무기를 설명함이니 앞은 곧 선과 악을 상대하는 무기이다. 자세한 것은 저 논의 내용과 같다. 두 번째는 네 가지 무기에 대하여 개별로 설명함이다. 게송으로 이르되, "다만 그렇다고 대답함[一向記]과 분별하여 대답함[分別記]과 반문한 대답[反詰記]과 내버려 두는 대답[捨置記]인데, 죽음과 태어남과 수승함과 〈나〉라는 온이 하나이냐 다르냐고 하는 따위이네"라고 하였다. 해석하자면 위의 두 구절은 표방함이요, 아래 두 구절은 사례를 지적하여 해석함이다. 우선 질문과 대답함이 넷이 있으니 ① 응하여 그렇다고 대답함 ② 응하여 분별하여 대답함 ③ 응하여 반문으로 대답함 ④ 응하여 내버려 두는 대답이다. (기記란 대답함의 뜻이다) 마치 물음에 대해 질문함에 '온갖 유정이 모두 미래에 죽은 것인가?'라고 하면 응하여 그렇다고 대답함과 같나니, 온갖 유정이 모두 결정코 미래에 죽는 것이다. 태어남에 대해 질문할 적에 '온갖 유정이 모두 미래에 태어나는

것인가?'라고 하면 응하여 분별하여 대답함과 같나니, 번뇌가 있는 이는 받아 태어나고 번뇌가 없는 이는 태어나지 않는다. '뛰어나냐?'고 질문하면 응하여 반문하여 대답하나니, 어떤 이가 이런 질문을 하되, '사람이 뛰어난가? 하열한가?'라고 하면 응하여 반문하여 대답하되, '어느 처소의 방위가 되는가? 만일 방소가 하늘이라 말하면 응하여 사람이 하열하다고 대답할 것이요, 만일 방소가 아래라고 말하면 응하여 사람이 뛰어나다고 대답할 것이다'라고 하였다. 해석하자면 아래는 곧 악한 갈래를 뜻한다. 마치 묻기를 '나라는 온이 하나이냐? 다르냐?'고 한다면 응하여 내버려 두는 대답을 함과 같다. 말하자면 만일 이런 질문을 하되, '나와 오온이 하나인가? 다른 것인가?' 하면 응하여 내버려 두는 대답을 할 것이니 이것은 질문에 응하는 것이 아니다. 만일 '나의 체성이 있으면 하나이냐? 다르냐?'고 질문할 수 있지만 본래로 '나의 체성이 없으니 하나이냐? 다르냐?'가 성립되지 않는다. 마치 묻기를, '돌여인이 아기를 낳을 적에 하얀 아기인가? 검은 아기인가?'라고 하면 응하여 내버려 두는 대답을 함과 같다. 말하자면 돌여인은 본래 스스로 아이를 낳을 수 없으니 어찌 그 (아기가) 희고 검은가를 논하겠는가? 이 위까지는 『비바사론』에 의거하여 말한 내용이다.

頌言等者는 等取發智[140]本論과 及契經說이라 今當敍經호리라 云何有問에 應一向記오 謂諸行이 皆無常耶아하면 此問은 名應一向記니라 云何有問에 應分別記오 謂若有問諸有故思니 造作業已에 爲受何果오하면 此問은 名爲應分別記니 造善에 受人天하고 造惡에 受惡

---

140) 智는 金本作知.

趣니라 謂若有問士夫想[141]이 與我로 爲一爲異아하면此問假我 應反詰言호대 汝依何我하야 作如是問고 答言依麤我라하면色蘊上我 應記與想[142]異니想色不同일새 故言異也라 此問은 名爲應反詰記니라 云何有問에 但應捨置答고 若有問世爲常가一問 無常가二問 亦常亦無常가三問 非常非無常가四問 世爲有邊가五問 無邊가六問 亦有邊亦無邊가七問 非有邊非無邊가八問 如來滅後에 爲有아九問 非有아十問 亦有亦非有아十一問 非有非非有아十二問 爲命者가 卽身가十三問 爲命者가 異身가하면十四問 此問은 名爲但應捨置니라 此十四問은 皆不可記니 名十四不可記事니라 以我體旣無일새 是故로 皆應捨置答也니라

● '게송으로 말한 따위'는 『아비달마발지론(發智論)』과 계경에 설한 내용을 똑같이 취한 부분이다. 지금 이제 경문을 말하리라. "어떻게 질문해 오면 응하여 그렇다고 대답하는가? 이른바 '모든 지어 감이 모두 무상한가?' 하면 이런 질문에는 '응하여 그렇다고 대답함'이라 말한다. 어떻게 질문해 오면 응하여 분별하여 대답하는가? 이른바 만일 어떤 이가 묻되, '모든 존재인 연고로 생각하나니 업을 짓고 난 뒤에 어떤 결과를 받는가?' 하면 이런 질문에는 '응하여 분별하여 대답함'이라 하나니, 선행을 지으면 인간과 천상에 태어남을 받고 악행을 지으면 악한 갈래에 태어남을 받는다. 말하자면 만일 어떤 이가 묻되, '사부(士夫)라는 생각이 나와 하나인가? 다른가?' 하면(이는 가짜인 나에 대해 질문함이다) 응하여 반문하여 대답하되, '너는 어떤 나를 의지해서 이런 질문을 하는가?' 대답하되, '거친 나에 의지해 말한다'고 하면(형색의 온인 나이다) 응하여 사부라는 생각과 다르다고 대답하나니

---

141) 想은 原南金本作報 論暉甲續本作想.
142) 想은 原南金本作報 論暉甲續本作想 下注亦同.

(생각과 형색의 온이 다르므로 다르다고 말한 것이다) 이런 질문에는 '응하여 반문하여 대답함'이라 말한다. 어떻게 질문해 오면 단지 응하여 내버려 두는 대답을 하는가? 만일 어떤 이가 묻되, '세상은 항상한가?(첫째 질문) 항상하지 않은가?(둘째 질문) 항상하기도 하고 항상하지 않기도 한가?(셋째 질문) 항상하지 않으면서 항상하지 않음도 아닌 것인가?(넷째 질문) 세상은 끝이 있는가?(다섯째 질문) 세상은 끝이 없는가?(여섯째 질문) 또한 끝이 있기도 하고 없기도 한가?(일곱째 질문) 끝이 있지 않으면서 끝이 없지도 않은 것인가?(여덟째 질문) 여래가 열반한 뒤가 있는가?(아홉째 질문) 열반한 뒤가 있지 않은 것인가?(열째 질문) 또한 있기도 하고 있지 않기도 한가?(열한째 질문) 있지 않으면서 있지 않은 것도 아닌가?(열두째 질문) 목숨이 곧 몸이 되는가?(열셋째 질문) 목숨이 몸과 다른 것인가?(열넷째 질문) 이런 질문은 단지 '응하여 내버려 둘 뿐'이라 말한다. 이런 14가지 질문은 모두 대답할 수 없는 것이니, 이름하여 14가지 대답할 수 없는 일이라 말한다. 나의 체성이 이미 없는데 이런 연고로 모두 응당히 내버려 두는 답인 것이다.

涅槃三十五에 亦有四答이나 而一名小異하니 謂從經一半向後하야 因迦葉이 難佛性義有無하야 如來答云하시되 善男子야 如來가 爲衆生故로 有四種答하나니 一者, 定答이오 二, 分別答이오 三, 隨問答이오 四者, 置答이라 如問作惡에 得何果耶아하면 應答得苦果니 是名定答이니라 二, 善男子야 如來十力과 四無所畏와 大悲와 三念處와 首楞嚴等八萬億諸三昧門과 三十二相과 八十種好와 五智印等과 三萬五千諸三昧門과 金剛定等四千二百諸三昧門과 方便三昧無量無邊이 如是等法이 是佛性者인대 如是佛性에 則有七事하니 一,

常이오 二, 我오 三, 樂이오 四, 淨이오 五, 眞이오 六, 實이오 七, 善이니 是名分別答이니라 如汝先問斷善根人도 有佛性者인가호대 亦有如來佛性이며 亦有後身菩薩佛性이니 是二佛性은 障未盡[143]故로 得名爲無오 必定得故로 得名爲有니 是名分別答이니라 三, 經에 云, 如我所說一切法無常하야 復有問言호대 如是世尊하 爲何法故로 說於無常고하면 答言호대 爲有爲法故라 無我도 亦爾니라 爲何法故로 說一切燒오 爲煩惱故라하면 是名隨問答이니라 四, 經에 云, 若有說言斷善根人이 定有佛性가 定無佛性가하면 是名置答이니라 下에 迦葉이 難云호대 不答을 名置인대 如來가 今者에 何因緣答而名置答이닛고 佛答云하시되 善男子야 我亦不說置而不答을 名爲置答이니라 善男子야 置答이 復二니 一者, 遮止오 二者, 莫着이니 以是義故로 得名置答이라하니라 釋曰, 據上諸文인대 明是不答이 以爲無記니 非善惡中之無記也로다 據十四難은 正同俱舍라 準涅槃意하야 今文은 正當爲遮止義오 兼令莫着이니라

● 『열반경』 제35권에 또한 네 가지 답이 있으나 한 가지 이름은 조금 다르나니, 말하자면 경문의 한 권 반쯤에서 뒤로 향하여 가섭존자가 불성의 뜻이 있는가, 없는가를 힐난함으로 인해 여래께서 답하시되, "선남자여, 여래세존께서 중생을 위하는 연고로 네 가지 대답이 있느니라. 첫째는 결정적인 대답이요, 둘째는 분별하여 대답함이요, 셋째는 질문에 따라 대답함이요, 넷째는 대답을 버려두는 것이다. (어떤 것이 결정적인 대답인가?) 마치 '악한 업을 지으면 어떤 과보를 얻는가?'라고 묻는다면 그것은 '응당 선하지 않은 과보를 얻는다'라고 대답함과 같나니 이것을 '결정적으로 대답함'이라 이름한다. 둘째, 선남자

---

143) 盡은 經甲南續金本作來.

여, 여래의 열 가지 힘, 네 가지 두려움 없음, 대자대비, 세 가지 생각하는 것, 수능엄삼매 등의 8만억 가지 삼매문, 32가지 모습, 80가지 좋은 모습, 다섯 가지 지혜의 인[五智印] 등의 3만5천 가지 삼매문들, 금강유정 등 4천2백 가지 삼매문들, 방편삼매의 한량없고 끝이 없는 것, 이러한 법들은 부처님의 부처님 성품이니라. 이러한 불성에는 곧 일곱 가지 사항이 있으니, 첫째, 항상함, 둘째, 자아, 셋째, 즐거움, 넷째, 깨끗함, 다섯째, 진실함, 여섯째, 참됨, 일곱째, 선함이다. 이것을 분별하여 대답함이라 말한다. 그대는 이전에 묻되 '선근을 단절한 사람에게 불성이 있습니까?'라고 하였는데 또한 (그 사람에게도) 불성이 있고, 또한 나중의 몸을 받는 보살도 불성이 있느니라. 이 두 가지 불성은 미래를 장애하기 때문에 '없다'고 말하지만 필경에는 결정코 있기 때문에 '있다'고 말하나니 이것을 분별하여 대답함이라 말한다. 셋째, 경문에 이르되, '(어떤 것이 질문에 따라서 대답하는 것인가?) 나는 일체법이 항상하지 않다'고 말하였다. 그런데 다시 묻되, '여래 세존께서는 어떠한 법을 위하여 항상하지 않다고 말씀하십니까?'라고 한다면 대답하되, '여래는 유위법을 위하여 항상하지 않다고 말한다'고 한 것이다. '자아가 없다'는 것도 또한 그러하다. (나는 온갖 법이 불에 탄다고 말하였는데) 다른 이가 묻기를, '여래께서는 어떤 법을 위하여 일체가 불에 탄다'고 한 것이다. 이것을 질문에 따라서 대답함이라 이름한다. 넷째, 경문에 이르되, '만일 어떤 이가 「선근」을 단절한 이도 결정코 불성이 있습니까? 결정코 불성이 없습니까?' 하면 이것을 내버려 두는 대답이라 이름한다. 아래에 가섭보살이 힐난하되, '대답하지 않는 내버려 두는 대답이라 한다면 여래께서 지금에 무슨 인연으로 답하되 내버려 두는 대답이라 하시는가?' 부처님이 답하시기를, '선남자여, 나도 또한 말하지 않고 내버려 두고 대답하지 않는 것을 내버려 두는 대답이라 말한다. 선남자여, 내버려 두는 대답에 다시 둘이니 하나는 부정하는 것[遮止]이요, 둘은 집착하지 말라는 것[莫着]이니 이런 이치로 인해 내버려 두는 대답이라 이름한다"라고 하였다. 해석하자면 위의 여러 경문을 의거한다면 대답하지 않음이 무기법임이 분명하나니 선과 악과 중간이 아닌 무기법인 것이다. 14가지 힐난에 의거함은 『구사론』과 같다. 『열반경』의 뜻에 준하면 본경의 문장은 부정하는 뜻에 해당하며 하여금 집착하지 않게 함도 겸하고 있다.

㈢ 대답하지 않는 이유를 내보이다[出不答所以] 3.
① 소가가 스스로 간략히 해석하다[疏自略釋] (所以 55上1)
② 논문을 인용하여 해석하다[正引論釋] (智論)
③ 경문을 인용하여 증명하다[引經證成] (楞伽)

[疏] 所以不答者는 何오 謂此乃無義語也라 知之라도 不免生死오 不知라도 不障涅槃이니라 前說有記는 則反於此니라 智論第三에 云, 所以不答十四難者는 此事無實故라 諸法有常이라하면 無此理故오 言斷도 亦爾니라 如有人問호대 穀於牛角에 得幾升乳고하면 豈曰問耶아 復次世界無窮이 猶如車輪이며 復次無利有失하야 墮惡邪中하야 覆於四諦諸法實相이며 復次人不能知며 復次稱法說故니라 第十七에 云, 有一比丘가 思惟十四難하야 不能解하고 辭佛不爲弟子어늘 佛言하시되 我爲老病死人하야 說法濟度호니 此是鬪諍法이라 如中毒箭이니 不應推尋이라하니라 楞伽에 亦云, 皆是世論이오 非我所說이라하니라

■ 대답하지 않는 이유는 무엇인가? 이른바 여기서는 뜻이 없는 말이다. 그것을 알더라도 나고 죽음을 면하지 못하고, 알지 못하더라도 열반을 장애하지 않는 것이다. 앞에 말한 기록함이 있는 법은 이것과 반대 개념이다. 『대지도론』 제3권에 이르되, "14가지 힐난에 대답하지 않은 이유는 이 일들은 진실이 없기 때문이다. 모든 법이 항상하다는 것, 그럴 이치가 없고, (모든 법이 아주 없다는 것, 그럴 이치도 없다.) 말길이 끊어진 것도 마찬가지이다. 마치 어떤 이가 묻기를 '쇠뿔을 쥐어짜면 몇 되의 젖을 얻을 수 있겠는가?' 하는 질문과 같아서 어찌 질문이라 하겠는가? 또 세계가 끝이 없어 마치 수레와 같이 처음도 끝도 없는 것과 같기 때문이다. 또 (이런 물음에 답을 하면) 이익은 없고 실수만 있어서 악하고 삿된 길에 빠질 뿐이다. 부처님은 이 열네 가지 질문이 항상 사성제인 모든 법의 실상을 가리고 있음을 잘 아시기 때문이다. 또 사람들이 잘 알지 못하는 것이며, 또 법에 맞게 설하시기 때문이다." 『대지도론』 제17권에는 이르되, "어떤 한 비구가 14가지 힐난을 사유하여 능히 알지 못하고는 부처님을 하직하고 제자가 되지 않았는데 부처님이 말씀하시되 '나는 늙고 병들고 죽는 사람들을 위하여 법을 설하여 제도하노니 이것은 싸우는 법이다. 마치 독화살에 맞은 것과 같나니 응당히 (쏜 사람을) 미루어 찾을 필요가 없다'"라고 하였다. 『능가경』에도 또한 이르되, "이는 모두 세간의 말이요, 내가 설한 법이 아니다"라고 하였다.

[鈔] 所以不答下는 第二, 彰不答所以라 於中에 二니 先, 總出意니 亦智論意라 後, 智論第三下는 正引論釋이니 先引第三이라 有五復次하니 多同答十四難이오 兼經中諸無記法이라 如第一無實事故는 正答十四오

第二如車輪은 卽答何等이 爲生死最初際오 第三無利有失은 兼答世界來去等이니 以從集因生하야 歸寂滅理어늘 妄徵來去하야 卽覆四諦라 第四人不能知는 兼答有幾佛幾衆生이 以佛智로 知無盡法故라 第五復次는 兼答佛等先後라 通意는 可知로다

第十七下는 二, 引此文이라 卽引昔例今이니 其文稍略이라 具云하면 有一比丘가 於十四難에 思惟觀察하야 不能通達하고 心不能忍하야 持衣鉢至佛所하야 白佛言호대 佛能爲我하사 解此十四難하사 使我了者인대 當作弟子오 若不能解인대 我當更求餘道니다 佛告言하시되 癡人아 汝共我要誓호대 若答十四難하면 汝作我弟子耶아 比丘言호대 不也니다 佛言하시되 汝癡人아 今何以言若不答我하면 不作弟子아 我爲老病死人하야 說法濟度라 此十四難은 是鬪諍法이니 於法無益이오 但是戲論이니 何用問爲오 若爲汝答이라도 汝心不了하면 至死不解하야 不能得脫生老病死하리라 譬如有人이 身被毒箭에 親屬이 呼醫하야 欲爲出箭塗藥하면 便言호대 未可出箭이니 我先當知汝姓字와 親里와 父母와 年歲하며 次欲知箭出在何山이며 何木何羽어든 作箭鏃者는 爲是何人이며 是何等鐵이며 復欲知弓何山木이며 何蟲角이며 復欲知藥是何處生이며 是何種名고 如是等事를 盡了知之하야사 然後에 聽汝出箭塗藥이라하면 佛問比丘하시되 此人이 可得知此衆事하야사 然後出箭不아 比丘言호대 不可得知니 若待盡知하면 此則已死니다 佛言하시되 汝亦如是하야 爲邪見箭과 愛毒所塗하야 已入汝心하니 欲拔此箭하야 作我弟子어늘 爲不欲拔箭하고 而欲求盡世間의 常無常과 邊無邊等하니 求之未得코 卽失慧命하야 與畜生同死하야 自投黑暗이니라 比丘慚愧하야 深識佛語하야 卽得阿羅漢道하니라 復次菩薩이 欲作一切智人하야 推求一切法하야 眞知其實相하

고 十四難中에 不滯不礙하며 知其是心重病하야 能出能忍을 是名法忍이라하니라 釋曰, 卽疏下文에 引論廣破며 及經結多聞之意가 是也니라 論文에 引毒箭之喩는 與涅槃으로 大同이니 前已引竟이니라

● ㈢ 所以不答 아래는 대답하지 않는 이유를 내보임이다. 그중에 둘이니 ① 의미를 총합하여 내보임이니 또한 『대지도론』의 주장이다. ② 智論第三 아래는 논문을 인용하여 해석함이니 먼저 제3권을 인용하였다. 다섯 개의 부차(復次)가 있으니 대부분 14가지 힐난에 답한 내용이다. 경문 중에 모두 무기법을 겸하였다. 첫째, 진실한 일이 없기 때문이란 14가지 힐난에 대해 바로 대답함이요, 둘째, '수레바퀴와 같음은 곧 어떤 것이 생사의 가장 처음 시간인가?'에 대한 대답이요, 셋째, 이익은 없고 실수만 있음은 세계가 오고 감 등을 겸하여 대답하였으니 집성제로부터 원인이 생겨서 적멸한 이치로 돌아갔는데 오고 감을 허망하게 물어서 곧 사성제를 가린 것이다. 넷째, '사람들이 잘 알지 못함은 얼마의 부처님과 얼마의 중생이 부처님 지혜로 끝없는 법을 아는가?'에 대해 겸하여 대답하였다. ㉠ 다섯 개의 부차(復次)는 부처님 등의 앞과 뒤 순서에 대해 겸하여 대답함이다. 의미를 회통함은 알 수 있으리라. ㉡ 第十七 아래는 이 경문을 인용함이다. 곧 예전 해석을 인용하여 지금 해석과 유례함이니 그 문장은 더욱 간략하다. (『대지도론』제15권 찬제(羼提)바라밀의 법인(法忍)을 해석함에) 갖추어 말하면, "어떤 한 비구가 14가지 힐난에 대해 사유하고 관찰하여도 통달하지 못하고 마음으로 참지 못하여 옷과 발우를 들고 부처님 처소에 이르러 이렇게 사뢰었다. '부처님께서 저를 위하여 이런 14가지 힐난을 해설하여 저로 하여금 알게 하시면 제자가 될 것이요, 만일 그렇지 않으시다면 저는 장차 다른 도를 다시 구하겠습니다.' 부처

님께서 그에게 고하여 말씀하셨다. '어리석은 사람이여, 네가 본래 나와 함께 서원하기를, 「만일 14가지 힐난을 대답해 주면 네가 나의 제자가 되겠다」고 하였는가?' 비구가 말하되, '아닙니다.' 부처님께서 말씀하셨다. '너는 어리석은 사람이다. 지금 어째서 말하기를 「만일 네게 대답해 주지 않으면 제자가 되지 않겠다」고 하는가? 나는 늙고 병들고 죽는 사람을 위하여 설법하여 제도하거늘 이런 14가지 힐난은 논쟁하는 법이다. 법에는 이익이 없고 단지 장난말[戱論]일 뿐이다. 질문하여 어디에 쓰려 하는가? 만일 네게 대답해 주더라도 네 마음에 깨닫지 못하면 죽을 때까지 알지 못하면 생로병사에서 능히 해탈하지 못하리라. 비유하건대 어떤 사람이 독약 묻은 화살을 맞았는데 친척들이 의원을 불러 화살을 뽑으려 했으나, 그는 뜻밖에 말하기를 「화살을 뽑지 말라. 나는 먼저 너의 성명과 부모와 나이를 알아야 되겠고, 다음은 화살이 어느 산의 어떤 나무이며, 어떤 깃털이며, 활촉은 누가 만들었고, 어떤 쇠를 썼는가를 알아야 되겠고, 또 활은 어느 산의 어떤 나무이며, 어떤 짐승의 뿔인가를 알아야 되겠고, 또 약은 어디서 난 것이며, 그 이름은 무엇인지를 알아야 되겠다. 이러한 갖가지 일을 모두 안 뒤에야 네가 화살을 뽑고 약을 바르게 하리라.」하는 것과 같으리라.' 부처님께서 다시 비구에게 물으셨다. '이 두 사람이 이런 말을 다 안 뒤에 화살을 뽑아야 되겠는가?' 비구가 대답했다. '그럴 수는 없습니다. 만일 다 알기를 기다린다면 그는 이미 죽은 뒤가 되겠습니다.' 부처님께서 말씀하셨다. '너도 이와 같다. 삿된 소견의 화살에 애욕의 독약을 바른 것이 이미 깊숙이 네 심장에 들어갔기에 너는 이 화살을 뽑기 위해 내 제자가 되었거늘 화살은 뽑으려 하지 않고 도리어 세상이 항상함과 무상함, 끝 있음과 끝없음 등을 다하기를 구하니, 구하다가 얻지도 못하고 혜명을 잃어 축생과 함께 죽어서는 스스로가 어둠으로 뛰어드는구나!' 비구가 부끄러이 여겨 부처님의 말씀을 똑똑히 알고는 아라한의 도를 얻었다. 또 보살은 온갖 지혜의 사람이 되기를 바라고 있으니, 마땅히 온갖 법을 구하여 그 참된 모습을 알아야 한다. 14가지 힐난에 대하여 막히지도 않고 걸리지도 않고서 이 마음의 중한 병을 바로 알아 능히 벗어나고 능히 참으면 이것을 법인이라 한다"라고 하였다. 해석하자면 곧 소의 아래 문장에 논문을 인용하여 널리 타파하였고, 나아가 본경의 다문의 의미를 결론함이 이것이다. 논문에 독화살의 비유를 인용한 것은 『열반경』과 크게는 같나니, 앞에서 이미 인용한 적이 있다.

楞伽亦云下는 卽第三經이니 佛令愼勿習近世間諸論하사 擧昔에 有波羅門하야 來問我云호대 瞿曇이여 一切所作耶아 我答波羅門言호대 一切所作은 是初世論이니라 彼復問言호대 一切非所作耶아 我復報言호대 一切非作은 是第二世論이니라 復問言호대 一切常耶아 無常耶아 生耶아 不生耶아 我報言호대 是六世論이니라 復云一耶아 異耶아 俱耶아 不俱耶아 一切因으로 種種受生現耶아 我報是言호대 十一世論이니라廣說云云 我言悉是世論이오 非我所說이며 是汝世論이니 我唯說無始虛僞妄想習氣와 種種諸惡과 三有之因이라 不能覺知自心現量하고 而生妄想하야 攀緣外性이라 彼復問云[144]호대 癡愛業因故로 有三有耶아 爲無[145]因耶아 我報言호대 此二者도 亦是世論이니

---

144) 云은 甲南續金本作意.
145) 無下에 原南續金本有明字 檢經三譯皆無; 案上癡卽無明 此句但問無因 應無明字.

라 彼復問言호대 一切法이 皆入自相共相耶아 我復報言호대 此亦世論이니라 波羅門아 乃至意流妄計外塵도 皆是世論이니라 又問호대 頗有非世論不耶닛가 佛答意에 云, 外道中에는 無나 我論中에는 有非世論이니 汝諸外道가 不能知니 以於外性에 不實妄想으로 虛僞計着故니라 謂妄想不生하야 覺了[146]有無하며 自心現量과 妄想不生하야 不受外塵하고 妄想永息을 是名非世論이니 此是我法이오 非汝有也니라 偈中에 云, 乃至心流轉하면 是則爲世論이오 妄想不轉者는 是人은 見自[147]心이라 來者는 謂事生이오 去者는 事不現이니 明了知去來하야 妄想不復生이라하니라 解曰, 前偈에 無妄見하고 後偈에 了知妄滅이라 據今經文컨대 正[148]是前文一段所有妄計니라 其再問癡愛因緣等은 雖是正義나 不了自心일새 故爲世論이니라 故로 智論에 云 覆諸法實相이라하니라 亦同[149]涅槃에 通遣着意니라

- ③ 楞伽亦云 아래는 경문을 인용하여 증명함이다. 부처님이 세간의 모든 언론을 가까이 익히지 말라고 경계하게 하시려고 옛적에 바라문을 거론하였다. "어떤 바라문이 와서 나에게 묻기를, '구담이시여, 모든 것은 만들어진 것입니까?'라고 물었다. 나는 그때 '바라문이여, 모든 것이 만들어졌다는 것은 최초의 세론이다'라고 대답하였다. 그가 다시 '모든 것은 만들어진 것이 아닙니까?'라고 물어서, 내가 다시 '모든 것은 만들어진 것이 아니라는 것은 두 번째의 세론이다'라고 대답하였다. 그가 다시 '모든 것은 항상 변하지 않는 것[常]입니까? 모든 것은 변하는 것[無常]입니까? 모든 것은 생기는 것[生]입니까? 모든

---

146) 覺了는 甲南續金本作了覺.
147) 自는 甲南續金本作是誤.
148) 正은 甲本作明, 南續金本作正明.
149) 同은 甲南續金本作卽.

것은 생기지 않는 것[不生]입니까?'라고 물었다. 나는 그때 '이는 여섯 가지 세론이다'라고 대답하였다. 대혜야, 그가 다시 나에게 '모든 것은 같은 것[一]입니까? 모든 것은 다른 것[異]입니까? 모든 것은 함께[俱] 합니까? 함께하지 않습니까[不俱]? 모든 것은 온갖 것을 인(因)하므로 생(生)을 받는 것이 나타납니까?'라고 물었다. 나는 그때 '이것은 열한 가지 세론이다'라고 대답하였다. (자세하게 설하여 云云하였다.) 내가 말하되 '이와 같은 말은 모두 세론이요, 나는 이와 같이 말하지 않았다. 너희들의 세론이요, 나는 오직 끝없는 옛적부터 허위이며 망상의 습기인 온갖 모든 악이 삼유(三有)의 원인이 되나, 자심의 현량(現量)인 줄 깨닫지 못하고 망상을 일으켜 바깥 경계의 체성에 반연한다'고 말했을 뿐이다." "저가 다시 묻기를, '어리석음과 애착의 업인(業因) 때문에 삼유가 있습니까? 원인이 없는 것입니까?'라고 물었다. 나는 그때 '이 두 가지도 역시 세론이다'라고 대답하였다. 그가 다시 '모든 성품이 모두 자상(自相)과 공상(共相)에 들어갑니까?'라고 물었다. 나는 다시 '이것은 세론이다. 바라문이여, 나아가서 뜻으로 바깥 경계[外塵]에 계착하는 것은 모두가 세론이다'라고 대답하였다. 또 묻기를 '혹시 세론이 아닌 것이 있습니까?' 부처님이 답한 의미 중에 '외도에게는 없지만 나의 논 중에는 세론 아닌 것이 있나니, 너희 외도들이 알 수 있는 바가 아니다. 바깥 경계의 성품에 부실한 망상으로 허위로 계착하는 까닭이다. 말하자면 망상이 생기지 않아서 있고 없는 것이 자심의 현량인 줄 확실히 깨닫고, 망상이 생기지 않아서 바깥 경계를 받아들이지 않으므로 망상이 영원히 크다는 것이니, 이를 세론이 아닌 것이라고 이름한다. 이것이 바로 내가 설한 법으로 너희에게는 없는 것이다.'" 게송 가운데 이르되, "나아가 마음이 유전하면 이것이 곧 세론이 되니, 망상이 움직이지 않으면 이 사람은 자기 마음 보리라. 온다는 것은 현상이 생기는 것이요, 간다는 것은 현상이 나타나지 않는 것이니, 오고 가는 것을 분명히 알면 망상은 다시 생기지 않으리"라고 하였다. 풀이하자면 앞의 게송에는 허망한 소견이 없고, 뒤의 게송에는 망상이 없어짐을 깨달아 안 것이다. 지금 본경의 문장에 의거한다면 이 앞의 경은 한 문단에 있는 허망한 계탁임이 분명하다. 그 재삼 어리석음과 애착의 업인 등을 물은 것은 비록 바른 이치이지만 자기 마음을 깨닫지 못한 연고로 세론이 된 것이다. 그러므로 『대지도론』에서 이르되, "모든 법의 진실한 모양을 가린다"라고 한 것이다. 또한 『열반경』에서 통틀어 집착을 보내는 의미와 같다.

㊂ 14가지 모양을 보이다[示十四相] (言十 58上4)
㊃ 다른 설명을 총합하여 회통하다[總會異說] (然諸)

[疏] 言十四者는 卽此中의 前四四句와 其第四四句가 但合爲二니 謂身與神一이며 身與神異니라 然諸經論에 多說十四難이나 而相或同異라 不繁會釋이니라 今經委論은 不出我法二執이니라

■ 14가지 모양을 말한 것은 곧 이 가운데 앞의 네 가지 네 구절[四句]과 그 넷째 네 구절[四句]이 단지 합하여 둘이 되었으니, 이른바 몸과 정신이 하나라 하며, 몸과 정신이 다르다고 하는 것이다. 그런데 모든 경론에서 대부분 14가지 힐난을 말했지만 모양이 혹은 같기도 하고 다르기도 하다. 번거롭게 회통하여 해석하지는 않겠다. 지금 본경에서 자세하게 논한 것은 나와 법에 대한 두 가지 집착에서 벗어나지 않는다.

[鈔] 言十四者下는 第三, 示十四相을 可知로다 若歷五蘊三世하면 成六十二見이니 如¹⁵⁰⁾前已說하니라 然諸經論下는 第四, 總會異說이라 言相或同異者는 多同少異라 諸處에 亦說名十四不可說이니라 俱舍十九는 已如上說이니 正與此同이오 智論十七은 卽釋大品이라 大品二十一의 佛母品에 云, 復次須菩提야 佛因般若波羅密하사 諸衆生心數의 出沒屈申을 如實知니라 世尊하 云何知之닛고 佛言하시되 一切衆生의 心數出沒屈申이 皆依色受想行識生이니 佛於如是中에 知衆生心數出沒屈申이니 所謂神及世間常이라 是事實이오 餘妄語니라 是見이 依色이니 神及世間無常等三句도 準知니라 又¹⁵¹⁾世間有邊이니 是事實이오 餘妄語等四句도 準知라 皆是見依色이니 末에 云, 依受想行識하야 亦如是니 神卽是身이오 是見依色等이라 異身도 亦然이오 依受想行識도 亦然이라 又云, 死後에 有如去니 是事實이오 餘¹⁵²⁾妄語라 是見依色이니라 二, 死後에 無如去오 三, 死後에 或有如去니 或無如去니 二句同初오 結云, 依受想行識도 亦如是라하니라 釋曰, 斯卽歷蘊諸句가 小異耳니라 涅槃三十九에 先尼梵志가 問호대 有我耶아 無我耶等이 廣有問難하니 亦是小異之相이라 繁不出之하노라

● ㉢ 言十四者 아래는 14가지 모양을 보임이니 알 수 있으리라. 만일 오온(五蘊)과 삼세(三世)를 거친다면 62가지 소견이 되나니 앞에서 이미 설명한 바와 같다. ㉣ 然諸經論 아래는 다른 설명을 총합하여 회통함이다. '모양이 혹은 같기도 하고 다르기도 하다'고 말한 것은 대부분은 같고 조금 다르다는 뜻이다. 여러 곳에서 또한 이름하여 '14가지 말할 수 없음'이라 하였다. 『구사론』제19권은 이미 위에서 설

---
150) 如는 甲南續金本作對.
151) 又는 南續金本作及.
152) 餘는 甲南續金本作爲誤.

명한 바와 같나니 바로 이것과 동일함이요,『대지도론』제17권은 곧『대품반야경』을 해석한 내용이다.『대품반야경』제21 불모품(佛母品)에 이르되, " '또 수보리야, 부처님이 반야바라밀로 인하여 모든 중생의 마음 숫자와 나오고 들어감과 구부리고 펴는 것을 여실하게 아느니라.' '세존이시여, 어떻게 압니까?' 부처님이 말씀하시되 '일체 중생의 마음의 숫자와 나오고 들어감, 구부리고 펴는 것이 모두 형색과 느낌, 생각, 지어 감, 인식에 의지하여 생겨나는 것이니 부처님은 이러한 중에서 중생 마음의 숫자와 나오고 들어감, 구부리고 펴는 것을 아시나니 이른바 귀신과 세간이 항상하나니 이런 일이 진실이요, 다른 것은 허망한 말이다.' 보는 것은 형색을 의지하나니 귀신과 세간이 항상하지 않다는 따위의 세 구절도 준하여 알지니라. '또한 세간은 끝이 있으니 이런 일은 사실이요, 다른 것은 허망한 말이다'라는 따위의 네 구절도 준하여 알지니라. 모두가 보는 것은 형색을 의지하나니 끝부분에 이르되, '느낌, 생각, 지어 감, 인식에 의지함도 또한 그러하나니 정신이 곧 몸이요, 이렇게 봄도 형색 등을 의지한 내용이다. 몸과 다른 것도 마찬가지요, 느낌, 생각, 지어 감, 인식에 의지함도 마찬가지이다.' " 또한 이르되, "죽은 뒤에 여여하게 가는 이도 있으니 이런 일은 사실이요, 다른 것은 허망한 말이다. 이렇게 보는 것도 형색을 의지한다. ② 죽은 뒤에 여여하게 가는 이가 없음이요, ③ 죽은 뒤에 혹은 여여하게 가기도 하며, 혹은 여여하게 가지 못함을 이루나니 두 구절이 처음과 같으니, 결론하기를 '수상행식에 의지함도 또한 그렇다'라고 하였다. 해석하자면 이것은 곧 오온의 여러 구절을 거침이 조금 다를 뿐이다.『열반경』제39권에, "먼저 여자 범지가 묻기를, '내가 있는가? 내가 없는가?' " 따위처럼 자세한 것은 질문과 힐난이 있으니 또한 조금 다른 모양이다. 번거로워서 내보이지 않았다.

(b) 모양을 밝히다[辨相] 2.
㊀ 과목 나누기[分科] (文分 59下2)

[疏] 文分五段이니 第一, 有四四句는 就我明無記오 第二, 過去下는 就三世하야 橫論凡聖數之多少오 三, 何等下는 約凡聖하야 豎論初後오 四, 世間從何下는 徵三世間所從이오 五, 何者下는 約生死際畔하야 以辨無記라

■ 경문을 다섯 문단으로 나누리니 ㉮ 네 가지 구절은 <나>에 입각하여 무기법을 밝힘이요, ㉯ 過去 아래는 삼세에 입각하여 범부와 성인의 숫자가 많고 적음을 가로로 논함이요, ㉰ 何等 아래는 범부와 성인에 의지하여 처음과 뒤를 세로로 논함이요, ㉱ 世間從何 아래는 삼세간이 나온 곳을 물음이요, ㉲ 何者 아래는 생사의 끝에 의지하여 무기법을 밝힘이다.

[鈔] 文分五段下는 第二, 辨相이라 便有釋文하야 就常等破하니 皆中論意라

● (b) 文分五段 아래는 모양을 밝힘이다. 문득 경문 해석이 있어서 항상함에 입각하여 똑같이 타파하는 것이니 모두 『중론』의 주장이다.

㊁ 과목에 따라 해석하다[隨釋] 5.
① 나에 입각하여 무기법을 설명하다[就我明無記] 2.

㉮ 보는 의지처를 밝히다[辨見所依] 3.
㉠ 단견과 상견을 여의지 않음을 설명하다[明不離斷常] (今初 59下7)
㉡ 세간과 같고 다름을 설명하다[明世間同異] (言世)
㉢ 이것이 나와 같지 않음을 해석하다[釋此我不同] (初有)

[疏] 今初에 句雖十六이나 其過는 不出斷常二見이니라 言世間者는 準大品中하면 通三世間이니 謂衆生世間과 五蘊世間과 及器世間이라 今此文意는 正顯衆生世間이며 兼明五蘊世間이니 以衆生은 是總主假者니 外道가 計以爲我일새 故有邊等諸見이니라 初有邊四句는 約未來世오 常等四句는 約過去世오 如來有無는 依涅槃起라 故로 中論邪見品에 云, 我於過去世에 爲有爲是無와 世間常等見은 皆依過去世오 我於未來世에 爲作爲無作과 有邊等인 諸見은 皆依未來世라하며 涅槃品에 云, 如來滅後有無等은 依涅槃起오 我及衆生有無四句는 約現在說이니라

■ 지금은 ㉮에서 비록 16구절이지만 그 허물은 단견과 상견의 두 가지 소견에서 벗어나지 않는다. 세간이라 말한 것은 『대품반야경』에 준해 보면 삼세간에 통하나니, 이른바 중생세간과 오온세간과 기세간(器世間)이다. 지금 이 경문의 뜻은 중생세간을 바로 밝혔고, 오온세간을 겸하여 설명하였으니 중생은 총합하여 가법의 주체이니 외도가 나라고 계탁하는 연고로 끝이라는 등 여러 소견이 있는 것이다. (1) 세간이 끝이 있다는 네 구절은 미래세를 잡은 개념이요, (2) 세간이 항상함 등 네 구절은 과거세를 잡은 개념이요, (3) 여래가 계시고 안 계심은 열반을 의지하여 일으킨 개념이다. 그러므로 『중론(中論)』관사견품(觀邪見品)에 이르되, "〈내〉가 과거 세상에 있었나 없었나 하

는 세간의 항상함 따위 소견은 모두가 과거 세상에 의한다. 〈내〉가 미래 세상에 짓는가 짓지 않는가 하는 세간의 끝 있음 따위 소견은 모두가 미래 세상에 의한다"라고 하였으며,『관열반품(觀涅槃品)』에 이르되, "여래께서 열반에 드신 뒤에 있다거나 없다" 하는 따위는 열반에 의지해 일으킨 개념이요, (4)〈나〉와 중생이 있고 없는 네 구절[四句]은 현재 세상에 의지해 일으킨 설명이다.

[鈔] 今初段中 句雖十六下는 釋此第一就我明無記中에 二니 先, 辨見所依요 後, 正釋文이라 今初有三하니 一, 明不離斷常이요 二, 言世間下는 明世間同異니 明見依我起니라 準大品者는 卽上二十一經이라 而三世間은 是智論釋이니 論에 云, 世間이 有三種等이라하니 餘如疏辨하니라 初有邊四句下는 三釋此我不同이 不出三世며 涅槃이 爲起見處라 就引中論邪見品하야 云, 我於過去世等者는 偈首之我니 卽今世我라 意問今世之我가 於過去世에 爲先已有아 爲先未有아 若先已有인대 卽是計常이요 若先是無인대 今此新[153]起가 卽是無常이라 三則雙立이요 四則雙非라 邊等諸義는 次下에 當釋이라 中論涅槃品 偈에 云, 滅後有無等과 無邊等과 常等인 諸見이 依涅槃이 未來過去世라하니 釋曰, 此卽總示所依니 依前別配를 可知로다

● 지금은 ㉮ 중에 句雖十六 아래는 〈나〉에 입각하여 무기법을 설명함 중에 둘이니 ㉠ 보는 의지처를 밝힘이요, ㉡ 경문을 바로 해석함이다. 지금은 ㉠에 셋이 있으니 ⓐ 단견과 상견을 여의지 않음을 설명함이요, ⓑ 言世間 아래는 세간과 같고 다름을 설명함이니 소견은 〈나〉에 의지해 일어남을 설명한 내용이다.『대품반야경』에 준한다'

---

153) 新은 甲南續金本作雖.

는 것은 곧 위의 제21권 경문이다. 그러나 삼종 세간은 『대지도론』의 해석이니, 논에 이르되, "세간이 세 종류가 있다는 등이다"라고 하였으니, 나머지는 소가가 밝힌 내용과 같다. ⓒ 初有邊四句 아래는 이것은 <나>와 같지 않음이 삼세를 벗어나지 않으며, 열반이란 소견이 일어나는 의지처가 된다. 『중론』의 관사견품을 인용함에 입각하여 이르되, '<나>는 지난 세상에' 따위는 게송의 첫머리에 <나>이니 만일 전세에 없다'고 한다면 곧 지금 세상의 <나>이다. 의미로 묻되, '지금 세상의 <내>가 과거 세상에 먼저 있었던 것인가? 없었던 것인가?' 만일 과거 세상에 있었다면 곧 '항상하다'고 계탁함이요, 만일 과거 세상에 없었다면 지금 세상에 새로 생긴 것이니 곧 '항상하지 않음'이 된다. 셋째[如來有無]는 함께 건립함이요, 넷째[我及衆生有無]는 함께 부정한 것이다. 끝이 있는 등 여러 뜻은 다음 아래에 가서 해석하리라. 『중론』의 관열반품 게송에 이르되, "열반에 든 뒤에 있다 없다 따위와 끝이 있음 따위와 항상함 따위와 이러한 소견들은 열반과 미래와 과거에 의한다"라고 하였다. 해석하자면 이것은 곧 의지처를 총합하여 보인 것이니, 앞을 의지하여 개별로 배대한 것은 알 수 있으리라.

㉯ 경문을 해석하다[正釋文] 4.
㉠ 끝이 있고 없는 네 구절을 해석하다[釋有無邊四句] 3.
ⓐ 네 구절의 모양을 밝히다[辨四句之相] (旣知 66下8)

謂世間有邊과 世間無邊과 世間亦有邊亦無邊과 世間非有邊非無邊과 世間有常과 世間無常과 世間亦有常亦無

常과 世間非有常非無常과 如來滅後有와 如來滅後無와 如來滅後亦有亦無와 如來滅後非有非無와 我及衆生有와 我及衆生無와 我及衆生亦有亦無와 我及衆生非有非無니라

말하자면 (1) 세간이 끝이 있음과 (2) 세간이 끝이 없음과 (3) 세간이 또한 끝이 있고 또한 끝이 없음과 (4) 세간이 끝이 있음이 아님과 끝이 없음이 아님과 (5) 세간이 항상함이 있음과 (6) 항상함이 없음과 (7) 세간이 또한 항상함이 있고 또한 항상함이 없음과 (8) 세간이 항상함이 있음이 아니며 항상함이 없음이 아님과 (9) 여래가 열반하신 뒤에 있음과 (10) 여래가 열반하신 뒤에 없음과 (11) 여래가 열반하신 뒤에 또한 있고 또한 없음과 (12) 여래가 열반하신 뒤에 있음이 아니고 없음이 아님과 (13) 나와 중생이 있음과 (14) 나와 중생이 없음과 (15) 나와 중생이 또한 있고 또한 없음과 (16) 나와 중생이 있음이 아니며 없음이 아님이니라."

[疏] 旣知起見之本하니 次, 隨文別釋호리라 卽爲四段이니 第一四句에 言有邊者는 卽斷見外道니 計我於後世에 更不復作하야 則與此身으로 俱盡이라 無邊者는 謂我於後世에 更有所作이오 三, 俱句者는 身盡故로 有邊이오 我不異故로 無邊이라 四, 俱非句者는 亦以我存身盡이라 見上有過일새 故立此句니 謂身盡故로 非無邊이오 我存故로 非有邊이라

■ 이미 소견을 생기게 한 근본을 알았으니 ㉡ 경문을 따라 해석함이다. 곧 네 문단이 되었으니, ㉠ 끝이 있고 없는 네 구절에서 (1) '끝이 있

다'고 말한 것은 곧 단견외도이니 내가 다음 세상에 새로 다시 만들지 못하여 이 몸과 함께 모두 가한다고 계탁함이다. (2) '끝이 없다'고 말한 것은 이른바 내가 다음 세상에 다시 지은 바가 있다고 계탁함이요, (3) 함께하는 구절이란 몸이 다하는 까닭에 끝이 있음이요, 내가 달라지지 않는 까닭에 끝이 없음이다. (4) 둘 다 부정하는 구절이란 또한 나는 있어도 몸은 다함이다. 위는 허물이 있음을 본 까닭에 이런 구절을 건립하였다. 이른바 몸이 다한 연고로 끝이 없는 것이 아니고 내가 존재하는 연고로 끝이 있음도 아니다.

ⓑ 무기법의 뜻을 설명하다[明無記義] (旣皆 61上3)
ⓒ 삿된 소견을 결론하여 배척하다[結斥邪見] (云何)

[疏] 旣皆邪見일새 故不答之니라 若欲破者인대 初之二句는 墮無後世過니 謂有邊則與陰으로 同盡이오 無邊則是今身이니 故皆無後世라 無後世者인대 修道苦行이 爲何益耶아 第三句에 亦有邊無邊者는 若身盡我存하면 身我가 爲一爲異아 一則不應有盡不盡이오 異則離蘊이니 何相知有我耶아 若謂捨人生天하면 人分猶在오 天分更增하면 則半天半人이니 故皆不可라 第四句, 非有邊은 未免於無오 非無邊은 未免於有니라 云何於此에 强分別耶아

■ 이미 모두가 삿된 소견이므로 대답하지 않았다. 만일 타파하려 한다면 처음 두 구절은 '다음 세상이 없다'는 허물에 떨어진다. 말하자면 끝이 있다면 오음과 함께 다함이요, 끝이 없다면 그대로 지금의 몸일 것이니, 그러므로 모두 다음 세상이 없는 것이다. 다음 세상이 없다면 도를 닦고 고행함이 무슨 이익이 되겠는가? 셋째 구절에 '또한 끝

이 있기도 하고 없기도 하다'는 것은 만일 몸이 다하고 내가 남으면 몸과 내가 하나인가? 다른 것인가? 하나라면 응당히 다함이 있고 다함이 아님이 아닐 것이요, 다르다면 오온을 여읜 것이니 어떤 모양으로 내가 있음을 알겠는가? 만일 사람을 버리고 천상에 태어난다고 말하면 사람의 부분은 그대로 있을 것이요, 천상의 부분은 더욱 늘어나면 반은 천상이요 반은 사람일 것이다. 그래서 모두가 불가능인 것이다. 넷째 구절에 끝이 있는 것이 아님은 없음을 면하지 못할 것이요, 끝이 없는 것이 아님은 있음을 면하지 못할 것이다. 어찌하여 여기서 억지로 분별하려 하는가?

[鈔] 第一四句者는 然이나 論에 先明常等하고 後說邊等이라 廣破常等은 例破邊等이라 今順經次하야 先明邊等이라 文中에 有三하니 初, 辨四句之相이오 卽前偈中에 我於未來世에 爲作爲無作은 初以無作으로 爲有邊이니 而是斷見外道라 亦先偈首之我는 是今世我라 四句之相은 疏文自明이라

二, 旣皆邪見下는 明無記義니 卽出不答所以也라 三, 若欲破者初之二句는 皆墮無後世過者는 合破二句니 論에 云, 若世間이 有邊인대 云何有後世며 若世間無邊인대 云何有後世리오하니 釋曰, 有邊則後無續일새 故無後世오 無邊則常相續[154])이니 亦無後世오 有邊則斷이오 無邊則常이니라 無後世者下는 出無後世過니 亦卽斷常過也라

- ㉠ 첫째 네 구절[有邊無邊 네 구절]은 그런데 논에서 먼저 항상함 등을 설명하고 뒤에 끝이 있다는 등을 말한다. 항상함 등을 널리 타파함은 끝이 있다는 등과 유례하여 타파함이다. 지금은 경문의 순서를 따

---

154) 上四字는 甲南續金本作是今身故.

라서 먼저 끝이 있는 등을 설명하였다. 경문 중에 셋이 있으니 ⓐ 네 구절의 모양을 밝힘이요, 곧 앞의 게송 중에 "내가 미래 세상에 짓는가, 짓지 않는가?" 하는 것은 처음은 짓지 않음으로 끝이 있음이 되었으니 이는 단견외도이다. 또한 먼저 게송의 처음의 〈나〉는 지금 세상의 〈나〉이다. 네 구절의 모양은 소문에서 자연히 밝히리라.
ⓑ 旣皆邪見 아래는 무기법의 뜻을 설명함이니 곧 대답하지 않는 이유를 내보임이다. ⓒ '만일 타파하려 한다면 처음 두 구절은 모두 다음 세상이 없다는 허물에 떨어진다'는 것은 두 구절을 합하여 타파함이니, 『중론』 관사견품(觀邪見品)에 이르되, "세간이 끝이 있다면 어찌 뒤 세상이 있으며, 세간이 끝이 없다면 어찌 뒤 세상이 있으랴?"라고 하였다. 해석하자면 끝이 있다면 뒤에 상속함이 없으므로 뒤 세상이 없고, 끝이 없다면 항상 상속하나니 또한 뒤 세상이 없으며, 끝이 있음은 단견이요, 끝이 없음은 상견이다. 無後世者 아래는 뒤 세상이 없다는 허물을 내보임이니 또한 단견과 상견의 허물이다.

論에 又云호대 五陰常相續이 猶如燈火焰이니 以是故世間이 不應邊無邊等이라하니라 前은 出過破니 定有定無일새 故墮斷常이오 今은 立理破니 如焰從緣일새 不可爲無오 無定實故로 不可爲有라 故離二邊이니라 又前은 破人我하고 此破法我라 今經은 正破人我일새 故不引破法이니라 又論에 反破云호대 若先五陰이 壞인대 不因是五陰하고 更生後五陰하면 世間則有邊이오 若先陰不壞하고 亦不因是陰하고 而生後五陰하면 世間則無邊이라하니라 釋曰, 此亦正破五陰世間이니 五陰和合이 爲衆生世間이라 旣破五陰하야 卽破衆生하니 衆生이 卽假我故라 上에 云, 外道가 依之計我라하니라 今破五陰하니 亦已破我

라 又上二偈는 亦別破二句오 亦兼明第三俱句니라 第三句等者는 然論에 廣破常等하고 後例破邊等이라 故로 論에 云, 我於未來世에 爲作爲不作가 如是之見者는 皆同過去世라하니라 然破邊等에 無有身一異破오 身一異破는 即[155]前破常等之中이라 今依論例破일새 故取前勢라 若論破第三句인대 云, 若世半有邊하고 世間半無邊인대 是則亦有邊이며 亦無邊이니 不然이라 彼受五陰者가 云何一分破코 一分而不破리오 是事則不然이라 受亦復如是어니 云何一分破코 一分而不破리오하니 釋曰, 前偈는 破衆生이니 即是遣我오 後偈는 破受陰이니 即是破法이라 然俱是相違破니 無有一法도 亦常亦無常故며 此相은 難見故니라 疏取前破常等例하야 前破常偈에 云, 若謂我即是라하면 而身有異相이오 當知離於身하면 何處別有我리오 離身無有我가 是事爲已成이라 若謂身即我커나 若都無有我하면 但身不爲我니 身相은 生滅故라하니라 釋曰, 此則破常等호대 以一異門이라 今將例破邊等四句也니라

• 『중론』에 또 이르되, "오음이 항상 계속함이 등불의 불길 같으니 그러므로 이 세간은 끝 있음도 끝없음도 아니다"라고 하였다. 앞은 허물을 내보여 타파함이니 결정코 있고 결정코 없으므로 단견과 상견에 떨어짐이요, 지금은 이치를 세워 타파함이니 불꽃이 인연에서 나왔으므로 없음이 될 수 없고 정해진 진실이 없는 연고로 있음이 될 수도 없다. 그러므로 두 변두리 견해를 여읜 것이다. 또 앞은 사람인 〈나〉를 타파하였고, 여기는 법인 〈나〉를 타파하였다. 지금 본경은 사람인 〈나〉를 바로 타파한 연고로 법인 〈나〉는 인용하여 타파하지 않았다. 또 논에 반대로 타파하여 말하되, "먼저의 오음이 무너진

---

155) 即下에 甲南續金本有是字.

뒤에 이 오음을 인하여 다시 뒤의 오음이 나지 않으면 세간은 끝이 있다. 먼저의 오음이 무너지지 않고 또 이 오음을 인하여 다시 뒤의 오음이 나지 않으면 세간은 끝이 없다"라고 하였다. 해석한다면 이것 또한 오음세간을 바로 타파함이니 오음과 화합함이 중생세간이 되었다. 이미 오음을 타파하고 곧 중생을 타파하니 중생이 곧 '가짜인 나'인 까닭이다. 위에서 "외도가 그에 의지하여 나라고 계탁한다"고 하였다. 지금은 오음을 타파하였으니 또한 이미 〈나〉를 타파한 것이다. 또한 위의 두 게송도 역시 개별로 두 구절을 타파함이요, 또한 겸해서 셋째, 함께하는 구절을 밝혔다. 셋째 구절 등이란 그런데 논에서 항상함 등을 널리 타파하고 뒤에 '끝이 있다'는 등을 유례하여 타파하였다. 그러므로 논에 이르되, "내가 미래 세상에 작용하는가, 작용하지 않는가? 하면 이러한 소견은 모두가 과거의 경우와 같다"라고 하였다. 그런데 '끝이 있다'는 등을 타파할 적에 몸이 하나다 다르다 함을 타파함이 없음이요, 몸이 하나다 다르다 함을 타파함은 곧 앞에서 항상함 등을 타파한 것이다. 지금은 중론을 의지하여 유례하여 타파한 연고로 앞의 문제를 취한 것이다. 만일 셋째 구절을 타파하여 이르되, "세간이 반은 끝이 있고 반은 끝이 없다고 하면 이는 끝이 있기도 하고 끝이 없기도 한 것이다. 오음을 받은 이가 어찌 한쪽만 부서지고 한쪽은 부서지지 않으랴? 이 일이 옳지 못하다. 받음도 그러하여서 어찌 한쪽만 부서지고 한쪽은 부서지지 않으랴"라 하였으니 해석하자면 앞의 게송은 중생을 타파함이니 곧 〈나〉를 보임이요, 뒤 게송은 받음의 음을 타파함이니 바로 법을 타파함이다. 그런데 모두가 서로 어긋남을 타파함이니, 어떤 한 법도 또한 항상하기도 하고 무상하기도 한 까닭이며, 이런 모양은 보기 어려운 까닭이다. 소가가 앞에서 항상함 등을 타파한 사례를 취하여 앞의 항상함 등을 타파한 게송에 이르되, "만일에 내가 바로 그것이라면 몸이 다른 형상이 있으며 만일 몸을 떠났다면 어디에 따로이 〈내〉가 있으랴. 몸을 떠나선 〈내〉가 없나니 이 일이 이미 성립되었다면 몸 그대로를 〈나〉라 하거나 도무지 〈내〉가 없다는 말이다. 몸만으로는 〈내〉가 되지 않나니 몸의 형상은 생멸하기 때문이다"라고 하였다. 해석한다면 이것은 항상함 등을 타파하되 하나다 다르다 하는 문이다. 지금은 이것을 가져서 끝이 있다는 등의 네 구절을 유례하여 타파한 것이다.

若謂捨人生天下는 遮救니 卽論에 正破邊等之意라 然偈에 云, 若天이 卽是人이면 則墮於常邊이니 天則爲無生이오 常法不生故라 若天異於人인대 是卽爲無常이오 若天異人者인대 是則無相續이라하니라 釋曰, 前偈破常은 卽破無邊이오 後偈破斷은 卽破有邊이라 次偈에 云, 若半天半人이면 則墮於二邊이니 常及於無常에 是事則不然이라 하니라 今疏는 卽影公이 取偈之意라 捨人生天人分猶在天分更增等은 上卽縱立이오 則半天下는 正破라 結言略明하니 故皆不然이라 不然之由는 卽如偈文이니 亦常亦無常이 二相相違가 猶如水火가 義無並立이니라 第四句下는 論에 但躡前破云호대 若有邊無邊이 是二得成者인대 非有非無邊도 是則[156)]亦應成이라하니라 釋曰, 此卽縱破며 亦相待破라 有第三句可待일새 對此有第四非有邊無邊句니 以有無相待故라 今無第三之源이어니 何有第四之末이리오 疏中에 卽出過破니 非有遮有故로 未免於無오 非無遮無어니 安得離有리오 故還成

---

156) 上二十字는 原南續金本作若有邊無邊是二亦應成 玆依中論補正.

亦有亦無라 無第四俱非之義는 以皆執取가 非中道故니라 云何於此下는 結斥邪見이니라

● 若謂捨人生天 아래는 막고 구제함이니 곧 논에서 끝이 있다는 등의 주장을 타파한 내용이다. 그러나 게송에 이르되, "만일 하늘이 곧 사람이라면 항상함의 쪽에 떨어져서 하늘은 다시 나지 않으리니 항상한 법은 나지 않기 때문이다. 만일 하늘이 사람과 다르다면 이는 무상함이니 하늘이 사람과 다르다 함은 상속함이 없다는 말이다"라고 하였다. 해석한다면 앞의 게송에서 상견을 타파한 것은 곧 끝이 없음을 타파한 것이고, 뒤 게송에서 단견을 타파함은 곧 끝이 있음을 타파한 것이다. 다음 게송에 이르되, "만일 반은 하늘이고 반은 인간이라면 두 쪽인 허물에 빠져 항상함과 무상함이 되리니 이 일은 옳지 못하다"라고 하였다. 지금 소가는 곧 영공(影公)법사가 주장한 게송의 의미를 취한 것이다. '사람을 버리고 천상에 태어난다고 말하면 사람의 부분은 그대로 있을 것이요, 천상의 부분은 더욱 늘어난다'는 따위는 위는 성립함을 놓아줌이요, 則半天 아래는 바로 타파함이다. 결론한 말은 대략 밝힘이니 그러므로 모두 그렇지 않다는 뜻이다. 그렇지 않은 이유는 곧 게송 문장과 같나니 항상하기도 하고 무상하기도 함이 두 가지 모양이 서로 위배됨은 마치 물과 불이 이치로 함께 성립될 수 없음과 같다. 第四句 아래는 논에서 단지 앞의 타파함을 토대로 말하되, "끝이 있기도 없기도 함이 이루어진다고 하면 끝이 있지도 없지도 않음이 따라서 이루어질 수 있다"라고 하였다. 해석하자면 이것은 놓아주고 타파함이며 또한 상대하여 타파함이다. 셋째 구절을 기다릴 수 있으므로 여기의 넷째 끝이 있고 끝이 없음이 아닌 구절과 상대하였으니 있음과 없음이 서로 기다린 까닭이다. 지금은

셋째 구절의 근원이 없어졌는데 어찌 넷째 구절의 끝이 있음이 성립하리오. 소문 중에 곧 허물을 내보여 타파하였으니 있음이 아니요, 있음을 막는 연고로 없음을 면하지 못하고 없음이 아니요, 없음을 막지도 않는데 어찌 있음을 떠나리오. 그러므로 도리어 있기도 없기도 함이 성립된다. 넷째 '모두 아니라는 이치'가 없는 것은 고집하여 취함이 모두 중도가 아닌 까닭이다. ① 云何於此 아래는 삿된 소견을 결론하여 배척함이다.

ⓒ 항상함과 무상함의 네 구절을 해석하다[釋常無常四句] (二常 63下7)

[疏] 二, 常等四句가 約過去者는 過去世我가 卽是今我니 名之爲常이라 若常인대 卽有大過니 破壞因果涅槃等故라 若謂我今始生인대 名爲無常이라 若爾인대 我是作法이오 亦墮無因하니 無因則亦無涅槃等이오 第三은 見上二過하고 便謂我常身無常하니 離身에 何處有我리오 又成上二過오 第四는 謂我不異일새 故非無常이오 身有異故로 非常이니 破同第三句라 又中論에 云, 一切法空故라하니 何有邊無邊과 及常等見이리오 餘義는 廣如彼論하니라

■ ⓒ 항상함과 무상함의 네 구절이 과거 세상을 잡은 것은 과거 세상의 〈내〉가 바로 지금의 〈나〉이니 이름하여 '항상함'이라 한다. 만일 항상하다면 곧 큰 허물이 있게 되나니 원인과 결과, 열반 따위를 파괴하는 까닭이다. 만일 〈내〉가 현재 처음 태어났다고 말하면 이름하여 '무상함'이라 할 것이다. 만일 그렇다면 〈내〉가 법을 지음이요, 또한 원인 없음에 떨어지나니 원인이 없다면 열반 등도 없을 것이요, 셋째 구절[亦常亦無常]은 위의 두 가지 허물을 보고 문득 말하되,

"〈나〉는 항상하고 몸은 무상하다"고 할 것이니 몸을 여읠 적에 어느 곳에 〈내〉가 있으리오. 또한 위의 두 가지 허물을 이룰 것이요, 넷째 구절[非常非無常]은 이른바 〈내〉가 달라지지 않은 연고로 무상함이 아니요, 몸은 달라짐이 있는 연고로 항상함이 아니니, 셋째 구절과 같음을 타파함이다. 또 『중론』에 이르되, "온갖 법이 모두 공하거늘 (세간의 항상함 따위 소견을 어디서 어느 때에 누구가 일으키겠는가?)"라고 하였으니, 어찌 끝이 있고 없음과 항상함 따위 소견이 있겠는가? 나머지 이치는 자세한 것은 저 중론과 같다.

[鈔] 二常等四句等者는 方[157]上破邊等에 先出四句하고 後方別破어니와 今則常句를 便立便破라 初常句中에 先立이라 然前問偈에 云, 我於過去世에 爲有爲是無가 卽問今之現我가 過去先已有耶라 今初句에 云有하니 故過去世我가 卽是今我也라 論初破常句에 云, 過去世有我를 是事不可得이니 過去世中我가 不作今世我라하니라 言若常[158] 卽有大過等者는 出過破也라 卽彼長行에 云, 先世中我가 不作今我하니 有常過故라 若常則有無量過니 何以故오 如人이 修福因緣故로 作天이라가 然後에 作人이라 若先世我가 卽是今我者인대 天卽是人이오 以罪業因緣故로 作旃陀羅라가 後作波羅門하나니 若先世我가 卽是今我인대 旃陀羅가 卽是波羅門等이니라

- ㉡ '항상함 따위의 네 구절' 등이란 바야흐로 위에서 끝이 있다는 등을 타파할 적에 먼저 네 구절을 내보이고 뒤에 비로소 개별로 타파하였는데, 지금에는 항상함의 네 구절을 문득 세우고 문득 타파하였다. ㉮ 첫째 항상함의 네 구절 중에 먼저 건립한 까닭이다. 그런데 앞

---

157) 上三字는 甲南續金本作者.
158) 言若은 原南續金本作若言 玆從甲續本 與疏合; 常下에 甲南續金本有者字.

에서 게송으로 물어 가로되, "〈나〉가 지난 세상에 있었나 없었나 하는"이라 한 것은 곧 지금 현재의 〈내〉가 과거 세상에 먼저 이미 있었던가를 묻는 것인가? 지금의 첫 구절에 '있다'고 하였으니 그러므로 지난 세상의 〈내〉가 바로 지금의 〈나〉인 것이다.『중론』에서 (1) 항상함의 네 구절을 타파하여 이르되, "지난 세상에 〈나〉가 있다면 이 일은 있을 수 없나니 지난 세상의 〈내〉가 지금의 〈나〉로 되지는 못한다"라고 하였다. '만일 항상하다면 곧 큰 허물이 있게 된다'는 등으로 말한 것은 허물을 내보이며 타파함이다. 곧 저 논의 장항에 이르되, "전생의 〈나〉는 지금의 〈내〉가 될 수 없음은 한량없음의 허물이 있게 된다. 무슨 까닭인가? 마치 어떤 사람이 복을 닦은 인연으로 인해 하늘이 되었다가 그런 후에 사람이 된 것과 같다. 만일 전세의 〈내〉가 바로 금세의 〈나〉라면 하늘사람이 곧 그대로 사람일 것이요, 죄업의 인연으로 인해 전타라가 되었다가 뒤에 바라문이 되었으니 만일 전세의 〈내〉가 바로 금세의 〈나〉라면 전타라가 바로 바라문 따위일 것이다"라고 하였다.

若謂我今下는 即第二句니 亦先立이오 後, 若爾下는 破라 有二種破하니 先, 因緣破라 緣作이 是無常이니 汝[159]立我常故라 二, 墮無因故니 故로 論에 云, 過去我不作인대 是事則不然이오 過去世中我가 異今도 亦不然이라 若謂有異者인대 離彼應有今이니 我住過去世오 而今我自生이라 如是則斷滅하야 失於業果報라 彼作而此受가 有如是等過라 先無而今有도 此中亦有過니 我則是作法이오 亦爲是無因이라하니라 釋曰, 此中에 初二句는 牒計總非오 次二句는 標有異過

---

159) 汝는 甲續金本作法.

오 次二偈는 二世相對하야 以辨異過오 末後一偈는 獨就未來하야 以
彰其過라 上二句는 標오 下二句는 顯이라 第三句가 由今始有일새 故
成作法이니 卽墮無常이오 次句는 指同前非일새 云亦是也라 前失業
果가 卽是無因이오 今我自生이 豈非無因가

● ㉑ 若謂我今 아래는 둘째 구절이니 또한 ㉮ 건립함이요, ㉯ 若爾 아
래는 타파함이다. 두 가지 타파함이 있으니 Ⓐ 인연으로 타파함이
다. 인연으로 지음이 무상하나니, 너희가 〈내〉가 항상하다고 건립
한 까닭이다. Ⓑ 원인 없음에 떨어진 까닭이니, 그러므로 『중론』관
사견품에 이르되, "과거의 〈내〉가 작용하지 않는다면 이 일은 옳지
못하다. 과거의 〈내〉가 지금과 다르다 해도 옳지 않다. 만일에 다
름이 있다면 그를 떠나서 응당히 지금이 있어야 하며, 〈내〉가 과거
에도 머물러 있는데 지금에도 스스로 태어나게 되리라. 그렇다면 아
주 없음[斷滅]에 빠져서 업과 과보를 잃나니 저기서 짓고 여기서 받는
이런 따위 허물이 생긴다. 먼저 없다가 지금 있어도 이러한 허물이 없
지 않으니 〈나〉라 함은 짓는 법이며 원인 없음이기도 하다"라고 하
였다. 해석하자면 이 가운데 처음 두 구절은 계탁함을 따와서 총합
하여 부정함이요, 다음 두 구절[過去世中我 異今亦不然]은 다름이 있다
는 허물을 표방함이요, 다음 두 게송은 두 세상을 상대하여 다름의
허물을 설명함이요, 마지막 한 게송[先無而今有一]은 유독 미래세에 입
각하여 그 허물을 설명함이다. (그중에) 위의 두 구절은 표방함이요,
아래 두 구절은 밝힘이다. 셋째 구절[我則是作法]은 금세에 처음 있음
으로 인해 법을 지음이 되었으니 곧 무상함에 떨어진 것이요, 다음 구
절은 앞에서 부정함과 같음을 지적하기 위해 '역시(亦是)'라고 하였다.
앞에서 업과 과보를 잃음이 곧 원인 없음이요, 지금에 내가 스스로 태

어남이 어찌 원인 없음이 아니겠는가?

第三見上下는 謂見前二過하고 便卽雙立이라 從離身下는 破니 卽前所引偈中에 卽離門也라 二又成上二過者는 亦常은 同初句오 亦無常은 同第二故라 第四句는 但翻用前句而立이오 破則還同第三이라 論偈에 但云, 如過去世中에 有我無我見과 若共若不共은 是事皆不然이라하니라 又中論云下는 卽品末之偈니 總結上過하야 示以性空이오 末後에 又偈에 云, 瞿曇大聖主가 憐愍衆生故로 悉斷一切見하나니 我今稽首禮라하니 卽總結一品也니라

● ㉠ 第三見上 아래는 앞의 두 가지 허물을 보고 문득 함께 건립한 것이다. 離身 아래는 타파함이니 곧 앞에서 인용한 게송 중에 '여읨과 합치하는 문[卽離門]'이다. '또한 위의 두 가지 허물을 이룬다'는 것에서 '항상하기도 함'은 첫 구절과 같고, '무상하기도 함'은 둘째 구절과 같다. 넷째 구절은 단지 앞 구절을 뒤바꾸어 써서 건립할 뿐이요, 타파한다면 도리어 셋째 구절과 같을 것이다. 『중론』게송에 단지 이르되, "지나간 세상에 〈내〉가 있다 없다 하거나 함께하거나 함께하지 않는다 하면 이 모두가 옳지 못하다"라고만 하였다. 又中論云 아래는 곧 사견품의 끝 게송이니 위의 허물을 총합 결론해서 성품이 공한 때문임을 보인 때문이요, 마지막에 또 게송으로 이르되, "고타마 큰 성인님께서 불쌍히 여기시어 이 법을 말씀하사 온갖 삿된 소견을 모두 끊으시니 그러므로 내가 머리를 조아린다"라고 하였으니 곧 한 품을 총합하여 결론한 내용이다.

㉢ 여래 멸도 후의 네 구절을 해석하다[釋如來滅後四句] 2.

ⓐ 총합하여 표방하다[總標] (三如 65下5)
ⓑ 개별로 해석하다[別釋] 2.

㉮ 첫째 의미를 해석하다[釋初意] (一明)

[疏] 三, 如來滅後四句에 釋有二義하니 一, 明如來者는 非是佛也니 如 卽相似오 來謂從前際來라 謂一有執云호대 如從前世來生此間하야 去向後世도 亦復如是일새 故云如來藏後有라하니 謂如前際來時有 故로 此由計我異陰故라 二云, 如從前世來此間하야 死後斷滅일새 故云如來滅後無라하니 謂不如來時去故니 此計陰我一故라 三, 由 計我有麤細故니 謂麤我는 與身俱盡일새 故云不如去오 細我는 異陰 하야 不同滅故로 亦如來時而去일새 故云如來滅後가 亦有亦無라 四 云, 我如虛空하야 體無來去라 故로 晉經에 云, 如來滅後에 如去不 如去等이라하시니 此則通望三世以辨이니라

㉢ 여래 멸도 후의 네 구절에서 두 가지 뜻으로 해석하나니, ㉮ 첫째, 여래를 설명함은 부처님이 아니리니 여(如)는 곧 '같다'는 뜻이요, 래(來)는 '전세로부터 왔다'는 뜻이다. 말하자면 어떤 이가 고집해 말하되, "마치 전제로부터 이 세간에 와서 후세를 향해 간다 함과 같음도 또한 마찬가지이므로 여래 멸도 후에도 계신다"고 한 것이다. 말하자면 마치 전제에서 올 때 있음으로 인해 이것은 나를 오음과 다르다고 계탁함으로 인함과 같기 때문이다. ㉯ 둘째에 이르되, "마치 전세로부터 이 세간에 온 연고로 여래 멸도 후에는 안 단멸함으로 인해 여래 멸도 후에 안 계신다 함과 같다"고 하였다. 말하자면 여여에서 올 때와 같이 간 연고니 이것은 오음과 내가 하나인 까닭이다. ㉰ 셋째,

내가 거칠고 미세함이 있다고 계탁함으로 인한 까닭이다. 말하자면 거친 나는 몸과 함께 모두 다하므로 말하되, '가는 것과 같지 않다'고 하였다. 미세한 나는 오음과 달라서 함께 없어지지 않는 연고로 또한 올 때와 같이 가는 연고로 말하되, '여래 멸도 후에 또한 있기도 하고 또한 없기도 하다'고 하였다. ㉣ 넷째에 이르되, "나는 허공과 같아서 체성은 오고 감이 없다." 그러므로 진경(晉經)에 이르되, "여래 멸도 후에 가는 것도 같고 가는 것과 같지 않다" 등이라 하였으니 이것은 삼세를 통틀어 보고 밝힌 내용이다.

㉮ 둘째 의미를 해석하다[釋第二意] 2.
㉠ 소견의 의지처와 여래가 같지 않음을 정하다[定見所依及如來不同]

(若依 66上4)

[疏] 若依中論에 附涅槃하야 起四句인대 如來는 卽佛也니 順此經文이라 亦是外道가 自立己師하야 而爲如來니라

■ 만일 『중론』에 의지할 적에 열반에 의탁하여 네 구절이 생겼는데 여래는 곧 부처님이니, 이 본경의 문장을 따른 것이다. 또한 외도가 스스로 자신의 스승으로 세워서 부처님이라 하였다.

㉡ 네 구절을 개별로 보이다[別示四句] 2.
Ⓐ 먼저 보이다[先示] (有謂 66上6)

[疏] 有謂호대 如來滅後에 定有不變이라하며 或謂入無餘依일새 同於太虛라하며 或謂法有應無라하며 或謂約應非有오 約法이 非無라하니라

- 어떤 이가 말하되, "여래가 멸도 후에 결정코 있어서 변하지 않는다"고 하였으며, 혹은 말하되, "나머지 의지처가 없음에 들어갔으므로 태허공과 같다"고 하였으며, 혹은 말하되, "법으로는 있지만 응당히 없다"고 하였으며, 혹은 말하되, "응당히 있지 않음을 잡았고, 법이 없지도 않음을 잡았다"라고 하였다.

Ⓑ 타파함을 설명하다[明破] 2.
㉮ 삿된 소견을 바로 설명하다[初正明邪見] (以其 66上8)
㉯ 위의 뜻을 인용하여 증명하다[後引證上義] (瑜伽)

[疏] 以其四句가 皆成戲論하니 不見如來寂滅相故라 亦爲邪見이니 此則權小之徒를 未能免也니라 瑜伽八十七에 云, 依二道理하야 如實隨觀컨대 俱不可記라함은 如來滅後가 若有若無라 所以者何오 且依勝義하야는 彼不可得이온 況其滅後에 或有或無아 若依世俗인대 爲於諸行하야 假立如來하야 爲於涅槃이오 若於諸行인대 如來滅後에 無有一行도 流轉可得이어니 爾時에 何處에 假立如來아 旣無如來어니 何有無等이리오 若於涅槃인대 涅槃은 唯是無行所顯이오 絶諸戲論하야 自內所證이라 絶戲論故로 施設爲有나 不應道理라 亦復不應施設非有니 勿當損毀施設妙有와 寂靜涅槃이니라 又此涅槃은 極難知故며 最微細故로 說名甚深이오 種種非一인 諸行煩惱를 斷所顯故로 說名廣大오 現量과 比量과 及正敎量의 所不量故로 說名無量이라하니라
- 그 네 구절이 모두 희론이 되었으니 여래 멸도 후의 모양을 보지 못하는 까닭이다. 또한 삿된 소견이 되었으니, 이것은 권교와 소승의 무

리를 능히 면하지 못한다.『유가사지론』제87권에 이르되, "두 가지 [世俗諦와 勝義諦] 도리에 의하여 사실대로 따라 관하건대 다함께 대답할 수 없다 함은 이른바 여래가 멸도한 후에는 ① 계신가? ② 계시지 않은가? (③ 계시기도 하고 계시지 않기도 하는가? ④ 계신 것도 아니고 계시지 않은 것도 아닌가?)라고 함을 모두 고집할 수도 없고 대답할 수도 없다. 왜냐하면 자세하게 으뜸가는 이치에 의한다 해도 그것은 인정될 수 없거든 하물며 그 멸도 후에 혹은 계시고 계시지 않음이겠는가? 만일 세속의 이치에 의한다면 모든 행에서 여래를 가정적으로 세우는 것이다. 열반에서나 모든 행에서 여래는 멸도 후에 한 가지 행도 유전함을 인정할 수 없기 때문이다. 그때에는 어느 곳에서 여래를 가정적으로 세우며, 이미 여래가 계시지 않거늘 무엇으로 계신다 안 계신다 하겠는가? 만일 열반에서라면 열반은 바로 오직 행만으로 나타내는 바가 없으며, 모든 희론이 끊어졌나니 스스로가 안에서 증득할 바요, 희론이 끊어졌기 때문에 시설하여 '계신다 함'도 도리에 맞지 않을뿐더러 '계시지 않다'고 시설하여도 맞지 않다. 묘한 존재[妙有]와 고요함을 시설하는 열반을 훼손하지 말 것이다. 또 이 열반은 극히 알기 어렵기 때문이고 가장 미세하기 때문에 '매우 깊다[甚深]'고 말하며, 여러 가지요 하나만이 아니며 모든 행의 번뇌가 끊어져야 나타나는 바이기 때문에 '넓고 크다[廣大]'고 하며, 현량(現量)과 비량(比量)과 정교량(正敎量)으로 헤아리지 못할 바이기 때문에 '한량없다[無量]'고 말한다"라고 하였다.

[鈔] 三如來滅後下는 前明見所依라 從其後義하야 云依涅槃起나 而其前義가 通依三世我陰而起니 順於晉經이니라 若依中論下는 第二意

中이라 於中에 二니 先, 定見所依와 及如來不同이라 以外道가 自謂 勒沙婆等이 是世尊이며 是如來故라 故로 百論中에 敍德相形하야 言 優樓佉等이 亦是世尊故라하니라 有謂如來滅後者는 別示四句니 先 示를 可知로다

後, 以其四句下는 明破無記之意라 上依中論涅槃品이니 偈에 云, 如來滅度後에 不言有與無하며 亦不言有無와 非有及非無라하며 又 云, 涅槃與世間을 無有少分別이오 世間與涅槃도 亦無少分別이니 涅槃之實際와 及與世間際인 如是二際者가 無毫釐差別이라하니라 釋曰, 初之一偈는 依二諦說이오 後之二偈는 唯依第一義니 與瑜伽 同이니라

瑜伽八十七下는 證成上義니 則顯中論初偈가 俱通二諦라 約世諦 中인대 唯釋二句라 等字는 等於三四라 約涅槃中인대 但釋初二句라 又此涅槃下는 三義가 通顯離四句絶百非라 中論末後偈에 云, 一切 法皆空이어니 何有邊無邊이며 亦邊亦無邊과 非邊非無邊이며 何者爲 一異며 何有常無常과 亦常亦無常과 非常非無常이리오 諸法不可得 이오 滅一切戲論이라 無人亦無處니 佛亦無所說이라하니라 釋曰, 此 偈는 可結無記一段이라 以文相續일새 故此引耳니라

● ㉢ 如來滅後 아래는 (여래 멸도 후의 네 구절을 해석함이니) ⓐ 앞에서 소견의 의지처를 설명하였다. 뒤의 뜻으로부터 '열반에 의지해 생겼다'고 하였으나, 앞의 뜻이 삼세에 <나>와 오음으로 생겼음을 통틀어 의지하였으니 진경을 따른 것이다. ⓑ 若依中論 아래는 둘째 의미를 해석함이다. 그중에 둘이니 ㉮ 소견의 의지처와 여래가 같지 않음을 정함이다. 외도가 스스로 이르되, "늑사바(勒沙婆) 등이 세존이며, 여래라고 말했기 때문이다." 그러므로 『백론(百論)』중에, "덕스런 모양

과 형상을 일러서 우루가(優樓佉) 등도 또한 세존이다"라고 말한 까닭이다. ㉡ 有謂如來滅後 아래는 네 구절을 개별로 보임이니 ㉠ 먼저 보임은 알 수 있으리라.

㉠ 以其四句 아래는 무기법을 타파함을 설명함이다. 위에서 『중론』 열반품을 의지하였으니 게송에 이르되, "여래께서 열반에 드신 뒤에 있다거나 없다고 말할 수 없고 있기도 없기도 하다 할 수 없고 있기도 없기도 않다 할 수 없네"라고 하였으며, 또 이르되, "열반과 세간에는 조금도 차별이 없고 세간과 열반이 조금도 차별이 없다. 열반이 실제와 세간의 한계와 이러한 두 한계에 털끝만 한 차이도 없다"라고 하였다. 해석한다면 처음 한 게송은 두 가지 진리에 의지해 설명한 분석이요, 뒤의 두 게송은 오직 제일의제(第一義諦)에 의지했으니 『유가사지론』의 설명과 같다.

㉯ 瑜伽八十七 아래는 위의 뜻을 인용하여 증명함이니 곧 『중론』의 첫 게송이 모두 두 가지 진리에 통한다. 세속제를 잡으면 오직 두 구절만 해석함이요, 등(等)이란 글자는 셋째와 넷째 구절을 함께 취한 것이다. 열반을 잡으면 단지 처음 두 구절을 해석함이다. 又此涅槃 아래는 세 가지 이치가 이사구절절백비(離四句絶百非)와 통함을 밝혔다. 『중론』의 마지막 게송에 이르되, "온갖 법이 모두 공하거늘 어찌 끝 있음과 끝없음과 끝이 있기도 없기도 함과 끝이 있지도 없지도 않음이 있으랴. 어느 것이 동일하거나 다름이며 어찌 항상함과 무상함과 항상하기도 무상하기도 함과 항상하지도 무상하지도 않음이 있으랴. 모든 법은 얻을 수 없고 온갖 희론이 사라졌으며 사람도 처소도 없고 부처님이 말씀하신 바도 없다"라고 하였다. 해석하자면 이 게송은 무기법 한 문단을 결론함이다. 본경의 문장과 통하므로 여기

서 인용했을 뿐이다.

㉣ 나와 중생이 있고 없음을 해석하다[釋我衆生有無四句] (四我 67下9)

[疏] 四, 我及衆生有無等四句[160]는 此並雙立이라 衆生은 卽是五蘊이오 非約總主라 有는 卽定有니 定有에 着常이오 無는 卽定無니 定無에 着斷이라 三은 遠上二過하야 雙立有無하니 卽墮相違라 四는 避此相違하야 立俱非句하니 又成戱論이라 然此四句에 亦有單計我有所無와 所有我無하니 亦不離初之二句라 又合上하야 成第三이오 互奪하야 成第四니 亦不出初之二句니라

■ ㉣ 나와 중생이 있고 없는 네 구절을 해석함이니 여기서는 함께 성립시킨 것이다. 중생이 바로 오온이요, 총합하여 주인을 잡은 것이 아니다. 있음은 곧 결정코 있음이니 결정코 있다면 상견에 집착하게 되고 없음은 곧 결정코 없음이니 결정코 없다면 단견에 집착하게 된다. 셋째 구절[我及衆生亦有亦無]은 위의 두 가지 허물을 멀리 여의어 있고 없음을 함께 성립함이니, 곧 서로 위배함에 떨어진다. 넷째 구절[我及衆生非有非無]은 이런 서로 위배하는 허물을 피하여 모두 부정하는 구절을 건립하였으니 또한 희론을 이루었다. 그런데 이런 네 구절에 또한 단순하게 '나는 있고 내 것은 없음'과 '내 것은 있고 나는 없다'고 계탁함이 있으니, 또한 처음 두 구절[我及衆生有, 我及衆生無]을 여의지 않았다. 또한 위와 합하여 셋째 구절을 이루고, 서로 빼앗아서 넷째 구절을 이루었으니 또한 처음 두 구절에서 벗어나지 않는다.

---

160) 我及은 金本作及我誤.

[鈔] 四我及衆生等者는 雙立我法이니 衆生卽蘊이며 蘊卽法故니라 故疏
直就緣生法理하야 以辨有無라 然此四句를 大品과 智論과 俱舍等에
於此에 但立二句라 大品等에 云, 身與神一及異가 成二句오 俱舍는
卽命與身卽及離가 成二句라 初句에 云俱有者는 謂有執云호대 但
有身處가 則有神我오 有神我處에 其必有身이니 身之與神이 不相離
故라하니라 釋曰, 此卽身神一句니 故로 智論에 云, 神卽是身者는 有
人言身卽是神이라 何以故오 分析此身에 求神不可得故며 受之麤妙
가 皆是身故니 故言身卽是神이니라 身異神異者는 有人이 言호대 神
은 微細하야 五情으로 所不得이오 亦非凡夫人所見이니 攝心淸淨하야
得禪定人이라야 乃能得見이라 是故로 言身異神異라하니라 復次若身
이 卽是神인대 身滅에 神亦滅이니 是邪見이오 身異神異인대 身滅神常
은 是邊見이니라 釋曰, 論文에는 但釋二句라 今經中의 初句는 是論
初에 釋身神一句오 第二句는 是論에 復次身卽是神이니 身滅神滅는
是邪見이오 第三句는 正是身神異句니 雖麤妙之異나 身在俱有하고
身無에 俱無가 爲俱句也라 第四는 卽復是身神一句니 以身隨神에
體皆妙故며 俱離有無니라

● ㉣ 〈나〉와 중생 등이란 〈나〉와 법을 함께 건립함이니 중생이 곧
오온이며 오온은 곧 법이기 때문이다. 그러므로 소가가 연기로 생긴
법의 이치에 바로 입각하여 있고 없음을 밝혔다. 그러나 이런 네 구절
은 『대품반야경』과 『대지도론』과 『구사론』 등에 있는데 여기서는 단
지 두 구절만 건립하였다. 『대품반야경』 등에 이르되, "몸과 정신이
하나임과 다른 것이 두 구절을 이룸이다"라 하고, 『구사론』은 목숨
과 몸이 합치함과 여읨이 두 구절을 이루었다. 첫 구절에 '함께 있다'
고 말한 것은 이른바 어떤 이가 고집하여 말하되, "단지 몸이 있는 처

소가 신령스런 나에 있음이요, 신령스런 내가 있는 곳에 반드시 몸이 있나니, 몸과 정신이 서로 여의지 않는 까닭이다"라고 하였다. 해석한다면 이것은 곧 몸과 정신이 하나인 구절이니, 그러므로 『대지도론』 제70권에 이르되, " '정신이 바로 몸이다' 함은 어떤 사람은 말하기를 '몸이 곧 정신이다. 그 까닭이 무엇이냐 하면, 이 몸을 나누고 쪼개면서 정신을 구한다 해도 얻을 수 없기 때문이다'라고 한다. 또 아름답고 추하고 괴롭고 즐거움을 받는 것은 모두가 몸이니, 이 때문에 '몸이 곧 정신이다'라고 한다. '몸이 다르고 정신이 다르다' 함은 어떤 사람이 말하기를 '정신은 미세하여 오정(五情)으로도 얻지 못하고, 또한 범부가 볼 수 있는 바도 아니다. 마음을 가다듬어 청정하여지고 선정을 얻은 사람이라야 비로소 볼 수 있다. 이 때문에 '몸이 다르고 정신이 다르다'고 한다"라고 하였다. "또 만일 몸이 곧 정신이라면 몸이 소멸하면 정신도 소멸할 것이니, 이것은 바로 삿된 소견이다. 반대로 '몸이 다르고 정신도 다르다' 한다면 몸은 소멸해도 정신은 항상 존재할 것이므로 이것은 바로 치우친 소견[邊見]이다"라고 하였다. 해석한다면 논문에는 단지 두 구절만 해석하였다. 지금 본경 중의 첫 구절[我及衆生有]은 논문의 처음에 몸과 정신이 하나인 구절을 해석함이요, 둘째 구절[我及衆生無]은 논문에서 또다시 몸이 곧 정신이니 몸이 소멸하면 정신도 소멸함은 삿된 소견이요, 셋째 구절[我及衆生亦有亦無]은 바로 몸과 정신이 다르다는 구절이니 비록 아름답고 추하지만 몸이 함께 있으며 몸이 없어지면 함께 없어짐이 함께하는 구절이 된다. 넷째 구절[我及衆生非有非無]은 곧 다시 몸과 정신이 하나인 구절이니 몸이 곧 정신을 따를 적에 체성이 모두 아름다운 까닭이며, 있고 없음을 함께 여의었다.

[鈔] 然此四句者는 此對前經中二雙立故라 亦是智論에 約邊見意라 其我有所無는 正同智論身滅神常이라 二, 所有我無者는 身麤可見이오 我無相故라 言亦不離初之二句者는 我有所有는 合是初句오 我無所無는 合爲第二니라 …〈아래 생략〉…

- 그러나 이런 네 구절에서 이것은 앞의 경문 중의 둘이 함께 건립함과 상대한 까닭이다. 또한 『대지도론』에서 치우친 소견을 잡은 주장이다. 그 '나는 있고 내 것이 없다'는 것은 대지도론의 몸이 소멸해도 정신은 항상함과 같은 뜻이다. 둘째, '내 것은 있고 나는 없다'는 것은 몸은 거칠어서 볼 수 있음이요, 〈나〉는 모양이 없는 까닭이다. '또한 처음 두 구절을 여의지 않는다'고 말한 것은 '나도 있고 내 것이 있음'은 합하여 첫 구절이 되고, '나도 없고 내 것이 없음'은 합하여 둘째 구절이 되었다. …〈아래 생략〉…

② 삼세에 가로로 논함에 입각하여 설명하다[就三世橫論] (第二 69下7)

過去에 有幾如來의 般涅槃과 幾聲聞辟支佛의 般涅槃이며 未來에 有幾如來와 幾聲聞辟支佛과 幾衆生이며 現在에 有幾佛住와 幾聲聞辟支佛住와 幾衆生住니라
"(17) 과거에 몇 분의 여래가 열반에 듦과 몇 성문 벽지불이 열반에 듦과 (18) 미래에 몇 분의 여래와 몇 성문 벽지불과 몇 중생이 있으며 (19) 현재에 몇 분의 부처님이 머물러 있고 몇 성문 벽지불이 머물러 있고 몇 중생이 머물러 있느니라."

[疏] 第二門은 明三乘凡聖이라 數之多少者는 以橫無邊故로 不可記也니라
- ② (삼세에 가로로 논함에 입각하여 설명한) 두 번째 문은 삼승의 범부와 성인을 밝혔다. 숫자가 많고 적음은 가로로 끝없는 연고로 기록할 수 없는 것이다.

③ 범부와 성인을 세로로 논함을 잡아 설명하다[約凡聖豎論]
(第三 70上2)

何等如來가 最先出이며 何等聲聞辟支佛이 最先出이며 何等衆生이 最先出이며 何等如來가 最後出이며 何等聲聞辟支佛이 最後出이며 何等衆生이 最後出이며 何法이 最在初며 何法이 最在後오

"(20) 어떠한 여래가 가장 먼저 났으며 (21) 어떠한 성문 벽지불이 가장 먼저 났으며 (22) 어떠한 중생이 가장 먼저 났으며 (23) 어떠한 여래가 가장 뒤에 나며 (24) 어떠한 성문 벽지불이 가장 뒤에 나며 (25) 어떠한 중생이 가장 뒤에 나며 (26) 무슨 법이 가장 처음 있었으며 (27) 무슨 법이 가장 뒤에 있었으리오."

[疏] 第三門은 豎無際故로 不可記也라 有人이 答問호대 云有初佛이라하며 言自然悟하야 引獺祭天이라하니 亦爲應機라 寧加置記리오 若有初佛인대 如來應知하나니 則可說名이라 言何法者는 染淨等一切法也라
- ③ (범부와 성인의 세로로 논함을 잡아 설명하는) 세 번째 문은 종으로 끝이 없는 연고로 기록할 수 없다. 어떤 사람이 질문에 대답하되 '처음 부

처님이 계신다'고 말하였으며, '자연스럽게 깨달아서 수달을 이끌어 하늘에 제사하였다'고 말하였으니, 또한 근기에 응함이다. 어찌 내버려 두는 대답을 더하겠는가? 만일 처음 부처님이 계신다면 여래가 응당히 아실 것이니 이름을 말씀할 수 있으리라. '무슨 법'이라 말한 것은 염오와 청정 등의 온갖 법을 말한다.

[鈔] 第三門豎明中에 言有人答問者는 卽水南善知識이 答燕國公張說이니 問云호대 法在前이닛가 佛在前이닛가 答云, 法在前이니 諸佛所師를 所謂法故라 便被難云호대 若爾인대 最初成佛에 前無佛說인대 何由悟法이닛고 答云, 自然而悟가 如月令中에 獺乃祭天이니 豈有人敎리오 燕公이 大伏하니라 亦爲應機者는 歎其善對라 寧加置記者는 爲順經文이라 從若有初佛下는 出不及置記所以니 旣有初佛이라 佛¹⁶¹⁾數難窮인대 如來는 具足一切種智하시니 直擧初佛하야 則可示矣라 故雖善對나 未息難源이니라 言何法者染淨一切法者는 卽如眞妄前後之難也라 初會에 略明하고 初地에 當廣하니라

● ③ 세 번째 문을 세로로 설명함 중에 '어떤 사람이 질문에 대답하되'라고 말한 것은 곧 수남(水南) 선지식¹⁶²⁾이 연국공(燕國公) 장열(張說)¹⁶³⁾에게 대답한 내용이다. 묻기를, "법이 앞에 있습니까? 부처님이 앞에 있습니까?" 대답하되, "법이 앞에 있나니 모든 부처님이 스승되는 분을 법이라 말하는 까닭이다. 문득 힐난을 당하기를, '만일 그렇

---

161) 佛은 南續金本作悉.
162) 수남화상(水南守遼, 1072-1147): 당말송초 선사. 卽體之用 曰知 卽用之體 爲寂 如卽燈之時 卽是光 卽光之時 卽是燈 燈爲體 光爲用 又云 知之一字 衆妙之門 如是開示 靈知之心 卽是眞性 與佛無異
163) 張說(-): 중국 唐代 玄宗 때의 名臣이자 문장가. 호는 燕國公. 詔勅을 잘 지어서 許國公 蘇頲과 함께 燕許 大手筆로 칭송하다. 벼슬이 中書令에 이르고 연국공에 봉해지다. 조정의 큰 편찬사업이 거의 그의 손으로 이루어졌음. 저서에는 [張說公集]이 있다. (新舊唐書 張說傳)

다면 최초에 부처님이 될 적에 앞에서 부처님 설법이 없다면 무엇으로 인해 법을 깨달았는가?' 대답하기를, '자연스럽게 깨달음이 마치 월령(月舲)164) 중인 수달로 하늘에 제사함과 같나니 어찌 사람의 가르침이 있었겠는가?' 하니 연국공이 크게 엎드렸다. '또한 근기에 응한다'는 것은 잘 상대했다고 찬탄한 내용이다. '어찌 내버려 두는 대답을 더하였는가?'는 것은 경문을 따르기 위함이다. 若有初佛 아래는 내버려 두는 대답을 한 이유에 미치지 못함을 내보임이니, 이미 첫 부처님이 계시는데 부처님의 숫자를 궁구하기 어렵다면 여래는 일체 종지를 구족하시니 바로 첫 부처님을 거론하여 보일 수가 있다. 그러므로 비록 잘 상대하지만 근원에 대한 힐난을 쉬지 않는다. '무슨 법이라 말한 것은 염오와 청정 등의 온갖 법이다'라는 것은 곧 진실과 거짓, 앞과 뒤의 힐난함과 같다. 제1 적멸도량법회에서 간략히 설명하였고, 제1 환희지에서 자세하게 설명하겠다.

④ 삼세간에서 온 바에 대해 질문하다[徵三世間所從] 2.
㉮ 바로 경문을 해석하다[正釋經] (第四 70下7)

世間이 從何處來며 去至何所며 有幾世界成이며 有幾世界壞며 世界가 從何處來며 去至何所오
"(28) 세간은 어느 곳에서 왔으며 (29) 어느 곳으로 가며 (30) 세계가 이루어지며 (31) 몇 세계가 파괴되며 (32)세계는 어느 곳에서 왔으며 (33) 어느 곳으로 가는 것인가?"

---

164) 月舲: 태어난 지 1년이 안 된 아이의 나이를 달수로 헤아리는 것(=月齡).

[疏] 第四門은 徵世間所從이라 有六句하니 初二句는 問衆生及蘊世間이오 次四句는 約器世間이라 以外道가 計衆生이 有最初生故라하며 或 謂從冥諦中來하야 還至冥故라하며 或謂世界가 皆微塵成이니 謂至 妙之色은 常恒不變하야 聚則爲身器하고 散則成微塵故라하니 此皆 邪見之源일새 故不應答이라

- ④ 삼세간에서 온 바에 대해 질문함이다. 여섯 구절이 있으니 ㉠ 처음 두 구절은 중생세간과 오온세간에 대해 질문함이요, ㉡ 다음 네 구절은 기세간을 잡은 질문이다. 외도가 계탁하기를 '중생이 최초에 태어남이 있는 까닭이다'라고 하였으며, "혹은 명제(冥諦)로부터 와서 명제로 되돌아온 까닭이라고 하였으며, 혹은 세계가 모두 미진을 이루었음을 말하였으니 이른바 지극히 미묘한 형색은 항상하여 변하지 않아서 모아지면 몸과 그릇이 되고 흩어지면 티끌과 먼지가 되는 까닭이다"라고 하였으니, 이것은 모두 삿된 소견의 근원이므로 응하여 답하지 않은 것이다.

[鈔] 第四門徵世間所從中에 其諸邪見은 初卷에 已廣하니라
- 네 번째 문은 세간에서 온 바 중에 그 모든 삿된 소견은 본경의 제1 권에서 이미 자세하게 설명하였다.

⑭ 중생세간과 기세간을 구분하다[揀別情器] (有情 71上3)

[疏] 有情世間을 不言成壞者는 瑜伽에 云, 有情을 望器에 有五不同하니 一, 謂器界生死는 共因所生이오 有情生死는 但由不共故니 是因不同이오 二, 謂器有除斷이라도 有情流轉은 不斷故니 是時不同이오 三,

謂三災가 壞不壞故로 名治不同이오 四, 謂器界는 因無永斷이어니와 有情不爾하니 名斷不同이오 五, 謂器則斷而復續하고 有情은 斷已無續일새 名續不同이라 以斯義故로 略無成壞也니라

■ 중생세간을 이루고 파괴한다고 말하지 않은 것은『유가사지론』에 이르되, "중생을 기세간에서 바라보면 다섯 가지 같지 않음이 있으니 ① 기세간의 생사는 공통한 원인에서 생긴 바이지만 중생의 생사는 공통하지 않을 뿐이니 이것을 '원인이 같지 않은 분[因不同分]'이라 한다. ② 기세간의 생사는 처음과 마지막이 없는 데서 앞뒤의 즈음이 끊어지지마는 중생의 생사유전은 처음과 마지막이 없는 데서 상속하고 유전하면서 언제나 끊어짐이 없나니 이것을 '시간의 같지 않은 분[時不同分]'이라 한다. ③ 이른바 기세간의 생사는 물과 불과 바람이 끊어져 무너지고 무너지지 않는 연고로 '다스림이 같지 않은 분[治不同分]'이라 한다. ④ 또 기세간의 생사는 원인이 영원히 끊어짐이 없지마는 중생의 생사는 곧 그렇지 않나니 이것을 '끊어짐이 같지 않은 분[斷不同分]'이라 한다. ⑤ 이른바 기세간의 생사는 끊어졌다가 다시 계속하지마는 중생의 생사는 끊어진 뒤에는 계속함이 없나니 이것을 '계속함이 같지 않은 분[續不同分]'이라 한다. 이런 뜻으로 인해 이루고 파괴함은 생략하여 없다.

[鈔] 器界生死共因者는 出現品에 說하니라 三, 謂三災가 但壞器界하고 不壞有情이니 先令有情으로 生上界竟에 方壞器界故라 四, 器界因無永斷者는 如染刹之因이 已亡에 不復更修染因하야 招染刹也라 有情의 染因은 雖滅이나 陰識不滅이니라 五, 器界斷而復續者는 約招成壞之刹에 壞後更成이어니와 有情이 若捨異生之性하면 終不更

爲凡夫矣니라 然此與四로 似當相違니 而四則器界는 約因斷果不生이며 有情은 因斷果不失이라 五, 器界는 約果斷호대 果更續이며 有情은 約妄因이 已斷에 妄果不續이니라

- '기세간의 생사의 공통된 원인'은 여래출현품에서 설명하겠다. ③ 이른바 물과 불과 바람의 재앙이 단지 기세간만 파괴하고 중생세간은 파괴하지 못하나니, 먼저 중생으로 하여금 위의 세계에 태어나게 한 뒤에 바야흐로 기세간을 파괴하는 까닭이다. ④ '또 기세간의 생사는 원인이 영원히 끊어짐이 없다'는 것은 마치 물든 국토의 원인이 이미 없어질 적에 또다시 물든 원인을 수행하지 않아서 물든 국토를 초래함과 같다. 중생이 물든 원인은 없어졌지만 오음과 인식은 없어지지 않는다. ⑤ '이른바 기세간의 생사는 끊어졌다가 다시 계속한다'는 것은 이루고 파괴되는 국토를 초래함을 잡을 적에 파괴된 뒤에 다시 이루거니와 중생이 만일 중생과 다른 성품을 버리면 마침내 다시 범부가 되지 않느니라. 그러나 이것은 네 가지와 함께 비슷함이 서로 위배함에 해당하나니, 그러나 넷에서 기세간은 원인이 끊어지면 결과가 생기지 않음을 잡으며, 중생은 원인이 끊어져도 결과는 잃지 않음을 잡는다. ⑤ 기세간은 결과가 끊어져도 결과는 다시 계속함을 잡으며, 중생은 허망한 원인이 이미 끊어질 적에 허망한 결과가 계속하지 않음을 잡은 것이다.

⑤ 생사의 끝을 잡아서 밝히다[約生死際畔以辨] 2.
㉮ 이런 경문을 바로 해석하다[正釋此文] (第五 71下8)

何者가 爲生死最初際며 何者가 爲生死最後際오

"(34) 무엇이 생사의 가장 처음이며 (35) 무엇이 가장 뒤인가?

[疏] 第五, 約生死初後際라 唯有二句니라 問이라 初際無始는 聖教所明이오 生死有終이 豈非正理오 答이라 略有三義하니 一, 約一人에 則可云終이오 通望一切에 則無終極이니라 二, 以彼定執하야 長邪見故로 亦不應答이니 謂若許有終하면 必有始故라 常法은 無始며 亦無終故니라 三, 約法性에 皆不可說이니 故로 中論에 云, 大聖之所說은 本際不可得이라 生死無有始며 亦復無有終이니라 若無有始終인대 中當云何有리오 是故로 於此中에 先後共亦無라하니 旣言本際不可得하나니 亦不應定謂無始無終이어니 況有始終之見耶아 又有偈에 云, 眞法과 及說者와 聽者難得故니 是故로 則生死가 非有邊無邊이라하니라

⑤ 생사의 처음과 끝을 잡아서 밝힘이다. 오직 두 구절만 있다. 묻는다. '처음에 시작이 없음은 성인의 가르침에서 밝힌 내용이요, 생사가 끝이 있음은 어찌 바른 이치가 아니겠는가?' 답한다. '간략히 세 가지 뜻이 있으니 (1) 한 사람을 잡으면 끝이라 해야 할 것이요, 전체적으로 모두를 바라보면 마지막 끝이 없는 것이다. (2) 저 고정된 집착으로 인해 삿된 소견을 기르는 연고로 또한 응하여 답하지 않은 것이다. 이른바 만일 끝이 있음을 허용하면 반드시 시작이 있어야 한다. 항상한 법은 시작이 없으며 또한 끝도 없기 때문이다. (3) 법의 체성을 잡으면 모두 말할 수 없는 것이다. 그러므로 『중론』에 이르되, "대성(大聖)께서 말씀하신 바 본제(本際)를 얻을 수 없다 하심은 생사에 시초가 없고 마지막도 없다는 뜻이리. 만일에 처음과 마지막이 없다면 중간이 어떻게 있을 수 있으랴! 그러므로 여기에는 처음과 마지막

이 모두 없다네"라고 하였으니 이미 '본제를 얻을 수 없다'고 하였다. 또한 응당히 결정적으로 시작도 없고 끝도 없다고 하지 않았는데, 하물며 처음과 끝이란 소견이 있겠는가? 또한 『중론』의 게송에 이르되, "참된 법과 말하는 이와 듣는 이를 얻을 수 없나니 그러므로 생사는 끝 있음도 끝없음도 아니다"라고 하였다.

[鈔] 謂若許有終必有始故는 亦如初地니라 中論云大聖之所說等은 卽本際品偈라 此中에 初偈는 引教立理하야 顯無始終이오 次二句는 仍上遣中이니 以無始終可待對故라 後兩句는 遣其先後라 略有三義하니 謂應有問言호대 生死二法이 爲先生後死아 爲先死後生가 爲生死一時아 一時를 名共이니 今且總非라 下有偈出非所以云호대 若使先有生하고 後有老死者인대 不老死有生이오 生不有老死며 若先有老死하고 而後有生者인대 是則爲無因이니 不生有老死라하니라 釋曰, 前偈는 破先生後死에 生必因死라 今先有生하야 則不因老死而有일새 故云不老死有生이니 則亦令生無有老死코 先獨生故라 後偈는 破先死後生에 生是死因이라 今死在前하니 則爲無因矣라 次破一時偈에 云, 生及於老死가 不得一時共이라 生時에 卽有死니 是二俱無因이라하니라 釋曰, 以生不因死며 死不因生故라 後結法空云호대 若使初後共인대 是皆不然者니 何故而戲論하야 謂有生老死리오하니라 旣言本際下는 疏釋論이니 正爲證有始終之邪見故라 又有偈云은 此卽邪見品이니 破[165]有邊等偈後라 前已引竟하니라

● '이른바 만일 끝이 있음을 허용하면 반드시 시작이 있어야 한다'고 함은 또한 초지의 내용과 같다. '중론에 이르되, 대성의 설한 바라 말

---

165) 破는 甲續金本作彼誤.

한' 등은 본제품의 게송이다. 이 가운데 첫 게송은 교법에서 세운 이치를 인용하여 시작과 끝이 없음을 밝힌 부분이다. 다음 두 구절[若無有始終 中當云何有]은 위의 중간을 보냄을 인하였으니 시작과 끝으로 상대를 기다릴 수 없기 때문이다. 뒤의 두 구절[是故於此中 先後共亦無]은 그 앞과 뒤를 보낸 내용이다. 대략 세 가지 뜻이 있으니 이른바 응당히 어떤 이가 묻기를, '나고 죽는 두 법이 생이 먼저인가? 사가 뒤인가? 사가 먼저이고 생이 뒤인가? 생과 사가 일시인가? 일시를 함께라 하였으니 지금은 우선 총합하여 부정함이다. 아래에 게송으로 부정한 이유를 내보여 말하되, "만일 처음에 남이 있다가 나중에 늙고 죽음 있다고 하면 늙고 죽지 않고서 남이 있으며 나지 않고 늙고 죽음 있어야 한다. 만일에 처음에 늙고 죽음 있다가 나중에 태어남이 있다고 하면 이것은 원인 없음[無因] 이루는 것이니 나지 않고 늙고 죽음 있어야 한다"라고 하였다. 해석한다면 앞의 게송은 생이 먼저고 사가 뒤임을 타파할 적에 태어나면 반드시 죽음을 말미암는다. 지금은 먼저 생이 있어서 늙고 죽음을 인하여 있음이 아니므로 '늙고 죽지 않고 생이 있으니 또한 생으로 하여금 늙고 죽음이 없고 먼저 홀로 태어난 까닭이다.' 뒤 게송[若先有老死]은 사가 먼저이고 생이 뒤임을 타파할 적에 생은 사의 원인이 된다. 지금은 사가 앞에 있으니 '원인 없음'이 되었다. 다음에 생과 사가 일시(一時)임을 타파하는『중론』게송에 이르되, "남과 늙음, 죽음이 동시에 있을 수 없나니 날 때에 죽음이 있는 것이어서 이 두 가지는 원인이 없다." 해석한다면 생은 사를 원인하지 않으며 사는 생을 원인하지 않는 까닭이다. 뒤에서 법이 공함으로 결론해 말하되, "처음과 마지막이 함께하는 것 모두가 옳지 않다 말하노라면 무슨 까닭에 희론을 일으키어 남과 늙고 죽음이 있다 하리"라고 하였다. 旣言本際 아래는 소가가 논문을 해석함이니 바로 시작과 끝이 있다는 삿된 소견을 인증하기 위함이다. 또 게송이 있으니 이것은 관사견품이니 끝이 있다는 등 뒷부분을 타파한 게송이다. 앞에서 이미 인용하여 마쳤다.

⑭ 위의 의미를 총합 결론하다[總結上意] (上諸 73上4)

[疏] 上諸邪見이 多是外道며 亦參小乘이라 菩薩은 善知하나니 則問答無滯라 便擧破者는 令自他로 造中故也니라
■ 위의 여러 삿된 소견이 대부분 외도이며 또한 소승법도 섞여 있다. 보살은 잘 아나니 질문과 대답에 지체함이 없다. 타파함을 문득 거론한 것은 자신과 다른 이로 하여금 가운데로 나아간 까닭이다.

[鈔] 上諸邪見下는 總結上意라 言菩薩善知問答者는 具四種答하니 一, 正是置答이오 二, 如說生死가 無有始終은 是一向答이오 三, 如云衆生器界五種不同은 是分別答이오 四, 若有問云호대 世尊이 約何法說我며 何法說衆生고하면 應答言호대 約假名說我며 約因緣說衆生은 是名隨問答이라 若通前七하야 以辨多聞하면 問答을 居然可知라 餘可思準이니라
● ⑭ 上諸邪見 아래는 위의 의미를 총합하여 결론함이다. '보살은 잘 아나니 질문과 대답'을 말한 것은 네 가지 대답을 구비하나니, (1) '내버려 두는 대답'이요, (2) 마치 생과 사가 시작과 끝이 없음을 말함과 같은 것은 '한결같은 대답'이요, (3) 마치 중생과 기세간이 다섯 가지 같지 않음을 말함과 같은 것은 '분별하여 대답함'이요, (4)

만일 어떤 이가 묻기를 '세존이 어떤 법을 잡아 〈나〉를 말하였으며, 어떤 법으로 중생을 말하였는가?'라고 하면 응하여 답하기를 '가짜 이름을 잡아 〈나〉를 말하였고, 인연을 잡아서 중생을 말한 것도 '질문에 따른 대답'이라 이름한다. 만일 앞의 일곱 가지와 통틀어 다문의 장을 밝힌다면 질문과 대답이 편안하게 알 수 있으리라. 나머지는 여기에 준하여 생각할 수 있다.

(c) 무기법이란 명칭을 결론하다[結名] (經/是名 73下2)

是名無記法이니라
이것을 이름하여 기록함이 없는 법이라 하느니라."

ㄴ. 다문의 의미를 밝히다[顯多聞之意] (第二 23下7)

菩薩摩訶薩이 作如是念하되 一切衆生이 於生死中에 無有多聞하여 不能了知此一切法하나니 我當發意하여 持多聞藏하여 證阿耨多羅三藐三菩提하고 爲諸衆生하여 說眞實法이라하나니
"보살마하살이 이러한 생각을 하되 '일체 중생이 생사 가운데서 많이 듣지 못해서 이 모든 법을 잘 알지 못하나니 내가 마땅히 뜻을 내어 많이 듣는 장을 가져서 아뇩다라삼약삼보디를 증득하고 모든 중생들을 위해서 진실한 법을 설하리라' 하나니

[疏] 第二, 菩薩下는 顯多聞之意니 謂悲物無聞하야 長淪生死故로 誓持 聞藏하야 自證利他니라

- ㄴ. 菩薩 아래는 다문의 의미를 밝힘이다. 이른바 중생에게 자비를 베풀되 들음이 없어서 오랫동안 생사에 빠진 연고로 다문의 장을 지녀서 스스로 이타행을 증득하기를 서원하였다.

다) 다문의 장이란 명칭을 결론하다[結名] (是名 23下5)

是名菩薩摩訶薩의 第五多聞藏이니라
이것이 이름이 보살마하살의 제5 다문의 장이니라."

大方廣佛華嚴經疏鈔 제21권의 ② 騰字卷

제22. 열가지 무진장을 설하는 품[十無盡藏品] ②

바. 보시의 장[施藏] 3.

가) 이름을 묻다[徵名] (第六 1上6)
나) 보시의 모양을 해석하다[釋相] 2.
(가) 열 가지 가름으로 표방하여 나열하다[標列十章] (釋相)

佛子여 何等이 爲菩薩摩訶薩의 施藏고 此菩薩이 行十種施하나니 所謂分減施와 竭盡施와 內施와 外施와 內外施와 一切施와 過去施와 未來施와 現在施와 究竟施니라
"불자여, 무엇이 보살마하살의 보시의 장인가? 이 보살이 열 가지 보시를 행하나니 이른바 분감시와 갈진시와 내시와 외시와 내외시와 일체시와 과거시와 미래시와 현재시와 구경시니라."

[疏] 第六, 施藏이라 文三은 同前하니라 釋相中에 二니 第一, 標列十章이라
■ 바. 보시의 장이다. 경문에 셋이니 앞과 같다. 나) 모양을 해석함 중에 둘이니 (가) 열 가지 가름으로 표방하여 나열함이다.

(나) 가름에 의지해 따와서 해석하다[依章牒釋] 10.

ㄱ. 분감하는 보시[分減施] 3.

ㄱ) 표방하다[標] (第二 1下1)
ㄴ) 해석하다[釋] (第一)
ㄷ) 결론하다[結] (經/是名)

佛子여 云何爲菩薩의 分減施오 此菩薩이 稟性仁慈하여 好行惠施라 若得美味하면 不專自受하고 要與衆生然後에 方食하며 凡所受物도 悉亦如是니라 若自食時엔 作是念言하되 我身中에 有八萬戶蟲이 依於我住하여 我身充樂하면 彼亦充樂하고 我身飢苦하면 彼亦飢苦하나니 我今受此所有飮食을 願令衆生으로 普得充飽하여 爲施彼故로 而自食之요 不貪其味라하며 復作是念하되 我於長夜에 愛着其身하여 欲令充飽하여 而受飮食일새 今以此食으로 惠施衆生하여 願我於身에 永斷貪着이라하나니 是名分減施니라

"불자여, 무엇을 보살의 분감하는 보시라 하는가? 이 보살이 성품이 인자해서 보시하기를 좋아하며 만약 맛있는 음식이 있으면 오로지 스스로 먹지 아니하고 중생에게 준 뒤에 바야흐로 먹으며 무릇 남에게 받은 물건도 다 모두 그렇게 하느니라. 만약 스스로 먹을 때에는 이러한 생각을 하되 '나의 몸 가운데에 팔만의 벌레가 나를 의지해서 머무나니 내 몸이 충족해서 즐거우면 저희들도 또한 충족해서 즐거워하고 나의 몸이 굶주리고 괴로우면 저희들도 또한 굶주

리고 괴로워하나니 내가 지금 받은 이 음식을 원컨대 중생들에게 널리 충족하고 배부르게 해서 저희들에게 베풀기를 원하는고로 스스로 먹으며 그 맛을 탐하는 것은 아니다' 하며 또 이러한 생각을 하되 '내가 긴 밤에 그 몸을 애착해서 배를 불리려고 음식을 받았으니 이제 이 음식으로 중생들에게 베풀어서 나의 몸에는 길이 탐욕과 애착을 끊으리라' 하나니 이것이 이름이 분감하는 보시니라."

[疏] 第二, 佛子下는 依章牒釋이라 釋中에 十段이 一一各三이니 謂標와 釋과 結이라 然此十施에 前六은 事捨니 謂身命財오 次三은 心捨니 謂不取着이오 後一은 俱捨니 名爲究竟이니라 第一, 分減施라 釋中에 三이니 初, 明分減之相이오 二, 若自食下는 明施善巧니 外無施境하고 而不捨施心이라 三, 復作下는 對治施障이라

- (나) 佛子 아래는 가름에 의지해 따와서 해석함이다. 나) 모양을 해석함 중에 열 개의 문단이 하나하나가 각기 셋이니, 이른바 ㄱ) 표방함과 ㄴ) 해석함과 ㄷ) 결론함이다. 그런데 이런 열 가지 보시에서 앞의 여섯 가지는 현상을 버려 보시함이니 이른바 몸과 목숨과 재물이다. 다음의 세 가지는 마음으로 버려 보시함이니 취착하지 않는 마음이다. 뒤의 하나는 모두 버려 보시함이니 이름하여 '마지막까지 보시함'이다. ㄱ. 분감하는 보시이다. ㄴ) 해석함 중에 셋이니 (ㄱ) 분감하는 모양을 설명함이요, (ㄴ) 若自食 아래는 보시의 뛰어남을 설명함이니, 밖으로 보시하는 경계가 없고 안으로 보시하는 마음을 버리지 않는다. (ㄷ) 復作 아래는 보시의 장애를 다스림이다.

ㄴ. 갈진하는 보시[竭盡施] 3.
ㄱ) 표방하다[標] (第二 2上5)

云何爲菩薩의 竭盡施오
"무엇이 보살의 갈진하는 보시인가?

[疏] 第二, 竭盡施者는 不顧活命하고 傾竭所有也라 然施心이 須成에 施行을 須量이니 若彼爲成大利하면 則身命無吝이오 若彼但爲貪求無厭하며 或惡心으로 欲行大害하면 應以方便으로 勿成人惡이니 如月光王이 施頭與怨에 奪萬姓之歡[166]하고 施二人之死하며 怨王은 喜死하고 乞者는 恨死하니 雖有賢行이나 未全可準이니라 今言竭盡者는 以彰菩薩의 施心이 已成에 有應施境에 終無吝也라 內施內外는 準此可知니라 若不爾者인댄 菩薩이 能雨七珍하야 充足一切어니 何不施耶아 亦見衆生의 所不宜故니라

■ ㄴ. 갈진하는 보시란 '산 목숨을 돌아보지 않고 가진 재물을 기울여 다한다'는 뜻이다. 그러나 보시하는 마음이 구하여 이룸에 보시행을 구하고 헤아리나니, 만일 저가 큰 이익을 이루려면 몸과 목숨이 아낄 것이 없고, 만일 저가 단지 탐내고 구하여 싫어하지 않으며, 혹은 악한 마음으로 큰 피해를 행하면 응당히 방편으로 사람이 악하게 되지 않게 하나니, 마치 월광왕이 머리를 보시하여 원수에게 줄 적에 만 가지 성씨의 기쁨을 빼앗고, 두 사람의 죽음을 보시하며, 원수의 왕은 죽음을 기뻐하고, 구걸하던 바라문은 죽음을 한탄하니, 비록 현명한 행이 있었지만 온전하게 준거할 수 없다. 지금에 '모두 고갈한다'고

---

166) 歡은 南續金本作安.

말한 것은 보살의 보시하는 마음이 성취됨을 밝힐 적에 응하여 보시하는 경계에 마침내 아낌이 없었다. 안으로 보시함의 안과 밖은 여기에 준하면 알 수 있으리라. 만일 그렇지 않는다면 보살이 일곱 가지 진보를 비 내려 모두를 충족시킬 텐데 어찌 보시하지 않겠는가? 또한 중생이 마땅하지 않음을 보았기 때문이다.

[鈔] 如月光王等者는 卽賢愚經第五卷에 說月光王施頭하니 二十八經中이라 因說如來가 受波旬請하시고 却後三月에 當般涅槃이라하야시늘 舍利弗聞하고 便白世尊호대 不忍見佛入般涅槃이니 當先涅槃이니다 佛便許之하시니라 涅槃訖이어늘 佛告阿難하시되 舍利弗은 非但今日에 不忍見我入般涅槃하야 先取滅度라 昔亦如是니라 阿難이 請佛爲說其事한대 佛便廣引하시니라 經文浩博하니 今略意引호리라 佛告阿難하시되 過去久遠無量無數不可思議阿僧祇劫에 此閻浮提에 有一國王하니 名旃陀婆羅脾라晉言月光 統閻浮提八萬四千國하니 第一夫人은 名須摩檀이오晉言花施 一萬大臣에 其第一者는 名摩訶旃陀오晉言大月 有五百太子하니 大者曰尸羅跋陀라晉言戒賢 王所住城은 名跋陀耆婆라晉言賢壽 廣說莊嚴하니라 王思善因하야 廣行大施할새 告令國內하야 悉令大捨하니라 時邊遠에 有一小國王하니 名曰毘摩斯那라 心生嫉妬하야 廣詔外人하야 乞取王頭어늘 無肯從者라 後復廣詔云호대 得月光王頭하면 分國半治하고 以女妻之하리라 有波羅門하니 名勞度叉라 應詔乞頭하니라 月光王國에 先有變怪하고 大月大臣도 復得惡夢이러니 城神遮之하야 不令得入이라 時에 首陀天이 託夢令知할새 月光睡覺하야 詔令見已한대 大月大臣이 思以五百七寶頭[167]

---

167) 頭는 甲南續金本作贖頭.

로 換之不得하고 心裂七分하야 死於王前하니라 王許其頭를 却後七日하고 而徧告國內한대 國內皆至하야 擗地請留호대 王不受之하고 言我計死컨대 所經地獄에 一日之中에 捨身無數호대 竟無所益호니 今日施頭하야 持是功德하야 誓求佛道하야 當度汝等이니라 言訖에 入園하야 繫髮於[168]樹한대 樹神이 以手搏波羅門이어늘 王語樹神호대 我於此樹下에 已捨九百九十九頭라 今當滿千호리니 汝莫遮我無上大道하라 樹神依之어늘 波羅門이 斬下王頭하니 地六震動이오 施頭之聲이 聲徧天下라 時에 毘摩羨王이 聞此語已하고 喜踊驚愕하야 心擗裂死하니라 時波羅門이 嫌頭腥臭하야 擲地脚踏[169]이어늘 人又訶之하니라 廻來在道에 無施給者하야 飢餓萎悴러니 聞毘摩羨王이 已復命終하고 懊惱[170]憤憤하야 心裂七分하야 吐血而死하니라 王及波羅門은 墮阿鼻地獄하고 其餘人民이 感激死者는 皆得生天하니라 月光王者는 我身是也오 毘摩羨王은 波旬是也오 勞度叉者는 調達是也오 其樹神者는 目連是也오 大月大臣者는 舍利弗是라하니라 釋曰, 此卽世尊本行이니 故云賢行이라 此明世尊이 無不能捨니 則合施心須成이라 恐無巧慧하야 不善籌量일새 故云未全可準이니라 奪萬姓之歡[171]과 施二人之死는 向引에 已具니라 若不爾下는 成上須量之義라 菩薩이 能施而不施者는 明是不宜가 卽善量也니라

● '마치 월광왕과 같다'는 등은 곧 『현우경(賢愚經)』 제5권에 월광왕이 머리를 보시함에 대해 설하였으니 본경 제28권 중에 있다. (찾아보니 제27권 십회향품.) "여래께서 파순의 청을 받으심으로 인하여 지금부터 석

---

168) 上三字는 經甲南續金本作以髮繫.
169) 踏은 經南續本作蹋 金本作跟.
170) 惱는 續金本作懊.
171) 歡은 南續金本作安.

달 후에 열반에 들리라" 하고 말씀하셨는데, 사리불이 (그 말씀을) 듣고 문득 세존께 사뢰어 말하되 "부처님이 열반에 드시는 모습을 차마 볼 수가 없어서 먼저 열반하겠습니다" 하니 부처님이 문득 허락하셨다. (사리불의) 열반을 마치고 부처님께서 아난에게 고하시되, "사리불은 금일에만 내가 열반에 드는 것을 볼 수 없어서 먼저 열반에 든 것이 아니다. 예전에도 그러했다" 하시니 아난이 부처님께 청하여 그 사연을 말씀해 주시라고 하였는데 부처님이 문득 널리 인용하셨다. 경문이 넓고 많으니 지금은 간략히 뜻으로 인용하겠다. 부처님이 아난에게 고하시되, "과거 오랜 옛날 헤아릴 수 없고 셀 수 없는 불가사의 한 아승지겁에 이 염부제에 한 국왕이 있었으니 이름이 전타바라비(旃陀婆羅脾, 진역으로 月光)라 염부제의 8만4천 나라를 다스렸으니 첫째 부인은 이름이 수마단(須摩檀, 진역으로 꽃보시[花施])이요, 1만 대신 중에 첫째는 이름이 마하전타(摩訶旃陀, 진역으로 大月)요, 오백 명의 왕자가 있으니 장자는 시라발타(尸羅跋陀, 진역으로 戒賢)라, 왕이 거처하는 성은 이름이 발타기바(跋陀耆婆, 진역으로 賢壽)라 널리 장엄을 말하였다. 왕이 좋은 인연을 생각하여 널리 큰 보시를 행하려고 나라 안에 영을 내려 '크게 희사하게 하라'고 하였다. 그때에 변방의 먼 곳에 한 작은 나라 왕이 있으니 이름이 비마사나(毘摩斯那)라 하였다. 마음에 질투를 내어 널리 외부 사람들에게 조칙을 내려 왕의 머리를 가져오게 하였는데, 아무도 명을 따르는 이가 없었다. 뒤에 다시 널리 조칙을 내려 말하되, '월광왕의 머리를 얻으면 나라를 반으로 나누어 다스리게 하고, 여인으로 부인을 삼겠다" 하였다. 바라문이 있으니 이름이 노도차(勞度叉)라 조칙에 응하여 '머리를 구걸해 오겠다'고 하였다. 월광왕의 나라에 먼저 변괴가 있었고 대월(大月) 대신도 다시 악몽을 꾸었더니 성의 귀신이 막아서 들어오지 못하게 하였다. 그때 수타천(首陀天)이 꿈에 의탁하여 알게 하니 월광왕이 깨어나서 조칙 내린 영을 보았는데 대월(大月) 대신이 507개의 보배로 머리를 만들어 바꾸려 하였지만 하지 못하고 심장이 일곱 부분으로 찢어져 왕의 앞에서 죽었다. 왕이 7일 뒤에 그 머리를 주겠다고 허락하며 나라 안에 두루 알렸다. 나라 안에서 모두가 와서 땅을 치며 머물기를 청하였는데 왕이 허락하지 않고 말하되, "내가 죽었다고 계탁하였는데 지나온 지옥에서 하루 중에 버린 몸이 헤아릴 수 없었는데, 마침내 이익이 없더니 금일에 머리를 보시하여 이런 공덕을 가져서 불도를 구하려 맹서하여 마땅히 너희들을 제도하리라." 말을 마치고 동산에 들어가 나무에 머리카락을 매달았는데, 나무귀신이 손으로 바라문을 잡았거늘 왕이 나무귀신에게 말하되 "내가 이 나무 아래에서 이미 999개의 머리를 버렸다. 지금 응당히 천 개를 채울 테니 네가 나의 무상대도 얻음을 막지 말라." 나무귀신이 의지하거늘 바라문이 왕의 머리를 베니 땅이 여섯 종류로 진동하고 머리를 보시하는 소리가 천하에 가득하였다. 그때 비마선(毘摩羨)왕이 이런 말씀을 듣고 나서 환희용약하고 놀라서 심장이 찢어져 죽었다. 그때 바라문이 머리에서 나는 누린 냄새를 싫어하여 땅에 던지고 밟으니 사람들이 또한 꾸짖었다. 돌아와서 길에서 보시하는 이가 없어서 굶주려 초췌하더니 비마선왕이 먹고 나서 목숨이 끊어짐을 듣고 괴로워 성을 내더니 심장이 일곱으로 찢어져서 피를 토하고 죽었다. 왕과 바라문은 아비지옥에 떨어지고 그 나머지 사람들이 감격하여 죽은 이는 모두 천상에 태어났다. 월광왕은 내 몸이요, 비마선왕은 파순이다. 노도차는 제바달다요, 그 나무귀신은 목건련이요, 대월(大月) 대신은 사리불이다. 해석한다면 이것은 세존의 '보살행 시절 행[本行]'이므로 '현명한 행'이라 말하였다. 이 것은 세존이 능히 버리지 못함이 없나니 보시하는 마음이 이루어짐과 합한다. 교묘한 지혜가 없어서 잘 헤아리지 못함을 두려워하는 연고 로 '온전히 준거하지 못한다'고 한 것이다. 만 가지 성씨의 기쁨을 빼 앗음과 두 사람의 죽음을 보시하는 것은 회향을 인용할 적에 이미 구 비하였다. 若不爾 아래는 위의 구하고 헤아리는 뜻을 이루었다. 보 살이 능히 보시하고 보시하지 못하는 것은 마땅하지 않음이 곧 잘 헤아림인 것을 밝혔다.

ㄴ) 해석하다[釋] (二釋 4下7)
ㄷ) 결론하다[結] (經/是名)

佛子여 此菩薩이 得種種上味飮食과 香華衣服資生之具 하여 若自以受用하면 則安樂延年이요 若輟己施人하면 則窮苦夭命이라도 時或有人이 來作是言하되 汝今所有 를 悉當與我하라하면 菩薩이 自念하되 我無始已來로 以 飢餓故로 喪身無數하되 未曾得有如毫末許도 饒益衆生 하여 而獲善利니 今我亦當同於往昔하여 而捨其命이라 是故로 應爲饒益衆生하여 隨其所有하여 一切皆捨하며 乃至盡命하여도 亦無所悋이라하나니 是名竭盡施니라
불자여, 이 보살이 갖가지 맛 좋은 음식과 향이나 꽃이나 의 복이나 생활을 돕는 물건을 얻었을 때에 만약 스스로 받았 으면 안락하여 오래 살 것이요, 만약 다른 사람에게 나누어 주면 곤궁하고 고통스러워 빨리 죽게 될지라도 그때에 혹

어떤 사람이 와서 이러한 말을 하되 '그대는 지금 가진 것을 모두 나에게 달라' 한다면 보살이 스스로 생각하되 '내가 오랜 옛적부터 주린 연고로 몸을 버린 것이 그 수가 없었으나 일찍이 터럭 끝만큼도 중생에게 이익을 주어 좋은 이익을 얻은 적이 없었으니 지금 내가 또한 마땅히 지난 옛적과 같이 목숨을 버리게 되리라. 그러므로 마땅히 중생을 이익케 하기 위해서 그 가진 것을 모두 다 주며 내지 목숨이 다하더라도 아끼는 바가 없으리라' 하나니 이것이 이름이 갈진시라 하느니라."

[疏] 二, 釋相中에 三이니 初, 明難施之物이오 二, 時或¹⁷²⁾下는 乞境現前이오 三, 菩薩自念下는 正修施行이라 下之四施에 皆有此三이니라

■ ㄴ) 모양을 해석함 중에 셋이니 (ㄱ) 보시하기 어려운 물건을 밝힘이요, (ㄴ) 時或 아래는 구걸할 경계가 나타남이요, (ㄷ) 菩薩自念 아래는 보시행을 바로 닦음이다. 아래 네 가지 보시에도 모두 여기의 셋이 있다.

ㄷ. 내적인 보시[內施] 3.

ㄱ) 표방하다[標] (第三 4下10)
ㄴ) 해석하다[釋] (熒者)
ㄷ) 결론하다[結] (經/是 名)

---

172) 時或은 原南續金本作或時 玆從經文及科文改正.

云何爲菩薩의 內施오 佛子여 此菩薩이 年方少盛에 端正美好하며 香華衣服으로 以嚴其身하고 始受灌頂轉輪王位하여 七寶具足하여 王四天下어든 時或有人이 來白王言하되 大王아 當知하라 我今衰老하여 身嬰重疾하고 煢獨羸頓하여 死將不久어니와 若得王身의 手足血肉과 頭目骨髓인댄 我之身命이 必冀存活이로소니 唯願大王은 莫更籌量하여 有所顧惜하고 但見慈念하여 以施於我하라하면 爾時菩薩이 作是念言하되 今我此身이 後必當死라 無一利益이니 宜時疾捨하여 以濟衆生이라하고 念已施之하여 心無所悔하나니 是名內施니라

"무엇이 보살의 내적인 보시인가? 불자여, 이 보살이 나이가 한창 젊어서 단정하고 아름다우며 향과 꽃과 의복으로 그 몸을 꾸미고 비로소 관정하고 전륜왕의 지위에 올라 칠보가 구족하고 사천하를 다스릴 때에 그때 혹 어떤 사람이 와서 왕에게 말하기를 '대왕이여, 마땅히 알라. 나는 지금 노쇠하여 몸에 무거운 병이 들었으며 외롭고 여위고 지쳐서 곧 죽게 되거니와 만약 대왕의 몸에서 손발과 피와 살과 머리와 눈과 골수를 얻는다면 나의 목숨은 반드시 다시 살아나리니 오직 원하노니 대왕은 더 생각하거나 돌아보거나 아끼지 마시고 다만 자비한 마음으로 나에게 보시하소서' 하면 그때에 보살이 이러한 생각을 하되 '지금 나의 이 몸이 뒤에는 반드시 죽으리라. 하나도 이익함이 없으리니 마땅한 때에 빨리 보시해서 중생을 구제하리라' 생각하고 나서 그에게 베풀어서 마음에 후회함이 없나니 이것이 이름을 내

적인 보시라 하느니라."

[疏] 第三, 內施니 謂內身也라 煢者는 單也라 玉篇에 云, 無兄曰煢이오 無子曰獨이라 頓者는 損也오 冀者는 望也[173]라

- ㄷ) 내적인 보시이니, 내적인 몸을 말한다. '외로움'은 '홀로'라는 뜻이다. 『옥편(玉篇)』에 이르되, "형제가 없음을 경(煢)이라 하고, 자식이 없음을 독(獨)이라 한다. 돈(頓)은 '부서짐'의 뜻이요, 기(冀)는 '바란다'는 뜻이다.

ㄹ. 외적인 보시[外施] (第四 5下8)

云何爲菩薩의 外施오 佛子여 此菩薩이 年盛色美하여 衆相具足하며 名華上服으로 而以嚴身하고 始受灌頂轉輪王位하여 七寶具足하여 王四天下어든 時或有人이 來白王言하되 我今貧寠하여 衆苦逼迫이로소니 惟願仁慈는 特垂矜念하사 捨此王位하여 以贍於我하소서 我當統領하여 受王福樂이라하면 爾時菩薩이 作是念言하되 一切榮盛이 必當衰歇이라 於衰歇時엔 不能復更饒益衆生이니 我今宜應隨彼所求하여 充滿其意라하고 作是念已하고 卽便施之하여 而無所悔하나니 是名外施니라

"무엇을 보살의 외적인 보시라 하는가? 불자들이여, 이 보살이 나이 젊고 용모가 단정하여 여러 몸매가 구족하였으며, 훌륭한 꽃과 좋은 의복으로 몸을 장엄하고 처음으로 관

---

173) 此下에 續金本有三是名下結名. 煢 외로울 경.

정하여 전륜왕이 되어 칠보가 구족하고 사천하를 통치할 적에, 어떤 사람이 와서 말하기를 '나는 지금 곤궁하고 여러 가지 고통이 핍박하오니, 바라건대 인자하신 분께서는 생각으로 불쌍히 여기사 이 왕의 자리를 나에게 주시면, 내가 이 천하를 거느리고 임금의 복락을 받겠나이다' 한다면, 이때 보살이 생각하되 '모든 영화는 반드시 쇠하는 것이요, 쇠하게 되면 다시는 중생에게 이익 줄 수 없나니, 이제 마땅히 저의 요구를 따라서 그 뜻을 만족케 하리라' 이렇게 생각하고 곧 보시하여 주고 뉘우치는 마음이 없으면, 이것을 외적인 보시라 하느니라."

[疏] 第四, 外施니 卽王位也라 窶者는 無財備禮也라
■ ㄹ. 외적인 보시이니 곧 왕위를 보시함이다. 가난함[窶]이란 재물 없이 예를 갖춤을 말한다.

ㅁ. 안팎 보시[內外施] (第五 6上6)

云何爲菩薩의 內外施오 佛子여 此菩薩이 如上所說하여 處輪王位하여 七寶具足하여 王四天下어든 時或有人이 而來白言하되 此轉輪位에 王處已久나 我未曾得이로소니 唯願大王은 捨之與我하시며 幷及王身이 爲我臣僕하라 하면 爾時菩薩이 作是念言하되 我身財寶와 及以王位가 悉是無常敗壞之法이어늘 我今盛壯에 富有天下하니 乞者가 現前에 當以不堅으로 而求堅法이라하고 作是念已

하고 卽便施之하며 乃至以身으로 恭勤作役하되 心無所
悔하나니 是名內外施니라

"무엇을 보살의 안팎 보시라 하는가? 불자들이여, 이 보살
이 위에 말한 것처럼 전륜왕의 자리에 있어 칠보가 구족하
고 사천하에 왕이 되었을 적에, 어떤 사람이 와서 말하기를
'대왕은 오래전부터 전륜왕이 되었거니와, 나는 한 번도 이
자리를 얻지 못하였사오니, 바라건대 대왕께서 그 자리를
나에게 주시고, 왕의 몸으로는 나의 신하가 되소서' 한다면,
그때 보살이 생각하기를 '나의 몸이나 재물이나 왕의 지위
는 모두 무상한 것이어서 필경에는 망그러지는 것이다. 나
는 지금 건장하고 천하를 가졌는데, 달라는 이가 앞에 나타
났으니, 마땅히 견고하지 못한 것을 버리어 견고한 법을 구
하리라.' 이렇게 생각하고는 곧 보시하여 주고, 내지 몸으로
는 공순히 섬기되 뉘우치는 마음이 없나니, 이것을 안팎 보
시라 하느니라."

[疏] 第五, 內外施者는 王位爲外요 兼臣作役은 爲內也라

■ ㅁ. 안팎 보시란 '왕의 자리'는 바깥이요, 겸하여 신하로서 일함은 안
이 된다.

ㅂ. 일체 보시[一切施] (第六 6下6)

云何爲菩薩의 一切施오 佛子여 此菩薩도 亦如上說하여
處輪王位하여 七寶具足하여 王四天下어든 時有無量貧

窮之人이 來詣其前하여 而作是言하되 大王名稱이 周聞十方하여 我等이 欽風일새 故來至此라 吾曹가 今者에 各有所求로소니 願普垂慈하사 令得滿足케하라하고 時諸貧人이 從彼大王하여 或乞國王하며 或乞妻子하며 或乞手足과 血肉心肺와 頭目髓腦하면 菩薩이 是時에 心作是念하되 一切恩愛가 會當別離하여 而於衆生에 無所饒益이니 我今爲欲永捨貪愛하여 以此一切必離散物로 滿衆生願이라하고 作是念已하고 悉皆施與하되 心無悔恨하며 亦不於衆生에 而生厭賤하나니 是名一切施니라

"무엇을 보살의 일체 보시라 하는가? 불자들이여, 이 보살이 위에 말한 것과 같이 전륜왕의 지위에 있으면서 칠보가 구족하고 사천하에 왕이 되었을 적에, 한량없는 가난한 사람들이 그 앞에 와서 말하기를 '대왕의 거룩한 소문이 시방에 퍼졌사올새 저희들이 덕화를 우러러 왔나이다. 저희들은 제각기 구함이 있사오니 자비를 드리우사 소원을 만족케 하소서' 하면서, 혹은 국토를 달라 하고, 혹은 처자를 달라 하고, 혹은 수족과 혈육과 염통, 허파, 머리, 눈, 골수들을 요구한다면, 이때 보살은 이렇게 생각하였다. '모든 은혜와 애정은 떠나고야 마는 것이고, 중생에 아무 이익도 주지 못하는 것 아닌가. 나는 이제 탐욕과 애정을 영원히 버리고, 서로 이별하고야 말 온갖 것으로써 중생의 소원을 채워 주리라' 하고, 모든 것을 베풀어 주고 뉘우치는 마음도 없고, 중생에게 염증을 내지도 아니하나니, 이것을 일체 보시라 하느니라."

[疏] 第六, 一切施者는 凡所有物也라 此與竭盡과 及內外施와 異者는 竭盡은 揀異分減이니 但約資生이오 內外는 合前二門하야 定言作役王位어니와 今云一切는 通前諸門이라 又是事捨之終일새 故總該收하야 擧難攝易하야 略列數條어니와 廣則無邊이니 如第六廻向에 所辨하니라

ㅂ. 일체 보시란 가진 바 모든 물건을 보시함이다. 여기서 '갈진하는 보시와 안팎 보시와 다르다'는 것은 갈진시는 분감시와 구분함이니 단지 생활도구를 잡았고, 안팎 보시는 앞의 두 문과 합하여 '왕의 지위로 일을 한다'고 결정하여 말하였지만 지금 '일체'라 말한 것은 앞의 여러 문과 통한다. 또한 이것은 일을 버리는 끝이므로 총합하여 다 거두어서 어려움을 들어서 쉬운 것을 섭수하여 간략히는 여러 가지를 나열하였지만 자세하게는 끝이 없으니, 마치 제6 회향에서 밝힌 내용과 같다.

ㅅ. 과거 보시[過去施] (第七 7上7)

云何爲菩薩의 過去施오 此菩薩이 聞過去諸佛菩薩의 所有功德하고 聞已不着하여 了達非有하여 不起分別하며 不貪不味하며 亦不求取하며 無所依倚하나니 見法如夢하여 無有堅固하며 於諸善根에 不起有想하며 亦無所倚하고 但爲敎化取着衆生하여 成熟佛法하여 而爲演說이니라 又復觀察하되 過去諸法을 十方推求하여도 都不可得이라하여 作是念已하고 於過去法에 畢竟皆捨하나니 是名過去施니라

"무엇을 보살의 과거 보시라 하는가? 이 보살이 지난 세상의 부처님과 보살들이 가진 공덕을 듣고도 집착하지 않고, 있는 것 아닌 줄로 알아서, 분별하지도 않고 탐내지도 않고 맛들이지도 않으며, 구하여 가지려고 하지도 않고, 의지하려고도 아니하며, 법은 꿈과 같아서 견고하지 않음을 보며, 모든 선근에는 있는 것이란 생각을 내지 않고, 의지하지도 않으며, 다만 집착 있는 중생을 교화하여 불법을 성숙시키려고 그를 위하여 연설하는 것이며, 또 과거의 모든 법을 보건대 시방으로 찾으려 하여도 얻을 수 없는 것이라. 이렇게 생각하고는 과거의 법들을 끝까지 버리나니, 이것을 과거 보시라 하느니라."

[疏] 第七, 過去施者는 然三世之施를 通相은 皆明不着이오 別則過去에 不生追戀하고 未來에 預止貪求하고 現在에 心無染着이라 今過去라 釋中에 分二니 先, 明於佛法無着이오 後, 又復下는 於一切法에 無着이라 前中에 初二句는 總明이오 次, 不起分別下는 別顯이니 先顯不着之相이라 不分別者는 稱法性故라 次, 不貪染不愛味는 亦不方便 求取하야 以爲己德하며 亦不依此하야 而起修行이라 次, 見法下는 廣上了達하야 釋不着所由라 次, 但爲下는 釋疑니 疑云호대 旣俱無着인대 云何而說고 釋云호대 爲化衆生하야 令無着故라 二, 於一切法 無着者는 以般若智로 求不可得이라 觸目現境에 尙了性空이어니 過往法中에 寧當計有리오

- ㅅ. 과거 보시는 그러나 삼세의 보시를 공통 모양으로는 '모두 집착하지 않는다'고 밝히고, 개별 모양으로는 과거에는 추구하여 그리움

을 내지 않고 미래에 탐하여 구함을 미리 방지하고 현재에는 집착하는 마음이 없다. 지금은 과거 보시이다. ㄱ) 해석함 중에 둘로 나누리니 (ㄱ) 불법에 집착 없음을 설명함이요, (ㄴ) 又復 아래는 일체법에 집착이 없음이다. (ㄱ) 중에 a. 처음 두 구절은 총합하여 설명함이요, b. 不起分別 아래는 개별로 밝힘이니, 먼저 집착 않는 모양을 밝혔다. '분별하지 않음'이란 법의 성품과 칭합한 까닭이다. c. '탐내고 물들지 않고 애착하고 맛들이지도 않음'은 또한 방편으로 구하고 취한 것을 자신의 공덕으로 삼지 않았으며, 또한 이것에 의지하여 수행을 시작하지도 않았다. d. 見法 아래는 자세하게 위에서 요달하여 집착 않는 이유를 해석하였다. (ㄴ) 但爲 아래는 의문을 풀어 줌이다. 의문을 말하되, "이미 모두에 집착이 없다면서 어찌하여 말하는가?" 풀이하여 말하되, "(첫째,) 중생을 교화하기 위하여 하여금 집착하지 않게 하기 때문이다. 둘째, 온갖 법에 집착이 없음은 반야의 지혜로 구하여도 얻을 수 없기 때문이다. 눈을 마주치고 경계가 나타날 적에 오히려 체성이 공함을 깨달았는데 과거법 중에 어찌 당연히 있다고 계탁하리오!"

O. 미래 보시[未來施] 3.

ㄱ) 표방하다[標] (第八 8上4)

云何爲菩薩의 未來施오 此菩薩이 聞未來諸佛之所修行하고 了達非有하여 不取於相하며 不別樂往生諸佛國土하여 不味不着하되 亦不生厭이라 不以善根으로 廻向於

彼하며 亦不於彼에 而退善根하여 常勤修行하여 未曾廢捨하고 但欲因彼境界하여 攝取衆生일새 爲說眞實하여 令成熟佛法이니라 然此法者는 非有處所며 非無處所며 非內非外며 非近非遠이니라 復作是念하되 若法非有인댄 不可不捨라하나니

"무엇을 미래 보시라 하는가? 이 보살이 오는 세상 부처님들의 수행함을 듣고는 있는 것이 아닌 줄로 알아서 모양을 취하지도 않고, 따로 부처님의 국토에 왕생하기를 좋아하지도 않으며, 맛들이지도 않고 집착하지도 않고 싫어하지도 않으며, 선근으로써 저기에 회향하지도 않고 저기에서 선근을 퇴전하지도 않으며, 항상 부지런히 수행하여 조금도 폐하지 아니하나니, 다만 저 경계로 인하여 중생들을 거두어 주며 진실한 이치를 말하여 불법을 성숙시키려는 것이니라. 그러나 이 법은 처소가 있지도 않고 처소가 없지도 않으며, 안도 아니고 밖도 아니고 가깝지도 않고 멀지도 않은 것이라 하며, 다시 생각하되 만일 법이 있는 것 아니라면 버리지 않을 수 없다 하나니,

[疏] 第八, 未來施라 釋中에 分二니 先, 正顯이오 後, 釋疑라
- ㅇ. 미래 보시이다. ㄴ) 해석함 중에 둘로 나누리니, (ㄱ) 바로 밝힘이요, (ㄴ) 의문을 풀어 줌이다.

ㄴ) 해석하다[釋] 2.
(ㄱ) 바로 밝히다[正顯] (前中 8上4)

(ㄴ) 의문을 풀어 주다[釋疑] (二但)

[疏] 前中에 不着修行之因하고 不願淨土之果하며 不味其好하고 不厭其 事라 不廻向者는 釋上不味니 不自安處하야 求勝樂故라 不退已下는 釋上不厭이니 修彼行故라 二, 但欲下는 釋疑니 疑云호대 既於淨에 不味인대 修行何爲오 釋有二意하니 一者는 約悲니 但爲攝物故오 二, 然此下는 約智니 智了非有故라 生卽非生故로 不着이오 不礙事故며 非生之生故로 修行이라 非有處所者는 與理冥故오 非無處所者는 事像形故오 非內者는 相分境故오 非外者는 心所淨故오 非近者는 十萬等殊故오 非遠者는 我淨土不毀故라 此約淨國하야 以說이어니와 若通論未來法者인대 可以意知니라 復作已下는 更約性空하야 結成 捨義라 又目擊尙捨어든

■ (ㄱ) (바로 밝힘) 중에 a. 수행하는 원인을 집착하지 않고 정토의 결과를 바라지도 않으며, 그 좋아함을 맛들이지 않고 그 일을 싫어하지 않는다. 회향하지 않는 것은 위의 맛들이지 않음에 대한 해석이니 스스로 편안하게 처하지 않고서 뛰어난 즐거움을 구하는 까닭이다. b. 不退 아래는 위의 싫어하지 않음을 해석함이니 저 행법을 닦기 때문이다. (ㄴ) 但欲 아래는 의문을 품으니 의문을 말하되, 이미 깨끗함에 맛들이지 않는데 수행하여 무엇하겠는가? 풀어 줌에 두 가지 뜻이 있으니 (1) 자비를 의지함이니 단지 중생을 섭수하기 위한 까닭이요, (2) 然此 아래는 지혜에 의지함이니 지혜로 있지 않음을 알기 때문이다. 중생이 곧 중생이 아닌 연고로 집착하지 않음이요, 일에도 장애되지 않기 때문이며, 중생이 아닌 중생인 연고로 수행하는 것이다. '처소가 있지도 않다'는 것은 이치와 그윽이 합한 까닭이요, '처소가 없

지도 않다'는 것은 일이 모양으로 형상하는 까닭이다. '안이 아님'은 상분의 경계인 까닭이요, '밖도 아님'은 심소가 깨끗해진 까닭이요, '가깝지도 않음'은 10만 따위가 다른 까닭이요, '멀지도 않음'은 나의 정토는 훼손되지 않는 까닭이다. 이것은 청정국토에 의지해서 설명하였거니와 만일 미래법을 공통하여 논한다면 의미를 알 수 있으리라.
c. 復作 아래는 다시 성품이 공함을 잡아서 버리는 뜻을 결론함이다. 또한 눈을 마주친 것도 오히려 버리는데 하물며 미래의 형상이겠는가?

[鈔] 不自安處求勝樂者는 初發心住에 已會此文이니라 非有處所者與理冥故者는 卽明淨土四句之義니 謂有質不成이며 無質不成等이니 如世界成就品하니라 十萬等殊者는 十萬은 卽阿彌陀經에 從此西方十萬佛土에 有世界하니 名曰極樂故라 等者는 等於餘土遠近之數니라 若約通論未來法可以意知者는 未來未至故로 非有處所오 緣會에 當成이오 聖智所知故로 非無處所라 未來故로 非內요 由心故로 非外라 未至어니 何有遠近이리오

- '스스로 편안하게 처하지 않고서 뛰어난 즐거움을 구한다'는 것은 (십주품의) (1) 발심주에서 이 경문에 대해 이미 알았다. 처소가 있지도 않다는 것은 이치와 그윽이 합한 까닭'이란 곧 정토의 네 구절의 뜻을 설명함이니 이른바 바탕이 있으면 이루지 못하며 바탕이 없어도 이루지 못하는 따위이니 세계성취품과 같다. '10만 따위가 다르다'는 것에서 10만은 곧 『아미타경』에, "여기서부터 서방으로 10만 불국토를 지나 세계가 있으니 이름하기를 극락이라 한다"라고 하였기 때문이다. '따위'는 나머지 국토의 가깝고 먼 곳에 평등한 숫자이다.

'만일 미래법을 공통하여 논한다면 의미를 알 수 있다'는 것은 미래는 아직 오지 않은 연고로 처소가 있지 않음이요, 인연을 알면 미래가 아직 오지 않은 연고로 처소가 있지 않음이요, 인연을 알면 미래에 이룸이요, 성인의 지혜로 알 바인 연고로 처소가 없지도 않은 것이다. 오지 않은 연고로 안이 아니요, 마음으로 인해 밖도 아니다. 이르지 않았는데 어찌 멀고 가까움이 있겠는가?

ㄷ) 결론하다[結] (經/是名 8上3)

是名未來施니라
이것을 미래 보시라 하느니라."

ㅈ. 현재 보시[現在施] 2.

ㄱ) 총합하여 과목 나누다[總科] (第九 9上10)

云何爲菩薩의 現在施오 此菩薩이 聞四天王衆天과 三十三天과 夜摩天과 兜率陀天과 化樂天과 他化自在天과 梵天에 梵身天과 梵輔天과 梵衆天과 大梵天과 光天에 少光天과 無量光天과 光音天과 淨天에 少淨天과 無量淨天과 徧淨天과 廣天에 少廣天과 無量廣天과 廣果天과 無煩天과 無熱天과 善見天과 善現天과 色究竟天하며 乃至聞聲聞緣覺의 具足功德이라도
"무엇을 보살의 현재 보시라 하는가? 이 보살이 사천왕천,

삼십삼천, 야마천, 도솔타천, 화락천, 타화자재천, 범천, 범신천, 범보, 범중천, 대범천, 광천, 소광천, 무량광천, 광음천, 정천, 소정천, 무량정천, 변정천, 광천, 소광천, 무량광천, 광과천, 무번천, 무열천, 선견천, 선현천, 색구경천을 듣거나 내지 성문과 연각의 구족한 공덕을 듣고도,

[疏] 第九, 現在施라 釋中에 有三하니 初, 明所捨之境이오 二, 聞已下는 正明捨心이오 三, 爲令下는 釋通外難이라
- ㅈ. 현재 보시이다. ㄴ) 해석함 중에 셋이 있으니 (ㄱ) 버려야 할 경계를 설명함이요, (ㄴ) 聞已 아래는 버리는 마음을 바로 설명함이요, (ㄷ) 爲令 아래는 외부의 힐난을 해명함이다.

ㄴ) 과목에 따라 해석하다[隨釋] 3.
(ㄱ) 버려야 할 경계를 설명하다[明所捨之境] 3.

a. 총합하여 표방하다[總標] (今初 9下1)
b. 비추어 생략하다[影略] (上二)

[疏] 今初니 先列淨天하고 後列二乘功德이라 上二世中에 擧佛菩薩하고 今擧諸天二乘者는 文影略耳라
- 지금은 (ㄱ)이니 먼저 정천(淨天)을 나열하고 뒤에 이승 공덕을 나열하였다. 위의 이세(二世) 중에 불보살을 거론하고 지금은 모든 하늘과 이승을 열거한 것은 경문을 비추어 생략했을 뿐이다.

c. 바로 해석하다[正釋] 3.
a) 욕계에 대한 해석[釋欲界] (天中 9下3)

[疏] 天中에 初六은 欲界니 已如初會니라
- 하늘 중에 (a) 처음 여섯은 욕계하늘이니 이미 제1 적멸도량법회와 같다.

b) 색계 하늘에 대한 해석[釋色界] 2.
(a) 숫자로 정하다[定數] 2.
㊀ 여러 주장을 회통하다[會通諸說] (梵天 9下3)
㊁ 본경의 주장을 바로 보이다[正示今經] (今此)

[疏] 梵天已下는 明色界天이라 然色界가 攝天多少는 諸說小異하니 俱舍와 正理에는 皆說十七이라 故로 頌에 云, 三靜慮는 各三이오 第四靜慮는 八이라하고 長行之中에 建立十六하니 以梵天과 梵輔가 同一天故라 瑜伽에 云, 處有十八하니 謂色究竟外에 說大自在라 不言無想은 意在廣果中收니라 今此卽文而數인대 有二十二하니 然四禪에 初一은 皆是總標라 則初靜慮는 四오 二와 三은 各三이오 第四에는 有八하야 還成十八이니라

- b) 梵天 아래는 색계 하늘에 대한 해석이다. 그러나 색계에 속하는 하늘이 많고 적음은 여러 주장이 조금씩 다르나니, 『구사론』과 『순정리론』에는 모두 17하늘을 말하였다. 그러므로 게송에 이르되, "삼선천은 각기 세 하늘이요, 제4 정려천은 여덟 하늘이다"라 하였고, 장항 중에는 16개를 건립하였으니 범천과 범보천이 동일한 하늘이기

때문이다.『유가사지론』에 이르되, "처소가 18가지가 있으니 이른바 색구경천 외에 대자재천을 말하였다." 무상천을 말하지 않은 것은 광과천에 속한다는 의미이다. 지금 여기서 경문과 합치하도록 헤아린다면 22가지 하늘이 있다. 그런데 사선천에서 ㉠ 처음 하나는 모두 총합하여 표방함이다. 그래서 초선천은 네 하늘이요, 이선천과 삼선천은 각기 세 하늘이요, 제사선천은 여덟 하늘이 있어서 결국 18가지 하늘이 된다.

(b) 경문 해석[釋文] 4.
㉠ 초선천의 네 하늘[初禪四天] (正理 9下10)
㉡ 이선천의 세 하늘[二禪三天] (次光)

[疏] 正理에는 初說有三하고 今加梵身이라 晉經에 梵衆을 名梵眷屬이라 若然인대 身亦衆義오 則梵身은 是外所領之衆이오 梵衆은 則爲內眷屬衆이오 梵輔는 卽大梵의 前行列侍御오 大梵은 卽彼天王이니 獲中間定하야 初生後歿하야 威德이 等勝일새 故名爲大니라 次, 光天下는 卽二禪三天이니 一, 自地天內에 光明最少故오 二, 光明轉勝하야 量難測故오 三, 光音者는 口出淨光故라

■ 『순정리론』에는 초선천에 셋이 있다고 설하였는데, 본경에는 범신천(梵身天)을 더하였다. 진경[60권본]에는 범중천을 범천의 권속으로 이름하였다. 만일 그렇다면 신(身)은 곧 '여럿'의 뜻이요, 그러니 범신천은 바깥으로 거느리는 대중이요, 범중천(梵衆天)은 내부 권속의 무리요, 범보천(梵輔天)은 곧 대범천의 행렬 앞에서 심부름하는 무리요, 대범천은 저 하늘의 왕이니 중간의 선정을 얻어서 처음 태어나고 뒤에

죽어서 위덕이 똑같이 뛰어난 연고로 '크다'고 이름하였다. ② 光天 아래는 이선천의 세 하늘이니 (1) 자신의 지위의 하늘 안에 광명이 가장 적기 때문이요, (2) 광명이 더욱 뛰어나서 분량을 측량하기 어렵기 때문이요, (3) 광음천은 입으로 청정한 광명을 내뿜기 때문이다.

㊂ 삼선천의 세 하늘[三禪三天] (次淨 10上6)
㊃ 사선천의 여덟 하늘[四禪八天] (次廣)

[疏] 次, 淨天下는 卽三禪三天이니 意地受樂을 總名爲淨이라 一, 於自地中에 此淨最劣일새 故名少淨이오 二, 淨增難量故오 三, 此淨에 周普故라 次, 廣天下는 明四禪八天이니 初三은 是凡이니 離八災患일새 皆稱福廣이라 於自地中에 此福猶劣일새 故名少廣이오 二는 福難量故오 三은 異生果中에 此最勝故라 無煩已上은 名五淨居니 謂離欲諸聖이 以聖道水로 濯煩惱垢일새 故名爲淨이오 淨身所止일새 故名淨居라 或此天中에 無異生雜하고 純聖所止일새 故名淨居라 一, 無煩者는 煩은 謂繁雜이오 或謂繁廣이니 無繁雜中에 此最初故며 繁廣天中에 此最劣故라 此依正理어니와 若順今經인댄 皆作此煩이오 則無廣義라 二, 無熱者는 已善伏除雜修靜慮上中品障하고 意樂調柔하야 離熱惱故라 或熱者는 熾盛으로 爲義니 謂上品修靜慮及果하야 此猶未證故라 三, 善現者는 已得上品雜修靜慮하야 果德易彰일새 故名善現이라 四, 善見者는 雜修定障에 餘品至微하야 見極淸徹일새 故名善見이라 經本에 先見後現은 或恐誤也라 五, 色究竟者는 更無有處가 於有色中에 能過於此故라 或此已到衆苦所依身最後邊故라

■ ㊂ 淨天 아래는 삼선천의 세 하늘이니 의미가 지위에서 받는 즐거움

을 총합하여 '깨끗하다'고 이름한 까닭이다. (1) 자신의 지위 중에 이곳이 깨끗함이 가장 열등하므로 소정천(少淨天)이라 이름하였고, (2) 깨끗함이 늘어나 헤아리기 어려운 연고로 무량정천이요, (3) 이곳이 깨끗함이 널리 두루 한 연고로 변정천이요,

㈣ 廣天 아래는 사선천의 여덟 하늘이니 ① 처음 셋[光天, 少光天, 無量光天]은 평범하나니, 여덟 가지 재난과 근심을 여의었으므로 모두 '복이 넓다'고 칭한다. (1) 자신의 지위에서 이 셋의 복이 더욱 열등하므로 소광천이라 이름한 것이요, (2) 복을 헤아리기 어려운 연고로 무량광천이요, (3) 다르게 태어난 결과 중에 이 하늘이 가장 뛰어난 연고로 광과천이요, (4) 無煩 이상은 이름하여 오정거천이라 하나니, 이른바 욕심을 여읜 모든 성인이 팔성도(八聖道)의 물로 번뇌의 때를 씻어 내는 연고로 깨끗하다고 이름하였고, 깨끗한 몸이 사는 곳이므로 정거천이라 이름하였다. 혹은 이 하늘에는 이생중(異生衆)이 섞임이 없고 순일하게 성인만 계시는 연고로 정거천이라 이름하기도 한다. ① 무번천에서 번뇌는 번거롭고 섞임을 말하고, 혹은 번다함이 광대함을 말하나니 번거롭고 잡염이 없는 하늘 중에 이곳이 가장 처음인 까닭이며, 번광천(繁廣天) 중에서 이곳이 가장 열등한 까닭이다. 이것은 『순정리론』을 의지하였고, 만일 본경을 따른다면 모두 번거로움을 지은 것이요, 광대함의 뜻은 없다. ② 무열천(無熱天)이란 이미 정려를 닦아 상품과 중품의 장애를 잘 조복하고 잡염을 제거하였고, 생각으로 좋아함이 조화로워서 뜨거운 번뇌를 여의었기 때문이다. 혹은 뜨거움이란 치성함으로 뜻을 삼았으니 이른바 상품으로 정려와 결과를 수행하여 여기서 아직 증득하지는 못한 까닭이다. ③ 선현천(善現天)은 이미 상품의 정려를 고루 닦아 과덕이 쉽게 드러남을 얻었으므로

'잘 나타난다'고 이름하였다. ④ 선견천(善見天)이란 선정의 장애를 고루 닦을 적에 나머지 품류가 지극히 미세하여 청정함이 사무침을 보는 것이 지극한 연고로 '잘 본다'고 하였다. 경의 본문에 먼저 보고 뒤에 나타남은 혹시 잘못일까 염려된다. 다섯째, 색구경천은 다시 처소가 색이 있음 중에서 이보다 뛰어남이 없기 때문이다. 혹은 여기가 여러 고통이 의지하는 몸의 가장 뒤쪽에 이미 도달했기 때문이다.

[鈔] 異生果中此最勝故者는 上은 五聖居故라 已得上品雜修靜慮者는 謂漏與無漏를 間雜而修일새 故名雜修니라 俱舍賢聖品에 論云호대 前說上流가 雜修靜慮로 爲因하야 能往[174]色究竟天이라하니 先應雜修何等靜慮며一問 由何等位하야 知雜修成이며二問 復有何緣하야 雜修靜慮오三問 偈云호대 先雜修第四오答第一問 成由一念雜이오答第二問 爲受生과 現樂과 及遮煩惱過라하니라答第三問 釋曰, 初句는 明夫欲雜修인대 必先修第四靜慮니 由第四靜慮하야 最堪能故니라 二, 答成位니 謂阿羅漢이며 或是不還이라 成由一念雜者는 謂彼必先入第四靜慮하야 多念無漏가 相續現前하며 從此引生多念有漏하고 後復多念無漏가 現前이라 如是旋環하야 後後漸減하야 乃至最後二念無漏라

次引二念有漏하야 現前無間하고 復生二念無漏일새 名雜修定加行成滿이라 次復唯有一念無漏하고 次復引起一念有漏無間하며 復生一念無漏하나니 中間有漏와 前後無漏가 以相間雜일새 故名雜修니 此一念雜을 名根本成이라 修第四已에 乘此勢力하야 亦能雜修下三靜慮니라 三, 答何緣云호대 雜修靜慮가 總有三緣하니 一, 爲受生이

---

[174] 往은 甲南續金本作生.

니 生淨居天故오 二, 爲現樂이니 受現法樂故오 三, 爲遮煩惱退라 若不還修인대 由前三緣이오 若羅漢修인대 除受生一이니라 從此第六 明淨居處에 何唯有五오 論頌에 云, 由雜修有五하야 生有五淨居라 하니라 釋曰, 由雜修第四에 有五品故라 一, 下品에 有三心하니 初起 無漏하고 次起有漏하고 復起無漏라 二, 是中品이니 亦同上修三心하 야 幷前成六이라 三, 是上品이오 四, 上勝品이오 五, 上極品이니 亦皆 同初라 各起三心하야 三五가 便成一十五心하나니 如次五品으로 感 五淨居니라 應知此中에 無漏勢力으로 熏修有漏하야 感五淨居니 非 無漏感이니라 今善現天은 是第四品이오 第五善見은 是極上品이니 故障이 至微니라

- '이미 상품의 정려를 고루 닦아 얻었다'는 것은 말하자면 사이에 섞어서 수행한 연고로 '섞어서 수행함'이라 이름한다. 『구사론』 현성품(賢聖品)에 논하기를, "앞에서 말한 상품의 무리가 정려를 고루 닦음으로 원인을 삼아 능히 색구경천에 왕생한다"라고 하였으니, 먼저는 응당 어떤 정려를 고루 닦아야 하는가?(첫째 질문) 어떤 지위로 말미암아 고루 닦아 성취함을 알았는가?(둘째 질문) 다시 무슨 인연이 있어서 정려를 고루 닦았는가?(셋째 질문) 게송으로 말하되, "먼저 제4 정려를 고루 닦았다.(첫째 질문에 답함) 성취함은 찰나 간에 고루 닦음으로 인하였다.(둘째 질문에 답함) 태어남과 현재의 즐거움과 번뇌의 허물을 막기 위함이다.(셋째 질문에 답함)" 해석한다면 첫 구절은 대저 고루 닦으려 한다면 반드시 먼저 제4 정려를 닦아야 하나니 제4 정려로 인하여 가장 잘 감당하기 때문이다. 둘째는 이룬 지위를 답함이니 아라한의 지위를 말하며, 혹은 아나함이다. '성취함은 찰나 간에 고루 닦음으로 인하였다'는 것은 말하자면 저들이 반드시 먼저 제4 정려에 들어서

많은 생각과 번뇌 없음이 서로 이어져 나타나며 이로부터 많은 생각과 번뇌 있음을 이끌어 생기고 뒤에 다시 많은 생각과 번뇌 없음이 나타나게 된다. 이처럼 돌고 순환해서 뒤로 갈수록 점차 감소해서 나아가 최후에 두 생각이 번뇌가 없음에 이르게 된다.

다음이 두 생각이 번뇌 없음을 이끌어서 사이함 없이 나타나고 다시 두 생각과 번뇌 없음이 생기므로 이름하여 선정을 고루 닦아 가행으로 성만함이라 칭한다. 다음에 다시 오직 한 생각의 번뇌 없음만 있고, 다시 다음에 한 생각의 번뇌 있음이 사이함 없음을 이끌어 생기게 하며, 다시 한 생각의 번뇌 없음이 생기나니 중간의 유루와 앞과 뒤의 무루가 모양이 사이마다 섞이는 연고로 '섞이고 닦는다'고 하였으니 이런 한 생각이 섞임을 이름하여 근본이 성취함이라 한다. 제4 정려를 수행한 뒤에 이 세력을 타고 또한 능히 아래 세 가지 정려를 고루 닦는 것이다. 셋째는 무슨 인연인가에 대답하여 말하되, "정려를 고루 닦음이 총합하면 세 가지 인연이 있으니 ① 태어남을 위함이니, 정거천에 태어난 까닭이요, ② 현재의 즐거움을 위함이니, 현재의 법의 즐거움을 받기 위함이요, ③ 번뇌로 퇴전함을 막기 위함이다. 만일 아나함의 수행이라면 앞의 세 가지 인연 때문이요, 만일 아나함의 수행이라면 태어남을 하나 제외한다." 여기부터 제6 정거처를 설명할 적에 어찌하여 다섯만 있는가? 논의 게송에 이르되, "고루 닦음이 다섯 가지가 있으므로 오정거천에 태어난다"라고 하였다. 해석한다면 제4 정려를 고루 닦을 적에 다섯 품류가 있기 때문이다. ① 하품에 세 가지 마음이 있으니 처음에 무루의 마음을 일으키고, 다음에 유루의 마음을 일으키고, 다시 무루의 마음을 일으킨다. ② 중품이니 또한 위에서 세 가지 마음을 닦음과 같아서 아울러 앞의 여섯을 성취한다. ③ 상품이요, ④ 뛰어난 상품이요, ⑤ 지극한 상품이니 또한 모두 처음과 같다. 각기 세 가지 마음을 일으켜서 셋이 다섯 품이니 문득 15가지 마음이 되나니 다음의 다섯 품으로 오정거천을 감득함과 같다. 응당히 알라. 이 가운데 무루의 세력으로 유루를 훈습하여 오정거천을 감득하나니 무루의 번뇌가 아니다. 지금의 선현천은 제4품이요, 제5 선견천은 지극한 상품이니 그러므로 장애가 지극히 미세한 것이다.

c) 이승에 대한 해석[釋二乘] (言乃 12上10)

[疏] 言乃至二乘功德者는 中間으로 越於四空等故라
- '내지 이승으로 구족한 공덕'이라 말한 것은 중간으로 네 하늘 따위를 뛰어넘기 때문이다.

(ㄴ) 버리는 마음을 바로 설명하다[正明捨心] (二正 12下3)
(ㄷ) 외부의 힐난을 해명하다[釋通外難] (三釋)

聞已에 其心이 不迷不沒하며 不聚不散하고 但觀諸行이 如夢不實하여 無有貪着이로되 爲令衆生으로 捨離惡趣하여 心無分別하며 修菩薩道하여 成就佛法하여 而爲開演하나니 是名現在施니라
듣고 나서 마음이 미혹하지 않고 침몰하지 않고 모으지 않고 흩지도 않으며, 다만 모든 행이 꿈과 같아서 실답지 않음을 관찰하여 탐하는 일이 없고, 중생으로 하여금 나쁜 갈래

를 버리게 함이며, 마음에 분별이 없이 보살의 도를 닦으며, 불법을 성취케 하기 위하여 연설하나니, 이것을 현재 보시라 하느니라."

[疏] 二, 正明捨心中에 聞上世出世境已에 不迷爲實하고 不沈沒於貪하고 不聚集其善因하며 不散動以分別이라 但觀下는 釋其所以를 可知로다 三, 釋難者는 疑云호대 旣言不聚善因인대 何以說五乘因果오 釋云호대 拯三塗之劇苦하야 示人天以蘇息하며 止劣見之妄情하야 說二乘以引攝은 爲物然耳언정 非自不捨也니라

■ (ㄴ) 버리는 마음을 바로 설명함 중에 위의 세간과 출세간의 경계를 듣고 나서 미혹하지 않고 참됨을 삼고 탐욕에 빠지지 않고 그 좋은 원인을 모으지 않으며 산란하거나 동요하여 분별하지 않는다. 但觀 아래는 그 이유를 해석함이니 알 수 있으리라. (ㄷ) 외부의 힐난을 해명함에서 의심해 말하되, "이미 좋은 원인을 모으지 않는다고 말하였는데 어찌하여 오승의 원인과 결과를 말하였는가?" 해명하기를, "삼악도의 험난한 고통에서 건져서 인간과 천상에 소생함을 보이며, 열등한 소견의 허망한 생각을 그치며 이승으로 이끌어 섭수함을 말한 것은 중생을 위해 귀를 태울지언정 스스로 버리지 않음이 아니다.

ㅊ. 최후 보시[究竟施] 3.

ㄱ) 표방하다[標] (第十 13上2)

云何爲菩薩의 究竟施오

"무엇을 보살의 최후 보시라 하는가?

[疏] 第十, 究竟施라 文三은 同前이니라 徵名者는 略有五義하야 得究竟 名하니 一, 前六은 捨財命이오 次三은 捨着心이니 今則兼上二門故오 二, 又發大願하야 令物無着故오 三, 令物得究竟果故오 四, 不生一 念愛着하야 則微細無着故오 五, 究竟에 能令物實益故라 如無眼等 而施之者는 如世凡人이 豈能將他之目하야 安之於己리오 今菩薩福 力으로 令彼還得이니 以慈善根力故라 如五百群賊이 平復如故니 故 云究竟益이니라

■ ㅊ. 최후 보시이다. 경문이 셋인 것은 앞과 같다. 명칭에 대한 물음은 대략 다섯 가지 뜻이 있어서 구경이란 명칭을 얻었으니, (1) 앞의 여섯 가지는 재물이나 목숨을 버림이요, 다음의 세 가지는 집착하는 마음을 버림이니 지금은 위의 두 문을 겸하기 때문이요, (2) 또 대원을 발하여 중생에게 집착이 없게 하기 위함이요, (3) 중생들로 하여금 최후의 과덕을 얻게 하기 위함이요, (4) 한 생각의 애착심도 내지 않아서 미세하여 집착이 없는 까닭이요, (5) 마지막에 능히 중생들로 하여금 참된 이익을 얻게 하는 까닭이다. 마치 눈이 없는 이에게 평등하게 보시함과 같은 것은 마치 세상 범부가 어찌 능히 다른 사람의 눈을 가지고 자기에게 두겠는가? 지금은 보살의 복력으로 저로 하여금 도리어 얻게 한 것이니, 자비의 선근의 힘인 까닭이다. 마치 오백의 도둑무리들이 평소대로 회복하여 예전과 같아짐과 같나니 그러므로 '마지막의 이익'이라 하였다.

ㄴ) 해석하다[釋] 3.

(ㄱ) 보시할 경계가 나타나다[施境現前] (釋相 13下2)

佛子여 此菩薩이 假使有無量衆生이 或有無眼하며 或有無耳하며 或無鼻舌과 及以手足이라 來至其所하여 告菩薩言하되 我身이 薄祜하여 諸根殘缺이로소니 惟願仁慈는 以善方便으로 捨己所有하여 令我具足케하라하면
불자들이여, 가령 눈이 없거나 귀가 없거나 코가 없거나 혀가 없거나 손이 없고 발이 없는 많은 중생들이 이 보살에게 와서 말하기를 '우리들이 박복하여 불구자가 되었으니, 바라건대 인자하신 이여, 좋은 방편으로 당신에게 있는 것을 우리에게 보시하여 우리의 모든 근이 구족케 하소서' 하거든,

[疏] 釋相中에 三이니 初, 施境現前이오 二, 菩薩聞下는 正明施行이오 三, 如我下는 廻向衆生이라
■ ㄴ) (모양을) 해석함 중에 셋이니 (ㄱ) 보시할 경계가 나타남이요, (ㄴ) 菩薩聞 아래는 보시행을 바로 설명함이요, (ㄷ) 如我 아래는 중생에게 회향함이다.

(ㄴ) 보시행을 바로 설명하다[正明施行] (二中 14上1)

菩薩聞之하고 卽便施與하되 假使由此하여 經阿僧祇劫토록 諸根不具라도 亦不心生一念悔惜하고 但自觀身이 從初入胎로 不淨微形과 胞段諸根이 生老病死하며 又觀此身이 無有眞實하고 無有慚愧하여 非賢聖物이라 臭穢

不潔이며 骨節相持요 血肉所塗며 九孔常流에 人所惡賤이라하여 作是觀已하고 不生一念愛着之心하며 復作是念하되 此身이 危脆하여 無有堅固하니 我今云何而生戀着이리오 應以施彼하여 充滿其願하고

보살이 듣고는 곧 보시하여 주며, 가령 그때부터 아승지 겁을 지내도록 여러 근이 불구하더라도, 잠깐이라도 뉘우치는 마음을 내지 않고, 스스로 관하기를 '이 몸이 처음 태에 들 때부터 부정하고 보잘것없는 것으로, 여러 근을 형성하여서 나고 늙고 병들고 죽는 것이라' 하며, 또 관하기를 '이 몸은 진실하지도 않고 부끄러움이 없어서 성현의 물건이 아니며, 더럽고 불결하여 골절이 서로 연속하고 피와 살이 싸고 있으며, 아홉 구멍에서는 나쁜 것이 항상 흐르는 것이로다.' 이렇게 관찰하고는 잠깐도 애착하는 마음을 내지 않고, 또 생각하되 '이 몸은 연약하고 위태하여 견고한 것 아니거늘 내가 무어라고 연연하랴, 마땅히 저들에게 보시하여 그의 소원을 채우리라.

[疏] 二中에 分二니 初, 正施無吝이오 二, 但自下는 釋成行之由니 由入觀故라 此觀은 卽是念處觀也라 皆言身者는 觀有通別하니 別觀五蘊一一名身이라 故로 淨名에 云, 是身은 如泡하야 不得久立等이니라 通觀五陰이 皆無常等이니 故로 智論에 云, 五陰이 卽無常이며 無常은 卽苦며 苦卽無我等이라하니라 今此不淨은 偏語色身이오 餘之三觀은 皆通五蘊이라 第一苦觀은 謂始從入胎는 皆生苦攝이라 老等은 可知로다 二, 又觀下는 明無我觀이니 謂無眞實主宰故라 無有慚愧者

는 雖假以澡浴衣食이나 一旦에 背恩이 如小兒故라 非賢聖物者는 是世間故라 故로 智論에 云, 由無我故로 令捨世間이라하니라 三, 臭穢下는 明不淨觀이라 四, 復作下는 明無常觀이니 觀危脆故라

- (ㄴ) 중에 둘로 나누리니, a. 바로 보시하여 인색하지 않음이요, b. 但自 아래는 행법을 이룬 이유이니 관법에 들어간 까닭이다. 이 관법은 곧 사념처관이다. 모두에 몸이라 말한 것은 관법에 전체와 개별이 있으니, 개별로 오온의 하나하나를 관찰하여 몸이라 하였다. 그러므로『유마경』에 이르되, "이 몸은 물거품과 같아서 오래 건립할 수 없는 등이다. 전체적으로 오음이 모두 무상하다고 관찰하는 등이다." 그러므로『대지도론』에 이르되, "내가 없음으로 인해 하여금 세간을 버린다"라고 하였다. 지금 여기서 깨끗하지 않음은 형색의 몸을 치우쳐 말한 것이요, 나머지 세 가지 관법은 모두 오온에 통한다. 제1. 고통의 관법은 이른바 처음 태중에 들어감부터 모두 태어남의 고통에 속한다. 늙음 등은 알 수 있으리라. 제2. 又觀 아래는 무아의 관법을 설명함이니, 이른바 진실한 주재가 없기 때문이다. '부끄러움이 없다'는 것은 비록 씻고, 옷 입고, 밥 먹음을 빌리지만 하루아침에 은혜를 저버림이 어린아이와 같은 까닭이다. '성현의 물건이 아님'이란 세간이 아닌 까닭이다. 그러므로『대지도론』에 이르되, "내가 없음으로 인해 하여금 세간을 버린다"라고 하였다. 제3. 臭穢 아래는 부정의 관법을 설명함이다. 제4. 復作 아래는 무상의 관법을 설명함이니, 위태함을 관찰하는 까닭이다.

[鈔] 一旦背恩如小兒故者는 卽智論文이니 審諦觀此身에 終畢歸死處라 難御無反復이오 背恩이 如小兒故라하니라 故智論云由無我故下는 亦

同此卷이니 已前亦引하니라

● '하루아침에 은혜를 저버림이 어린아이와 같은 까닭'이란『대지도론』의 문장이니, "이 몸을 자세히 살펴 관할 적에 마침내 필경에는 죽을 곳으로 돌아간다. 돌아와 반복하지 못함을 제어하지 못할 것이요, 은혜 저버림이 어린아이와 같은 까닭이다"라고 하였다. 故智論云 由無我故 아래는 역시 같은 권수에 있으니 이미 앞에도 인용한 적이 있다.

(ㄷ) 중생에게 회향하다[廻向衆生] (三廻 14下7)

如我所作하여 以此開導一切衆生하여 令於身心에 不生貪愛하여 悉得成就淸淨智身이라하나니
나의 이렇게 하는 것으로 일체 중생을 인도하여 몸과 마음에 애착을 내지 않게 하고, 청정한 지혜 몸을 얻게 하리라'하나니,

[疏] 三, 廻向者는 揀小乘故라 然菩薩이 修此觀時에 以無所得으로 而爲方便故로 同法界故라 已不共小어니 況廻向耶아

■ (ㄷ) (중생에게) 회향함이란 소승과 구분하기 위함이다. 그런데 보살이 이런 관법을 닦을 적에 얻은 바 없음으로 방편을 삼은 연고로 법계와 같은 것이다. 이미 소승과 함께하지 못하는데 하물며 회향을 하겠는가?

ㄷ) 결론하다[結] (經/是名 14下5)

是名究竟施니
이것을 최후의 보시라 하나니

다) 보시의 장이란 명칭을 결론하다[結名] (經/是爲 14下5)

是爲菩薩摩訶薩의 第六施藏이니라
이것을 보살마하살의 제6 보시하는 장이라 하느니라."

사. 지혜로운 장[慧藏] 4.

가) 명칭에 대해 질문하다[徵名] (第七 14下10)
나) 모양을 해석하다[釋相] 2.
(가) 과목 나누기[分科] (就釋)

佛子여 何等이 爲菩薩摩訶薩의 慧藏고
"불자들이여, 어떤 것을 보살마하살의 지혜로운 장이라 하는가?

[疏] 第七, 慧藏이라 中分四니 一, 徵名이오 二, 釋相이오 三, 結名이오 四, 歎益이라 就釋相中하야 二니 初, 明慧藏이오 後, 釋無盡이라 前中에 三이니 初, 明如實知境이오 次, 云何下는 釋如實知義오 三, 菩薩成就下는 總結多門하야 以彰善巧라

■ 사. 지혜로운 장이다. 그중에 넷으로 나누리니 가) 명칭에 대해 질문함이요, 나) 모양을 해석함이요, 다) 지혜의 장을 결론함이요, 라) 이

익을 찬탄함이다. 나) 모양을 해석함에 나아가서 둘이니 (가) 지혜의 장을 설명함이요, (나) 끝없음을 설명함이다. (가) 중에 셋이니 ㄱ. 경계를 사실대로 아는 것에 대한 설명이요, ㄴ. 云何 아래는 이치를 사실대로 아는 것에 대한 설명이요, ㄷ. 菩薩成就 아래는 여러 문을 총합하여 거론해서 뛰어남을 밝힘이다.

(나) 과목에 따라 해석하다[隨釋] 2.
ㄱ. 지혜로운 장을 설명하다[明慧藏] 3.

ㄱ) 경계를 사실대로 아는 것에 대해 설명하다[明如實知境] 3.
(ㄱ) 총상으로 거두어 묶다[總相收束] 2.
a. 열 가지를 거두어 다섯으로 묶다[攝十爲五] (今初 15下3)

[疏] 今初니 以四諦慧로 照十種法이라 攝十爲五類하니 前五[175)]는 五蘊이오 次二는 有支오 後三은 三乘故라

■ 지금은 ㄱ)이니 사성제의 지혜로 열 가지 법을 비춤이다. a. 열 가지를 거두어 다섯으로 묶음이니 a) 앞의 다섯은 오온법이요, b) 다음의 둘은 (인연법의) 유지요, c) 뒤의 셋은 삼승법인 까닭이다.

[鈔] 以四諦慧等者는 疏文有四하니 一, 料揀句數開合이오 二, 釋如實知義오 三, 隨文解釋이오 四, 結彈古義라 今初에 有二하니 一, 攝十爲五니 後三이 即爲三故라 今初에 言以四諦慧等者는 即無作四諦也니 故로 下四諦差別門中에 云, 若約菩薩能觀하면 皆無作也라하니라

---

175) 五는 金本作二誤.

● '사성제의 지혜로' 등이란 소문이 넷이 있으니 (ㄱ) 구절의 숫자를 열고 합함으로 구분함이요, (ㄴ) 이치를 사실대로 아는 것에 대한 설명이요, (ㄷ) 경문을 따라 해석함이요, (ㄹ) 고인들의 이치를 결론하여 비판함이다. 지금은 (ㄱ)에 둘이 있으니 a. 열 가지를 거두어 다섯으로 묶음이니, 뒤의 셋이 곧 셋이 되기 때문이다. 지금은 a.에서 a) '사성제의 지혜로 등'이라 말한 것은 곧 '지음 없는 사성제[無作四諦]'이니, 그러므로 b) 사성제로 차별하는 문에 이르되, "만일 보살이 관찰하는 주체를 잡으면 모두 지음 없는 이치이다"라고 하였다.

b. 다섯을 거두어 둘로 묶다[收五爲二] 4.
a) 범부와 성인이 상대하는 문[凡聖相對門] (收此 15下7)
b) 사성제로 차별하는 문[四諦差別門] (又若)

[疏] 收此五類하면 不出二門하니 初二는 凡境이오 後三은 聖境이라 又若 後三에 就果하면 則初二는 有作四諦오 後一은 無作四諦니 界內界外의 因果異故라 此就所觀이오 若約菩薩能觀하면 皆無作也니라

■ 이런 다섯 종류[색 수 상 행 식]를 거두면 두 문에서 벗어나지 않나니 (a) 처음의 둘[色 受]은 범부의 경계요, (b) 뒤의 셋[想 行 識]은 성인의 경계이다. 또한 만일 b) 뒤의 셋[想 行 識]에서 결과에 입각하면 (1) 처음의 둘[想 行]은 지음 있는 사성제요, (2) 뒤의 하나[識]는 지음 없는 사성제이니, 세계 안과 세계 밖의 원인과 결과가 다른 까닭이다. 이는 관찰할 대상에 입각함이요, 만일 보살이 관찰하는 주체에 입각하면 모두 지음 없음이다.

c) 생사에 유전하는 문과 환멸하는 문[流轉還滅門] (又初 14下10)
d) 주체와 대상이 상대하는 문[能所相對門] (又前)

[疏] 又初二는 流轉이오 後三은 還滅이라 前有滅道는 是流轉始修之還滅이오 後有苦集은 是還滅未盡之流轉이니라 又前是所知之法이오 後是能知之人이니라 人中에 有法은 即是前法이오 歷於四諦는 是聲聞法이오 所緣有支는 是緣覺法이오 五蘊은 即是三乘共法이오 皆如實知는 是菩薩法이라

■ 또한 (a) 처음의 둘[色 受]은 유전문이요, (b) 뒤의 셋[想 行 識]은 환멸문이다. (a)의 색과 수의 멸(滅)과 멸도(滅道)는 유전문에서 처음 닦는 환멸문이요, (b)의 상과 행과 식의 고(苦)와 집(集)은 환멸문이 다하지 않은 유전문이다. 또한 (a)는 알아야 할 법이요, (b)는 아는 주체인 사람이다. (1) 사람 중에 법이 있음은 곧 앞의 알아야 할 법이요, (2) 사성제를 거침은 성문법이요, (3) 인연의 대상인 유지[無明 愛]는 연각법이요, (4) 오온[色 受 想 行 識]은 바로 삼승이 함께하는 법이요, (5) '모두 사실대로 아는 것'은 보살법이다.

[鈔] 收此五下는 攝五爲二[176]라 自有四門하니 一, 凡聖差別이오 二, 又若後就果下는 四諦差別門이오 三, 又初二流轉下는 是流轉還滅門이오 四, 又前是所知下는 能所知見門이라 於四門中에 前三은 皆約所知오 後一은 方具能所라 四諦之義는 已見本品하니라 前有滅道下는 此通妨難이니 …〈아래 생략〉…

● b. 收此五 아래는 다섯을 거두어 둘로 묶음이다. 자연히 네 문이 있

---

176) 攝은 甲南續金本作收.

으니 a) 범부와 성인으로 차별하는 문이요, b) 又若後就果 아래는 사성제로 차별하는 문이요, c) 又初二流轉 아래는 (생사에) 유전하는 문과 환멸하는 문이요, d) 又前是所知 아래는 주체와 대상이 알고 보는 문이다. 네 가지 문 중에 앞의 셋은 모두 알 대상을 잡음이요, 뒤의 하나[(d) 能所知見門]는 비로소 주체와 대상을 구비하였다. 사성제의 뜻은 이미 사성제품에서 보았다. 前有滅道 아래는 비방과 힐난을 해명함이다. …〈아래 생략〉…

(ㄴ) 실법의 지혜라고 별도로 해석하다[別釋爲實智] (皆言 16下8)

[疏] 皆言如實知者는 下經에 總釋이어니와 今當略辨이니 一, 如事實이오 二, 如理實이라
■ 모두 '사실대로 안다'고 말한 것은 아래 경문에 총합하여 해석하겠지만 지금 마땅히 간략히 말하리니 (1) 현상의 사실과 같음이요, (2) 이치의 사실과 같음이다.

(ㄷ) 경문을 따라 해석하다[隨文解釋] 2.
a. 앞의 일곱에 대한 해석[釋前七] 2.
a) 총합하여 해석하다[總釋] (十中 16下10)

此菩薩이 於色에 如實知하고 色集에 如實知하고 色滅에 如實知하고 色滅道에 如實知하며 於受想行識에 如實知하고 受想行識集에 如實知하고 受想行識滅에 如實知하고 受想行識滅道에 如實知하며 於無明에 如實知하고 無

明集에 如實知하고 無明滅에 如實知하고 無明滅道에 如實知하며 於愛에 如實知하고 愛集에 如實知하고 愛滅에 如實知하고 愛滅道에 如實知하며

이 보살이 (1) 색을 사실대로 알고, 색의 집을 사실대로 알고, 색이 멸함을 사실대로 알고, 색이 멸하는 도를 사실대로 알며, (2) 수 (3) 상 (4) 행 (5) 식을 사실대로 알고, 수·상·행·식의 집을 사실대로 알고, 수·상·행·식이 멸함을 사실대로 알고, 수·상·행·식이 멸하는 도를 사실대로 알며, (6) 무명을 사실대로 알고, 무명의 집을 사실대로 알고, 무명이 멸함을 사실대로 알고, 무명이 멸하는 도를 사실대로 알며, (7) 애를 사실대로 알고, 애의 집을 사실대로 알고, 애가 멸함을 사실대로 알고, 애가 멸하는 도를 사실대로 알며,

[疏] 十中에 前七은 當相是苦니 無明與愛가 有漏性故며 行苦隨故며 行蘊攝故라 緣成이 是集이오 無性이 是滅이오 顯滅이 爲道니 從詮顯故라 此則總說이며 及就理滅이니라

■ 열 가지 중에 앞의 일곱은 해당 모양이 바로 고제(苦諦)이니 무명과 사랑이 유루의 체성인 까닭이며, 행고(行苦)가 따르기 때문이며, 행의 온을 거둔 까닭이다. 인연으로 성립함이 집제(集諦)요, 성품 없음이 멸제(滅諦)요, 멸제가 도제(道諦)가 됨을 밝혔으니 말함으로부터 밝히는 까닭이다. 이것은 총합하여 설명함이며 나아가 이치에 입각하여 멸함이다.

b) 개별로 해석하다[別釋] 2.
(a) 오온에 대한 해석[釋五蘊] (若別 17上2)

[疏] 若別說者인대 不了無常不淨等過하고 而生愛着을 名爲色集이오 若滅癡愛하면 名爲色滅이오 唯止與觀은 是色滅道니 由止하야 離愛하고 由觀하야 離癡라 若兼助道하면 卽有戒學과 及道品等이라 受想行識은 例此可知니라

■ 만일 개별로 말한다면 무상(無常)이나 부정(不淨) 따위의 허물을 알지 못하고 애착이 생기는 것을 이름하여 '색의 모임'이라 하고, 만일 어리석은 사랑을 없애면 이름하여 '색의 멸'이라 하고, 오직 사마타와 위빠사나는 '색이 멸하는 길'이니 사마타로 인하여 사랑을 여의고 위빠사나로 인하여 어리석음을 여읜다. 만일 조도법을 겸한다면 곧 '계를 배움[戒學]'과 37도품 등이 있다. 느낌과 생각과 지어 감과 인식은 이와 유례하면 알 수 있으리라.

(b) 유지에 대한 해석[釋有支] 2.
㊀ 바로 해석하다[正釋] (無明 17上5)

[疏] 無明集者는 由他言說하야 不如理引하고 由自妄想하야 不正思惟하니 滅此名滅이라 言愛集者는 謂無明觸이 爲緣하야 所生受故라 亦滅此를 名滅이라 癡愛之道는 皆同蘊說이니라

■ '무명의 모임'이란 다른 이의 언설로 인하여 이치와 다르게 인용하고, 자신의 망상으로 인하여 바르게 사유하지 못하나니 이것을 멸하는 것을 멸제라 말한다. '사랑의 모임'이라 말한 것은 이른바 무명과 감

촉이 인연으로 하여 생길 대상이 느낌인 까닭이다. 또한 이것을 멸함을 멸이라 말한다. 어리석은 사랑으로 가는 길은 모두 오온과 같이 설한다.

㈢ 비방을 해명하다[解妨] 2.
① 힐난을 따오다[牒難] (十二 17上8)
② 해석하다[解釋] 3.
㉮ 발업(發業)과 윤업(潤業)을 잡아 해석하다[約發潤] (發業)

[疏] 十二支中에 唯擧二者는 發業과 潤業이 唯此二故라 能引과 能生에 各擧初故라

- 12가지 유지(有支) 중에 오직 둘만 거론한 것은 ㉮ 발업(發業)과 윤업(潤業) 오직 이 둘뿐인 까닭이다. 이끄는 주체와 생기는 주체에 각기 처음을 거론한 까닭이다.

㉯ 병의 근원을 잡아 해석하다[約病源] (從癡 17上9)

[疏] 從癡有愛가 病之源故라 涅槃三十四에 云, 從無明하야 生愛하나니 當知是愛가 卽是無明이오 從愛生取니 當知是取가 卽無明愛等이 亦似斯義니라

- 어리석음에서 나온 사랑이 병의 근원인 까닭이다. 『열반경』제34권에 이르되, "무명으로부터 사랑이 생겼으니 마땅히 알라. 이 사랑이 바로 무명이요, 사랑으로부터 잡음이 생겼으니 마땅히 알라. 이 잡음이 곧 무명과 사랑이다"라고 한 따위가 또한 이런 뜻과 같다.

㉰ 삼제(三際)를 잡아 해석하다[約三際] 2.

㉠ 바로 설명하다[正明] (又約 17下2)

㉡ 본경의 주장을 결론해 보이다[結示今經] (若不)

[疏] 又約三際에 無明爲本이오 愛取爲際라 此二中間에 有識等五와 及生老死라 今177)悟無明이 由迷過去하야 有識等五라 現在之愛가 卽是無明이라 若不斷者면 輪轉不息이니 今思斷之하면 將來에 無復生死矣리라

■ 또한 삼제(三際)를 잡으면 무명이 근본이 되고 사랑과 잡음이 끝이 된다. 이런 둘의 중간에 인식 등의 다섯과 태어남과 늙고 죽음이 있다. 지금은 무명이 과거를 미혹함으로 인해 인식 등의 다섯이 있다. 현재의 사랑이 바로 무명이다. 만일 끊지 못한다면 윤회와 전생을 쉬지 않나니 지금 사유하여 끊으면 장래에 다시 나고 죽음이 없으리라.

[鈔] 十中前七下는 第三, 隨文解釋이라 於中에 二니 先, 解前七이오 後, 解後三이라 前中에 先은 總이오 後는 別이라 總中에 云無明與愛有漏性下는 釋妨이니 謂有問言호대 無明與愛는 此是煩惱어늘 云何而言七皆是苦아할새 故爲此通하야 明三義是苦라 緣生是集이면 七皆緣生이오 無性是滅이면 七皆無性이니 結是理滅이라 顯滅爲道者는 顯無性理라

言從詮顯者는 釋上顯滅爲道니 謂緣生之法이 是顯滅之詮이라 若不從緣하면 不知無性故라 亦如修行止觀하야 顯得滅理라 故로 次에 結云호대 此則總說及就理滅이라하니라 若別說者下는 歷色等七하야 一

---

177) 今은 南金本作令.

一別明四諦之相을 可以思準이니라 由他言說等은 皆瑜伽意니 義皆 可知라 不正思惟는 亦涅槃意니 六地에 當明이니라 謂無明觸이 爲緣 等者는 亦瑜伽意라 大般若等에 皆說眼觸하니 眼觸爲緣하야 所生諸 受等이라 如眼根境識三이 和合을 名觸이라 若以明爲緣인댄 不成有 支니 由無明迷하야 而受諸受하고 樂受生愛일새 故是愛因이니라

● (ㄷ) 十中前七 아래는 경문을 따라 해석함이다. 그중에 둘이니 a. 앞의 일곱을 풀이함이요, b. 뒤의 셋을 풀이함이다. a. 중에 a) 총상이요, b) 별상이다. a) 총상 중에 말한 (a) '무명과 사랑이 유루의 체성' 아래는 비방을 해명함이니 이른바 어떤 이가 묻기를, '무명과 사랑은 바로 번뇌인데 어째서 일곱 가지가 다 고통인가?'라 하므로 여기서 해명하기 위해 세 가지 뜻이 고통임을 밝힌 것이다. 인연으로 생김이 집이니 일곱 가지가 모두 인연으로 생김이요, 체성 없음이 멸제이니 일곱 가지가 다 체성 없음이니, 결론은 이치가 멸함이다. '멸제가 도제(道諦)가 됨을 밝힌 것'은 체성 없는 이치를 밝힘이다.

'말함으로부터 밝히는 까닭'이란 위의 멸제가 도제(道諦)가 됨을 밝힘에 대한 해석이니, 인연으로 생긴 법이 멸제를 밝힌 말이란 뜻이다. 만일 인연으로부터 나옴이 아니라면 체성 없음을 알지 못하는 까닭이다. 또한 마치 지관을 수행하여 멸제를 얻는 이치를 밝힌 것이다. 그러므로 다음에 결론해 말하되, "이것은 총합하여 설명함이며 나아가 이치에 입각하여 멸함이다"라고 하였다. 若別說者 아래는 색 등 일곱을 거쳐서 하나하나 사제(四諦)의 모양을 별도로 설명한 것은 생각에 준하면 알 수 있다. '다른 이의 언설을 말미암은 등'은 모두 『유가사지론』의 주장이니 뜻은 모두 알 수 있으리라. '바르게 사유하지 않음'은 또한 『열반경』의 주장이니 제6 현전지에 가서 밝히리라. '이른

바 무명과 감촉이 인연으로 하여 등'이란 역시 『유가사지론』의 주장이다. 『대반야경』 등에 모두 눈으로 부딪침을 말했으니 눈으로 부딪침이 인연이 되어 생긴 바 모든 느낌 등이다. 눈과 같이 육근과 육경과 육식 셋이 화합한 것을 감촉이라 말한다. 만일 밝음으로 인연을 삼으면 유지를 이루지 못하나니, 무명으로 인해 미혹해서 모든 느낌을 받고, 즐거운 느낌으로 사랑을 일으켰으므로 사랑의 원인이 된다.

十二支中唯擧二下는 釋妨이니 先, 牒이오 從發業下는 解釋이라 略引三文이니 一, 唯識生引門이니 說無明이 發業하고 愛能潤業이라 能引有二어늘 但擧無明하고 能潤이 有三이어늘 但擧於愛하야 已攝取有라 二, 從癡下는 引淨名釋이오 三, 從涅槃下는 引涅槃經證이라 卽是北經이오 有本은 當三十五오 南經은 三十二라 明二十一對諍論之中에 此當第十四有心數無心數義라 此文稍略하니 若具引者인대 經에 云, 善男子야 我於經中에 作如是說이니 聖人의 色陰과 乃至識陰이 皆是無明因緣所出이오 一切凡夫도 亦復如是하야 從無明生愛하나니 當知是愛卽是無明이오 從愛生取하니 當知是取가 卽無明愛오 從取生有[178]하니 是有卽是無明愛取오 從有生受하니 當知是受卽是行有오 從受因緣하야 生於名色과 無明과 愛, 取, 有, 行과 受, 觸, 識, 六入 等하나니 是故로 受者가 卽十二支니라 善男子야 我諸弟子가 聞是說已에 不解我意하고 唱言如來가 說無心數라하나라 釋曰, 此中有三하니 先, 明聖人五陰이 從無明生이오 二, 例凡夫오 三, 就凡中하야 明心法이 展轉相生이오 更無別數라 此中에 卽三世十二因緣으로 隱顯互論이라 文中에 先은 列이오 後는 結이라 列中에 先明過去之因이 從

---

[178] 有下에 南續金本有當知二字, 原本及北經無.

無明生이라
- ㈢ 十二支中唯擧二 아래는 비방을 해명함이니 ① 힐난을 따옴이요, ② 發業부터 아래는 해석함이다. 간략히 인용문이 셋이니 ㉠ 유식론의 생인문(生引門)이니 무명이 업을 시작하고 사랑으로 업을 능히 적시는 것이다. '이끄는 주체'가 둘이 있는데 단지 무명만 거론하였고, 윤업(潤業)의 주체가 셋이 있는데 단지 사랑만 거론하여 이미 잡음과 존재를 포섭하였다. ㉡ 從癡 아래는 『유마경』을 인용하여 해석함이요, ㉢ 涅槃 아래는 『열반경』을 인용하여 증명함이다. 이는 곧 북본이요, 어떤 본은 제35권이요, 남본으로는 제32권이다. 21가지 대구로 쟁론한 중에 이것은 제14번째 심수(心數)가 있고 심수가 없는 뜻에 해당한다. 이 경문은 더욱 간략하니 만일 갖추어 인용한다면 『열반경』(북본 제34권)에 이르되, "선남자여, 나는 경전에서 이러한 말을 하였다. '성인의 색음(色陰)이나 나아가 식음(識陰)은 모두 무명의 인연으로 출현한 것이며, 일체의 범부도 또한 그와 같다. 무명에서 사랑을 생하니 마땅히 알라. 이 사랑은 곧 무명이다. 사랑으로부터 잡음을 생하니 마땅히 알라. 이 잡음은 곧 무명·사랑이다. 잡음에서 존재를 생하니 마땅히 알라. 이 존재는 곧 무명·사랑·잡음이다. 존재에서 느낌을 생하니 마땅히 알라. 이 느낌이 곧 지어 감의 존재이다. 느낌의 인연으로부터 이름과 물질·무명·사랑·잡음·지어감·느낌·감촉·인식·여섯 가지 들어감 등을 생하나니 이런 연고로 느낌이 곧 12유지니라. 선남자여, 나의 제자들이 이 말을 듣고 나서 나의 뜻을 이해하지 못하고 소리 높여 말하되 '여래는 마음의 헤아림[心數]이 없다고 말씀한다'고 하느니라." 해석한다면 이 가운데 셋이 있으니 (1) 성인의 오음이 무명에서 생한 것을 설명함이요, (2)

범부와 유례함이요, (3) 범부에 입각하여 마음과 법이 전전히 서로 생함을 설명함이요, 다시 별다른 숫자는 없다. 이 중에서 곧 삼세의 12인연으로 숨기고 나타남을 번갈아 논하였다. 소문 중에 ① 나열함이요, ② 결론함이다. ① 나열함 중에 ㉮ 과거의 원인이 무명에서 생긴 것임을 설명하였다.

言從無明生愛當知是愛가 即是無明者는 謂無明之心이 對境染着을 即名爲愛라 是故로 此愛가 即是無明이라 言從愛生取當知是取即無明愛者는 即前愛心으로 取着境界를 即名爲取니 體性不殊라 是故로 此取가 即無明愛니라 言從取生有當知是有即是無明愛取者는 前取心起業을 名有니 是故로 此有가 即無明等이니라 次論現果云호대 從有生受當知此受가 即是行有者는 此名識支니 以之爲受니 識支가 即是現報之體라 從因緣179)得일새 故名爲受니 即前有支가 轉爲此受라 是故此受가 即前行有라 亦應即前無明愛取를 就近言之耳니라

言從受因緣生於名色者는 受增이 爲名所託이오 識立이 以之爲色이라 從受生於無明愛取有行者는 從現報受하야 起後因也오 從受因緣生於受180)觸識六入等者는 從現報色하야 轉起未來生老死也라 亦應宣說名色이 即是受며 乃至宣說六入이 即受로대 而文略耳라 以下經에 云, 是故受者가 即十二支라하니라 故此末句가 即是總結 無別受外心法이라 向前에 即於過去無明愛181)等이오 向後에 即於名色等이니 故受即十二支라 以今疏引은 但引初段하야 證無明愛가 是

---

179) 緣은 甲南續金本作納.
180) 受는 原南續金本作愛; 玆據上鈔及涅槃經改正 涅槃集解云 復生後身受觸六入等.
181) 愛는 南續金本作受誤.

十二支本이라 …〈아래 생략〉…

- '무명에서 생겨난 사랑이니 마땅히 알라. 이 사랑이 곧 무명이다'라고 말한 것은 말하자면 무명의 마음이 경계를 상대하여 물들고 집착하는 것을 사랑이라 이름한다. 이런 연고로 이 사랑이 곧 무명이라는 것이다. '사랑에서 잡음이 생겼으니 마땅히 알라. 이 잡음이 곧 무명·사랑이다'라고 말한 것은 곧 앞의 사랑하는 마음으로 취착한 경계를 잡음이라 이름하였으니 체성은 다르지 않다. 이런 연고로 이 잡음이 곧 무명과 사랑이다. '잡음에서 생한 존재이니 마땅히 알라. 이 존재는 곧 무명·사랑·잡음이다'라고 말한 것은 앞의 잡음의 마음으로 업을 일으키는 것을 존재라 이름한다. 이런 연고로 이 존재가 곧 무명 따위인 것이다. 다음에 현재의 결과를 논하여 말하되, "존재에서 생한 느낌이니 마땅히 알라. 이 느낌이 곧 지어 감과 존재이다"라고 한 것은 이것은 인식의 지라 이름한 것이 그것으로 인해 느낌이 되었으니 인식의 지가 곧 현재의 과보의 체이다. 인연으로 얻었으므로 느낌이라 이름하나니 곧 앞의 존재의 지가 바뀌어 여기의 느낌이 된 것이다. 이런 까닭에 여기의 느낌이 곧 앞의 지어 감과 존재인 것이다. 또한 응당히 앞의 무명과 사랑과 잡음인 것을 가까운 것에 입각하여 말했을 뿐이다.

'느낌의 인연으로 이름과 물질이 생한다'라고 말한 것은 느낌이 늘어난 것을 이름에 의탁함이라 하고, 인식으로 성립됨이 그로 인해 물질이 된다. '느낌에서 무명과 사랑·잡음·존재·지어 감이 생긴다'고 말한 것은 현재의 과보인 느낌으로부터 다음의 원인이 생긴 것이요, '느낌의 인연으로 느낌·감촉·인식·여섯 가지 들어감 따위가 생긴다'라고 말한 것은 현재의 과보인 물질에서 바뀌어 미래의 태어남과 늙고 죽음이 생긴 것이다. 또한 응당히 선언하되, '이름과 물질이 곧 느낌이다'라고 하며 나아가 선언하되, '여섯 가지 들어감이 곧 느낌이다'라고 하였지만 경문이 생략되었을 뿐이다. 그래서 아래 경문에 이르되, "이런 연고로 느낌이 곧 12가지 유지이다"라고 하였다. 그러므로 이 마지막 구절이 곧 받음 외에 심법과 다름 없음을 총합 결론한 내용이다. 앞을 향하여 과거의 무명과 사랑 따위요, 뒤를 향하면 곧 이름과 물질 등이니, 그러므로 느낌이 곧 12유지인 것이다. 지금 소가가 인용한 부분은 단지 첫 문단을 인용하여 무명과 사랑이 12유지의 근본임을 증명하였다. …〈아래 생략〉…

b. 뒤의 셋에 대한 해석[釋後三] 4.
a) 경문을 바로 해석하다[直釋經文] (後三 20下1)

於聲聞에 如實知하고 聲聞法에 如實知하고 聲聞集에 如實知하고 聲聞涅槃에 如實知하며 於獨覺에 如實知하고 獨覺法에 如實知하고 獨覺集에 如實知하고 獨覺涅槃에 如實知하며 於菩薩에 如實知하고 菩薩法에 如實知하고 菩薩集에 如實知하고 菩薩涅槃에 如實知하나니라

(8) 성문을 사실대로 알고, 성문의 법을 사실대로 알고, 성문의 집을 사실대로 알고, 성문의 열반을 사실대로 알며,
(9) 독각을 사실대로 알고, 독각의 법을 사실대로 알고, 독각의 집을 사실대로 알고, 독각의 열반을 사실대로 알며,
(10) 보살을 사실대로 알고, 보살의 법을 사실대로 알고, 보살의 집을 사실대로 알고, 보살의 열반을 사실대로 아느니

라."

[疏] 後三은 約淨이니 聲聞은 是人이오 四諦는 爲法이오 所行道品이 爲集이오 所成果가 爲涅槃이라 十二因緣은 是緣覺法이오 無邊法界는 是菩薩法이니라

- b. 뒤의 셋은 청정을 잡은 해석이니 성문은 사람, 사성제는 법, 행할 도품은 모임이요, 성취할 결과는 열반이 된다. 12인연은 연각법이요, 끝없는 법계는 곧 보살법이다.

b) 사성제와 회통하다[會通四諦] (又知 20下3)

[疏] 又知聲聞이 即是知苦니 以聲聞苦를 是已知故로 但擧其位라 法即是彼所行之法이니 即是道諦라 集即是彼惑集이 未盡이니 是爲集諦라 已有斷故로 法後說之라 涅槃은 即是滅諦니 已證滅故로 改名涅槃이라 緣覺과 菩薩을 準斯[182]可見이니라

- 또한 성문을 아는 것이 곧 고통을 아는 것이니 성문이 고제(苦諦)를 이미 알고 있는 까닭에 단지 그 지위만 거론하였다. 법은 곧 저가 행할 법이니 바로 도제(道諦)이다. 모임이 곧 저들의 번뇌가 모인 것이 다하지 않음이니 이것을 집제(集諦)라 한다. 이미 끊음이 있기 때문에 법을 뒤에 설한 것이다. 열반은 곧 멸제(滅諦)이니 이 멸제를 증득한 연고로 이름을 고쳐서 열반이라 하였다. 연각과 보살은 이와 준하면 볼 수 있으리라.

---

182) 斯는 續金本作思.

c) 두 가지 해석을 총합하여 회통하다[總會二釋] (前釋 20下7)

[疏] 前釋通因하고 後釋就果니라
- 앞에서는 공통적인 원인을 해석하고, 뒤에는 결과에 입각하여 해석하였다.

d) 고덕의 이치를 결론하여 비판하다[結彈古義] (若定 20下7)

[疏] 若定以前二로 爲分段하고 後三으로 爲變易인대 則小乘은 三果已前에 應受變易이오 直往은 七地已下에 非此所知니 故不可也니라
- 만일 앞의 둘을 분단생사(分段生死)라 하고, 뒤의 셋을 변역생사(變易生死)라고 정한다면 소승은 세 가지 과위 이전은 응당히 변역생사를 받고, 바로 왕생함은 제7지 아래에서는 이들이 알 경계가 아님이니, 그러므로 불가능한 것이다.

[鈔] 後三約淨下는 第二, 釋後三段이라 於中에 三이니 初, 按文釋이오 二, 又知聲聞下는 會通四諦라 以前標에 云, 以四諦慧로 照十法故라 三, 前釋通因下는 會通二釋이라 雖因果가 云異나 亦不殊四諦之意也니라 若定以前下는 四, 結彈古義니 卽刊定記釋이라 疏先敍之하고 後則小乘三果下는 示其過相이라 後之三乘은 通因通果라 今爲變易인대 則三果가 已受變易이로다 變易을 入無餘竟하야사 方始受之어늘 何得三果에 便受變易고 又此三果는 非此所知니 三果는 是分段故라
言直往七地等者는 廻小入大이면 初地已上에 容受變易이오 直往菩

薩은 八地已上에 方受變易이라 今總爲變易일새 故七地已還은 非此所知니라 亦可直往이 七地已前에 應受變易이 各有二過어늘 疏文은 影略耳라 然分段變易者는 勝鬘經에 云, 有二種死하니 何等爲二오 謂分段死와 不思議變易死라 分段死者는 謂虛僞凡夫오 不思議變易死者는 謂阿羅漢과 辟支佛과 大力菩薩意生身과 乃至究竟無上菩提라하니라 釋曰, 據此에 明小乘三果와 七地已還에 未受變易也라 四變易義는 前已廣說하니라

- b. 後三約淨 아래는 뒤의 세 문단에 대한 해석이다. 그중에 셋이니 a) 경문을 참고한 해석이요, b) 又知聲聞 아래는 사성제와 회통함이다. 앞에서 표방하여 이르되, "사성제의 지혜로 열 가지 법을 비추기 때문이다"라고 하였다. c) 前釋通因 아래는 두 가지 해석을 총합하여 회통함이다. 비록 원인과 결과가 다르다고 말하지만 또한 사성제와 다르지 않다는 뜻이다. d) 若定以前 아래는 고인의 이치를 결론하여 비판함이니 곧 간정기의 해석이다. 소가가 먼저 밝히고 後則小乘三果 아래는 그 허물의 양상을 보임이다. 뒤의 삼승은 원인에 통하고 결과에 통한다. 지금은 변역생사라면 (성문의) 세 가지 과위가 이미 변역생사를 받는 것이다. 변역생사는 무여열반에 들어감을 마쳐야만 비로소 받는 것인데 어찌하여 세 가지 과위에서 문득 변역을 받는가? 또한 여기의 세 과위는 이들이 알 경계가 아님이니 세 과위는 분단생사인 까닭이다.

'바로 제7지 등에 있다'라고 말한 것은 소승을 돌려서 대승으로 들어감이면 초지 이상에는 변역생사 받음을 용납하고, 바로 왕생하는 보살은 제8지 이상에 바야흐로 변역생사를 받는 것이다. 지금은 총합하여 변역을 삼은 연고로 제7지 이전은 이들이 알 경계가 아니다. 또

한 바로 왕생함이 제7지 이전에는 응당 변역을 받는다는 것이 각기 두 가지 허물이 있는데 소문에는 비추어 생략하였다. 그런데 분단과 변역이란『승만경』에 이르되, "두 가지 죽음이 있으니 어떤 것이 두 가지인가? 이른바 '분단으로 죽음[分段死]'과 '불가사의한 변역하는 죽음[不思議變易死]'을 말한다." 분단으로 죽음이란 이르되, "'헛되고 거짓된 범부요' '불가사의한 변역하는 죽음'이란 이른바 아라한 벽지불과 큰 능력의 보살의 의생신(意生身)과 나아가 구경의 위없는 보리이다"라고 하였다. 해석한다면 이에 근거하면 소승의 세 과위와 제7지 이전에는 변역생사를 받지 않음이 분명하다. 네 가지 변역의 뜻은 앞에서 이미 자세하게 설명하였다.

ㄴ) 사실대로 아는 뜻을 해석하다[釋如實知義] 2.

(ㄱ) 의미를 밝히고 과목 나누다[顯意分科] (第二 21下7)
(ㄴ) 과목에 따라 개별로 해석하다[隨科別釋] 2.
a. 의미를 묻다[徵] (徵意)

[疏] 第二, 釋如實知義니 非唯能知行相이라 亦顯所知之相也니라 先은 徵이오 後는 釋이니 徵意에 云, 爲隨相知아 爲無相知아 若隨相知인대 寧異凡小며 若無相知인대 無相無知어니 故言云何知리오

■ ㄴ) 사실대로 아는 뜻을 해석함이니 행법의 모양만 능히 알 뿐 아니라 또한 알아야 할 대상의 양상까지 밝힌 내용이다. (ㄱ) 의미를 물음이요, (ㄴ) 해석함이다. a. 의미를 물음에 이르되, "모양을 따라 아는 것이 되는가? 모양 없이 아는 것이 되는가? 만일 모양을 따라 아

는 것이라면 어찌 범부나 소승과 다를 것이며, 만일 모양 없이 아는
것이라면 모양이 없고 알 수도 없을 것이니 그러므로 '어떻게 아는
가?'라고 하였다."

b. 해석하다[釋] 2.
a) 의미를 해석하다[釋意] (後釋 21下10)
b) 경문 해석[釋文] 2.
(a) 과목 나누고 의미를 밝히다[分科顯意] (文分)

[疏] 後, 釋意에 云, 知相知性하야 無有障礙가 是菩薩所知라 無知之知
는 是菩薩知라 文分二別이니 先, 約自利하야 明知苦集이오 後, 約利
他하야 彰知滅道라 二文影略이니 應各具四라 又二段中에 含前五類
하야 具顯三乘이라

■ b. 해석함에 이르되, 모양을 알고 성품을 알아서 장애가 없는 것이
보살이 아는 경계이다. 아는 것 없음을 아는 것이 곧 보살의 아는 경
지이다. 경문을 두 가지로 나누었으니 ㉠ 자리행을 의지하여 고제와
집제를 분명히 알고, ㉡ 이타행을 의지하여 멸제와 도제를 밝게 알게
된다. 두 문장은 비추어 생략했으니 그러면 각각 네 구절을 갖추게
된다. 또한 두 문단 중에 앞의 다섯 부류를 포함해서 삼승에 대해 구
체적으로 밝혔다.

(b) 두 문단을 개별로 해석하다[別釋兩段] 2.
㉠ 자리행을 의지한 해석[約自利] (今初 22上3)

云何知오 知從業報諸行因緣之所造作은 一切虛假하여 空無有實하여 非我非堅固며 無有少法可得成立이니라
"어떻게 아는가? 업을 지어 과보 받는 일과 행의 인연으로 짓는 것임을 알며, 온갖 것이 허망한 것이어서 공하고 실지가 없음을 알며 <나>도 아니고 견고한 것도 아니며 조그만 법도 성립할 것이 없음을 아느니라."

[疏] 今初段中에 知從[183)]業報는 是五蘊相이오 業集報苦는 是二諦相이라 言諸行因緣之所造作은 十二支相이라 諸行因緣은 即是集相之所造作이니 是苦諦相이라 上辨知相이오 一切已下는 顯知無相이니 通於苦集이오 初有二句는 共三乘相이라 非我已下는 釋成上文하야 揀二別相이라 由非我故로 空無有實하야 但假五陰은 是聲聞相이오 以非堅固일새 空無有實하야 但緣成假는 是緣覺相이오 若無少法可得하야 空無有實이오 但虛假幻相은 是菩薩相이니 非安立諦는 無可成故라

■ 지금은 ㉠ 첫 문단 중에 (1) 업을 지어 과보 받음을 아는 것은 오온의 모양이요, (2) 업이 모여 고통스런 과보 받음은 두 가지 진리의 모양이다. (3) '행(行)의 인연으로 짓는 것'이라 말한 것은 12지 연기의 모양이다. (4) 여러 행의 인연은 곧 집의 모양으로 짓는 것은 바로 고제의 모양이다. 여기까지 아는 모양을 밝혔고, 一切 아래는 모양 없음을 분명히 아는 것이니 고제와 집제에 통한다. 처음 두 구절[一切虛假 空無有實]은 함께 삼승의 모양이다. 非我 아래는 위의 경문을 해석하여 두 가지 별상으로 구분함이다. (5) 내가 아님으로 인해 공하고

---

183) 從은 南續金本作標.

실지가 없어서 단지 오음을 빌린 것은 성문의 모양이요, (6) 견고하지 않고 공하고 실지가 없어서 다만 인연으로 가짜를 이룬 것은 연각의 모양이다. (7) 만일 조금이라도 얻은 것이 없어서 공하고 실지가 없으며 단지 헛되고 가짜인 허깨비 모양인 것은 보살의 모양이니, '안립하지 않는 진리'는 성립될 수가 없기 때문이다.

[鈔] 亦顯所知之相者의 所知者는 卽下性相이니 要顯所知하야사 方識能知耳니라 知相下는 此中에 有三하니 一, 知相이오 二, 知性이오 三, 知無障礙라 無障礙가 有二하니 一은 上性相無礙오 二는 以性融相에 重重無礙라 卽四法界니 是此所184)知라 言無知之知者는 是菩薩能知也니 卽般若는 無知코 對緣而照耳니라 又二段中에 含前五類等者는 謂前以如實知로 一一歷前五類之法이니 在文昭著라 今明文中에 義含185)前法일새 故疏具示니라

● '또한 알아야 할 대상의 양상'에서 알아야 할 대상은 곧 아래의 체성과 모양이니, 알아야 할 대상을 모름지기 밝혀야만 비로소 아는 주체를 알게 되는 것이다. 知相 아래는 이 가운데 셋이 있으니 (1) 모양을 앎이요, (2) 체성을 앎이요, (3) 장애가 없음을 앎이다. (3) 장애가 없음에 둘이 있으니, ① 위의 체성과 모양이 무애함이요, ② 체성으로 모양을 융합할 적에 거듭거듭 무애함이다. 곧 네 가지 법계이니 이것이 알아야 할 대상이다. '아는 것 없음을 아는 것'이라 말한 것은 보살이 능히 아는 것이다. 그래서 반야는 아는 것이 없고 인연과 상대하여 비출 뿐이다. '또한 두 문단 중에 앞의 다섯 부류를 포함한 등'이란 이른바 앞에서 사실대로 아는 것으로 하나하나 앞의 다섯 부

---

184) 所는 續金本作可.
185) 含은 甲南續金本作合.

류의 법을 거쳤으니 문장이 밝고 분명하다. 지금은 문장 속에 이치로 앞의 법을 포함한 것이 분명하므로 소가가 갖추어 보인 것이다.

㊂ 이타행에 의지한 해석[約利他] 2.
① 지적하고 배대하다[指配] (二欲 23上3)

欲令衆生으로 知其實性하여 廣爲宣說하나니 爲說何等고 說諸法不可壞니라 何等法이 不可壞오 色不可壞며 受想行識이 不可壞며 無明이 不可壞며 聲聞法獨覺法菩薩法이 不可壞니라 何以故오 一切法이 無作無作者며 無言說無處所며 不生不起며 不與不取며 無動轉無作用이니라

"중생들로 하여금 실다운 성품을 알게 하기 위하여 널리 연설하느니라. 무엇을 말하는가? 법을 파괴할 수 없음을 말하느니라. 무슨 법이 파괴할 수 없는가? 색을 파괴할 수 없으며, 수·상·행·식을 파괴할 수 없으며, 무명을 파괴할 수 없으며, 성문법, 독각법, 보살법을 파괴할 수 없느니라. 무슨 까닭인가? 일체법이 지은 것도 없고 지은 이도 없으며, 말할 수도 없고 처소도 없으며, 나지도 않고 일어나지도 않고 함께하지도 않고 취하지도 않으며, 동하는 일도 없고 작용도 없는 것이니라.

[疏] 二, 欲令已下는 次約利他하야 彰知滅道라 能知實性이 是道諦相이라 法不可壞와 及所知性은 卽滅諦相이라 辰爲宣說이 唯菩薩相이라

■ ㈡ 欲令 아래는 이타행에 의지하여 멸제와 도제를 밝게 아는 것이다. 실다운 성품을 능히 아는 것이 곧 도제의 양상이다. 법은 파괴할 수 없음과 알 대상의 체성은 곧 멸제의 양상이다. 널리 위하여 연설함은 오직 보살의 모양뿐이다.

② 가름을 열어서 해석하다[開章隨釋] 2.
㈎ 의미를 표방하여 말하다[標說意] (初標 23上5)
㈏ 전전히 묻고 해석하다[展轉徵釋] (總有)

[疏] 文中에 二니 初, 標說意오 二, 爲說下는 展轉徵釋이라 總有三重하니 初, 徵意에 云, 說何等法하야 令知實性고 釋云호대 說不可壞라하니 此略示其宗이라 次徵云호대 此不可壞는 爲性가 爲相가 此尋說處하야 釋云호대 相卽性故니 五類等法이 皆不可壞라 依般若中하야 自色已上과 種智已還을 悉皆徧歷이라 後徵云호대 現見諸法이 猶如聚沫, 泡, 焰, 芭蕉, 幻夢不實이어늘 那言不壞오 下釋所由가 略由三義하니 一, 色等性空하야 無可壞故라 若壞方空인대 非本空故오 二, 由空卽眞 同法性故니 若壞方眞인대 事在理外故라 三, 由卽空不待壞故니 壞則斷滅이니라 文中에 十句五對니 初는 無我無造일새 故不可壞오 二, 離能所詮故오 三, 能生不生이며 所生不起故오 四, 因不取果며 果不與因故오 五, 體無動轉이며 用無作用故니라

■ 경문 중에 둘이니, ㈎ 의미를 표방하여 말함이요, ㈏ 爲說 아래는 전전히 묻고 해석함이다. ㈎ 총합하여 세 가지 거듭이 있으니 ㉠ 의미를 물음에 이르되, "어떤 법을 말하여 실다운 성품을 알게 하는가?" 해석하되, "무너뜨릴 수 없음을 말한다"고 하였으니 이것은 간략히

그 종지를 보인 것이다. ⓒ 물어 가로되, "이런 무너뜨릴 수 없는 법은 체성인가? 모양인가?" 여기서는 설하는 곳을 찾아서 해석하되, 모양은 체성과 합치한 까닭이니 다섯 종류의 법이 모두 무너뜨릴 수 없는 법이다. 『반야경』에 의지하여 색온부터 이상과 일체 종지 이전까지를 모두 두루 거친다. ③ 물어 가로되, "현재에 보는 모든 법이 마치 거품덩어리나 물거품, 불꽃, 파초, 허깨비나 꿈과 같이 실답지 않은데 어찌하여 무너뜨릴 수 없다고 말하는가?" 아래에 ⑭ 이유를 해석함이 간략히 세 가지 뜻으로 인하였으니 ① 색온 등 성품이 공하여 무너뜨릴 수 없기 때문이다. 만일 무너뜨려서 비로소 공이 되었다면 본래 공함이 아닌 까닭이요, ② 공으로 인해 참됨과 합치하여 법의 성품과 같은 까닭이니, 만일 무너뜨려서 비로소 참되게 된다면 현상이 이치 밖에 있기 때문이다. ③ 공과 합치하여 무너뜨림을 기다리지 않는 까닭이니 무너뜨림은 곧 단멸함이 된다. 경문 중에 열 구절이 다섯 대구이니 (1) 내가 없고 조작이 없는 연고로 무너뜨릴 수 없음이요, (2) 말하는 주체와 대상을 여읜 까닭이요, (3) 태어나는 주체는 생하지 않으며, 태어날 대상도 생기지 않는 까닭이요, (4) 원인이 결과를 가지고 있지 않으며, 결과도 원인과 함께하지 않기 때문이요, (5) 본체는 동요하고 바뀜이 없으며, 작용도 작용함이 없기 때문이다.

[鈔] 自色已上種智已還者는 大品에 略列[186]八十餘科오 大般若에 更廣하니 謂色爲首는 是五蘊初故라 次歷四蘊하고 次歷十二入과 十八界하고 次眼等觸等所生諸受오 次四念住와 四諦와 四禪과 八解脫과

---

186) 列은 南續金本作引.

陀羅尼와 十地와 五眼과 十力과 大慈大悲와 四等과 相好와 無忘失法과 一切種智와 四果와 菩薩行과 無上菩提니라 釋曰, 上卽所歷也라 現見諸法猶如聚沫等者는 擧五蘊不實破壞之義하야 以難不壞라 釋意는 前已頻有니라

- '색온부터 이상과 일체 종지 이전까지'란 『대품반야경』에 대략 80여 가지 과목을 나열하였고, 『대반야경』에 더욱 자세하나니, 이른바 색온이 우두머리가 됨은 오온의 처음인 까닭이요, 다음에 네 가지 온을 거치고, 다음으로 12가지 들어감과 18계(十八界)를 거치고, 다음으로 눈 등과 감촉 따위에서 생한 모든 느낌이요, 다음으로 사념주(四念住)와 사성제, 사선정, 팔해탈, 다라니, 십지(十地), 오안(五眼)과 십력(十力), 대자대비와 사무량심, 상호와 없어지지 않는 법, 일체 종지, 성문 사과, 보살행과 무상보리를 거친다. 해석한다면 위는 곧 거칠 대상이다. '현재에 보는 모든 법이 마치 거품덩어리 등'이란 오온처럼 실답지 않고 파괴되는 뜻을 거론하여 무너뜨리지 못함을 힐난하였다. 의미를 해석함은 앞에서 이미 자주 나왔다.

ㄷ) 여러 문을 총합하여 결론하다[總結多門] (第三 24上6)

菩薩이 成就如是等無量慧藏하여 以少方便으로 了一切法하되 自然明達이요 不由他悟니라
보살이 이렇게 한량없는 지혜로운 장을 성취하고, 조그만 방편으로 온갖 법을 아나니, 자연히 분명하게 아는 것이요, 다른 이로 인하여 깨닫는 것이 아니니라."

[疏] 第三, 總結多門하야 以彰善巧者는 更有多門호대 皆以無所得等으로 爲少方便이니 則色空見盡하고 壞與不壞가 兩亡하야 不隨境轉을 名 不由他悟니라
- ㄷ) 여러 문을 총합하여 결론하여 뛰어난 방편을 밝힘이란 다시 여러 문이 있는데 모두가 얻을 바 없음 따위로 조그만 방편을 삼았으니, 색이 공하다는 견해가 다하고 무너짐과 무너지지 않음이 둘이 없어서 경계를 따라 바뀌지 않음을 이름하여 '다른 이로 인하여 깨닫지 않는다'고 말하였다.

[鈔] 皆以無得等爲少方便者는 疏以無得으로 釋少方便이라 下經에 云, 以無所得으로 而爲方便이라하나라 若準大般若인대 亦以無生으로 爲方便이며 無住로 爲方便이며 無依로 爲方便이 皆般若相也라 然爲方便이 略有二意하니 一,¹⁸⁷⁾ 爲入有方便하야 令有無所得等이오 二, 爲入空方便하야 亦不住無得故니 今正取爲入有方便이니라
- '모두 얻을 바 없음 따위로 조그만 방편을 삼는다'는 것은 소가가 얻을 바 없음으로 조그만 방편을 해석하였다. 아래 경문에 이르되, "얻을 바 없음으로 방편을 삼는다"라고 하였으니 만일『대반야경』에 준하면 또한 태어남 없음으로 방편을 삼았으며, 머무름 없음으로 방편을 삼았고, 의지처 없음으로 방편을 삼은 것이 모두 반야의 모양이다. 그러나 방편을 삼은 것이 간략히 두 가지 뜻이 있으니 (1) 유에 들어간 방편으로 얻을 바 없음이 있게 하는 따위요, (2) 공에 들어간 방편으로 또한 얻은 바 없음에 머무르지 않는 까닭이니, 지금은 바로 취하여 유에 들어간 방편이 되게 하였다.

---

187) 一下에 甲南續金本有以字.

ㄴ. 무진의 뜻을 해석하다[釋無盡] (第二 25上2) 五

此慧無盡藏이 有十種不可盡일새 故說爲無盡이니 何等爲十고 所謂多聞善巧가 不可盡故며 親近善知識이 不可盡故며 善分別句義가 不可盡故며 入深法界가 不可盡故며 以一味智莊嚴이 不可盡故며 集一切福德에 心無疲倦이 不可盡故며 入一切陀羅尼門이 不可盡故며 能分別一切衆生語言音聲이 不可盡故며 能斷一切衆生疑惑이 不可盡故며 爲一切衆生하여 現一切佛神力하여 敎化調伏하여 令修行不斷이 不可盡故니 是爲十이니라
"이 지혜의 무진장은 열 가지가 다할 수 없으므로 무진이라 말하나니, 무엇이 열인가? 이른바 (1) 많이 들어 공교함을 다할 수 없으며, (2) 선지식을 친근함을 다할 수 없으며, (3) 글귀와 뜻을 잘 분별함을 다할 수 없으며, (4) 깊은 법계에 들어감을 다할 수 없으며, (5) 한 맛의 지혜로 장엄함을 다할 수 없으며, (6) 온갖 복덕을 모으되 고달픈 마음이 없음을 다할 수 없으며, (7) 일체 다라니 문에 들어감을 다할 수 없으며, (8) 일체 중생의 말과 음성을 능히 분별함을 다할 수 없으며, (9) 일체 중생의 의혹 끊음을 다할 수 없으며, (10) 일체 중생을 위하여 모든 부처님의 신력을 나타내어 교화하고 조복하며 수행함이 끊어지지 않게 함을 다할 수 없는 연고니, 이것이 열이니라."

[疏] 第二, 釋無盡義라 有標와 徵釋과 結釋이라 亦十事五對니 一, 因緣이

오 二, 敎理오 三, 福智오 四, 持辯이오 五, 智通이라 福智中에 云一味者는 百華異色이 共成一陰이오 萬法雖殊나 貫之一智라 亦如上酥가 無不入也니라
- ㄴ. 무진의 뜻을 해석함이다. (여기에) ㄱ) 표방함과 ㄴ) 묻고 해석함과 ㄷ) 결론하여 해석함이 있다. 또한 열 가지 현상에 다섯 대구이니 (1) 원인과 인연 (2) 교법과 이치 (3) 복과 지혜 (4) 지님과 변재 (5) 지혜와 신통이다. (3) 복과 지혜 중에 '한 맛'이라 말한 것은 백 가지 꽃과 다른 형색이 함께 하나의 쌓임을 이루었고, 만 가지 법이 비록 다르지만 하나의 지혜로 관통한다. 또한 위의 소락(酥酪)과 같이 들어가지 못함이 없다.

[鈔] 亦如上酥無不入者는 解深密經에 歎眞實智無不入也니라
- '또한 위의 소락과 같이 들어가지 않음이 없다'는 것은 『해심밀경』에서 "진실한 지혜는 들어가지 못함이 없다"고 찬탄함을 말한다.

다) 지혜로운 장이란 명칭을 결론하다[結名] (三結 25上9)
라) 이익을 찬탄하다[歎益] (四歎)

是爲菩薩摩訶薩의 第七慧藏이니 住此藏者는 得無盡智慧하여 普能開悟一切衆生이니라
"이것을 보살마하살의 제7 지혜로운 장이라 하나니, 이 장에 머무른 이는 다함이 없는 지혜를 얻어 일체 중생을 널리 깨우치느니라."

[疏] 三, 結이오 四, 歎이니 文可知[188]로다

- 다) 지혜로운 장이란 명칭을 결론함이요, 라) 이익을 찬탄함이니 경문을 보면 알 수 있으리라.

아. 기억하는 장[念藏] 3.

가) 명칭에 대해 묻다[徵名] (經/佛子 25上10)
나) 모양을 해석하다[釋相] 4.
(가) 기억의 본체를 총합하여 표방하다[總標念體] (釋相)

佛子여 何等이 爲菩薩摩訶薩의 念藏고 此菩薩이 捨離癡惑하고 得具足念하나니
"불자들이여, 어떤 것을 보살마하살의 기억하는 장이라 하는가. 이 보살이 어리석음을 여의고 구족하게 기억하나니,

[疏] 第八, 念藏[189]이라 釋相中에 有四하니 一, 總標念體오 二, 所念差別이오 三, 能念勝相이오 四, 明念益相이라

- 아. 기억하는 장이다. 나) 모양을 해석함 중에 넷이 있으니, (가) 기억의 본체를 총합하여 표방함이요, (나) 기억할 대상을 차별함이요, (다) 기억하는 주체의 뛰어난 모양이요, (라) 기억의 이익된 모양을 밝힘이다.

(나) 기억할 대상을 차별하다[所念差別] 2.

---

188) 文下에 南續金本有處字.
189) 上鈔는 金本無, 此下에 續本有二字.

ㄱ. 열 가지 현상을 표방하고 나열하다[標列十事] (二憶)

憶念過去의 一生二生과 乃至十生百生千生 百千生無量百千生과 成劫과 壞劫과 成壞劫과 非一成劫과 非一壞劫과 非一成壞劫과 百劫과 千劫과 百千億那由他와 乃至無數無量190)無邊無等과 不可數不可稱不可思不可量不可說不可說劫하며 念一佛名號와 乃至不可說不可說佛名號하며 念一佛出世說授記와 乃至不可說不可說佛出世說授記하며 念一佛出世說修多羅와 乃至不可說不可說佛出世說修多羅하고 如修多羅하여 祇夜와 授記와 伽陀와 尼陀那와 優陀那와 本事와 本生과 方廣과 未曾有와 譬喻와 論議도 亦如是하며 念一衆會와 乃至不可說不可說衆會하며 念演一法과 乃至演不可說不可說法하며 念一根種種性과 乃至不可說不可說根種種性하며 念一根無量種種性과 乃至不可說不可說根無量種種性하며 念一煩惱種種性과 乃至不可說不可說煩惱種種性하며 念一三昧種種性과 乃至不可說不可說三昧種種性이니라

(1) 지난 세상의 1생·2생으로 내지 십생·백생·천생·백천생·무량 백천생이며, 이루는 겁·무너지는 겁·이루고 무너지는 겁이며, 한 이루는 겁만이 아니고 한 무너지는 겁만이 아니고 한 이루고 무너지는 겁만이 아니며, 백 겁·천 겁·백천억 나유타로 내지 한량없고, 수없고, 끝없고, 같

---

190) 上四字는 宋元明思清合卍綱杭鼓纂續金本作無量無數, 準阿僧祇品 應從麗平綱本作無數無量.

을이 없고, 셀 수 없고, 일컬을 수 없고, 생각할 수 없고, 요량할 수 없고, 말할 수 없고, 말할 수 없이 말할 수 없는 겁을 기억하며, (2) 한 부처님 명호로 내지 말할 수 없이 말할 수 없는 부처님 명호를 기억하며, (3) 한 부처님이 출세하여 수기함과 내지 말할 수 없이 말할 수 없는 부처님이 출세하여 수기 줌을 설함을 기억하며, (4) 한 부처님이 출세하여 수다라를 말함을 기억하며, 내지 말할 수 없이 말할 수 없는 부처님이 출세하여 수다라를 설함을 기억하고, (5) 수다라와 같이 기야·수기·가타·니다나·우다나·본사·본생·방광·미증유·비유·논의도 그와 같으며, 한 대중의 모임과 내지 말할 수 없이 말할 수 없는 대중의 모임을 기억하며, (6) 한 법을 연설함과 내지 말할 수 없이 말할 수 없는 법을 연설함을 기억하며, (7) 한 근기의 가지가지 성품과 내지 말할 수 없이 말할 수 없는 근기의 가지가지 성품을 기억하며, (8) 한 근기의 한량없는 가지가지 성품과 내지 말할 수 없이 말할 수 없는 근기의 한량없는 가지가지 성품을 기억하며, (9) 한 번뇌의 가지가지 성품과 내지 말할 수 없이 말할 수 없는 번뇌의 가지가지 성품을 기억하며, (10) 한 삼매의 가지가지 성품과 내지 말할 수 없이 말할 수 없는 삼매의 가지가지 성품을 기억하느니라."

[疏] 二, 憶念下는 所念差別中에 唯依宿住하야 以辨明記라 略擧十事하야 以顯無盡이니 一, 生이오 二, 劫이오 三, 佛名이오 四, 授記오 五, 演敎오 六, 衆會요 七, 說義요 八, 根性이오 九, 所治오 十, 能治라 文

並可知로다

- (나) 憶念 아래는 기억할 대상을 차별함 중에 오직 숙세의 머무름에 의지하여 분명히 기억함을 밝혔다. (1) 태어남 (2) 겁 (3) 부처님 명호 (4) 수기하심 (5) 교법을 연설함 (6) 대중의 모임 (7) 뜻을 연설함 (8) 근기의 성품 (9) 다스릴 대상 (10) 다스리는 주체이다. 경문과 함께하면 알 수 있으리라.

ㄴ. 힐난을 따라 개별로 해석하다[隨難別釋] 2.
ㄱ) 12분교에 대한 해석[釋十二分] 5.

(ㄱ) 명칭을 밝히다[辨名] (十二 26下3)
(ㄴ) 모양을 해석하다[釋相] 2.
a. 총합하여 표방하다[總標] (各有)

[疏] 十二分教를 今當略說호리라 舊名十二部經하니 恐濫部帙일새 改名 分教하노라 各有二相하니

- ㄱ) 12분교에 대해 지금 마땅히 간략히 해설하리라. 옛 명칭은 12부 경이니 부질과 오해할까 두려워 '분교(分教)'라고 이름을 고쳤다. 각기 두 가지 모양이 있으니,

b. 개별로 해석하다[別釋] 12.
a) 수다라[修多羅] 2.

(a) 두 모양을 설명하다[辨二相] (唯修 26下5)

[疏] 唯修多羅가 或二或三이라 修多羅者는 此云契經이니 廣如初卷이라 言二相者는 一, 是總相이니 謂涅槃十五에 云, 始從如是我聞으로 終至歡喜奉行히 皆修多羅니라 二者, 別相이니 雜集十一에 云, 謂長行綴緝하야 略說所應說義라하니라

■ 오로지 수다라가 혹은 둘도 되고 셋도 된다. 수다라는 계경(契經)이라 번역하나니, 자세한 것은 제1권에 있다. '두 모양'이라 말한 것은 ㊀ 총상이니 이른바 『열반경』제15권에 이르되, "처음 여시아문으로부터 마지막 환희봉행까지가 모두 수다라이다"라 하였다. ㊁ 별상이니 『아비달마잡집론』제11권에 이르되, "장항을 모아 엮어서 응당히 말씀하려는 이치에 따라 간략하게 해설한 것을 수다라라 한다"라고 하였다.

(b) 다른 명칭을 밝히다[辨異名] 2.
㊀ 네 가지 이름을 나열하다[列四名] (然更 26下8)

[疏] 然更有異名이라 異名有四하니 一, 法本이오 二, 但名經이오 三, 直說이오 四, 聖敎라

■ 그러나 다시 다른 명칭이 있다. (b) 다른 명칭에 넷이 있으니, ① 법의 근본이요, ② 경의 명칭이요, ③ 바로 말함이요, ④ 성인의 가르침이다.

㊁ 개별로 이름을 해석하다[別釋名] 7.
① 혜원법사의 해석[正述遠公釋] (言法 26下10)
② 이유를 내보이다[出所以] (以彼)

[疏] 言法本者는 遠公이 以五義로 釋之하니 一, 敎爲理本이오 二, 經爲論本이오 三, 總爲別本이오 四, 初爲後本이오 五, 略爲廣本이라 以彼가 立三修多羅故니라

■ '법의 근본'이라 말한 것은 혜원법사가 다섯 가지 뜻으로 해석하였으니 (1) 교법은 이치의 근본이요, (2) 경문은 논의 근본이요, (3) 총상은 별의 근본이요, (4) 처음은 뒤의 근본이요, (5) 간략함은 자세함의 근본이다. 저것이 세 가지 수다라를 세운 까닭이니다.

③ 세 가지가 섞인 의미를 해석하다[釋三參意] (一總 27上2)
④ 타파함을 막고 회통하다[遮破會通] (然其)

[疏] 一, 總相이오 二, 別相이오 三, 本相이니 亦名略相이니라 總不異前이오 別은 謂就前總相하야 分出十一이라 餘不收者는 還復攝在修多羅中이니 名爲別相이라 用斯別相하야 望祇夜等에 爲其本이니 故名初며 爲後本이라 言本相者는 於彼別相十二部中에 初略標擧하야 名修多羅라 後廣釋者는 隨別名之니 如言色者는 卽是根本略相이라 復云靑黃等者는 是名廣相이니 故云略爲廣本이니라 然其後二가 不違雜集長行綴緝等言이니 綴緝이 卽是十一의 所不攝者라 如賢首品에 云, 爾時에 文殊師利가 說無濁亂淸淨行大功德已等類가 此是結集綴緝이오 非佛正說이니 故云十一所不攝者라 其略說所應說義가 卽是略爲廣本이니 如欲顯示菩提心功德故가 卽其類也라 此第三略相이 亦順成實이니 成實에 名直說語言하니 總相而言에 名爲直說이오 一一[191)語言을 多義分別은 名非直說이라 斯則通十二分敎에 皆有此

---
191) 一一은 南續金本作二誤.

一이라

■ (1) 총상이요, (2) 별상이요, (3) 근본 모양이니, 또한 '간략한 모양'이라고도 이름한다. (1) 총상은 앞과 다르지 않고, (2) 별상은 이른바 앞의 총상에 입각하여 나누어 11가지가 나왔다. 나머지는 거두지 않은 것은 도리어 다시 수다라 중에 포섭하였으니 '별상'이라 이름한다. 이런 별상을 사용하여 기야(祇夜) 등과 바라볼 적에 그 근본이 되었으니, 그러므로 '처음'이라 이름하였고, 뒤의 근본이 된다. '근본 모양'이라 말한 것은 저 별상의 12부경 중에 처음은 표방하고 거론함을 생략해서 이름하여 '수다라'라 하였다. 뒤에 자세하게 해석한 것은 별상을 따라 이름하였으니, '물질이라 말함과 같다'는 것은 곧 근본적으로 모양을 생략함이다. 다시 '푸르고 노란 둥'이라 말한 것은 이름하여 '자세한 모양'이라 한다. 그러므로 '간략함은 자세함의 근본이 된다'고 하였다. 그러나 그 뒤의 둘이 『잡집론』의 장항을 엮어 모았다는 등의 말과 어긋나지 않나니, 엮어 모은 것이 곧 11가지에 포섭되지 않은 것이다. 마치 현수품에 이르되, "그때에 문수사리보살이 흐리고 어지러움이 없는 청정한 행의 큰 공덕을 설하고 나서"라 한 따위가 이것은 결집하여 엮어 모은 것이요, 부처님이 바로 설한 말씀이 아니니, 그러므로 '11가지에 포섭되지 않은 것'이라 말하였다. '응당히 말씀하려는 이치에 따라 간략하게 해설한 것'이 바로 간략함은 자세함의 근본이니, 마치 보리심의 공덕을 드러내 보이려는 까닭과 같은 것이 곧 그런 종류이다. 여기의 셋째, 간략한 모양이 또한 성실론을 따르나니 『성실론』에 '바로 설한 말씀'이라 이름하였으니, 총상으로 말할 적에 직설(直說)이라 이름함이요, 하나하나의 말씀을 여러 가지 뜻으로 분별함은 '직설이 아님'이라고 이름한다. 이렇다면 12분교와

통할 적에 모두에 이 한 가지가 있다.

⑤ 경문의 뜻을 바로 보이다[正示文義] (若十 27下5)
⑥ 혜원법사가 주장한 근거를 결론하다[結示遠公之據] (但開)
⑦ 간정공을 결론적으로 비판하다[結彈刊定] (有不)

[疏] 若十二分中의 修多羅인댄 並通前三이오 若三藏修多羅인댄 唯局總相이라 但開雜集別義하야 以成後二니라 有不曉者는 妄非先賢하야 而云修多羅는 但依總相業用이니 則違諸論長行綴緝等이라하니라

■ 만일 12분교 중의 수다라라면 아울러 앞의 셋과 통함이요, 만일 삼장인 수다라라면 오직 총상에만 국한한다. 단지 『잡집론』의 특별한 뜻만을 열어서 뒤의 둘을 이루었다. '밝지 않음이 있다'는 것은 허망은 선현이 아니어서 그러나 (간정공이) 말하되, "수다라는 단지 총상의 업과 작용을 의지했을 뿐이니 여러 논서의 장항을 엮어 모은 따위와 어긋난다"라고 하였다.

[鈔] 十二分敎今當略釋者는 即第五演敎也라 文中에 三이니 一, 釋總名이라 二各有二相下는 釋相이오 三, 料揀通局이라 二中에 先, 總明[192]이라 修多羅者下는 別釋之라 此一部를 分二니 先, 辨二相이라 其長行綴緝等者는 次下에 當知니라 二, 然更有下는 辨異名하야 便彰三相이라 於中에 二니 先, 列四名이라 亦如初卷이니라 後, 言法本下는 別釋이라 於中에 二[193]니 一, 正述遠公釋이오 二, 以彼立下는 爲出所以하야 即立三相이니 以五中後三이 即三修多羅相故라 於中에 先,

---
192) 總明은 甲本作結明 續本作結名, 南金本無.
193) 二는 甲續本作三, 南金本無.

列이오 後, 總不異前下는 釋이라 於中에 二니 一, 正釋三相이니 總不異前二相中總也라 餘二는 可知로다

- '12분교에 대해 지금 마땅히 간략히 해설한다'는 것은 곧 (5) 교법을 연설함이다. 소문 중에 셋이니 (ㄱ) 총합 명칭을 해석함이다. (ㄴ) 총합 各有二相 아래는 모양을 해석함이요, (ㄷ) 총합 통하고 국한함을 구분함이다. (ㄴ) 총합 중에 a. 총합하여 설명함이다. b. 唯修多羅 아래는 개별로 해석함이다. 이런 한 부를 둘로 나누었으니 (a) 두 모양을 설명함이다. 그 장항에서 엮어 모은 등이란 다음 아래에 당래에 알 것이다. (b) 然更有 아래는 다른 명칭을 밝혀서 문득 세 가지 모양을 밝혔다. 그중에 둘이니 ㊀ 네 가지 이름을 나열함이요, 역시 제1권과 같다. ㊁ 言法本 아래는 개별로 이름을 해석함이다. 그중에 둘이니 ① 원공의 해석을 바로 말함이요, ㊉ 以彼立 아래는 이유를 내보이기 위하여 세 가지 모양을 세웠으니 다섯 가지 중 뒤의 셋이 곧 셋째, 수다라의 모양인 까닭이다. 그중에 ㉮ 나열함이요, ㊉ 總不異前 아래는 해석함이다. 그중에 둘이니 ㉠ 세 가지 모양을 해석함이니 총상은 앞의 두 가지 모양 중의 총상과 다르지 않다. ㉡ 나머지 둘은 알 수 있으리라.

然其後二下는 遮破會通이니 以刊定記에 自立兩重總別하니 如第一疏鈔라 不許立三이라 彼第一疏中에 破云호대 隋遠法師가 雖說修多羅의 總別略三이나 初順涅槃하고 二無聖敎하고 亦乖正理오 三, 違雜集이니 雜集論에 云, 修多羅者는 謂長行綴緝이니 略說所應說義라 하고 彼自釋云호대 略說所應說義가 卽是長行綴緝이니 曾無先略標擧와 後廣釋之相이라 言略者는 總之異名이니 謂修多羅一分이 是總

이오 餘十一分은 是別이라 今修多羅는 依藏部中總相業用하야 而立 其名이오 餘藏部名은 依藏部中別相業用이라 所以者何오 修多羅業 用이 能貫攝故며 故餘藏餘部의 所詮所化가 由此貫攝하야 彼方成 故라 故로 涅槃에 云, 始從如是我聞으로 終$^{194)}$至歡喜奉行히 皆修多 羅攝이라하니라 釋曰, 此卽彼之立破라 今疏에 知其所立이 但是總相 일새 更不敍之라 言違雜集할새 故爲辨相호대 却用雜集일새 故云不 違니 此成別相이라 故云長行綴緝是十一所不攝者는 恐義未顯일새 故引涅槃과 賢首品示之니 以總長行綴緝이 卽是總相이라 總相을 何 得揀偈頌耶아 其略說所應說義$^{195)}$는 通略相修多羅니 卽$^{196)}$雜集論 文而爲兩段이라 出別略$^{197)}$之據에 只用上賢首品一文하야 雙證二義 니 如云爾時에 文殊師利가 說無濁亂淸淨行大功德已者는 但是長 行綴緝이오 若云欲顯示菩提心功德故는 卽$^{198)}$略示相이니 標下文之 所說故라 次明不違成實은 可知로다 從斯則通十二分者는 明略相 通也니 不同別相의 十一不攝이라

● ④ 然其後二 아래는 타파함을 막고 회통함이다. 간정기에 스스로 이중으로 총상과 별상을 세웠으니 제1권 소초와 같은 내용이다. 세 가지로 세움을 허용하지 않았다. 저 제1권 소문 중에 타파하되, "수 대(隋代) 혜원법사(慧遠,523-592)$^{199)}$가 비록 수다라의 총상(總相) 별상

---

194) 終은 經甲南續金本作乃.
195) 其下에 甲南續金本有有字.
196) 卽下에 甲南續金本有離字.
197) 出別略은 南續金本作略出別.
198) 卽下에 南續金本有是字.
199) 혜원(慧遠,523-592): 隋代 스님, 속성은 李씨, 燉煌 사람. 13세에 출가하여 僧思에게 敎를 배우고, 16세에 湛, 大隱, 光統 등 여러 律師에게 三藏을 배우다. 577년 北周武帝가 廢佛을 단행하자 그 부당함을 揀하였으나 뜻을 이루지 못하다. 汲郡의 서산에 숨어 經을 읽고 禪定을 닦으며 때를 기다렸다. 뒤에 隋文帝가 중국을 통일하고 불교를 再興하면서 師를 위하여 정양사를 짓고 講席을 열어 후히 대접하여 '六大德'의 한 사람이 되게 하다. 開皇12년 칙명으로 譯經事業을 주관하다가 70세로 입적하다. 저서: [地持疏 5권] [十地疏 10권] [華嚴

(別相) 약상(略相)의 셋을 말했지만, 처음은 『열반경』을 따르고, 둘째는 성인의 교법이 없고, 셋째는 『잡집론』과 위배되나니 『잡집론』 제11권에 이르되, '수다라는 장항을 모아 엮어서 응당히 말씀하려는 이치에 따라 간략하게 해설한 것을 말한다'라 하였고, 저 『잡집론』에서 스스로 해석하되, '응당히 말씀하려는 이치에 따라 간략하게 해설한 것'이 곧 '장항을 모아 엮은 것'이니, 일찍이 먼저 간략히 표방함과 뒤의 자세한 해석은 없었다. '간략하다'고 말한 것은 총상의 다른 이름이니 이른바 수다라 한 부분은 총상이요, 나머지 열한 부분은 별상이다. 지금 수다라는 장부의 총상과 업과 작용을 의지하여 그 이름을 세운 것이요, 나머지 장부(藏部)의 이름은 장부 중 별상의 업과 작용을 의지하여 세운 것이다. 왜냐하면 수다라의 업과 작용이 능히 일관되게 포섭한 까닭이다. 그러므로 나머지 장부(藏部)의 말한 바와 교화할 대상이 이렇게 일관되게 포섭함으로 인하여 저기에서 비로소 성취되기 때문이다." 그러므로 『열반경』에 이르되, "처음 여시아문으로부터 마지막 환희봉행에 이르기까지 모두 수다라에 포섭된다"라고 하였다. 해석한다면 이것은 곧 저기서 세우고 타파한 내용이다. 지금 소에서 그 세운 것이 단지 총상만을 알기 때문에 다시 말하지 않았다. 『잡집론』에 위배된다'고 말한 연고로 모양을 밝혔으되 도리어 『잡집론』을 쓴 연고로 어긋나지 않나니 이것이 별상을 이룬 것이다. 그러므로 '장항으로 모아 엮은 것이 11부분에는 포섭되지 않았다'고 말한 것은 뜻이 드러나지 않을까 두려운 까닭에 『열반경』과 현수품을 인용해 보였으니, 총합하여 장항으로 모아 엮음이 곧 총상이다. 총상을 어찌하여 게송으로 구분하여야 하는가? 그 간략히 해설한 것

疏 7권] [大乘義章 14권] [無量壽經疏 2권] [觀無量壽經疏 2권].

을 말씀하려는 이치에 따름은 간략한 모양[略相]인 수다라에 통하나니, 곧 『잡집론』의 문장으로 두 문단을 삼은 것이다. 별상과 약상의 근거를 내보일 적에 단지 위의 현수품 한 문장만 사용하여 두 가지 뜻을 함께 증명하였으니, 마치 말하되, "그때에 문수사리보살이 흐리고 어지러움이 없는 청정한 행의 큰 공덕을 설하고 나서"라고 한 것은 단지 장항으로 모아 엮은 것일 뿐이요, 저에 이르되, "보리심의 공덕을 밝게 보이기 위한 까닭"은 곧 간략한 모양을 보인 것이니, 아래 경문에 설한 바를 표방한 것이다. 다음에 '성실론과 위배되지 않는다'고 밝힘은 알 수 있으리라. '이렇다면 12분교와 통한다'는 것은 간략한 모양과 통한다고 밝힌 부분이니 별상의 '열한 부분에 포섭되지 않음'과는 같지 않다.

若十二分下[200]는 雙結藏部二修多羅通局之異라 此文은 正爲刊定이 立二總別이니 彼云但藏部立名이 各有兩重總別하니 一, 謂三藏十二部가 爲總名이오 修多羅等은 爲別稱이라 二, 謂修多羅는 爲總號요 毘奈耶應頌等은 爲別目이라 自古相傳에 唯辨前門하고 不論其後하니라 釋曰, 其後一總別은 彼爲挺拔이나 今正破之리라 彼意에 云, 旣契理合機를 名修多羅라하니 則律與論도 皆有契合하니 豈不得名修多羅耶아 故今示云호대 二藏에 有契合者는 卽十二部中의 修多羅耳니 此約義該라 何須更立兩重總別고 三藏修多羅는 唯局總相이라 十二分中에 却分三相일새 故從總相하야 立於經藏은 揀異二藏也니라 但開雜集下는 結示遠公之據라 有不曉下는 結彈刊定이 違雜集言은 却在彼已니라 餘十二分은 文並可知라 然隨一一分하야

---

200) 此下에 南續金本有正辨大義四字.

便引當經爲證이리니 則顯此經이 具十二分耳니라

- 若十二分 아래는 장부의 두 가지 수다라의 통함과 국한됨의 다름을 함께 결론한 내용이다. 이 소문은 바로 간정공(刊定公)[201]이 두 가지 총상과 별상을 세운 것이니 저가 이르되, "단지 장부에서 세운 이름이 각기 이중으로 총상과 별상이 있으니 (1) 이른바 삼장 12부가 총합 명칭이 되고, 수다라 등은 개별 명칭이 된다. (2) 이른바 수다라는 총합 명칭이 되고, 비나야 응송 등은 개별 명칭이 된다. 예부터 서로 전함에 오직 앞의 문만 밝히고 그 뒤를 논의하지 않았다." 해석한다면 그 뒤로 한결같이 총합 명칭과 개별 명칭은 저기서 뽑아 버렸지만 지금에 바로 타파하리라. 저의 의미에는 이르되, "이미 이치와 계합함과 근기와 합함을 수다라라 이름한다"라고 하였으니 율장과 논장도 모두 계합함이 있으니 어찌 수다라라 이름하지 못하겠는가? 그러므로 지금에 보여 말하되, "두 가지 장부에 계합함이 있다는 것은 곧 12부경 중의 수다라일 뿐이며, 이것은 이치를 포함함을 잡은 분석이다. 어찌 모름지기 다시 이름으로 총명과 별명을 세우겠는가? 삼장인 수다라는 오직 총상에만 국한될 뿐이다. 12분교 중에 도리어 세 가지 모양으로 나누었으므로 총상을 좇아서 경장을 세운 것은 두 장부를 구분한 것이다. 但開雜集 아래는 혜원법사의 근거로 결론해 보인 것이다. 有不曉 아래는 간정공을 결론하여 타파함이 『잡집론』의 말씀과 위배됨은 도리어 저곳에 있을 뿐이다. 나머지 열한 부분은 소문과 함께하면 알 수 있으리라. 문득 본경을 인용하여 증명한 것이니 이 경

---

201) 혜원(惠苑, -): 唐代 화엄종 스님, 별호는 간정대사(刊定大師), 京兆 澤州 사람. 젊어서 賢首法藏(643-712)의 문하에서 화엄학을 배우다. 현수대사가 新譯華嚴과 註釋을 지어 제19권까지 이르다가 입적하니, 그 유지를 받들어 [續華嚴略疏刊行記 15권]을 짓고 또 [華嚴經音義 2권]을 지으니 곧 [惠苑音義]이다. 그러나 師의 주장이 현수와 일치하지 않으므로 宗門의 異流라 하여 正脈에서 제외하였다. (홍법원간 불교학대사전 p.1692-)

문에 12분교가 갖춘 것을 밝혔을 뿐이다.

b) 기야[祇夜] (言二 29下8)

[疏] 言二祇夜者는 此云應頌이라 一, 與長行으로 相應之頌이니 由於長行說未盡故라 雜集에 云, 不了義經을 應更頌釋이니 如十住品發心住頌이 即其類也라 二, 爲後來應更頌故니 涅槃에 云, 佛昔爲諸比丘하사 說契經竟이어늘 爾時에 復有利根衆生이 爲聽法故로 後至佛所하야 即便問人호대 如來向者에 爲說何事오 佛時知已하시고 即因本經하야 以偈頌曰, 我昔與汝等으로 不識四眞諦일새 是故로 久流轉하야 生死大苦海等이라하니라

■ b) 기야란 번역하면 '응하는 게송[應頌]'이라 한다. (1) 장항과 더불어 서로 응하는 게송이니 장항으로 다 설하지 못함으로 인한 까닭이다. 『잡집론』에 이르되, "요의가 아닌 경을 응당히 다시 게송으로 해석하였다"라고 하였으니 저 십주품의 제1 발심주 게송과 같은 것이 그 부류이다. (2) 후래(後來)를 위해 응당히 다시 노래한 까닭이니, 『열반경』에 이르되, "부처님께서 옛적에 여러 비구를 위하여 계경을 설하여 마쳤거늘 그때에 다시 근기가 날카로운 중생이 법을 듣기 위하는 연고로 뒤에 부처님 처소에 이르러 곧 문득 사람들에게 묻되, '여래께서 옛적에 무슨 일을 설하여 하는가?' 부처님이 때를 알고 나서 곧 본경을 인하여 게송으로 말하되, '내가 옛적에 너희들과 함께 네 가지 진제를 알지 못했을새 이런 연고로 오래 생사의 큰 고통 바다에 오래 유전한다' "는 등이다.

[鈔] 涅槃云佛昔爲諸比丘等者는 卽十五經이니 長行이라 具云하면 何等
名爲祇夜經고 佛告諸比丘하시되 昔我與汝로 愚無智慧하야 不能如
實見四眞諦일새 是故流轉하야 久處生死하야 沒大苦海니라 何等爲
四오 苦集滅道라 如佛昔日에 爲諸比丘하야 說契經竟이어늘 下全同
疏니라 疏後等字에 有二하니 一, 等餘偈니 更有一偈云호대 若能見四
諦하면 則得斷生死라 生有가 旣已盡에 更不受諸有라 是名祇夜經이
是也니라 二, 等取餘經文이니라

● 『열반경』에, '부처님께서 옛적에 여러 비구를 위하여'라 말한 것은 곧
제15권 경문이니 장항이다. 갖추어 말하면, "어떤 것을 이름하여 기
야경이라 하는가? 부처님이 여러 비구들에게 고하시되, '옛적에 내가
너와 함께 어리석고 지혜가 없어서 능히 사실대로 네 가지 진제를 보
지 못했을새, 이런 연고로 유전해서 오래 생사에 처하여 큰 고통의 바
다에 빠졌느니라. 어떤 것이 넷인가? 고제와 집제, 멸제, 도제이다.'
마치 부처님이 옛날에 여러 비구들을 위하여 계경을 설하여 마쳤거늘
아래는 소문과 완전히 같다." 소의 뒷부분의 '등(等)' 자에 둘이 있으
니 (1) 나머지 게송 등이니 다시 한 게송이 있으되, "만일 능히 사성제
를 보았다면 곧 생사를 끊은 것이다." 생의 존재가 이미 다할 적에 다
시 모든 존재를 받지 않는다. 이것을 기야경(祇夜經)이라 이름한다는
것이 이것이다. (2) 나머지 경문을 똑같이 취하였다.

c) 수기[授記] (三受 30下2)

[疏] 三, 受記者는 梵云和伽羅那며 亦云記別이니 記者는 錄也오 別은 謂
分別이라 一, 記弟子生死因果니 其文非一이오 二, 記菩薩이 當成佛

事니 如記彌勒이라 此發心品과 及出現品에 並有其文하니라

- c) 수기란 범어로 화가라나(和伽羅那)라 하며 또는 '기록하여 분별함'이라 하나니 기(記)란 '기록함'이요, 별(別)은 '분별함'이라 말한다. (1) 제자가 나고 죽는 원인과 결과를 기록함이니, 그 문장이 하나가 아니요, (2) 보살이 미래에 성불하는 일을 기록함이니 마치 미륵보살을 기록함과 같다. 본경의 발심공덕품과 여래출현품에 그 문장이 함께 있다.

[鈔] 如記彌勒者는 涅槃에 云, 何等名爲授記經고 如有經律에 如來說時에 爲諸天人하야 受佛記別이니 汝阿逸多야 未來有王하니 名曰穰佉라 當於是世하야 而成佛道하니 號曰彌勒이라하니 是名授記經이니라

- '마치 미륵보살을 기록함과 같다'는 것은 『열반경』에 이르되, "어떤 것을 『수기경』이라 이름하는가? 마치 경장과 율장에 여래가 설법할 때에 모든 천인을 위하여 부처님의 기별을 받았으니, 아일다여, 미래에 왕이 있으니 이름은 양거(穰佉)라 한다. 이 세상을 당하여 불도를 이루리니 명호는 미륵(彌勒)이라 할 것이다" 하심과 같나니 이것을 『수기경(授記經)』이라 이름한다.

d) 가타[伽陀] (四伽 30下9)

[疏] 四, 伽陀者는 此云諷頌이니 諷卽是頌이니 謂孤起偈라 一, 爲易誦持故오 二, 爲樂偈者故오 三, 天偈讚이 皆是其流니라

- d) 가타는 번역하면 '게송을 읊음'이라 하나니 읊음이 곧 게송이니 이른바 '홀로 일으킨 게송'이다. (1) 외우고 수지하기 쉽게 하기 위함이

요, (2) 게송을 좋아하는 이를 위함이요, (3) 하늘이 게송으로 찬탄함이 모두 그런 부류이다.

[鈔] 四伽陀는 涅槃中에 引諸惡莫作偈라 二相이 卽是二意立偈라
- d) 가타는 『열반경』 중에 '모든 악을 짓지 말라'는 게송을 인용함이다. 두 가지 모양이 곧 두 가지 주장으로 세운 게송이다.

e) 니타나[尼陀那] (五尼 31上3)

[疏] 五, 尼陀那니 此云因緣이라 一, 因請方說은 爲重法故니 如三家五請等이오 二, 因事方說이니 知本末故니 如觀善財라 又雜集에 云, 又有因緣制立學處라하니 卽因事制戒니 亦第二攝이니라
- (e) 니타나이니 번역하여 '인연'이라 한다. (1) 청법으로 인하여 바야흐로 설법함은 법을 존중하기 위함이니 저 세 부류가 다섯 번 청법함과 같고, (2) 일로 인하여 바야흐로 설법함이니 근본과 지말을 아는 까닭이니 선재동자를 만나는 것과 같다. 또한 『잡집론』에 이르되, "또한 인연이 있어서 배울 곳을 만들어 세운다"라고 하였으니 곧 일로 인하여 계율을 제정함이니 또한 제2 이구지에 포섭되었다.

[鈔] 二因事方說知本末故者는 涅槃에 云, 何等名爲尼陀那經고 如諸經偈의 所因根本을 爲他演說이라 如舍衛國에 有一丈夫가 羅網捕鳥하야 得已籠繫하고 隨與水草하며 而復還放이어늘 世尊이 知其本末因緣하시고 而說偈言하시되 莫輕小罪하야 以爲無殃하라 水滴雖微나 漸盈大器라하니라

● '(2) 일로 인하여 바야흐로 설법함이니 근본과 지말을 아는 까닭'이란 『열반경』에 이르되, "어떤 것을 이름하여 니타나경(尼陀那經)이라 말합니까? 저 모든 경전의 게송에서 원인과 근본인 것을 다른 이를 위해 연설함과 같다. 마치 사위국에 사는 한 장부가 그물을 쳐서 새를 잡고 나서 새장에 가두고는 물과 풀을 따라 주며 다시 도리어 놓아 주었는데 세존께서 그 처음부터 끝까지 인연을 아시고는 게송을 설해 말씀하시되, '작은 죄를 가벼이 여겨 재앙이 없다 하지 말라. 물방울이 비록 작지만 점점 큰 그릇에 가득찬다'"고 하였다.

f) 우타나[優陀那] (六優 31下1)

[疏] 六, 優陀那는 此云自說이니 一, 爲令知而請法故니 如十地本分等이오 二, 爲令所化며 生殷重故니 念佛慈悲하야 爲不請友니 如普賢行品等이니라

■ f) 우타나는 번역하여 '스스로 설하심[自說]'이라 한다. (1) 하여금 알게 해서 법문을 청하게 하기 위함이니 저 십지품의 본분 따위와 같고, (2) 교화할 대상으로 하여금 은근하게 존중함을 내게 하기 위함이니, 부처님의 자비를 생각하여 청하지 않은 벗이 되나니 저 보현행품 등과 같다.

g) 본사[本事] (七本 31下4)

[疏] 七, 本事者는 梵云伊帝目多伽라 一, 說佛往事이니 如說威光太子等이오 二, 說弟子往事니 如說諸善友因緣等이니라

■ g) 본사는 범어로 이제목다가(伊帝目多伽)라 하나니, (1) 부처님의 옛 날 일을 말함이니 저 대위광(大威光) 태자를 설하는 등과 같고, (2) 제자들의 옛날 일을 말함이니, 마치 모든 좋은 벗의 인연을 설하는 등과 같다.

[鈔] 七本事二相中에 瑜伽八十一에 但有初相云호대 本事者는 說佛前際所有事와 後際所生事라하며 雜集에 但有後意하니 論에 云, 本事者는 謂宣說聖弟子等의 前世相應事라하니라
● g) 본사의 두 모양 중에『유가사지론』제81권에 단지 첫째 양상만 있으니, "본사는 부처님의 과거에 있었던 일과 미래에 생길 일을 말함이다"라고 하였으며,『잡집론』에는 단지 뒤의 뜻만 있으니 논에 이르되, "본사는 이른바 성인의 제자 등의 전생에 서로 응한 일을 말한 내용이다"라고 하였다.

h) 본생[本生] (八本 31下9)

[疏] 八, 本生者는 梵云闍陀伽니 謂說昔受身이라 一, 說如來니 如說威光이 數數轉身하야 値諸佛等이오 二, 說弟子니 如諸善友等이라 然其本事는 但云其事나 除所生事오 本生은 要說受身耳니라
■ h) 본생이란 범어로 사타가(闍陀伽)이니 이른바 과거에 받은 몸을 말함이다. (1) 여래를 말함이니 마치 대위광이 자주자주 몸을 바꾸어 여러 부처님을 만나는 등을 설함과 같음이요, (2) 제자를 말함이니, 마치 여러 착한 벗 등과 같다. 하지만 g) 본사는 단지 그 사연만 말하고 태어난 일은 제외함이요, h) 본생은 받은 몸을 중요하게 설할

뿐이다.

[鈔] 八本生等一說如來者는 涅槃에 云, 如佛世尊이 本爲菩薩時에 修諸苦行하나니 所謂比丘야 當知하라 我於過去에 作鹿하며 作熊, 作鼇, 作兎, 作粟散王과 轉輪聖王, 龍, 金翅鳥하야 如是等行菩薩道時에 捨所可愛身이라하나라

- 'h) 본생에서 (1) 여래를 말함'이란 『열반경』에 이르되, "마치 부처님 세존께서 본래 보살 시절에 모든 고행을 닦나니, 이른바 비구여, 마땅히 알라. 내가 과거에 사슴이 되고, 곰이 되고, 노루가 되고, 토끼가 되고, 조를 흩는 왕이 되고, 전륜성왕, 용, 금시조가 되어 이러한 등으로 보살도를 닦을 때에 사랑스런 몸을 버렸느니라"라 하심과 같다.

i) 방광[方廣] (九方 32上6)

[疏] 九, 方廣者는 梵云毘佛略이니 一, 廣大利樂故오 二, 正法廣陳故라 此經一部가 全受斯稱이니라 涅槃에 云, 所謂大乘方等經典은 其義廣大가 猶如虛空이라하니라 雜集에 開爲五義云호대 方廣者는 謂菩薩藏相應言說이오 亦名廣破니 以能廣破一切障故라 亦名無比法이니 無有諸法이 能比類故라 一切有情利益安樂의 所依處故로 宣說廣大甚深義故라하니라

- i) 방광이란 범어로 비불약(毘佛略)이라 하나니, (1) 광대하게 이롭고 즐거운 까닭이요, (2) 바른 법을 널리 말하는 까닭이다. 본경의 한 부분이 전부 이런 명칭을 받는다. 『열반경』에 이르되, "이른바 대승의 방등경전은 그 뜻이 광대함이 마치 허공과 같다"라고 하였다. 『잡집

론』(제11권)에는 열어서 다섯 가지 뜻으로 말하되, "(1) 방광이란 이
른바 보살장에 상응하여 말함이요, (2) 또한 널리 파함이라 하나니,
능히 온갖 장애를 널리 타파하는 까닭이다. (3) 또한 비교할 수 없
는 법이라 하나니, 능히 부류와 비교하는 까닭이다. 온갖 유정의 이
익과 안락함의 의지처인 연고로 광대하고 매우 깊은 이치를 선설하기
때문이다"라고 하였다.

[鈔] 九方廣은 可知로다 所引雜集은 皆第十一이라 開總菩薩藏相이니 應
言爲四오 竝總爲五²⁰²⁾라 餘卽可知로다
- i) 방광은 알 수 있으리라. 인용한『잡집론』은 모두 제11권이다. 총
합하여 보살장의 양상을 열었으니, 응하여 말하면 넷이요 아울러 총
합하면 다섯이 된다. 나머지는 알 수 있으리라.

j) 미증유[未曾有] (十未 32下4)
k) 비유[譬喩] (十一)
l) 논의[論義] (十二)

[疏] 十, 未曾有者는 梵云阿浮達磨니 亦云希法이라 一, 德業殊異故니
如佛初生에 卽行七步와 斯經의 不起而升四天等이라 二,²⁰³⁾ 法體希
奇故니 謂說佛菩薩不共功德이라 經文非一이니라 十一, 譬喩者는 梵
云阿波陀那니 一, 爲深智說似하야 令解眞故니 如法華에 云,²⁰⁴⁾ 諸

---
202) 五下에 甲南續金本有耳字.
203) 二는 南續金本作一誤.
204) 이는『法華經』譬喩品 제3에 나오는 내용이다. 經云, "時에 佛告舍利弗하시되, 我先不言諸佛世尊이 以種種
因緣과 譬喩言辭로 方便說法이 皆爲阿耨多羅三藐三菩提耶이 是諸所說이 皆爲化菩薩故니라 然이나 舍
利弗아 今當復以譬喩로 更明此義호리니 諸有智者는 以譬喩得解니라."

有智者는 以譬喩로 得解며 如出現品에 一一喩明이라 二, 爲淺識하야 就彼取類하야 誘令信故라 如爲擔人하야 說二蘊等이니 此經所無라 雜集에 通說하니 爲令本義로 得明了故니라 十二, 論義者는 梵云 優波提舍라 一, 以理深故오 二, 義不了故니 並須循環研覈이라 或 佛自說이며 或菩薩相論이니 如問明品等이니라

■ j) 미증유란 범어로 아부달마(阿浮達磨)라 하나니, 또한 '희유한 법'이라 번역한다. (1) 공덕과 업이 다르기 때문이니 마치 '부처님께서 처음 나실 적에 곧 일곱 걸음을 옮기신 것'과 본경의 '(보리수하에서) 일어나지 않으시고 네 군데 하늘로 오르신 일' 따위이다. (2) 법의 체성이 희유하고 기특한 까닭이니, 이른바 불보살의 함께하지 않는 공덕을 말함이다. 경문에 (찾아보면) 하나 둘이 아니다.

k) 비유란 범어로 아파타나(阿波陀那)라 하나니, (1) 깊은 지혜로 비슷함을 말하기 위하여 하여금 진법을 알게 하려는 것이니, 마치 『법화경』에 이르되, "모든 지혜 있는 이는 비유로써 알 수 있다"라 하였으며, 저 여래출현품에 하나하나 비유로 설명함과 같다. (2) 얕은 지식을 위하여 저들이 취하는 부류에 입각하여 유도해서 하여금 믿게 하는 까닭이다. 마치 짐을 진 사람을 위하여 두 가지 온(蘊) 등을 설함과 같나니 본경에는 없는 부분이다. 『잡집론』에 설한 것과 통하나니 본래의 이치로 하여금 분명하게 알게 하기 위함이다.

l) 논의는 범어로 우바제사(優波提舍)라 한다. (1) 이치가 깊은 까닭이요, (2) 뜻을 알지 못하기 때문이니, 아울러 돌아가며 연구하고 궁구함을 추구한 것이다. 혹은 부처님이 스스로 설법하심이며, 혹은 보살이 서로 논의함이니 보살문명품의 내용과 같은 등이다.

(ㄷ) 묻고 대답하다[問答] (此之 33上5)

[疏] 此之十二가 於大於小에 爲局爲通하니 若皆大者인대 則違涅槃等文이라 涅槃第三에 云, 護大乘者는 受持九部라하며 法華第一에 云, 我此九部法을 隨順衆生說이라하며 瑜伽等論에 說聲聞藏에 無有方廣이라하니라 然諸經論은 且約一相하야 故作是說이어니와 如實說者인대 大小皆具니 如深密中에 菩薩이 依十二分敎하야 修奢摩他라하며 瑜伽二十一에 云, 佛爲聲聞하사 一一²⁰⁵⁾具演十二分敎라하니라 而涅槃說大에 但有九者는 依三部中之小相故니 謂因緣中에 取因事制戒하고 於譬喩中에 依爲誘引하고 於論議中에 約非了義니라 法華의 九部小者는 三相大故니 於記別中에 取記作佛하고 自說之內에 依不請友오 方廣之中에 依廣大利樂이라 其正法廣陳은 通大通小니라

■ (ㄷ) 이런 12가지가 대승과 소승에 국한되기도 하고 통하기도 하나니, 만일 모두 대승이라면 『열반경』 따위 경문과 위배되리라. 『열반경』 제3권에 이르되, "대승을 보호하는 이는 9부경을 수지한다"라고 하였고, 『법화경』 제1권에 이르되, "내가 말한 9부의 법 중생 근기 따름이니"라고 하였으며, 『유가사지론』 등 논서에 성문장을 설할 적에 방광은 없다고 하였다. 그러나 모든 경과 논은 우선 한 가지 모양을 잡아서 이런 설법을 하거니와 사실대로 말한다면 대승과 소승이 모두 갖추었으니, 마치 『해심밀경』 중에 '보살이 12분교에 의지하여 사마타를 닦는다'고 함과 같으며, 『유가사지론』 제21권에 이르되, "부처님이 성문을 위하여 하나하나 12분교를 갖추어 연설하신다"라고 하였다. 그러나 『열반경』에 '대승을 설하면서 단지 9부만 있다'는 것

---

205) 一一을 續本作二誤.

은 3부 가운데 소승의 모양을 의지한 까닭이니, 이른바 인연 중에 일을 인하여 계법을 제정함을 취하고, 비유 중에 의지하여 이끌어 유인하고, 논의 중에 요의(了義)가 아님을 잡은 것이다. 『법화경』의 9부로 작은 것은 세 가지 모양이 대승인 까닭이니, 수기 중에 부처가 됨을 기별함을 취하였고, 스스로 설함[自說] 중에 청하지 않은 벗에 의지하였고, 방광 중에서 광대한 이익과 안락에 의지하였다. 그 정법을 넓게 말함에는 대승에도 통하고 소승에도 통한다.

(ㄹ) 구분하다[料揀] (然契 33下5)

[疏] 然契經을 望餘에 總相略相을 則許通有어니와 別相則無오 應頌과 諷頌과 本事와 本生을 互望에 並無오 本事와 本生을 望於記別에 亦是 互無오 自說因緣은 容得互有니 如因事說하고 不由請故라 除上所除코 餘皆互有라 此經之中에 具足十二는 已如上引이라

■ 그런데 계경을 나머지와 비교할 적에 (1) 총상과 약상을 통틀어 있다고 허락하거니와 (2) 별상으로는 없고 (3) 응송과 풍송, 본생과 본생을 서로 바라볼 적에 함께 없고, (4) 본사와 본생을 기별과 비교할 적에 역시 서로 없으며, (5) 자설과 인연을 번갈아 있다고 허용하나니 마치 일로 인하여 설하고, 청함으로 인하지는 않기 때문이다. 위에서 제거한 것을 제외하고는 나머지는 모두 번갈아 있다. 이 경문 중에는 12가지를 구족했다는 것은 이미 위에서 인용한 바와 같다.

(ㅁ) 근본 원인을 결론하여 보이다[結示本源] (十二 33下9)

[疏] 十二分敎가 義已略周하니 有欲廣知인대 如涅槃十五와 雜集十一²⁰⁶⁾과 瑜伽八十一等說이니라
- 12분교가 뜻으로는 이미 간략하게 두루 하였으니 어떤 이가 자세하게 알고자 한다면 저 『열반경』 제15권과 『잡집론』 제11권과 『유가사지론』 제81권 따위의 설명을 참고하라.

ㄴ) 다스리는 주체를 해석하다[釋能治] (言一 34上1)

[疏] 言一三昧種種性者는 如一定中에 凡小權實이 多差別故라 又一多가 卽入故니라
- '한 삼매의 가지가지 성품'이라 말한 것은 마치 한 가지 선정 중에서 범부와 소승, 권교와 실교가 많은 차별이 있음과 같기 때문이다. 또한 하나와 여럿이 들어가고 합치한 까닭이다.

[鈔] 此之十二於大小下는 第三, 料揀通局이라 於中에 三이니 一, 揀通局大小오 次, 通會오 後, 揀十二互有互無라 今初라 言涅槃第三云護大乘者受持九部者는 義引이니 經에 云, 若有比丘가 供身之具를 亦常豊足하고 復能護持所受禁戒하며 能師子吼로 演說妙法이니 謂修多羅와 祇夜와 授記와 伽陀와 優陀那와 伊帝目多伽와 闍陀伽[207]와 毘佛略과 阿浮達磨라 以如是等九部經典으로 爲他廣說하야 利益安樂諸衆生故等이라하니라
法華第一은 卽是方便品後偈니 下半에 云, 入大乘爲本일새 以故로 說是經이라하며 下引瑜伽는 小唯十一이라 然諸經下는 會通을 可知

---

206) 一은 甲南續金本作二.
207) 伽는 南續金本及北經無.

로다 然契經等下는 料揀互有互無라 餘可知로다
- (ㄷ) 此之十二於大小 아래는 통함과 국한함을 구분함이다. 그중에 셋이니 a. 대승과 소승에 통함과 국한됨을 구분함이요, b. 통틀어 회통함이요, c. 12가지가 번갈아 있고 번갈아 없음을 구분함이다. 지금은 a.이다. 『열반경』 제3권에 '대승을 보호하는 이는 9부경을 수지한다'라 말한 것은 '뜻을 인용함'이다. 경문에 이르되, "만일 비구로서 몸을 이바지할 것도 풍족하고 받은 금기와 계율을 잘 호지하며 능히 사자후로써 미묘한 법을 널리 설한다. 곧 수다라, 기야, 수기, 가타, 우다나, 이제목다가, 사타가, 비불략, 아부달마 등의 9부 경전을 남을 위해 널리 설한다. 그렇게 여러 중생들을 이익되고 안락케 하기 위한 등"이라 말한다. 『법화경』 제1권은 곧 방편품의 뒷부분 게송이니 a) 아래 반의 게송에 이르되, "대승 근본 삼으려고 그런 경전 말하느니"라고 하였으며, 아래에서 『유가론』을 인용함은 적게는 오직 제11권뿐이다. b) 然諸經 아래는 (질문과 대답으로) 회통함은 알 수 있으리라. (ㄹ) 然契經等 아래는 번갈아 있고 번갈아 없음을 구분함이다. 나머지는 알 수 있으리라.

(다) 기억하는 주체의 뛰어난 모양[能念勝相] (三此 34下3)

此念이 有十種하니 所謂寂靜念과 淸淨念과 不濁念과 明徹念과 離塵念과 離種種塵念과 離垢念과 光耀念과 可愛樂念과 無障礙念이라
"이 기억하는 생각이 열 가지가 있으니, 이른바 고요한 기억, 청정한 기억, 흐리지 않은 기억, 분명한 기억, 티끌을 여

원 기억, 가지가지 티끌을 여읜 기억, 때를 여읜 기억, 광명이 빛난 기억, 사랑스러운 기억, 막힘이 없는 기억이니라."

[疏] 三, 此念下는 明能念勝相이라 於中에 十句니 一, 靜慮相應故오 二, 無漏俱轉故오 三, 淨信俱故오 四, 了了知故오 五, 不取相故오 六, 離分別故오 七, 離所知故오 八, 與慧俱故오 九, 具上諸德故오 十, 離上諸過故니라

■ (다) 此念 아래는 기억하는 주체의 뛰어난 모양이다. 그중에 열 구절이니 (1) 정려로 상응하는 까닭이요, (2) 무루로 모두 바뀐 까닭이요, (3) 깨끗한 믿음과 함께하는 까닭이요, (4) 요달하여 아는 것을 알기 때문이요, (5) 모양을 취하지 않기 때문이요, (6) 분별을 여읜 까닭이요, (7) 알아야 할 대상을 여읜 까닭이요, (8) 지혜와 함께하는 까닭이요, (9) 위의 여러 공덕을 구비한 까닭이요, (10) 위의 여러 허물을 여읜 까닭이다.

(라) 이익된 모양을 개별로 밝히다[別明益相] (四菩 35上3)

菩薩이 住是念時에 一切世間이 無能嬈亂하며 一切異論이 無能變動하며 往世善根이 悉得淸淨하며 於諸世法에 無所染着하며 衆魔外道의 所不能壞며 轉身受生에 無所忘失하며 過現未來에 說法無盡하며 於一切世界中에 與衆生同住하되 曾無過咎하며 入一切諸佛衆會道場하되 無所障礙하며 一切佛所에 悉得親近하나니

"보살이 이 기억에 머문 때에는 일체 세간이 요란하지 못하

고, 온갖 외도의 의논이 변동하지 못하고, 지난 세상의 선근이 모두 청정하여지고, 여러 세상 법에 물들지 않고, 마군들과 외도가 파괴하지 못하고, 다른 몸을 받아 나도 잊어버리지 않고, 과거, 현재, 미래에 법을 말함이 다하지 않고, 모든 세계에서 중생들과 함께 있어도 허물이 없고, 모든 부처님의 대중이 모인 도량에 들어가는 데 장애가 없고, 모든 부처님 계신 데서 모두 친근하나니,

[疏] 四, 菩薩住此下는 明念益相이라 亦有十句니 旣世與出世를 皆念일새 故能離過成德이라 並顯可知로다

■ (라) 菩薩住此 아래는 이익된 모양 기억함을 밝힘이다. 또한 열 구절이 있으니, 이미 세간과 출세간을 모두 기억하는 연고로 능히 허물을 여의고 공덕을 성취한다. 아울러 함께하면 알 수 있으리라.

다) 기억하는 장을 결론하다[結名] (經/是名 35上1)

是名菩薩摩訶薩의 第八念藏이니라
이것을 보살마하살의 제8 기억하는 장이라 하느니라."

자. 지니는 장[持藏] 3.

가) 명칭에 대한 질문[徵名] (經/佛子 35上5)
나) 모양을 해석하다[釋相] 3.

(가) 경문의 뜻을 별도로 거론하여 오랫동안 지님을 밝히다
　　[別舉文義顯長時持] (初別 35上8)

佛子여 何等이 爲菩薩摩訶薩의 持藏고 此菩薩이 持諸佛所說修多羅하되 文句義理를 無有忘失하여 一生持하고 乃至不可說不可說生持하며
"불자들이여, 어떤 것을 보살마하살의 지니는 장이라 하는가? 이 보살이 여러 부처님의 말씀한 수다라의 구절과 뜻을 지니고 잊지 아니하나니, 일생에 지니며, 내지 말할 수 없이 말할 수 없는 생에 지니며,

[疏] 第九, 持藏이라 釋相中에 三이니 初, 別舉文義하야 顯長時持오
■ 자. 지니는 장이다. 나) 모양을 해석함 중에 셋이니, (가) 경문의 뜻을 별도로 거론하여 오랫동안 지님을 밝힘이요,

(나) 모든 법을 두루 거론하여 널리 지니는 주체를 밝히다
　　[徧舉諸法顯能廣持] (二持 36上1)

持一佛名號와 乃至不可說不可說佛名號하며 持一劫數와 乃至不可說不可說劫數하며 持一佛授記와 乃至不可說不可說佛授記하며 持一修多羅와 乃至不可說不可說修多羅하며 持一衆會와 乃至不可說不可說衆會하며 持演一法과 乃至演不可說不可說法하며 持一根無量種種性과 乃至不可說不可說根無量種種性하며 持一煩惱種

種性과 乃至不可說不可說煩惱種種性하며 持一三昧種
種性과 乃至不可說不可說三昧種種性이니라

한 부처님의 명호와 내지 말할 수 없이 말할 수 없는 부처님
의 명호를 지니며, 한 겁의 수효와 내지 말할 수 없이 말할
수 없는 겁의 수효를 지니며, 한 부처님의 수기와 내지 말할
수 없이 말할 수 없는 부처님의 수기를 지니며, 한 수다라와
내지 말할 수 없이 말할 수 없는 수다라를 지니며, 한 대중
의 모임과 내지 말할 수 없이 말할 수 없는 대중의 모임을
지니며, 한 법을 연설함과 내지 말할 수 없이 말할 수 없는
법을 연설함을 지니며, 한 근기의 한량없는 가지가지 성품
과 내지 말할 수 없이 말할 수 없는 근기의 가지가지 성품을
지니며, 한 번뇌의 가지가지 성품과 내지 말할 수 없이 말할
수 없는 번뇌의 가지가지 성품을 지니며, 한 삼매의 가지가
지 성품과 내지 말할 수 없이 말할 수 없는 삼매의 가지가지
성품을 지니느니라."

[疏] 二, 持一佛下는 徧擧諸法하야 顯能廣持니 所持는 卽前所念之法이라
- (나) 持一佛 아래는 모든 법을 두루 거론하여 널리 지니는 주체를 밝
  힘이니, 지닐 대상은 곧 앞의 기억할 법이다.

(다) 지니는 주체의 공덕의 분량[辨能持德量] (三佛 36上2)

佛子여 此持藏이 無邊難滿하며 難至其底하며 難得親近
하며 無能制伏하며 無量無盡하며 具大威力하여 是佛境

界라 唯佛能了니
"불자들이여, 이 지니는 장은 그지없고 차기 어렵고 밑까지 이르기 어렵고 친근하기 어렵고 제어할 수 없고 한량이 없고 다함이 없고 큰 위력을 갖추고 부처님의 경계며 부처님만이 능히 아시나니,

[疏] 三, 佛子下는 辨能持德量이라 文有十句하니 一, 大之無外오 二, 廣能虛受오 三, 深難至底오 四, 四邊絶相이오 五, 外無能制오 六, 體無分量이오 七, 用無窮盡이오 八, 內含衆德이오 九, 因徹果源이오 十, 餘無能究[208]니라

- (다) 佛子 아래는 지니는 주체의 공덕의 분량이다. 경문에 열 구절이 있으니 (1) 커서 바깥이 없음이요, (2) 능히 비워서 받음을 자세히 밝힘이요, (3) 밑바닥까지 이르기가 어려움이요, (4) 네 가지 끝이 모양이 끊어짐이요, (5) 밖으로 제어할 수 없음이요, (6) 체성이 분량이 없음이요, (7) 작용함이 다함없음이요, (8) 안으로 여러 공덕을 포함함이요, (9) 원인이 결과의 근원과 사무침이요, (10) 나머지는 궁구할 수 없음이다.

다) 지니는 장을 결론하다[結名] (經/是名 35下10)

是名菩薩摩訶薩의 第九持藏이니라
이것을 보살마하살의 제9 지니는 장이라 하느니라."

---

208) 究는 南續金本作破誤; 此下에 續本有是名下 三結名.

차. 변재의 장[辯藏] 4.

가) 명칭에 대한 질문[徵名] (第十 36上7)
나) 모양을 해석하다[釋相] 4.
(가) 체성과 작용을 총합하여 거론하다[總擧體用] (釋相)

佛子여 何等이 爲菩薩摩訶薩의 辯藏고 此菩薩이 有深智慧하여 了知實相하고 廣爲衆生하여 演說諸法하되 不違一切諸佛經典하나니

"불자들이여, 어떤 것을 보살마하살의 말하는 장이라 하는가? 이 보살이 깊은 지혜가 있어 실상을 분명히 알고 중생에게 법을 말하매 모든 부처님의 경전과 어기지 아니하나니,

[疏] 第十, 辯藏이라 文有四別하니 謂徵과 釋과 結과 歎이라 釋相中에 四니 初, 總擧體用이니 雙照事理의 二種實相을 名深智慧라
- 차. 변재의 장이다. 경문에 네 가지 다름이 있으니 이른바 가) 명칭에 대한 질문, 나) 모양을 해석함, 다) 명칭을 결론함, 라) 이익을 찬탄함이다. 나) 모양을 해석함 중에 넷이니 (가) 체성과 작용을 총합하여 거론함이니, 현상과 이치의 두 가지 실상을 함께 비추는 것을 이름하여 '깊은 지혜'라 하였다.

(나) 자세하게 연설하는 능력을 밝히다[顯能廣演] (二說 36下7)

說一品法과 乃至不可說不可說品法하며 說一佛名號와 乃至不可說不可說佛名號하며 如是說一世界하며 說一佛授記하며 說一修多羅하며 說一衆會하며 說演一法하며 說一根無量種種性하며 說一煩惱無量種種性하며 說一三昧無量種種性하며 乃至說不可說不可說三昧無量種種性하며

한 품의 법을 말하고 내지 말할 수 없이 말할 수 없는 품의 법을 말하며, 한 부처님의 명호를 말하고 내지 말할 수 없이 말할 수 없는 부처님의 명호를 말하며, 이와 같이 한 세계를 말하며, 한 부처님의 수기를 말하며, 한 수다라를 말하며, 한 대중의 모임을 말하며, 한 법을 말하며, 한 근기의 한량없는 가지가지 성품을 말하며, 한 번뇌의 한량없는 가지가지 성품을 말하며, 한 삼매의 한량없는 가지가지 성품을 말하며, 내지 말할 수 없이 말할 수 없는 삼매의 한량없는 가지가지 성품을 말하되,

[疏] 二, 說一品下는 顯能廣演이오
■ (나) 說一品 아래는 자세하게 연설하는 능력을 밝힘이요,

(다) 오랫동안 연설함을 설명하다[明長時演] 2.
ㄱ. 바로 설명하다[正明] (三或 37上2)
ㄴ. 묻고 해석하다[徵釋] (後徵)

或一日說하며 或半月一月說하며 或百年千年百千年說

하며 或一劫百劫千劫百千劫說하며 或百千億那由他劫 說하며 或無數無量과 乃至不可說不可說劫說하여 劫數 는 可盡이어니와 一文一句는 義理難盡이니 何以故오 此 菩薩이 成就十種無盡藏故니라 成就此藏에 得攝一切法 陀羅尼門이 現在前하야 百萬阿僧祇陀羅尼로 以爲眷屬 하나니 得此陀羅尼已에 以法光明으로 廣爲衆生하야 演 說於法이니라

혹 하루 동안 말하고, 혹 보름이나 한 달 동안 말하고, 혹 백 년, 천 년, 백천 년 동안 말하며, 혹 일 겁, 백 겁, 천 겁, 백천 겁 동안 말하며, 혹 백천억 나유타 겁 동안 말하며, 혹 수없 고 한량없고 내지 말할 수 없이 말할 수 없는 겁 동안 말하 나니, 겁의 수효는 다할 수 있더라도 한 글자 한 구절의 이 치는 다 할 수 없느니라. 무슨 까닭이냐? 이 보살이 열 가지 무진장을 성취하는 연고로 이 장을 성취하였으며, 일체법 의 다라니 문을 거두어 앞에 있는데, 백만 아승지 다라니로 권속이 되었고, 이 다라니를 얻고는 법의 광명으로써 중생 들을 위하여 법을 널리 연설하느니라.

[疏] 三, 或一日下는 明長時演이라 二니 先, 正明이오 後, 徵釋이라 以是 十藏之終일새 故說具前十藏하야 近接總持하고 復擧陀羅尼門이라

- (다) 或一日 아래는 오랫동안 연설함을 설명함이다. (경문이) 둘이니 ㄱ. 바로 설명함이요, ㄴ. 묻고 해석함이다. 여기가 열 가지 장의 끝 이므로 앞의 열 가지 장을 구비함을 말하여 다라니를 가까이 접근하 고 다시 다라니문을 거론하였다.

(라) 변재의 장의 공덕을 밝히다[彰辯之德] 2.
ㄱ. 바로 설명하다[正明] (四其 37下4)
ㄴ. 묻고 해석하다[徵釋] (經/何以)

其說法時에 以廣長舌로 出妙音聲하되 充滿十方一切世界하여 隨其根性하여 悉令滿足하고 心得歡喜하여 滅除一切煩惱纏垢하며 善入一切音聲言語文字辯才하여 令一切衆生으로 佛種不斷하고 淨心相續하며 亦以法光明으로 而演說法하되 無有窮盡하여 不生疲倦하나니 何以故오 此菩薩이 成就盡虛空徧法界無邊身故라

법을 말한 적에 넓고 긴 혀에서 미묘한 음성을 내어 시방의 일체 세계에 충만하였으며, 그들의 근성을 따라서 만족하여 마음을 기쁘게 하며, 모든 번뇌의 얽매임을 멸하고, 일체의 음성과 말과 문자와 변재에 들어가 중생들로 하여금 부처의 종성이 끊어지지 않고 깨끗한 마음이 계속케 하며, 또한 법의 광명으로써 법을 연설하여 다함이 없으면서도 고달픈 생각을 내지 않나니, 무슨 까닭이냐? 이 보살이 온 허공과 법계에 가득한 그지없는 몸을 성취한 까닭이니,

[疏] 四, 其說法下는 彰辯之德이라 亦有正明徵釋을 可知로다

- (라) 其說法 아래는 변재의 장의 공덕을 밝힘이다. 또한 ㄱ. 바로 설명함과 ㄴ. 묻고 해석함이 있음을 알 수 있으리라.

다) 변재의 장을 결론하다[結名] (經/是爲 37下3)

라) 이익을 찬탄하다[歎益] (四歎)

是爲菩薩摩訶薩의 第十辯藏이니라 此藏이 無窮盡이며 無分段이며 無間이며 無斷이며 無變異며 無隔礙며 無退轉이며 甚深無底며 難可得入이며 普入一切佛法之門이니라

이것을 보살마하살이 제10 말하는 장이라 하느니라. 이 장은 (1) 다함이 없고 (2) 형상이 없고 (3) 사이가 없고 (4) 끊이지 않고 (5) 변함이 없고 (6) 막힘이 없고 (7) 퇴전하지 않고 (8) 매우 깊고 (9) 밑이 없어 들어갈 수 없으며, (10) 일체 불법의 문에 두루 들어가느니라."

[疏] 四, 歎勝[209]中에 文有十句하야 義該七辯하니 一, 無窮盡이 是豊義味辯이니 一一句中에 出多事理故라 二, 卽捷辯이니 欲言卽言하야 無分段故라 三, 無疎謬辯이니 不以邪錯으로 間深理故라 四, 無斷辯이니 相續連環故라 五, 應辯이니 應時應機호대 無變異故라 六, 迅辯이니 迅若懸河하야 無隔礙故라 已下四句는 卽一切世間最上妙辯이라 此辯이 有五德하니 一, 甚深如雷니 卽第八句오 二, 淸徹遠聞일새 故不退轉이니 卽第七句라 三, 其聲哀雅가 如迦陵頻伽일새 故能普入一切佛法이니 卽第十句라 四, 能令衆生으로 入心敬愛오 五, 其有聞者는 歡喜無厭이니 故難可得入이라 上二는 卽第九句라 上來第三, 依章別釋은 竟하다

■ 라) 이익을 찬탄함 중에 경문에 열 구절이 있어서 이치가 일곱 가지

---

209) 勝은 續金本作益.

변재를 포괄하나니, (1) 다함이 없음은 이치와 의미가 풍부한 변재이니 낱낱 구절 중에 많은 현상과 이치가 나오기 때문이다. (2) 민첩함과 합치한 변재이니 말하고 싶으면 바로 말하여 부분으로 나누어짐이 없기 때문이다. (3) 성글거나 오류가 없는 변재이니 삿되거나 잘못으로 깊은 이치와 사이하지 않기 때문이다. (4) 끊어짐 없는 변재이니 서로 이어져 고리처럼 연결되기 때문이다. (5) 응하는 변재이니 시간에 맞추고 근기에 응하되 변하거나 달라짐이 없기 때문이다. (6) 신속한 변재이니 신속함이 매달린 물과 같아서 간격과 걸림이 없기 때문이다. (7) 無退轉 아래 네 구절은 온갖 세간에서 가장 뛰어난 변재이다. 이 가장 뛰어난 변재[無上妙辯]에 다섯 가지 덕이 있으니 ① 매우 깊어서 우레와 같나니 여덟째 구절[甚深無底]이요, ② 맑게 사무쳐서 멀리 들리는 연고로 물러나지 않나니 일곱째 구절[無退轉]이다. ③ 그 소리가 슬프고 우아해서 가릉빈가 소리와 같으므로 일체 불법에 능히 들어가나니 곧 열 번째 구절[普入一切佛法]이다. ④ 능히 중생으로 하여금 마음으로 공경과 사랑스러움에 들어가게 함이요, ⑤ 그 듣는 이는 기뻐서 싫어하지 않음이니 그러므로 들어가기가 어려운 것이다. 위의 둘[④ ⑤]은 아홉째 구절[難可得入]이다. 여기까지 3) 명칭에 의지해 자세하게 해석함은 마친다.

[鈔] 七辯은 十地에 廣明하리라
● '일곱 가지 변재'는 십지품에 가서 자세히 설명하리라.

4) 뛰어난 능력을 총합하여 찬탄하다[總歎勝能] 3.

(1) 표방하고 찬탄하다[標歎] (第四 38上10)
(2) 묻고 해석하다[徵釋] (二徵)
(3) 결론하고 찬탄하다[結歎] (三是)

佛子여 此十種無盡藏이 有十種無盡法하여 令諸菩薩로 究竟成就無上菩提케하나니 何等爲十고 饒益一切衆生故며 以本願으로 善廻向故며 一切劫에 無斷絶故며 盡虛空界悉開悟하여 心無限故며 廻向有爲하되 而不着故며 一念境界에 一切法이 無盡故며 大願心이 無變異故며 善攝取諸陀羅尼故며 一切諸佛의 所護念故며 了一切法이 皆如幻故라 是爲十種無盡法이니 能令一切世間所作으로 悉得究竟無盡大藏이니라

"불자들이여, 이 열 가지 무진장에는 열 가지 다함이 없는 법이 있어 보살들로 하여금 필경에 위없는 보리를 성취케 하나니, 무엇이 열인가? 일체 중생을 이익케 하는 연고며, 본래의 서원을 잘 회향하는 연고며, 일체 겁에 끊이지 않는 연고며, 온 허공계를 모두 깨우치되 한정하는 마음이 없는 연고며, 하염 있는 데로 회향하되 집착하지 않는 연고며, 한 생각의 경계에 온갖 법이 다함이 없는 연고며, 크게 서원하는 마음이 변동이 없는 연고며, 모든 다라니를 잘 거두어 잡은 연고며, 모든 부처님이 호념하는 연고며, 일체법이 요술과 같음을 아는 연고이니라. 이것을 열 가지 다함이 없는 법이라 하나니, 능히 모든 세간의 짓는 것을 모두 끝까지 이르게 하는 큰 무진장이니라."

[疏] 第四, 佛子下는 總歎十藏勝能이라 分三이니 初, 標歎이오 二, 徵釋이라 釋有十句를 攝爲五對니 一, 下化上求오 二, 竪窮橫徧이오 三, 捨相契實이오 四, 無變善攝이오 五, 外護內明이라 三, 是爲下는 結歎이라 此後에 應有偈等이어늘 或是略無며 多是經來未盡이라 第四會는 竟하다

■ 4) 佛子 아래는 열 가지 장(藏)의 뛰어난 능력을 총합하여 찬탄함이다. 셋으로 나누리니 (1) 표방하고 찬탄함이다. (2) 묻고 해석함이다. 해석에 열 구절이 있는 것을 거두어 다섯 대구가 하였으니 가. 아래로 교화함과 위로 보리를 구함이요, 나. 가로로 궁구함과 세로로 두루 함이요, 다. 모양을 버림과 실지에 계합함이요, 라. 변하지 않음과 잘 섭수함이요, 마. 밖으로 보호함과 안으로 설명함이다. (3) 是爲 아래는 결론하고 찬탄함이다. 이 다음에 응당히는 게송 등이 있어야 하지만 혹은 생략하여 없으며, 대부분 '경문이 다 오지 않은 [經來未盡]' 까닭이다. 제4 야마천궁법회는 마친다.

제22. 십무진장품(十無盡藏品) 終(제4 야마천궁법회 竟)

화엄경청량소 제11권

| 초판 1쇄 발행_ 2019년 5월 31일

| 저_ 청량징관
| 역주_ 석반산

| 펴낸이_ 오세룡
| 편집_ 손미숙 박성화 정선경 이연희
| 기획_ 최은영
| 디자인_ 김효선 고혜정 장혜정
| 홍보 마케팅_ 이주하
| 펴낸곳_ 담앤북스
　　　　서울특별시 종로구 새문안로3길 23 경희궁의 아침 4단지 805호
　　　　대표전화 02)765-1251 전송 02)764-1251 전자우편 damnbooks@hanmail.net
　　　　출판등록 제300-2011-115호
| ISBN 979-11-6201-159-1 04220

정가 30,000원